U0561977

海外汉学译丛·主编 张西平

古代中国的历史与制度

[法]马伯乐 [法]白乐日 著

[法]戴密微 审校

孙越 译

GUANGXI NORMAL UNIVERSITY PRESS

广西师范大学出版社

·桂林·

丛书总序

近四十年来海外汉学研究成为学界的一个热点，其翻译著作之多，研究展开之迅速，成果之丰硕，在中国当代学术研究领域是任何一个学科都不可以比拟的。据国家图书馆海外中国问题研究资料中心尹汉超副研究馆员的初步统计，四十年来学界翻译、研究、介绍海外汉学研究的著作达 3600 部之多。尽管如此，在海外汉学经典著作的翻译和整理上我们仍需努力，对于海外汉学名著的翻译一直是一项最基础、最根本的学术工作。在我们身边很难再有像钱锺书先生那样的天才，精通多国语言，融通中外学术，所以我们只能老老实实地把世界各国汉学的名著一本一本地翻译出来，这样才会对欧美汉学史有一个整体的、全面的认知。二十多年来我就是凭借着这种理念，组织翻译了一批西方汉学早期汉学的经典著作。

尽管《剑桥中国史》《剑桥中国文学史》等大部头的著作已出版，关于儒学与道学的海外汉学著作的出版工作也有了显著的进步，但对世界各国的海外汉学名著的翻译仍有欠缺，尤其是非英语国家的汉学研究名著亟待翻译。特别是对"一带一路"国家的中国研究，我们应给予高度关注。因为仅仅靠英语世界的汉学成果，我们是绘不出一个完整的世界汉学历史全图的。我们应明白中国学术的进步是需要几代人才能完成的，我们应站在中国学术的全局，一代接一代地把世界各国的汉学名著翻译成中文出版。我们应鼓励更多的熟悉法语、德语、意大利语、瑞典语、印地语、波斯语等各种语言的学者投入到海外汉学著作的翻译研究中来，并像已故的冯承钧、耿昇先生那样，献身于基础汉学著作的翻译。我们向所有安于寂寞、献身学术、从事汉学名著翻译的学者致敬。这次我与广西师范大学出版社的合作，就是希望在海外汉学著作的翻译上再翻新篇。

　　四十年来，海外汉学（中国学）研究的进展与当代中国学术的变迁与发展紧密相连，这充分说明海外汉学这一域外的中国知识和中国当代知识的进展以及当代中国学术的变迁有着内在的联系。这样的传统是从清华大学国学研究院的成立开始的，吴宓在《清华开办研究院之旨趣及经过》中明确地指出："惟兹所谓国学者，乃指中国学术文化之全体而言，而研究之道，尤注重正确精密之方法（即时人所谓"科学方法"），并取材于欧美学者研究东方语言及中国文化之成绩，此又本校研究院之异于国内之研究国学者也。"学者在解释吴宓这一思想时说："近代以来，'国学'概念的使用有不同的用法，吴宓的提法代表了当时多数学者的用法。后来清华国学研究院的教研实践也显示出，清华国学研究院对国学和国学研究的理解，始终是把国学作为一种学术、教育的概念，明确国学研究的对象即中国传统学术文化，以国学研究作为一种学术研究的体系。在研究方法上，则特别注重吸取当时世界上欧美等国研究中国文化的成果和方法。这表明，老清华国学研究院以研究中国传统文化为本色，但从一开始就不是守旧的，而是追求创新和卓越的，清华国学研究院的学术追求指向的不是限于传统的学术形态与方法，而是通向新的、近代的、世界性的学术发展。"[①]本土之国学与海外汉学互动是近代中国学术发展的重要特点，这样的传统在近四十年的汉学研究中也充分体现了出来。

汉学的存在标志着中国的学术已经是世界性的学术，汉学研究的成果已经不再仅仅作为一门"外学"，像外国文学、外国哲学、外国历史那样，仅仅作为一种知识产品丰富我们对世界学术的认识。自晚清以来，中国历史的自然发展因西方国家的入侵而打断，同时，中国文化与知识的叙述也不能再在经史子

---

① 陈来，《清华国学院的使命》。

集这样的框架中表达，从四部到七科，中国现代学术体系和表达形式发生了根本性的变革。西方汉学，此时作为西学进入我们的知识和文化重建之中。因此，如果搞不清西方汉学的历史，我们就说不清中国近代的历史，并无法开启今天的学术重建。

在这个意义上，海外汉学不仅仅在海外，而且同时内在于我们近代学术史和当代的学术史之中。为此，我将海外汉学研究说成是一种"内外兼修之学"，意在表达它作为一个学术体系和知识系统，对中国学术具有内在参考性。

梁启超在百年之前就提出"在中国研究中国""在亚洲研究中国""在世界研究中国"三种方法。四十年来对海外汉学的研究使我们体会到：文化自觉和学术自觉是我们展开域外中国学研究，展开西方汉学史研究的基本出发点；开放与包容的文化精神是我们对待域外汉学家的基本文化态度；求真与务实的批判精神是我们审视西方汉学的基本学术立场。

张西平

2021 年 1 月 16 日

译序

大约十年前，我常去巴黎圣·米歇尔大街上的吉贝尔·约瑟夫书店（Librairie Gibert Joseph）买书。那是家大型书店，开在左岸的核心区，书的种类齐全，新旧都有，尤其是能买到一些不常见的学术书籍，算是巴黎书店中的旗舰。某次，我在书架上发现了一本泛黄的大开本书，是讲中国历史的，题目很平庸，就叫《古代中国的历史与制度》（*Histoire et institutions de la Chine ancienne*），不太引人注意，翻了几页，感觉还算浅显易懂，而且是法国大学出版社（PUF）出的，还是二手书，价格合理，就买了下来，打算留着以后看。我一度对各种文学作品很不感兴趣，对"正经"学术著作倒是孜孜不倦，加之当时课业较松散，为了多吸收一些课堂上学不到的知识，也为了锻炼阅读大部头学术文献的能力，回去没多久就读了前面十几页。后来，在巴黎买的书越来越多，开的卷也越来越多，犹如狗熊掰棒子，这本泛黄的"二手中国史"就渐渐被遗忘了。

回国后的一两年中，我的主要精力放在准备博士论文上。不过，当时还有一些偏门的想法，就是打算翻译一本像样的著作，也算迈出自己学者生涯的第一步。于是，我就在书架上找中意的书，向某些出版社的编辑推荐。曾经也打过这本泛黄的"二手中国史"的主意，为此还去详细了解了两位作者的背景，知道他们是20世纪著名的汉学家，于是更有兴趣。又在"豆瓣"的某法国汉学小站上发帖，问此书是否已有中译本，那位叫"桃夭夭"的站长回答说没有，我就越发有动力了……当然，我推荐的几本书最后都没有获得两家文艺类出版社编辑的认可，最初的翻译尝试完全搁浅。我到南京从教后又渐渐对法国汉学有了兴趣，后来还认识了那位"桃夭夭"站长，她就是山东大学法语系的卢梦雅老师，我们是同龄人，又是海外汉学圈的同行。三年前，全国高校海外汉学研究会在北京外国语大学张西平老师的牵头下，策划了名为"纽带"的海外汉学译丛。此套书将在广西师范大学出版社出版，组稿方鼓励各语种的研究者推荐优秀的海外汉学著作。我又想到了书架上的那本泛黄的"二手中国史"，于是就有了这本译著。

本书由20世纪上半叶两位著名的法国汉学家马伯乐（Henri Maspero, 1883年—1945年）的遗著（第一、二部分）和白乐日（Étienne Balazs, 1905 年—1963 年）的续写（第三、四、五部分）汇编而成，由戴密微（Paul Demiéville, 1894 年—1979 年）整理并审校。上迄尧舜，下至北宋；从社会史、宗教史、政治史、经济史、文化史等多个维度梳理中国古代的各项制度。第一部分阐述领主社会时期（商代和西周）和春秋、战国时代基本的社会、宗教、文化状况及各种制度的变迁；第二部分介绍秦汉帝国时代的经济、政治概况及官制、选官制、兵制、财政等制度；第三部分介绍魏晋南北朝时代由社会变迁造成的土地、财政、行政等方面制度的变革；第四部分阐述隋唐时代的选官制、土地制度，尤其是伴随着商业的发展而建立的新的财税和经济管理体制；第五部分介绍宋代中央集权的强化，以及由于军事压力和社会、经济问题而引发的一系列制度变革。

综上，本书是一部通史性的著作，对于它的评价，除了解其基本的结构和内容之外，还应注意其编纂、研究历史的方法和角度，或曰"范式"（paradigme）。因此，有必要将其与法国汉学史上同类型的著作进行比较。在法国，考狄（Henri Cordier, 1849 年—1925 年，又译"高第"）的《中国通史》（*Histoire générale de la Chine*）与谢和耐（Jacques Gernet, 1921 年—2018 年）的《中国社会史》（*Le Monde chinois*）是公认的两部最有分量的中国通史。考狄因创办汉学期刊《通报》（*T'oung Pao*）和编纂《中国学书目》（*Bib-*

liotheca sinica）而在西方汉学界享有盛誉，但由于自身中文能力有限，《中国通史》的编纂只能以 18 世纪出版的来华耶稣会士冯秉正（Joseph-François-Marie-Anne de Moyriac de Mailla, 1669 年—1748 年）编纂的十二卷《中国通史》为基础，将有关中文史料汇编成册，因此未摆脱中国传统史学"王朝史范式"的局限。而在这本《古代中国的历史与制度》里，马伯乐继承了传统汉学方法注重考据的特点，也发挥了自身在上古宗教、语言、思想等领域的研究特长。他从秦统一开始，转向对经济史料的搜集和分析，从各个角度审视中国古代史。长期在高等研究实践学院（École pratique des hautes études）六系工作的白乐日受到"年鉴派"的影响，视角更全面，经济史、社会史的功底更扎实，对六朝、唐宋经济政治社会关系分析得更透彻。20 世纪中期的马伯乐和白乐日将中国通史的编纂和研究从 20 世纪上半叶考狄依然遵循的"王朝史范式"中解放出来，开创了"总体史范式"，并影响了后来者。20 世纪下半叶，谢和耐也受到"年鉴派"的影响，以更加开阔的眼光编纂《中国社会史》，将中国史置于全球史的框架内，但考虑到目标读者，他依旧以"王朝沿革"为主线，尝试把政治事件、政治制度放到由经济、科技、思想、文化和社会生活构成的宏大"社会背景"中去——即便无法融合，也尽可能做到二者的平衡兼顾，满足学生和非专业读者的需求。总之，20 世纪早、中、晚期法国汉学界的三部

通史性著作在范式上经历了从"王朝史"到"总体史"再到"王朝史—总体史兼容"的发展历程，而这本《古代中国的历史与制度》标志着范式转换的关键一步，理应在汉学史和史学史上占据一席之地。当然，相较而言，本书虽为汉学大家的学术著作，却没有将读者群预设地限定为"圈内学者"，而是采用简洁明晰的文笔，充分但不冗余的注释，向专业读者和普通读者勾勒出中国历史上制度变迁的脉络，这一点同谢和耐的《中国社会史》异曲同工。

除了范式上的突破之外，本书的另一大亮点是对制度的关注。由此，本书也成为18世纪至今，法国汉学界唯一聚焦中国古代制度的通史性著作。将历史与制度并置，看似有欠妥当——毕竟在感性层面，"历史"相较"制度"是更宏大的范畴，但全部历史（发展、衰败、停滞、战争、革命、改革）的本质是流变，而所有制度（政体、体制、系统、层级、类别、安排）的本质是结构。按索绪尔（Ferdinand de Saussure，1857年—1913年）结构主义的观点，前者都是历时性的（diachronique），后者都是共时性的（synchronique）。从这个角度看，即便"史学"自然而然应采取历时研究方法——因为其研究对象大多是历时性的，但也不排斥研究某些共时性对象，或将某些现象视作共时性现象，后者最典型的就是各种制度。对于历史而言，最基本的要素是人、事、物，正如一条直线由无数的点构成，无始无终；而人、事、物也是制度的基本要素，亦如无数的点也能构成各种可由方程解析的几何图形，而时间和地域即为坐标轴。作为个体的人、事、物，在由时、地构成的坐标系中均有其坐标，孤立地看它们，正如在坐标系中寻找孤立的点，只能明白基本史实，对史学研究并无太大意义。所以，只有将具有相关性的人、事、物一并做系统性研究，才能找到描写制度本身，并最终找到构建制度的规则或规律，好比从一系列点的分布中归纳出椭圆或双曲线的解析方程。在考狄的《中国通史》里，作者花了大量篇幅论述秦始皇的生平事迹[①]及其在历史上的影响力；而在这本《古代中国的历史与制度》中，对任何一位帝王将相、鸿儒巨贾都没有花什么笔墨单独论述其生平事迹和历史影响，只是将其视作形成或摧毁某一制度的要素，抑或本身就是某制度的构成因子。对于"胡人乱华"、农民战争之类的重大变革，在制度研究的框架内，可视为下一个时代新制度[②]的源头或上一个时代旧制度瓦解[③]的后果。而某些"物质基础"一直贯穿于制度研究的始终：如中国贵金属的缺乏导致唐宋以来的"钱荒"，束缚了国内商业的发展；而对外贸易的繁荣又使贵金属流出，使得北宋当局采取一系列有害的财政、税收、专卖措施，最终导致经济、社会、国防危机和

---

① 甚至还在考证其生母是否为赵姬。——译者注
② 隋唐在政治和文化上均有开放、尚武、豪迈的"胡人气象"。——译者注
③ 如赋税徭役制度的崩溃。——译者注

政权的灭亡。总之，把人、事、物放在一个个制度的框架内研究，才能发挥史料真正的价值，否则又会回到"王朝史范式"下"帝王将相与改朝换代"的老路上。

当然，本书也有一些遗憾，但未必就是缺陷。弗朗西斯·福山（Francis Fukuyama）在《政治秩序的起源》（*The Origins of Political Order*）一书中主要探讨了国家、法治和负责制政府诞生的一系列背景和条件。他认为中国在世界文明中第一个创造了现代国家，但它不受法治和负责制机构的限制，中国制度中唯一的责任是道德上的。在这本《古代中国的历史与制度》中，马伯乐和白乐日也多次谈到中华帝国的建立与重建、各朝代的法律制度以及政府在财税、商贸、工程等领域扮演的角色，但二人都没有像福山那样对国家、法治和负责制政府这三个相互关联而至关重要的问题做出一个全局性断言，作为这部中国通史的基本结论。当然，没有定论也许是好事，读者读完全书后可以自行揣摩一下：从总体上看，中国古代是否早已具备现代国家的架构？中国古代是否有法治？是否有负责制政府？

另外的遗憾源自历史和个人原因：由于二战爆发，马伯乐因儿子参加反纳粹组织而被捕，1945年病逝于布痕瓦尔德（Buchenwald）集中营，因故只完成了本书前两部分（到东汉末为止）；白乐日1948年继续撰写工作，直至1953年（到北宋灭亡为止）。为何这本书的撰写最终停止于1953年？没有相关材料告诉我们答案。但值得注意的是，白乐日平生最重要的著作之一《中世纪中国社会经济研究》(*Études sur la société et l'économie de la Chine*) 创作于 1953 年—1954 年。此外，本书写到北宋灭亡戛然而止，也会引来一些疑问。我个人觉得，最值得思索的是，包括白乐日在内的法国汉学界对于宋代在中国通史中的历史定位问题。众所周知，内藤湖南（Naito Konan, 1866 年—1934 年）等日本学者在 20 世纪初提出"唐宋变革论"，认为中国历史的唐代和宋代之间出现了重大飞跃，即唐仍为中古而宋为近世；白乐日却没有对这个问题清楚阐明自己的观点。他在本书第五部分的引言里指出，宋代是中国历史的新篇章（un nouveau chapitre），而如果不是官僚体系保持延续的话，那就是一个新时代（une nouvelle ère）了；而在第五部分正文中，白氏在论及选官制、兵制、财税、商贸等各方面问题时，有强调唐宋之变革，也有强调唐宋之沿袭。假如白乐日能将之后的南宋和元、明、清各朝写完，或许他会重新考虑中国历史的分期和全书章节的安排，以及两宋的历史定位。当然，我们仍不妨大胆猜测一下，正是由于当时白乐日在写完北宋这部分之后发现宋代制度及改革等问题过于复杂、棘手[1]，于是先暂停一段时间以搜集、阅读材料，让研究得以深入下去。这或许也是白乐日

---

[1] 白氏博士论文是关于中古寺院经济的，另一部代表作是《唐代经济史》(*Wirtschaftsgeschichte der T'ang-Zeit*)，所以对本书中的六朝和隋唐部分驾轻就熟。——译者注

在 1955 年推出一项国际合作研究项目——"宋史研究计划"（Sung Project）的动机之一，故此后他的研究重心转移到宋史研究上，本书的后续部分却未能完成。无论如何，本书的最后一笔落在了汴梁陷落，徽、钦二帝被俘的悲剧场景上，算是在最绚烂之时悄然落幕——陈寅恪先生说，"华夏民族之文化，历数千载之演进，造极于赵宋之世"，而极盛之极的文化巅峰当要拜才华横溢却不擅为帝王的宋徽宗赵佶所赐。关于这位中国史上绝无仅有的艺术家皇帝，美国学者伊沛霞女士（Patricia Buckley Ebrey，1947 年—）的大作《宋徽宗》（韩华译，广西师范大学出版社，2018 年）很值得一读。

最后需要注意的是，本书是法国汉学家的中国通史著作，因此译者有理由时刻提醒读者作者的文化-学术身份。个别读者也许会觉得本书的文字表达与中国传统史学家或当代学者的辞章有所不同，那是因为译者有意保留了一些法文特有的结构或表达习惯，以及作者有明确目的性的遣词造句，这些语言上的"龃龉感"或许正体现了法文的严谨和作者强调逻辑、侧重分析的思维方式，希望不要以"翻译腔"等带有成见的评价将其一棍子打死。本书中大量出现了各种人名、地名、机构名、官职名等专有名词，大部分有法文和拼音对照，鉴于本书较强的学术性，译者在它们第一次出现时均详细注明，阅读时可能会略显冗繁，还请读者见谅。同样，本书的注释也较为翔实，作者引用了古今中外各类型的大量材料，从《诗经》到《宋史》再到《胡适文存》，含中、法、英、美、日、德、俄、瑞士、比利时、土耳其等各国文献，近四万字；对于这些文献名、责任者名和出处等信息，译者也做了详细的核查和翻译，但难免百密一疏，也请读者海涵。文中有些需要补充的语言、文化、历史、地理等背景知识，译者也夹入了译注，以方便读者理解；另有一些怀疑作者有讹误的地方，译者也加以备注，供读者评判。当然，译者的职责在于尽可能原样再现原作，至于作者的史观、史论是否站得住脚，还希望读者能够自己加以理解和判断。最后，译者尽管水平有限，但仍愿读者能跟随我的译笔徜徉在法国汉学家构建的历史妙境中，去感受那历史带来的无尽雄浑与苍凉——"尔曹身与名俱灭，不废江河万古流"。在历史的洪流中，我们都微不足道……

孙越

庚子季夏 于淝水之南

目　录

第五部分 宋代和当时的外来政权
（由白乐日执笔）

第一部分

上古

第一章 领主社会

一、地域

上古时代的华夏世界比近代中国的范围要小，基本上局限于黄河（le Fleuve Jaune Houang-ho）流域，即便在流域内部，也主要占据平原地区，山区还是"蛮夷"的地盘。中华文明在覆盖着黄土的区域里诞生并发展，在黄河下游的大平原上——也就是今天河北（Ho-pei）、河南（Ho-nan）、山东（Chan-tong）三省的交界处——最终形成。与其南、北两侧的低矮平原相比，该区域地势略微抬升，作为抵御黄河周期性改道的屏障，黄河在此向北注入渤海湾（le golfe du Petchili），向南注入黄海（la mer de Chine）。定居者们从那里出发，向北或向南推进，排干沼泽，使冲积平原适合农耕，抑或逆黄河及其支流峡谷而上，去开发黄土地。像这样，他们逆汾河（la Fen）河谷而上，到达了山西（Chan-si）北部，而没有直接翻越太行山（les monts T'ai-hang）和五台山（les monts Wou-t'ai），那里几乎还是蛮夷的独立王国——赤狄（les Ti Rouges）直到公元前6世纪仍盘踞在太行山山脉，而白狄（les Ti Blancs）直到公元前4世纪仍在五台山脉活动。

这是一块几乎感觉不到地势起伏的广阔平原。今天，一条条河流上建起了水坝，河水却被乖巧地控制在河床里。极目远眺，河流之间阡陌相连，偶有树丛散布其中，绿树环抱之处是村庄和城市。而在很久以前，黄河肆意泛滥，其中较为固定的河道有三条：西支流经太行山麓，从今天天津（T'ien-tsin）附近的白河（Pai-ho）入海；东支大致沿今天山东北部的河床入海；中支在河北南部同西支分离，接着沿现在大运河（le Grand Canal）的河道在天津上游一些的地方流入东支河道。在这三条主河道之间还流淌着数不清的支河道，每年的涨水期会改变流向，而低洼地带则会积水成泽。那里遍布低矮的柳树、女贞、枣树、阳桃树、杨树和栗树等，其间的地面上散布着扁豆、菟丝子、堇菜、苦苣菜、苍耳，间或有一丛丛蓖麻、蓍草、艾蒿，甚至还有可以割下来取暖的各种带刺灌木。到处都是被各类蒲草环绕的泥沼，大雁在此筑巢，野猪在此趴窝，橡树、李树、梨树、桑树、构树、椿树、山榆、刺榆、榛树、漆树、梓树、刺柏、泡桐向高处生长。商朝（les Chang）都城附近的景山（le mont King）上，对称排列着松树和柏树①。徂徕山（le mont Tsou-lai）、稷山（monts de Ki）、景山的松柏都很有名，可以做成宗庙、宫殿的房梁或船体的木板。某些地方因其樗树而闻名。当周（les Tcheou）的祖先"太王"（le roi T'ai）创建其领地"岐"〔K'i，今陕西（Chen-si）境内〕时，他首先"启之辟之，其柽其椐；攘之剔之，其檿其柘"②。大森林见不到，但到处是茂密的灌木丛，成为大型兽类的巢穴——虎、豹、熊、野牛、大象甚至犀牛，同样也为狼、野猪、狐狸，以及鹿、獐、猴、兔、鹅、鸭等皮毛或羽毛类猎物提供栖身之所。灌木丛离居民点相当近，以至于人们能听见"呦呦鹿鸣，食野之苹"③。有时农民回村时还会在半路上发现一只死了的獐子，也不太吃惊，反倒坐享其成，用草裹好带回家去。④

二、居民

为躲避洪水，农民们的茅屋建在布满荆棘的丛林中。丛林之外的更远处是规模较大的村庄，而领主的宅邸位于土地

---

① 《诗·商颂·殷武》中有"陟彼景山，松柏丸丸"之句。——译者注

② 《诗·大雅·皇矣》（*Le Livre des Odes, Cheu-king, Houang-yi*），顾赛芬（S. COUVREUR）译，第336页。

③ 《诗·小雅·鹿鸣》（*Le Livre des Odes, Cheu-king, Lou-ming*），顾赛芬译，第174—175页。

④ 《诗·召南·野有死麇（jūn）》（*Le Livre des Odes, Cheu-king, Ye-yeou-sse-kiun*），顾赛芬译，第26页。

神社和集市之间。与现在相比，当时的乡村似乎更不易受到洪水的滋扰——上古典籍中未曾提及与近代相似的洪水，当然传说中尧（Yao）时代的大洪水除外。庄子（Tchouang-tseu）将秋季的涨水描绘成正常现象，并非自然灾害。也许是内陆地区的森林被破坏得较少，那里的洪水来得没那么猛烈，下游尚未建水坝的河流也不会使河床抬升至所流经的乡村之上。此外，相当多的天然水道和蓄水湖使洪水无法肆虐，领主的宅邸建于多层步阶的土台之上，也免于水害。夏季的大雨对于用木板夹土建起来的房屋而言更加危险，为了应对，人们用大量的茅草或瓦片覆盖在屋顶上，坡度陡峭，底部低垂。因此，中国传统房屋的建筑风格从上古时代开始就受到地理环境的影响——既怕"天灾"又怕"地害"，只能缩小屋顶和土台之间的外立面。冲积平原上缺乏石材，使得房屋必须建在木制立柱之上，而只有木柱方可支撑极高的屋顶，以及丝毫不承重的黏土墙和较晚才出现的砖墙。

起初，农民的住宅是半地下的：他们在土地上开挖出一个不太深的"房间"，随后加盖屋顶于其上。这种类型的"窝棚"从新石器时代起传播开来，随后一直在缩减，至商代末年只见零星分布，最晚到周初完全消失。取而代之的是低矮的黏土房屋，《诗经》和《周礼》（Institutions des Tcheon, Tcheou-li）上均有记载，互为补充。这种房子仅在冬季居住，因为只有待在土墙里才能抵御中国北方的严酷寒冬。当春季的第一场雨来临，地面径流让黏土屋无法居住，农民们会离开冬屋，搬到离耕种地更近的地方。

三、耕作方式

事实上，当时的耕作活动都在远离村庄的地方进行。远古的耕作方式就是持续三至四年的临时性开荒，当土地开始有贫瘠的迹象出现时便立即抛荒，转种他地。开荒伊始，土地甫一选定，点火师［"司烜"（sseu-hiuan）］于三月土地神节（la fête du dieu du Sol）点燃荆棘，起燃点也是前一个月刚确定的。随着火势逐渐蔓延，领主视察排列成班组的农民，让人在土地神面前宣誓，并在鼓的伴奏之下完成祭祀规定的动作。管林者聚集在"禁"（kin，即被点燃荆棘丛林的一角）周围，围逼被大火驱赶出来的猎物，当它突然出现，领主及其随从迅速用箭射杀——此乃春季的大型田猎。被扑杀的野兽先献给土地神，后被参与狩猎的所有人享用——从领主到农民，各按地位领取。狩猎结束，大火随即被扑灭。开荒的同时，农活儿已经开始了。而新开拓的土地则是为来年准备的。因此，将开荒的土地整治好需要一个过程，正在进行的收获活动也会让土地的整治一再延后。焚烧荆棘是清理荒地的重要一步，但不是全部，还剩下一些树根要烧干净。有一些仪轨要遵守——朝南的树木要冬季焚毁，而朝北的树木则要夏季焚毁。秋季重新长出的杂草也要烧干净。

隆冬时节，上述活计连同其他农活儿一起告一段落，暂不允许在田间地头劳动。犁地、播种这些事都要等到来年开春。开荒出来的土地只能种三到四年，但最好的地还是第一年耕种的"新田"（sin-t'ien）——新开的土壤地力肥厚，会带来好收成。从第三年开始，地力虽尚未完全耗尽，但田已谈不上肥沃。当然，收成也还说得过去，因为也有走运的人"不耕获，不菑畲"。人们很少去耕第四年的地，产量通常很低。第一年通常称为"拓（tchö）殖"或"开荒"之年，只是做一些准备工作，尚未种植。当时的土地开发组织得有条不紊，数个垦荒活动同时进行。《诗经》里的一首诗展现了领主将要去视察第二年和第三年土地耕作的情形，这说明他至少有两块土地正在开垦中，这也是不得已而为之——一边开发新地为来年做准备，一边还要继续耕种已开垦的地，否则来年就会饿死。

对于一家一户而言，开垦土地是一项规模空前的劳动，因此通常由许多家庭共同开垦，待到收获时节，先将一部分所得上缴领主，余下的由各家平分。公元前最后几个世纪的礼学家并不太懂"开垦"的真正含义，而将其视为一种特殊的劳作，自然而然地用他们那个时代的习惯去解释古籍中的相关内容。他们从残存的记忆中看出来的，是与土地分配相关的社会制度，而不是与他们那个时代截然不同的耕作方式。

在他们看来，当初的田地和他们那个时代一样是长期耕种的，方方正正地被划成九块，八个家庭共同耕种，收获时各分得一块地的收成，而将中间第九块地的收成交给领主。这就是所谓的"井田制"（système tsing-t'ien），因为"井"的字形由两道横向线条和两道纵向线条构成，如石井栏一般相互交叉，酷似公田里九块地的模样。那只不过是对上古时代开垦活动的一种乌托邦式幻想和系统化推断。孟子（Mencius）将井田制作为理想的土地制度向滕文公（le prince de Teng）报告，井田制因此闻名遐迩。

上古时的田间劳动不但相当费力，且缓慢而困难，因为犁尚未发明，只能用锄子耕地。这种耕地的方式只能在松软的土地上进行，如混杂着灰质成分的黄土。"锄子"是一种柄［"耒"（lei）］长两米多，尖端为木质或铜制的轻便工具［"耜"（sseu）］，用来剖开自己前方的土壤。锄锋仅半尺宽，而犁沟须一尺宽，故每条犁沟要耕作两次。因此，犁地的活儿由两人［"耦"（ngeou）］一起完成，他们并排在同一条田埂的两侧前行，用各自的锄子推进，刨出来的土分别抛在左、右两侧，这样一来，二人中间的田埂堤就修出来了。到下一轮时，其中一位农夫来到他伙伴耕好的半幅犁沟的相邻一边去，留出足够的宽度，他的伙伴则耕下一条犁沟的半幅。这种劳动方式需要两位合作者相互协作，才能使犁沟犁得规整，因此两个男性在一起犁地的现象并不罕见。"耦耕"在当时的确是一种制度，每年冬季的第三个月里，农民就会为开春的耕作相互结对。

四、乡村生活

初春时节，农民们在准备好农具之后便开始耕地和播种。在三月的土地神节那天，春季田猎上需要"出火"（sortie du feu）。村里各家各户的旧火熄灭，世代相传的点火师们在"禁地"（即为开荒而选定的地点）露天摩擦两片木头，点燃新一季的火苗。于是，村民们离开他们冬季居住的屋舍，在耕作地的附近搭建临时茅屋，所有参加开荒的家庭聚居于此。整个春、夏两季，他们在田间忙碌，包括犁地、播种和除草。最佳谷物是圆锥花序的小米，当时有很多变种，现代植物学家难以区分。小米既是人们的主食，也是祭祀上的献物。小麦和黑麦常混称为"麦"（mai），也十分重要；除南方的国都以外，稻米是相当少见的。耕地刚结束就可以播种一种早熟型的黍——"稷"（tsi），也称"百谷之长"，过一个月就可破土。从五月开始，人们会摘下尚未成熟的青穗作为初次收获的献祭，正式收割在八月进行。黏小米［"黍"（shu）］的播种稍晚，通常在三月，而收获大约和稷同时。相反，小麦在秋末播种，在田间越冬，来年春季破土，秋季收获。豆类紧接着谷物，或与之同时在地。

当种子破土后，需要防止野兽的侵扰。领主会不时地来到农田附近狩猎，比如说防止鹿和野猪破坏尚未成熟的庄稼，这是一项消遣活动，也很有必要。农民通常按班组排列，跟随围捕者将猎物逼进大网中，等待在此的猎手用箭射杀之。狩猎完毕，猎物先献给土地神，而后众人再吃剩下的祭品。礼学家描述了四季的田猎，将上古的史实系统化、模式化，却无法从社会和风俗变迁的角度加以理解。

秋天是谷物收获的季节，之后便就地打场；接下来，谷物被装进仓库（ts'ang-k'on），大家开始"收火"（rentrer le feu）。点火师将露天灶里的火种熄灭，再在屋里重新点燃。随后村民们离开夏季茅屋，重返村庄；他们会将牲畜带回，将门户紧闭，甚至会用泥土堵塞门缝；在白昼最短的那些月份里，无论人、畜都不出门。这就是一年的轮回，下一年的轮回即将开始。

农民的生活不太稳定，过一天是一天，即使碰上好年景，口粮也仅能维生。中国南方以及东京高地（la haute région du Tonkin）①的少数民族，如倮倮（Lolo）、苗子（Miao-tseu）、白傣（les Tai Blancs）、黑傣（les Tai Noirs）等至今仍然过着这种生活。当然那里的气候比中国北方要温和，在年景不好时也能利用森林里的各种天然物产维持生计。荆棘

---

① 指越南北部一带。——译者注

丛林里的资源，古代的中国人也未曾视而不见，不要说野蓟、木槿、锦葵之类七月可以采集到的野生植物和蘑菇、竹笋、枸杞等日常食物，在必要时候他们也知道：夏季味苦的苦苣在冬季结冰之后会变成甜味；扁豆籽尽管味道不好，但缺乏小豆的时候也能充饥，扁豆根还能提供淀粉；莲藕和荸荠也可以食用。但这些都是靠运气得到的食物，在荒年刚好够糊口。然而饥荒从未远离，那是不可避免的灾难，隔三岔五来袭，无人不害怕。天气稍微不好就会造成饥荒——收割前的一场暴风雨会摧毁已成熟的谷穗，还有连绵的淫雨、干旱，更不用说战争和邻村的抢劫。西周时期（les Tcheou Occidentaux）对于收获唯一的记载显示出，某领主领地内的众人在"荒年"去偷临近领地里的谷穗，口口相传的历史中对成汤（T'ang le Victorieux）①统治唯一的记忆便是他在大饥荒时期为民众不辞辛劳。

华夏大地上的耕种都是以开荒为基础，人口密度依然不高，因为轮耕土地需要广阔空间，旧地重耕也得等待几年。上古时代的中国是一个人口稀少的贫穷国度，一些面积不大的农耕区域在布满荆棘和泥沼的广阔荒野上不断迁移。

---

① 成汤即商汤（？—约公元前 1588 年），约公元前 1617 年—前 1588 年在位。——译者注

五、领主

农民并非其耕种土地的所有者，也不像在村庄里那样以公共产权的形式拥有地权。一切土地归本地领主所有，后者在当时被简单称为某地之"人"（jen）。当时至少有两类领主——一类是"诸侯"（tchou-heou），拥有领地的所有权，负责祭拜领地的专属神祇，即土地神［"社"（chö）］；另一类是村庄领主［"里君"（li-kiun）］，只拥有领地，没有祭拜权。

可能，起初的时候只有祭拜家族土地神和家族祖先的诸侯才拥有地权。但他们的领地分散开发，交通不便，且因开荒轮作而不断迁移，因此不可能对全部家族领地进行统一管理。最初，有必要将土地分割，在诸侯的领导下托付给家族诸成员开发；诸侯独立负责宗教事务，以祭拜土地神为主要活动。诸侯还有动员附庸者们征战，组建军队，并在土地神社前进行检阅的权力。对于获得领地内部分土地经营权和所有权的人们，诸侯也享有宗主权。由此产生了两种领主并存的局面：诸侯具有神权职能，而一般领主只是其封臣。西周时期，前者为自己的弟侄和家臣们建立起许多私人领地，将土地交与他们经营，却不包含祭祀专属的土地神，还保留着宗教和政治权力。

每一块领主所有的土地——无论是诸侯领地（principauté）还是私人领地（domaine privé）——都清晰地分割出来，目的不是为了准确地编制地籍，而是考虑到每块领地界限内的人们享有排他性的开垦权，不能越界开垦。一本较晚的介绍仪式的书《周礼》，明确记载了堤坝和沟渠将田地彼此隔绝。对于诸侯领地的范围，我们目前没有多少资料可查，而青铜器上的两处铭文——至少其中之一"散氏盘"（le Plat du chef de la famille San）上的铭文——让我们非常详细地了解到私人领地的划界问题，文中提及国君或领主在让渡出土地之后还在仔细地划分地界。另一处铭文，大约作于公元前9世纪至前8世纪之间，明确规定了一块封地［位于今天陕西省（le Chen-si）宝鸡市（Pao-ki）某县境内］的界限，注明了许多特殊的地点，如地界需要穿越的河流、村庄，以及用作界标的神社等，非常详细。相邻的领主也参与划界，完成之后比邻间共同盟誓不会越界侵犯。

六、领地及其组织

在平日，领地［"邑"或"田邑"（yi 或 t'ien-yi）］是一种经济上必须自给自足的单位，也需要向所有者提供一切必需品，包括粮食、天然物产和手工制品。起初，最重要的产品当然是农产品，也就是向领主分封臣民的土地，及领主允许臣民使用的新开辟土地所征收的赋税［用欧洲的术语来说就是"什一税"（la dîme）]。制成品由领地内的手工业者提供。事实上，在领地内居住的人口数量还是不少的，曾经提到过三百户、五百户或六百户的领地。而这也不算什么特例，因为"邑"既指"领地"也指"都会"，后者可能和王国的都城差不多大。赏赐在某些情况下包括人口和土地，南宫中鼎（le trépied de Tchong de Nan-kong）上的铭文特别提及"淮"地（Houai）在成为采地（ts'ai-ti）之时包含淮地之人①；另一段铭文赋予了被赏赐者"追及权"（追回逃亡的居民）②；第三段铭文记载了"克"（K'o）这个人登记农民户籍的命令③。领地的居民均为男女仆从［"臣籍"（tch'en-tsie）］，用自己的职业为主人服务。领主可以用土地支付他们报酬，或为其偿还债务，等等。但他们似乎并未像我们欧洲封建领地的农奴们一样被紧紧地束缚在土地上——据传说，舜（Chouen）刚开垦历山（Li-chan）领地，四周农民为其德行所吸引，纷纷归附，这足以证明农民在从道理上来说有权离开领地并更换主人。而天子赐予"膳夫克"（Officier de Bouche K'o）"荆"（Tsing）作为其领地，并赋予其追缉并抓回该地农民的权力，这说明领地主人有时也享受此权力。说真的，农民逃亡较罕

---

① 南宫中鼎铭文。
② 大克鼎（le grand trépied de K'o）铭文（公元前 9 世纪后半叶）。
③ 克盨（le siu de K'o）铭文："隹（唯）十又八年，十又二月初吉庚寅，王才（在）周康穆宫，王令尹氏，友史趛，典嘉（善）夫克田人，克（拜稽）首……"

见，因为他们与其村庄之间有利益关联，在村里有分享开垦土地的权利，因此只要劳动便可生存，而如果移居别处，他们无法确认将要去的村子能否接纳自己。

领主的居所在领地中的一个村庄里。那是一种围在方形院落四周的大农庄，因为农耕民族中最典型的居住形式就是农庄：入口朝南，有"阍人"（houen-jen）把守，一般是因过失而被削去双脚的官吏或奴隶；附属建筑分列左右，与院子同层；院子深处是主人的住所，附带用来待客的大厅，高于地面几步。这种大厅乃是建于平整地面［"堂"（t'ang）］、朝南且带有多个立柱的建筑，故得名于"堂"，经由正面中央的两列台阶入内，在举行公开或私下的祭祀典礼时，一列台阶供一家之主使用，另一列供宾朋使用。堂内包含一间中央大室供接待之用。左、右另有两个较小的房间，东侧房间通常是主人的卧室，当然富人们会在堂后的园子里另建一屋，其中包含自己的套房。在此房间的东南角，会安放祖宗牌位——如果牌位的数量没有多到需要另建宗庙的话。另一间位于西侧的房间用作储物间。在院子左右两边的附属建筑中，东侧用来安置未婚子女和女婿等人，靠近厨房和储物间的西侧则是佣人房。院子本身在领主生活中扮演了非常重要的角色——当领主隆重迎接某位下属官员或附庸者时，后者站立在院子中央，由另一位领地内的官员陪伴，而领主坐在堂内平地上，对其发号施令，随即记录在令牌上，并让"内史"

（Scribe de l'Intérieur, nei-che）或其他有职权者宣读。堂后有菜园、果园、桑园。堂和各园子之间通常建有领主、夫人和孩子们的私人套房。当然，女眷内室也需要安顿不少人：裁缝、篾匠，以及做羹汤、腊味、腌肉、酱豆的庖妇和酿酒、醋的女工。正是领主的妻子和女仆们负责所有这些家务。

宅邸被村庄环抱。村庄包括领地内官吏的住所，没有领主的大和豪华，还有附庸者住的小屋。附庸者不仅是农民和农业工人，还包括善于"将八种基本材料根据自己的手艺进行处理的'百工'（pai-kong）"——粗木工、细木工、篾工、冶金（铜）工、熔金（铜）工、锻造工；制陶工、烧砖工、开石工；鞣革工、制皮工；缫丝工、羽绒充填工、用编织的羽毛装饰织物的工匠、制缎工；造磬（一种乐器）师；大车制造工和生产战车、车轮、辕木等部件的工匠；制造各类盔甲的工匠和制造剑、刀、戟、箭的工匠；玉和象牙雕刻师；等等。

全部男女仆人需要服从管理他们的官吏的指令。每位领主都有配备众多官吏的随从集团［"允司"（yun-sseu）］，由领主亲自任命。每一个领地内都有总管［"宰"（tsai）］，负责指挥领地的开发。而有人拥有许多块领地，或分散，或集中（但因太广阔需要分割），因此会有许多位封地总管［"邑宰"（yi-tsai）］。总管组织领地内的一切工作（"裁量内外"，如铭文所示），给农民派任务既要根据领主或领地的需要，也要顺应时节考虑农民的需要。实际上，集体垦荒式农业要求舍弃农民无序的劳动积极性，相反地，一切要按照有序计划并根据具体命令来执行。总管或其下属选择开垦土地的位置，决定作物种类；他们甚至会具体安排某两位农民搭档耕种，在冬季结束时就指定好；他们将耕种伙伴召集起来，组织犁地、除草，以及所有农田基本工作。有"监畯"（t'ien-tsiun）负责监督有关命令的执行——每年，他需要走遍整个领地以确认新开垦耕地的位置，并根据土壤情况确定作物种类，还要用小径和沟壑划分田界。他全年都要指挥耕作、下田监视农民，还要负责农民的伙食和检查劳动的执行情况，这同监视劳动同样重要。"监畯"是"宰"的左膀右臂，乡下的一切都归他管——例如，正是他派人捡拾柴薪。和他平级的是"步行者指挥"〔"司徒"（sseu-t'ou）〕，负责分派服徭役者去做一些公益性或不与农业直接相关的工程——修理路桥，修建和维护建筑，或打猎时赶出猎物，等等。"骑士指挥"〔"司马"（Maréchal, sseu-ma）〕由君主（王或公）指定，"负责统率侍从、弓箭手、勇士、警察"，彝鼎（le Trépied de Yi）铭文上有记载；还教育和训练征召入伍的军队，必要时接手指挥事宜。"手艺人指挥"〔"司空"（sseu-kong）〕是负责所有技术性工程的工程师——起草建筑和道路修建方案，并指导司徒交办的徭役工程。"商贩首领"〔"贾正"（kia-tcheng）〕对所有商业从业者和无法归于官吏、地主、农民的人发号施令。"军事纠察"〔"师"（che）〕受

"王室纠察"（les Prévôts royaux）的节制，负责维护治安，缉拿、逮捕作奸犯科者，做出判决并执行。据《周礼》，"卫士长"［"侍师"（che-che）］指挥领主的私人卫队，保障领主安全。在领地内尚未耕作的土地上，如森林和池塘，还有"狩猎守卫"［"御"（yu）］和"守林人"。

除上述负责管理物资的官吏之外，领主还有一些负责精神事物的宗教官吏。院长［"祝"（tchou）］也称"宗老"（tsong-lao）由负责建筑和祭品的宗庙负责人（"司空"）、占卜官［"卜人"（pou-jen）］、占卜书吏［"史师"（che-che）］和祭司［"小子"（siao-tseu）］辅佐。另一些官吏指挥私仆们——屠宰主管［"宰父"（tsai-fou）］，号令所有负责烹调和献祭的人［"仆"（pou）］；带着马夫和三叉齿的马倌"骁人"（siao-jen）］。

此外，在上述人员之首还有一位"家族总管"［"家裁"（kia-tsai）］，也常称为"家族长"（Doyen de la Maison），"室老"（che-lao），或简称"族长"［"老"（lao）］。他指挥各位领地主管（Intendants Domaniaux），统辖领主家庭及所有官吏、雇员、仆人，调节收支，从领地向领主住所调配领主及家庭的所有生活必需品。一般来说，他会让自己的主人从各类私人生活的琐事中脱身，全身心投入到履行世袭自王、公的各种责任中。族长是各位大领主"家中最受尊敬的官吏"，领主在一场尽显奢华的典礼上赋予他们职权，在各方面都与国王赋予其官吏职权的典礼不相上下。据铭文记载，通常情况下，族长不是专门领域的官僚，而一般是领主居住的领地的总管，时刻伴随领主左右，通过对物（即领主的物质生活）的掌控而略胜其他总管一筹。归根到底，他的职责和其他总管一样，但因离领主很近且具有正式头衔而威望较高。最终，他成为领主家庭不可或缺的人物，甚至有时会考虑如果选择最适合的殉葬者去另一个世界陪伴逝去的领主，不会是领主夫人，而是族长。

很难确定每一位官吏的地位，或找到其出身。也许在领地奴隶名单中能找到官员名录，因为某些职员是作为礼物被赠予达官显贵的。然而，家族主管、领地主管、院长、司徒、司空等都是世袭职位的要员，通常应属于领主家庭旁系或其附庸领主（Seigneurs vassaux）的家庭。因此，作为服务的报酬，一部分领地被作为"采邑"送给了他们。

领地是上古经济组织的基本细胞。所有未被王、公赠予其亲属或官员的有价值土地都以领地的形式组织起来，受"王家总管"（Intendants royaux）或"国公总管"（Intendants princiers）节制，只有其间的未耕种部分（山林水泽）由狩猎守卫和守林人管辖。王、公都有许多领地可经营。但由于交通不便，难以在两地之间运输粮草和牲口，当然国王出行还要容易些。实际上，我们发现商代最后的几位国王常从一个领地移居到另一个领地，就像墨洛温王朝的诸王（les Rois mérovingiens）从一个城市移居到另一个城市——铭文记载了商王从"相"（Hiang）地移居到"上圃"（Chang-yeou）①，住了七八个月后又从上圃到了"嚣"（Tsio②），进行征伐以彰显其治理能力，随后回到上圃。另一些铭文显示，商王在上圃待了五个月，这次不是单纯的消遣出游——国王会在一个领地待数月之久，品尝水果，谷仓空空时就去向别处。逗留期间，狩猎、钓鱼、治理居住地周围。当地总管献上当季祭品。总管片刻不离国王左右，在国王离开时，总管会得到一些贝币作为奖赏。

七、商代诸王的生活

公元前 12 世纪至公元前 11 世纪，商代［也称"殷"（Yin）］国王的生活和拥有地产的大领主别无二致。国王的首要任务在于经营领地，发展种植、畜牧、狩猎和捕鱼业，在不同领地间巡游，通过对盗贼（他们盗窃作物，劫掠农民和牲畜）的讨伐来维护统治秩序，还有举行宗教典礼以祝佑农事顺利。"我会得到黍子的收成吗？"③一段卜辞上这样问道，时间为某年三月。同样的问题每年都会重复——据《礼

① 该地名不见于记载。——译者注
② 似拼法有误，但史学界一般认为河亶甲自嚣迁都于相，作者说法与之相反。——译者注
③ 即"受黍年"，卜辞常用语。——译者注

记》(*Li-ki*)，这正是黍播种的季节。在另一些卜辞中，国王会针对某一块领地的收成进行占卜。例如，对于国都："甲辰日占卜，在商地能得到收获吗？"[1] 此外还有 "回到井地以后，我会得到黍子的收成吗？"[2] 有时候，还要选定日子勘查土地，看看黍子的长势，尤其是农民是否用心劳作。

在中国北方干燥的气候条件下，阴历五月的雨对于作物抽穗而言相当重要，因而人们会迫不及待。许多卜辞就此主题讯问先人："问：五月难道无雨吗？"[3] 但我们又害怕秋雨影响收成："这个月不会有雨吧？九月。"[4]

在甲骨文中对祖先的讯问并非都必须在由国王–祭司完成的仪式上进行，但稍晚的时代（直到 19 世纪）的皇家祭祀却相反。乡下的领主向提供天气预报服务的人提一些简单的问题，为的是提前知晓下一年维生需要依靠什么。当然，有时要求也会稍高一些，因为国王已算定，像这样讯问祖先的话，来年的收成定会被好好照顾。宗教性的仪式伴随耕作的全过程。"明天割麦子不好吗？"[5] 在卜辞中屡次被问及，就

---

① 即 "甲辰卜，商受年"，卜辞用语。——译者注
② 此句也似卜辞，但若按法语原文 "Je retourne à *Tsing*, récoltera-t-on une moisson?" 回译后则为 "归井黍受年"，此句有违甲骨文惯用句法结构；似应为 "妇井黍受年"，即 "妇井（商王武丁之妻）能获得黍子的收成吗"。疑为作者马伯乐以 "归" 当 "妇"，造成讹误。——译者注
③ 相当于卜辞 "贞五月不其雨？"——译者注
④ 即 "今九月不其雨？"——译者注
⑤ 似为 "今翌不图禾？" 或 "今来不图禾？"——译者注

是想给祖先提供一些预设。

国都与其他领地并无二致，只是或许因为有庙堂、宫殿而显得更重要一些，因此也被称为"大领地"["大邑"（ta-yi）]，于是迁都就成了一件异常重要的事。但无论如何，区别不算太大。和其他领地相似，国都的开发也是独立进行、自给自足的。对于商代最后一座都城[位于河南北部的安阳（Ngan-yang）]的发掘足以证明这一点。在那里发现了大型有柱建筑的底座，与近代寺庙或宫殿的大厅相似，可能充当宫殿的会议厅或宗庙的祭祀堂（因遗址尚未发掘完成，故难以确认）。在其周边，一些小而窄的房屋、仓库、作坊、寝室按照所属行业形成街区，可以辨认出"百工"各自所在。周代青铜器铭文（与《周礼》记载相合）中显示，宫殿里也有工匠的存在，因为需要制作所有王室生活的必需品，如青铜器、象牙制品、陶器、兵器等；而织布、缝纫和制作腌腊、酱菜等女性承担的工作应该在位于宫殿内另一个区域中的各作坊内进行，目前尚未找到。

八、王室和领地的行政管理

王室的行政组织与领主或私人领地内的行政组织无任何差别。早在我们认为的史前时代，私人领地的行政组织就已构建完成，而王室的行政机构则按此模式构建。王室官僚的头衔和领主或私人领地内官僚的头衔基本相同，只是偶尔带有一些荣誉性或夸张的修饰语。国都和领主领地一样，总体上都是庞大的家族产业，工长和监工（通常是父子相传的职位）指挥农民和工匠，并指派下属管理仓库，控制粮食进出，甚至还包括看管马厩、牛棚和战车。一切都受官僚的节制——选择开垦地点，决定续耕或休耕，规定作物种类，确定播种、耕地、收获的日期，提醒劳工注意防盗，为双人劳动配伍。因此，官僚的数量相当庞大。据《书经》（Chou-king），在国王周围，司徒、司马、司空三位居于百官之首。还提到了大总管［"冢宰"（tchong-tsai）］、守林人［"麓"（lou）］和狩猎守卫（"御"）、囚犯主管［"司寇"（sseu-k'eou）］等。王还有一些为他个人服务的官吏，如掌管王室服装的衣官［"赘衣"（tchouei-yi）］、站在左右两侧管理日常用品的佣人［"左右傒"（tso-yeou hi）］、仆人［"仆"（pou）］、仓库管理员［"储夫"（chou-fou）］。"储夫"从仓库中取出一些物品：织物、皮毛、瓶罐等，交由"左右傒"，后者在国王需要时献上。"赘衣"为每一场典礼准备王室衣裳；"仆"负责为国王更衣，随后去会议厅布置国王的位置，然后回来宣布一切就绪。国王出门时，"仆"乘车走在前面为国王开道。如膳夫克鼎铭文（les inscriptions de l'Officier de Bouche K'o）所示，掌管伙食的官员［l'Officier de Bouche，字面意思是"掌管精致菜肴的官员"，"膳夫"（chan-fu）］，是非常重要的人物。其可能因为酒店主管的职权，能长期与国王直接接触。

这些官僚都开署办公，有众多僚属［"百僚"（po-leao）］，包括书吏、档案员、会计、司库。为了指挥所有人员，国王也像拥有家庭总管的领主一样，有自己的总务代办［"卿事"（k'ing-che）］，类似于总理，其角色是保证本已非常臃肿的政府机器的运转。《毛公鼎铭文》（*Inscription du Trépied de Mao*）记载："国王说：'父厝①啊！让我的卿事寮们（employés du Chargé des Affaires）由您管束吧。还命令你完全掌管王居和三有司、青年侍从（les pages②）、卫士和虎臣的指挥（le commandement des Gardes et des Tigres），以及所有管事的人。'"③"卿事"于内（即国都）号令"卿事寮、指挥官④、村庄领主（'里君'）和百工"，在外号令"领主、行政官员和填补四方空职的人"。可见，"卿事"的首要任务是负责国王常住领地内（即"王居"）的行政管理；此外，"在外"还要控制更远处的领地（交由行政官员管理）并监督附庸领主（"诸侯"），正如领主的家庭总管，既直接管理领主居住地，又将领导较远领地和监督田耕的工作交由其

---

① 原文给出的法文注音为"Pin Yin"，按铭文原文应为"父厝"，似有讹。——译者注

② 法语的"page"可作阳性，指"中世纪欧洲宫廷内的年轻侍从"。——译者注

③ 参见《毛公鼎铭文》："王曰：父厝，已曰及兹卿事寮，大史寮，于父即君，命女摄司公族、零三有司、小子、师氏、虎臣零朕褒事。"马伯乐引文与之略有出入。——译者注

④ 即"师氏、虎臣"。——译者注

他领地官员。

除了所有领主和领地的普通东主都有的官员之外，国王似乎还有一到多位贴身官员，承担某些难以定义的不可思议的职责。这些职责只和国王有关，王公和领主们不会与其分享。礼乐传统记载了三个职务：太师（t'ai-che）、太傅（t'ai-fou）、太保（t'ai-pao）；似乎只有太保在铭文和古文中有确切记载。在周代，太保行"代理执政官"（interroi①）之职；在葬礼上，正是他将王室职责转交于储君（Prince Héritier）。而自那以后，另有一个王室高官职位在西周晚期某王统治时获得"太保"头衔，称"明公"（Duc Ming-kong），似乎主要作为两都——"宗周"〔Tsong-Tcheou，今长安（Tch'ang-ngan）〕和"成周"〔Tch'eng-Tcheou，今洛阳（Lo-yang）〕的行政总长。

国王正是选取这些近臣的建议采纳。国王并不全部召集，而只召集讨他喜欢的近臣。《诗经》中的一首诗列举了公元前8世纪下半叶国王的七位大臣的官职："皇父（Houang-fou）卿士（le Chargé des Affaires），番（Fan）维司徒，家伯（Kia-po）维宰（le Surintendant），仲允（Tchong-yun）膳夫，聚子（Tsiu-tseu）内史，蹶（Kouei）维趣马（Écuyer），楀（Kiu）维师氏（le Commandant des Gardes）。"② 以上既为

---

① 原为古罗马官职名。——译者注
② 《诗·小雅·十月之交》（Le Livre des Odes, Cheu-king, Che-yue-tche-kiao），顾赛芬译，第238页。

地方官职也为宫廷官职，其实二者区别不大。地方官僚是较偏远领地的官员，宫廷官僚则是国王常住的都城所在领地内的官员。在本质上，后者的职能并非高于他们的外地同僚，只是靠近国王的缘故，才使得他们逐渐地位高于他人。居住在国都的谏臣因离国王近而享受更高的礼遇，他们参加王室大典，也被授予一定的王室荣誉。外地的同僚原则上还与他们同级，出于这种固有的平等性，中国的行政体制一向对外地官僚依附于首都重臣很排斥，倾向于将后者视为首都衙署的官员而非整个帝国的行政主管。

大领主并非总对履行自身职责趋之若鹜。他们宁愿摆脱行政事务中最枯燥乏味的部分，转交给下属办事人员做。此外，书写是件复杂的事情，每个词用一个特殊的符号表示，以至于上古以来从铭文和经书中能挑出一万多个不同的字，而用一种缺乏变化的语言来草拟公文材料更有难度，所以要求专注于行政事务的人经过长期的技能训练，这与宫廷人员的教育要求并不太一致。因此，所有有头衔的宫廷官僚的身边都有一些受过训练的书吏以减轻他们处理政务时的负担。书吏［"史"（che）］早在远古时就已出现，在公元前12世纪的商代甲骨文中也有记载。非常可能的情况是，从那时起，史官们从领主们较远的子侄中招募，如幼子那一支，他们太疏远以至于无法得到采邑，被迫求职糊口。史官的工作保证了他们的生活，也为其打开了其他行业的大门——不只是起草、抄写，还包括记录账目、政事、占卜等。因此，一个受过教育、介于贵族和农民之间的阶层逐渐形成，成为将来士人阶层的萌芽。

九、宗教

宗教在此时代的各个阶层中都扮演非常重要的角色，无论是国王、领主、贵族还是百姓；当然，对于不同阶层来说角色是不一样的。个人化的宗教在当时并不存在，只有一种属于群体的宗教。崇拜仪式不是由个人自己完成的，而是通过各个团体（家庭、村庄、领地、国都）的首领进行，也以团体为受众，如此一来宗教完全依照社会的模式来塑造，从某种意义上说只是世俗愿景在神圣愿景上的反映。在上古社会，无论世俗组织还是宗教组织，基本的单位都是领地。在领地内，世俗社会建立在家庭组织和土地所有制两大基础上，同样，宗教也建立在祖先崇拜和土地神崇拜的基础上。这就是对社会的世俗和神圣两个方面的解释。祖先是家族的神圣化，而土地神是领地的神圣化。在社会各个层级（家族、封地、国都）上都能找到这两种崇拜的影子，神圣层级和世俗层级完全对应。

各位土地神就是土地本身的神圣化，并非作为大地母亲、丰收使者之类，而是作为地界之神。每位土地神有自己的地盘，大小取决于他护佑的人群。家庭就是构成宗教单位的最小居住地，于是家宅也有其土地神，叫作"天井神"["中溜"（tchong-lieou）]，乃是"五祀"（wou-sseu）①之一。其余四位分别为正门之神、后门之神、储藏室之神、井之神，此外还有一些神祇虽不见官方祭祀中有记载，却也在民间信仰中有重要地位，如"灶公"（tsao-kong）。整个行政区的所有屋舍也有自己的土地神。再高一个级别，每块封地有自己的土地神，保佑居民，为其带来幸福和健康，也知晓在其领地内发生的一切，并做提醒，如耕耘、狩猎、战争等的开始和结束。此外，每年春季所有有祭祀权的人聚集在神的面前，典礼以巡游的形式结束。作为乡土神灵，他只食生肉，不住人工搭建的祠堂，而是栖身于大树之下的方形土丘内，一般位于"神林"的中央。可以看到源于此的时代流传痕迹：当囚犯初次开垦一块土地时，总会在遍地荆棘中保留一个角落，至少是不去触及最大的那棵树的周围，将其视为树神老爷的居所和荫庇。在神圣体系的顶端，王土的大神["中社"（tchong-chö）]护佑着整个国都和王室家族，正如领地土神护佑领地和领主家族一样。他也被称为"土正"[le Souverain Terre，"后土"（Heou-t'ou）]，是人面蛇身、赤发长角的怪兽"共工"（Kong-kong）之子。共工据说在天地

---

① "五祀"的通用称谓为"门神、户神、井神、灶神、中溜"。——译者注

初开时"吞了九州"，试图抵抗"上帝"（le Seigneur d'En-haut, Chang-ti）派来的各路英雄，从而整治人间。甚至还赶走了其中首屈一指的大英雄，火神"祝融"（Tchou-ying[①]），但被排名第二的"颛顼"（Tchouan-hiu）击败，一直被赶到世界的尽头。他准备用角撞塌支撑大地西北的"不周山"（le mont Pou-tchou）时死了。他仅仅让天地稍稍倾斜，于是星辰从西北落下，江河向东南流淌。他的儿子"句龙"（Ke-ou-kong[②]）认输，治理大地以便于耕种，因此他成了土正，民众须向他献祭。他也是"九转"之神，长了老虎的头，三只眼睛和尖尖的角。他住在地底下，亡故者的遗体全属于他。人们会把亡者葬在他的领地内，供其享用。在献祭中，国王和领主将其与丰收之神"稷王"［le Souverain-Millet，"后稷"（Heou-tsi）］并列，后者实际上是对谷物的神圣化。

与此二神类似，各山、河、湖，乃至土地上的每件农事都有自己的神祇，其威力传播的远近取决于他所主宰之地的重要程度。类似基于自然崇拜的神灵还有鹿头鸟身的"风伯"（le Comte du Vent）、"雨师"（le Maître de la Pluie）、"日母羲和"（la Mère des Soleils, Hi-ho）和"月母嫦娥"（la Mère de la Lune, Tch'ang-ngo），都是所谓的"百神"（po-chen）。他们从未获得很鲜明的个性，除了黄河之神，可怕的"河伯"

[①] 注音似有误。——译者注
[②] 注音似有误。——译者注

（Ho-po）。河边的居民常看见河伯乘着龟鳖拉的车子经过，每年至少要在两地献上女孩嫁给河伯——把女孩放在一张大而华丽的床上推下河，任其随波逐流，直到被吞没。

在这些地上神灵之外，还有"上帝"，或简称"帝"（Ti）。是天上的君主，掌管亡者的魂灵，至少是亡故的君主和王公的魂灵。他居高临下地惩罚美德不彰的国王和领主。他偶尔也下凡，去人间走一走，所到之处，王公家族的祖先就会催生出超凡脱俗的子孙后代。国王的祖先"立其左右"，葬礼结尾时，为祖先行"禘礼"（le sacrifice ti），使其成为宗教意义上的"帝"，与"上帝"类似。大臣和高官的魂灵跟随其逝去的主人，轮流侍奉。在天界，魂灵靠子孙的供奉为生；当家族衰败，无人为其供奉之时，魂灵也会亡去。

每个贵族家庭因此都会有自己的护佑祖先，其法力与家族的势力相仿，其护佑也不限于子孙后代，还包括依附于他们的一切，邑民、仆人、家畜、领地、田野和收成。死亡并不是成为祖先的充分条件，需要完成葬礼才行，仪轨细致而繁复。典礼分两步。在死亡当时，先叫魂（从屋顶上高喊三声死者之名），接着在哀号声中为死者整理妆容；在第二和第三天，将身着寿衣的遗体陈列，披麻戴孝、不戴饰品的儿子们接待宾客吊丧；然后是入殓，将棺木短暂置于会客大厅的角落，旁边放上一点谷物和肉干作祭品；稍晚些，当坟墓竣工便可下葬。全体亲戚、门客、朋友都要出席——送葬队伍为首的是巫师，舞动长戟驱散恶气；披上白麻的灵车驶来，随后是写上逝者名字的旗幡和装载陪葬者的车辆；全身素缟的儿子们跟在后面……

第二章　从领地到诸侯再到帝国

一、领主社会的覆灭

领主社会的存续需要一些特殊条件。商朝灭亡，周朝取而代之，给了领主社会当头一棒。在征服了商王国之后，新兴君主们返回了位于西部的领地；但在回去之前，他们将商朝王室的领地大片大片地分封给了自家的诸位亲王（ts'in-wang），只将黄河走廊和雒水（la rivière Lo）谷地留给自己，这两块地是扼守通往中原东部平原的要冲。征服者们常试图通过这些大块的领地来占据东方诸国，因此这些领地的创立使领地组织开始变得无序。商王的后裔成为宋国（Song，在今河南省）的君主，对前朝南部地区内封地狭小的领主行使宗主权。而原商王领地内归于周王的领主却成了周王室的附庸，封在鲁国（Lou）和卫国（Wei）的王公摇身一变，成了许多原先直接依附于商朝的领主的宗主，或许这符合"首领"的头衔，按通常的译法就是"伯"（po）^①的头衔。这是领主或侯爵（heou）对他们的称呼，因为他们是自己食邑的君主，同时又是周边领主领地的伯爵，享有宗主权。伯爵领地地处偏远，以至于伯爵难以对其进行有效管理，故获得了独立的地位。某些领地，如齐国（Ts'i，属于山东）的领地，可能因地处偏远而取得或让周天子授予了伯爵的管辖权；另一些领地由于治理不善或自身不情愿，形成了许多小型"诸侯国"，它们世代相传，随着邻邦的强大变得越来越不稳定。在伯爵领地内部，资历较老的领主成为"大夫"（tai-fou）。在其归附以后，作为交换，获得王公宫廷内的各种高级职务，也见证着自己的领地在王公的无私捐助之下日渐扩大。

商代和西周初年的领主社会注定在东周（les Tcheou Orientaux）迅速消亡，因为王权在衰落，而某些领地在吞并弱小的近邻之后地盘也越来越大。随着新建立的诸侯国的扩张，它们的君主日渐远离民众。领地原先是一些小社群，那里的王公居住在农民中间，他们的生活跟农民没有太大区别，同样关心庄稼收成和牲口繁育，属臣也认识他们，因为领地还没有大到王公无法从村里过来参加节庆的程度。而在逐渐建立的各大国中，类似的情况就不会出现了。地盘整体的扩张、人口的增加、领地的逐渐富裕必然导致政权的没落，同

---

① "伯"本通"霸"，原指春秋时诸侯的首领。——译者注

时扩大了大小领地间的差异，也因此造成了二者间的冲突。东周时期出现的一系列进步，如犁的发明、冶铁技术的出现、钱币的使用等，使创新成为可能，从而加速了社会变革。

钱币在中国没有在西方的作用那么大。只有青铜（或黄铜）被铸造成币，半两（une demi-once[①]）或略重，而金和银一直十分稀有，一直仅以金、银锭的形态流通。金属货币的形态多样，如齐国的刀币（类似锄形）、秦国（Ts'in）的环形方孔币等，取代了用于流通的小贝壳。金属货币的使用并不普遍，似乎没有彻底改变用谷物、丝绸、麻布等实物进行支付的习惯。

犁的发明很可能是许多极为重要的变革的根本原因。西周到战国时代（les Royaumes Combattants），犁的使用已遍布华北。原本锄地需要的大量劳动力可以用于扩大作物种植面积。这种用于平坦土地的耕作模式使得田地遍布平原；人们开始排干沼泽，筑坝于河。根据汉民族的筑坝传统，齐桓公（Prince Houan de Ts'i，公元前7世纪）在"九河"（les Neuf Fleuves）[②]上修筑了最早的一批水坝；尽管这种传统技艺没有完全流传至今，但也不至于弄错其年代。确有其事的是据《庄子》（Tchouang-tseu）记载，公元前4世纪末秋季的大洪水再次使黄河三角洲变成汪洋大海；而在同时代，许多土地上已有规律地种植作物。雒水流域村民关于灌溉的讨

---

① 本书中一般用"盎司"来代替"两"。——译者注
② 古代黄河下游许多支流的总称。——译者注

论证明水稻已引入这一地区种植。久耕之田逐渐取代了垦荒，以至于无论是孟子还是当时的礼学家都仅仅通过道听途说而了解，用过分简单的方式去描绘前几代人的集体耕作，以井田制（如前文所述）的名义将其理想化。

久耕之田的休耕期短，它的出现增加了定期征税的可能性，无须再根据收成征收（如古代的什一税），而是根据土地面积征收。土地税［"赋"（fou）］诞生于公元前 5 世纪[①]初的鲁国。久耕代替开垦，河流上建水坝、排干沼泽都是经济领域深刻变革的一部分，而带有轭的犁的出现才是其决定因素。它使得耕种拓展至荒芜的平原，改变了国与国之间的力量对比。丘陵地带的国家，如鲁国和晋国（Tsin），原先具有优势，眼看着自己被平原地带原本贫穷甚至半荒芜的国家，如齐国和秦国超越。国家富裕，人口增长，战争频发；同样，物质和精神文明也得以发展。公元前 1 世纪的第 3 个 25 年或许是中国思想史上最辉煌灿烂的时期之一。

二、农民境况的变化

久耕田的出现并不必然导致农民可以获得长租土地。跟以往每一次垦荒一样，在每一次休耕期，种植户都会迁往别处并得到一块土地。然而，必须承认持续的分块耕种对维护

---

① 原文有误，应为 6 世纪初。——编者注

土地有优势，因为从公元前4世纪开始，人们为了分配土地开始考虑轮作原则，即每块地包含可供休耕的小块，视土地情况一年或两年一度。[①] 因此，农民也得以摆脱许多集体劳动的束缚。

他们成为耕作土地的主人了吗？似乎要到汉代（l'époque des Han）才可能，而大约在战国时代，仅仅出现了不稳定的长租土地，但面积较小，或许是因为太傅及其他领主的大块领地被撤销[②]，解放了许多农民。

三、诸侯力量的衰弱

人口的增加使最先进的那些领地的实力得以加强，但没有使诸侯本身受益。他们的权力看似不受限，事实上却受到多种规矩以及礼教和传统禁忌的限制，只能断断续续地行使。田产可继承的特点在各地都一样，使得诸侯受到朝中大人物的摆布；而诸侯中那些希望独立于大臣而亲自掌权的君

---

① 《周礼》，毕欧（BIOT）译，卷一，第206—207页和第340页。

② 我从前认为土地暂时的（或许是永久的）分块隐约延续到了汉代，又在晋（les Tsin）和北魏（les Wei Septentrionaux，公元3至5世纪）的官方土地制度中再次出现，这种做法以秦代（公元前3世纪）确立的私有产权作为原则，后者导致了"废井田"，与中世纪和近代的传统相反。但原本我在上古垦荒到秦代土地分块之间发现的延续性看来是虚妄的，公元3世纪到5世纪的土地制度试图重建公元2世纪就消失了的中等规模农民私有制（la propriété paysanne moyenne），而并非是让我之前假设的古代传统得到官方认可。由于缺乏资料，这个问题变得更加难解。

主，往往会经历刺杀或流亡的不幸。但是，从表面上看，大诸侯国的君主的威望随着国家的扩张而增长，所以到了公元前 5 世纪，他们不承认完全衰落的周王室的宗主权，以"诸侯"的身份取得了"王"的称号。但大部分诸侯的实力像他们的政权一样不断衰落。由于大部分诸侯不断地将土地赠予亲戚和亲信，世世代代都如此，他们眼看着自己的领地逐渐变小而属臣们的领地逐渐增大——晋国的三个家族和鲁国的三个家族最终将整个国家瓜分殆尽，没给国君留下一点儿；最终，晋国国君被废黜，鲁国国君被暗杀；历代周天子眼看着自己的领地衰落，反而落入两位周公（les deux Ducs de Tcheou）之手，自己只保留了宫殿；在齐国，一个家族单独篡夺了土地和王位。

在许多国家，诸侯们的角色逐渐变得不重要，并非总是由于自己无能，而是外力所致。国（principautés，kouo）的组织形式出现了新问题。从前领地的行政架构不能满足新建立的大型政权的需要，而各大家族世袭官位，使必要的变革变得困难。每个诸侯国都在探索既可重新组织又不至于损害传统架构的方法。各项制度需要付出很大代价方能摆脱土地拓殖的古老形式。在新的诸侯国，到处可以发现旧的头衔和职务，几乎没有变化——三公（Trois Directeurs，san-kong）、宰（l'Intendant）、司徒、祭酒（l'Exécuteur，tsi-tsieou）、太史（le Grand Scribe）、内史、卿事及其全部下属——祝、祭史（scribes des sacrifices）、占者、卜者①、舞师，还有为个人服务的官僚——膳宰（Intendants de Bouche）、车夫、马夫、家仆、御者等。以上职务中最高等级的倾向于成为诸侯宫廷内的职位，而非真正的行政管理岗位；这些重要职务由各大家族的族长们继承——在鲁国，"三桓"（les trois familles Houan，均为桓公后代的家族）分享三公之职；在宋国，杜家（la famille Tou）族长为司徒，孔家［la famille K'ong，孔子（Confucius）的家族］族长为司马，公孙家（la famille Kong-souen）族长为司城（sseu-tch'eng），在鲁国用此名代替"司空"，以避武公（le prince Wou）之讳。这些职务继承者的眼中只有接近诸侯的便利，以从其处获得新的更大的好处。他们忙于相互争利，无暇处理行政上的琐事，只能将其托付给下属，如家族子弟或代行史官职务的属臣们。自从有史官（后来演变为士人）以来，行政组织工作的架构就形成了。

---

① 作者先后使用了"devin"和"augure"两个词，欲分别指"占者"和"卜者"。但事实上，这两个法文词均指"对未来预测（的人）"，仅有词源上的区别而无语义上的本质区别。但中文的"占"和"卜"有明显区别："卜"指将龟甲、兽骨等钻孔后用火烤，根据裂纹形状判断吉凶；"占"指用蓍草数目变化的程序得出卦象，推出吉凶。——译者注

四、新的制度

在整个西周时期，实现对其他诸侯国具有压倒性优势的诸侯国（如齐、晋、楚、秦）最快完成了从传统组织形式中提取可构建新组织形式的各种要素这一过程。

晋国的制度。 在晋国，由于山谷纵横，彼此交流困难，属臣们一直保持着很大的独立性；这种强大的封建性使得兵役和战争成为联结起不同封邑的唯一纽带。因此，在晋国，除了与战争相关的职位以外，没有多少经世致用的职位，如招募军队、训练新兵、指挥征伐。诸侯身边大臣们唯一的职责即是如此，即使公共工程似乎也由承担军事徭役的人来完成。新的组织形式就建立在军队的基础上。整个行政系统从属于军事系统，"三军指挥"［les commandants des Trois Armées，后来演变为"六军指挥"（les commandants des Six Armées），或在其他时期有"三军指挥"和"三行指挥"（les commandants des Trois Colonnes）之分］同时担任大臣。他们和一些高级士人一起组成诸侯的幕僚，包括司徒、司寇（由一位祭酒辅佐）、狱监、太史（及其档案和星相机构）、宗伯［le préposé au Culte①，兼有占者、卜者、大祝（sacrificateurs）、乐师、舞师等］。像别国一样，高级职位由各大家族

---

① 原文夹注了拼音"tsong"，似不完整。——译者注

分享；但各代国君成功避免了职位在各家内部的世袭，而将其按自己的意愿分配给得宠家族的成员，即任何人对于任何特定职位都没有排他的专属权。这种安排并不构成真正意义上的管理方式，只涉及把宫廷职位分配给大领主，后者在各自的领地几乎不受约束。尽管在国内大领主的力量不断增长，他们依然会在强势国君［如惠公（Houei）、文公（Wen）、襄公（Siang）］的意志面前卑躬屈膝。但没有任何一位国君成功或设想把一项法律或一个组织架构（将后者包含在内）强加在领主头上，以至于在弱势或年幼的国君统治期内，领主依然十分强大。晋国灭亡的原因就在于，国君无法将规范性的组织架构强加在其附庸们的头上。

楚国的制度。在南方，楚国发展出一套完全不同的制度。起初，此地的群王似乎或多或少将一些借自邻国陈国（Tch'en）的中原官衔安插在本地特色的官制中 ①。有两位官僚辅佐国君——一位是中文称为"令尹"（ling-yin）的总指挥（Chef des Commandements），另一位保存了土语中的称呼"莫敖"（mo-ngao）。二者最早的角色应该是维护王室的忌讳，前者传递国王的口谕，避免聆听圣谕的普通民众直接接触国王，后者可能负责王室外出活动。到了公元前 7 世纪

---

① 负责刑罚事务的长官在各地都称"司寇"；在陈国，由于某种原因，"寇"（k'eou，"盗贼""犯人"）字被"败"（pai，此处为"苦役犯"之义）字取代，于是头衔变为"司败"（sseu-pai），后被楚王采纳。这种特殊形式反映出楚国对陈国官名的借用现象。

到前 6 世纪，令尹变成了相国（le Premier Ministre），领导行政机构；如国王放权，则可代行王政。但楚王不信任这位权力过大的要人，于是将两位助手置于其两侧，即"右尹"（yeou-yin）和"左尹"（tso-yin），行辅佐和监视之责。由于与齐国和晋国的战争频发，军事长官的地位非常重要，和相国平起平坐，称为"大司马"（ta-sseu-ma），也配有左右两位下属［"右司马"（yeou-sseu-ma）和"左司马"（tso-sseu-ma）］辅佐。所有这些职位都由王室亲贵担当。组织架构的问题不同于晋国——楚国没有强大的附庸领主，没有能与国君相对抗的封建土地制度；受分封的王公们甚至无法管理其领地，而是交与"三闾大夫"（san-liu tai-fou，直接来自王室）负责。地广人稀正是楚国的主要困难，国王难以解决，从而无法给予其王国一个合适的组织架构。

秦国的制度。秦国不存在封建制度。它的国君们继承的是一块不含采邑、只包括少许领主领地的王室行省，因此他们从未将大块封地分封给亲属或臣子，只封了许多中等或小块的领地。于是出现大量占有中等规模财产的贵族，他们力量太弱，无法威胁国君，这便是秦国贵族阶层的状况。这是个没有什么传统的国度，因此变革迅速发生，原始的组织架构（如"三公"等）从公元前 5 世纪开始就消失得无影无踪了。最高等级的两位大臣领导一切——一位负责平时工作，一位负责战时工作。前者是行政机构的总头领，在国君领导下治理秦国，有一个意味深长的名号，即"丞相"（tch'eng-siang）；后者指挥军队，即"国尉"（kouo-wei）或"太尉"（t'ai-wei）。但秦国的各代君主怕受一位过于强势的丞相摆布，于是将其职位一分为二，即"左丞相"（Conseiller-Aide de gauche）和"右丞相"（Conseiller-Aide de droite）。在这一点上，秦的制度让人想到了楚的制度，只是官名有别。当时的中国战乱不断，不可能出现一个军事首领不占据极重要位置的组织架构。在这些高级职位之下，秦国还设有称为"廷尉"（le Chef de la Chancellerie Impériale, t'ing-wei）的司法大臣，负责审判刑事案件并指挥警察；或许还有两位负责财政的公务员，即"治粟内史"（tche-siu nei-che[①]）和"少府"（chao-fou），前者负责征收实物税，后者征收货币税。监管活动由"御史大夫"（le Président du Tribunal des Censeurs, yu-che tai-fou）负责，监督整个行政部门，并将高级公务员乃至群臣的报告转交国君。一旦国家开始扩张，为避免将新征服的地区作为采邑分封给贵族（此乃其他诸侯国中常见的危险做法），他们创立类似"省"的区划，交给官员管理，称为"郡"（kiun）。郡的组织结构同秦国中央机构的设置，配备两位长官，一位是负责民政的"守"（cheou），另一位是负责军务的"尉"（wei）。民众的一切活动都被近距

---

① "tche-siu"似应为"tche-su"。——译者注

离监控——有"市官"（chef de marché，che-kouan）、监管武器铸造的"铸铁官"（tchou-t'ie-kouan）、"盐官"（préposés au sel）等。这还不是全部。为牵制贵族，秦国国君在公元前4世纪中期设立了不少于十八级的荣誉等级制度，含低等四级（"赍士"，pi-che），高官五级（"大夫"，tai-fou），显贵九级（"卿"，k'ing）；以上等级均附带特权，有时还会获赠大量土地。

因此，各诸侯国均试图从较原始、简单的制度出发，优化其组织架构，使其适应各自特殊的地理和社会环境。各国社会组织和政治制度的差异给予当时的华夏世界以多样性，后来的各个时代却不再复现。当时，人们时常旅行，更不用说那些各国君王派出处理各种要务（婚礼、葬礼等）的使节；宫廷阴谋不断出现，使得"流放"司空见惯。孔子大半生的时间都在周游，从卫到宋；管子（Kouan-tseu）逃出了他的故乡齐国，到了鲁国，而齐桓公又派人去鲁国找他。在公元前4世纪，在母国不满自身命运的文人前往邻国一试身手——孟子原籍鲁国，来到齐国、魏国（Wei）和其他小国，受到各国国君的款待。在路途中，文人有机会比较各国的政治制度。公元前4世纪到前3世纪，中国从制度的多样性及对多样性的比较中得到了思想和观点的自由，这种自由后世不复存在。

五、文官阶层

四分五裂的华夏造成了地方差异，尽管如此，各地社会和制度的变革总体而言遵循相同的轨迹。其中最突出的特点之一是，几乎各诸侯国都出现了士人阶层的扩张。尽管这个中间阶层作用很大，但长期以来未受关注；而随着各诸侯国疆域的扩大，国君感受到常态化管理的需要，因而给予他们越来越重的权势。国君和大领主们需要这些受过良好教育的人，他们勤劳、正直、忠诚，不会给任何人带来威胁，是一群渴望得到宫廷要职的小人物。士人阶层处在宫廷贵族和农村庶民之间，属于知识分子市民阶级的一类，他们的影响累世俱增。

正是在他们中间选拔了大臣的顾问和各种行政雇员，其中最优秀、最聪明的人会获得管理和经营其上司私人事务和财产的权限。孔子曾任"中都宰"（l'Intendant de Tchong-tou）。"中都"是由姬姓家族（la famille Ki）管理的城市，长官由鲁国首相世代继承；孔子弟子之一的冉求（Jan K'ieou）曾是同一家族的宰臣（l'Intendant familial）。姬姓家族中最没有天赋的人会被安排做简单的抄写和档案管理工作，在衙门里为数众多。可想而知，他们对自己的世界并不满意，虽然他们是政府机器上不可或缺的部件，但被排除在只可世袭的高级职位以外。因此，这个有文化的市民阶层长期不满，成为上古社会崩塌的主要推动力量之一。他们在各领域均有所行动，对宗教、行政、哲学、礼法等各领域问题都有思索，也为上述问题带来了全新的观念。在宗教上，士人们倾向用祭司的精神状态取代外在的礼法；在政治上，他们将对君主制与君主角色的构想以确定的形式固定下来。同时，精神上的好奇驱使他们探索哲学问题，并用独特的方式去解决。他们就是革命者，但不自知。他们坚信凭良知可以让当时的社会返璞归真、强基固本，于是他们将整个社会结构完全摧毁。

六、宗教生活

大部分旧领地消失了，而另一部分生存、发展，成为大诸侯国，这些变革给了上古宗教以致命一击。领地是一切本地生活的中心，也是宗教生活和社会生活的中心。以前领地尚未发展到如此广阔，而现在，居民无法去行政中心去出席政治典礼、祭拜土地神、祭祀领主祖先、参加丰收庆典，等等。他们会直接参与祭祀，因为剩余的祭品会分发给他们。于是，宗教对所有人（包括农民）而言是一种现实的存在。但祭祀的场所随着领地本身的消失而不复存在。幸存下来的只有十来个，分散在一些大的诸侯国里，但由于领土过于辽阔，全体国民无法从四面八方赶来行祭祀之礼。在留存的领地中随着诸侯财富和实力的增长，祭礼变成了华丽而排场的聚会；

而在远离中原的各诸侯国国都，祭礼变成了王室活动，百姓逐渐被排除在外。当领主和臣民一起在一小片领地上生活，他们在宗教上相互关联，可以自如地感受到这一点；当领主变成了诸侯，居住在农民遥不可及的宫廷深处，这种关联就荡然无存了。在宫廷氛围中，诸侯们的祭祀蜕化变质，因为基于土地的宗教早已无足轻重，只是由于传统而得以延续。农民的祭祀并未消亡，但与领主的祭祀已无关联，因为生活贫苦、单调，他们的祭祀在宫里人看来带有粗鄙的迷信色彩，宫里人不承认这种祭祀与自己的祭礼之间存在亲缘关系。

上古宗教正是具备了领主祭祀和农民祭祀的双重形态，在公元前1世纪中期完全衰落。士人阶层是有文化的市民阶层，居于上古两大基础阶层——领主家族和农民之间，它的发展壮大加速了上古宗教的衰落。因为，士人阶层有自己的追求，此乃其行动和转变的持久动力。士人的职责里包含领主和权贵们强加于他们的大量琐事，使其负责管理各种行政事务，并促使其中的佼佼者为大政方针献计献策，甚至对在当时与政治不分家的宗教问题进行思考。因此，在士人阶层内部开始了一场大规模的哲学和宗教改革运动，随后遍及社会各阶层。

使士人们非常吃惊的一点是，当其开始思索人和神之间的关系时，献祭活动已经成为一种粗俗而不合宜的市场，用精心采选的肥硕牲畜换取神灵的庇护。士人们希望少一点儿关注祭祀仪式上的物质，而多一点儿关注祭司和参加者的道德水准。有些人认为，神灵们是不可能被祭品收买的，他们看重的是献祭者的美德。另一些人更激进，坚持认为神灵不存在，即使存在，也不管人间的事情。墨子（Mo-tseu）说："今执无鬼者曰：'鬼神者，固无有。'且暮以为教诲乎天下，疑天下之众……"①几乎所有人都倾向于移除人格化的神灵，将其用非人格化的力量替代，圆满完成祭祀只需落实在行动上，无须赋予其自觉的意志，甚至使其变得专断无理。"上帝"让位于"天"（T'ien），"后土"让位于"地"（T'ou②），凡此种种。当然，理念千差万别，观点的多样性正是当时哲学辉煌灿烂的原因之一。站在宗教的角度看，士人们的努力、探索及各种思辨最终分为两大流派，一派倾向于道德主义，一派倾向于神秘主义。原因在于前者偏好宗教中的集体形式，而后者偏好个体形式的宗教。归根到底，前一流派孕育了儒家，后一流派孕育了道家，而道家的宗教观念使稍晚出现的佛教能在中国生根发芽。

七、政治思想和哲学

士人的作为不只在宗教领域有影响，尽管他们的处境仍

---

① 《墨子·明鬼（下）》——译者注
② 前半句为"天"，后半句中理应对"地"，注音似有误，宜为"Ti"。——译者注

不独立，但在政治领域的影响也不小。随着士人逐渐意识到自身角色的重要性，他们乐于幻想建立一个新社会，凭才干而非出身就可被选为君主的谋臣。然而，他们所受的教育使其成为传统的支持者，因此没有在某个不确定的将来去寻找"黄金年代"，需要他们根据新原则去创立其中的要素；他们转而回到相对较近的过去来寻找，只需要再现历史。在上古"圣王"（cheng-wang）的传奇时代，尧只根据被推荐者的才能和美德就选其为大臣。

士人期待能找到带他们重回往昔好时代的圣王，他们一心认定上古的统治完美无缺，这使他们将当下的社会同传说中的社会做比较。由于要处理各种官府杂务，他们习惯于起草公文，王公通过公文授予官位，法官宣布判决，显贵们上朝述职等；较多地就某些按惯例交由他们处理的问题进行发挥，而很少阐述与每个具体案例相关的详尽事实。他们常用的这些套话，百姓也习以为常，不过是被用作表达思想的条条框框。他们还会编造一些子虚乌有的文件，借作者之口阐述个人观点，或谈论伦理、哲学问题，借上古圣贤之口的方法最为常见。他们发展出一套王权理论，在当时纯属乌托邦式的空想；随着周王室累世衰微，该理论被强加在后世一切与君权有关的观念上。同时，他们从周朝代商的合理性出发，创立了一套涉及君民关系和天人关系的政治学说，因为他们对伦理问题更有兴趣。和许多原始民族一样，中国先民会在出现的各种意外事件中看出某些先兆，如日食或月食、洪水、大火等，他们认为这正是神灵对人类行径不满的表达方式。先人通过不断地祭祀来解决宗教问题，而士人却将这些宗教问题转化为伦理问题，认为神灵不能被祭品收买，他们只考虑参加并完成仪式者的美德；士人将"人的行为"的笼统观念替换为"作为臣民代表的君王之德行"，创建了一种相当平衡的理论。天道无情，其运行回应君王的德行。君王从"上帝"那里得到权力，"上帝"赋予其"天命"（t'ien-ming），这是上天交与王朝祖先的责任。但开国君王的美德无法一劳永逸地护佑子孙。每一位后继者都应当通过树立美德来获得承继天命的权力，否则无情的上天会回应君王的德行，夺其天命，转交别家。如此，商代最后一位国王，暴君受辛（Cheou-sin）[1]因过错丧失天命，"上帝"转交周室。

　　这种学说在当时迅速被认可，随后几个世纪的作者都将其作为自己思想的基础。对于中国思想而言，这更像是起点而非终点。文人醉心于这些算计，并希望更进一步，对物质和精神世界进行完整的表述，将其建构于这种学说之上。这种表述中的材料并非完全由他们编造，而是取材于当时的流行观念、宗教理念、民间传说、手工技艺，但在这一点上，文人的天才思维擅于发展并改造他们接触到的一切。"五行"（les

---

① 即商纣王。——译者注

Cinq Éléments；wou-hing）理论建立在各族先民共同习惯的基础上，按数字对万物分类，并非视其为任意的排列，而是作为现实本身的表现。"三才"理论（la théorie des Trois pouvoirs）将天和地构成的物质世界和由人构成的精神世界对立起来，天和地并非神仙眷侣，只是"天盖之，地载之"；而出于朴素的人类中心主义，人被设想为宇宙的中心。此外，天地与人交相辉映，天地所有的一切人间都有，反之亦然；因为属于人间的东西也需要在"大宇宙"中有所回响。至于认为万物既对立又互补的阴阳理论，来源于将万物划分为两个范畴（吉利或不吉利）的占卜师，在他们看来，这是最基本的二元对立，由此不仅可以推演出分类原则，还可以对宇宙进行解释。整个哲学的运行都出自这种探索，其特点在于根据宇宙论的解释，尝试将计数的、分类的、描写的各个范畴进行转化。

　　中国思想史上第一次有意识地进行的哲学探索，其中最著名的作品之一是公元前 7 世纪到前 6 世纪之间的一本小册子，《洪范》（Hong-fan）①。作者使用各种范畴和数字理论，将事物的大类以五为计数规律作为根本，不只是简单的枚举，而是真正的解释系统。"五才"（wou-ts'ai）即木、火、金、水、土，产自于天，为人所用；在《洪范》里，上天活动的代理

① 这部短小的作品被收录在"五经"之一的《书经》中，构成第四部分［《周书》（Documents des Tcheou）］的第四章。它采用商代后裔、贤明的王子箕子（le Prince de Ki）向周代的建立者武王口述的形式。

不再是实在的物质或财富的构成要素，称为"五行"。这些要素彼此区别，以供上天造物；它们轮流占优，循环往复，以至无穷。所有以"五"来区分的范畴都与之有关，被视为"五行"这一基本分组的性质、属性或形式。大宇宙就是这样组织起来的，是天地构造的物质的、外部的世界。与之相对的是"小宇宙"，也就是人，与"大宇宙"同构①；但作为伦理世界和政治世界的代表，人又与天地（物理世界）相对。从这个角度来看，与"五行"相对，人有"五识"（wou-che），即身、口、耳、眼、意②，支配着人的身体，但只是身体的一部分；正如"五行"支配着物质世界，但也只是世界的一部分一样。再把这种对应关系拓展得更远些，"五行"通过"五纪"（wou-ki）的方式来支配物质世界，即岁、月、日、星辰、历数，一切按时到来；同样，人的"五识"也通过"八政"（pa-tcheng）来规范伦理—政治世界，即食、货、祀、大臣、师等③，这样社会才能有序。"五识"与"五行"的规律相对应，也是君王的义务；若君王无视，扰乱"五纪"，"六极"（lieou-ki）便降临；若君王恪守，"五纪"运作正常，不仅灾祸不起，君王还能集"五福"（wou-fou）于一身，并泽被万

---

① 因为"五行"在人的身体里构建了"五脏"（wou-tsang）。
② 与后世佛教的"眼耳鼻舌身"略有出入。——译者注
③ 《洪范》原文中的"八政"是食、货、祀、司空、司徒、司寇、宾、师。——译者注

民。以上便是"皇极"（houang-ki）的作用，也就是"王权"这个天人汇聚点的角色；所以人们说："天子乃万民之父母。"这样，宇宙的两个基本构成成分——天和人，也就是物理世界和人类社会之间便建立了必要的层级谱系。

在另一个稍有区别的领域，专注于占卜的士人带来的并非是对世界的笼统解释，而是对其技艺的科学解释。传统占卜术为其提供了辨别凶吉的经验主义方法，他们想理解一切重复事件背后的原因，其依据是卜卦与事物之间的对应关系。他们将卦（共六十四个，每个六行横线）分为更简单的成分——横线、一对横线、三行横线［即"八卦"（pa-koua）］，尤其看重八卦中三行横线相同的。好比八卦构成了一个家庭，包含双亲（由三行横线均相同的两卦代表）和六位子女（下方均为实线的三个卦代表三个儿子，下方均为断线的三个卦代表三个女儿）。八卦被视为六十四卦的基础。所有这些图形不仅具有象征意义，还真实存在于占卜世界；相对而言，生灵存在于感官世界。但这一切不过是纯粹技术性的准备工作，假如我们可以解释清楚六十四卦自身的意义，那就没必要将其应用在感官世界的事物上了。占卜世界和物质世界的一致性得到承认，使得占卜世界的解释可以转移到物质世界中。同样六十四卦由实线和断线构成，万物也由对立的两种物质构成——"阴"代表黑暗、静止、雌性、土地，而"阳"代表光明、运动、雄性、天空（"阴"和"阳"这两个字本来指山谷的背阴坡和向阳坡）。同样，六十四卦的六根横线彼此独立，又相互支撑；阴阳也非混杂而生万物，却是相继相生的。阴阳交替生万物，是为"道"（tao），此乃世界之原理，但又未成为脱离阴阳、凌驾于万物之上的现实。万物均源自阴阳，万物之外不去思量，于是占卜者的理论自圆其说。这种交替首先产生了无形而不可见的东西，然后产生了无形但可见的东西，最后产生了有形又可见的东西，即万物。这一理论在相对封闭的占卜士人阶层中间慢慢形成，得益于占卜学的传授；几代占卜师在《易经》（Yi-king）的附录《系辞》（Hi-ts'eu）中逐步记录自己的观点（并非完全一致），这本小集子上有对占卜师口头解释的详细记录，因口谕与文本散佚，故今天来看并不好懂。它是占卜术语的补充，后者涉及六十四卦、对每一卦的评论、技术上的解释，以及出自同一源头的其他手册。《系辞》和占卜术语共同构成了《易经》，较晚成为"六经"之一。

如此，中文里最早的一批非韵文著作便围绕着士人的活动形成了。多样化的官方文献也造就了多样化的文字形式——为订立官方文书而记录的话语；按时间顺序对档案片段分类汇编，成为编年体历史的出发点；有关宫廷节庆日接待工作的仪轨，伴随着国王或诸侯祭祖典礼的动作流程记载等。在这些形式中，第一种数量最多，因为真实材料仅仅记载于一些铭文之上，而由士人所作的哲学和政治著作是凭虚构材料写成的，一如前文所述。在其他一些非韵文形式中，鲁国（在今山东省）公元前721年①至前481年间的编年史《春秋》（*Tch'ouen-ts'ieou*）内容上近似于古代档案汇编。至于古代仪轨，"五经"（les Livres Classiques）之一的《书经》记载了大型军事舞蹈"大舞"（ta-wou）近一半的剧本，该舞蹈是为了庆祝周武王（le Roi Wou des Tcheou）战胜末代商王而编排的。以上这些或许只是那个时代产出文字的一小部分残存，但足以证明自西周末年、东周初年起（即公元前8世纪至前7世纪），作者已掌握许多方法来进行写作。

八、上古末期的思想与文学生活

诸侯国的发展促进了文学运动的兴起，知识中心在新兴诸侯国日益扩大的国都里形成。文学在整个东部大平原上的鲁、魏、宋、齐等国传播，随后逐渐抵达较远的各国，如南方的楚和西部的秦。在几个世纪前的匿名写作时代，作品的作者擦去姓名，却让古人替自己发言；此时已完全不同，这是在整个中国文学和哲学史上巨匠辈出的年代——孔子、墨子、老子（Lao-tseu）、庄子、孟子、荀子（Siun-tseu）、韩非子（Han Fei-tseu）、屈原（K'iu Yuan）。文学作品开始受

---

① 根据《辞海》，此处应为"前722年"。——编者注

到作者性格的影响，每人的代表作变得越发个人化。这是上古文学史上最辉煌、最生动的年代，也是最具个性的年代。然而，作家花了很长时间才意识到自己的角色，因为他们中的大部分只是因为没有更好的选择而甘心成为文人，他们也曾梦想着成为政治家，将自己的理念直接应用于所在国的治理。当然，最伟大的人，如孔子和墨子，并未亲手留下一行文字，我们得到的只是其弟子对其讲学内容的记录。因为，几乎所有大师都办学，希望培养比自己更幸运的弟子，将来能将自己的伦理和政治理论付诸实践。

孔子。孔子的大名在公元前 6 世纪末至前 5 世纪上半叶占据突出地位①。孔子生于鲁国的贫苦家庭，是世袭宰相（le Grand Secrétariat impérial，tsai-siang）职位的季孙氏（les Ki-souen）的门客。孔子原来想在家乡谋得一个官职，但国内政治的纷争将其驱逐。他一生当中的大部分时间在周边国家度过，从一国走到另一国，一些门客和友人伴随左右，他

---

① 据传，孔子（前 551 年—前 479 年）生平的重要日期是基于编年史的计算得出的，没有意义。传统生平上的突出事迹包括其在卫、宋、齐等国的逗留，都无法确定日期，连先后顺序都不确定。四次险些丧命的大考验构成了一个或许和方位有关的序列——"无冕之王"又被称为"素王"（sou-wang），要像真正的国王一样义不容辞地巡回视察。但如果说《庄子》[第五章，第二十节，理雅各（LEGGE）译，第334页]和《列子》[Lie-tseu，第七部分，卫礼贤（WILHELM）译，第86页]中历数的那些考验的顺序就是传统的顺序，这就同上天的规则相反，或许违反天则就是为了解释孔子苦难的原因。这不过是一些孔子最初传奇的边角料——自汉以来，孔子的传奇就已失传；公元前 2 世纪的司马迁（Sseu-ma Ts'ien）将其简化为一些猜测，但目的是重构孔子的传奇。

们日后成为其最核心的弟子。正是在这漂泊无定的人生中，孔子将其观点对准了治国之术，开始演说，名气渐大。临近暮年，他获准回到母国，在家中开设学塾，将最后的时光用于讲学。孔子所教的内容，我们只能间接地从弟子在其去世后记载的言语中了解一二，他本人从未亲手写下一个字，《论语》（*Louen-yu*）是公元前5世纪末汇编而成的。他似乎想培养一些能够实践上古圣王德政的政治家。"圣"（cheng）的品质不可习得，而是上天恩赐的；但任何人均可通过学习诗（《诗经》）、礼以接近，成为"君子"（kiun-tseu）。普通人具有同圣人一样的内在品质，通过学习就会与圣人无异。首先要学会"仁"（jen），即"己所不欲，勿施于人"，此乃最重要的美德，也是一切社会关系的基础；"孝"（hiao）和父爱又是"仁"的基础；而"礼"（li）是具体情况下的实用规范。此类自我教化，每个人都需要奉行，也是为了有朝一日能有尊严地担任公职。因为，不能指望好政府的统治来循序渐进地教化百姓"成仁"，首要目标是让一位圣贤的诸侯或大夫执政，施行好的学说以传播"仁"。

墨子。上述理念在另一位鲁国人墨翟（或尊称为"墨子"）看来有些无力，孔子的"仁"并未满足他；他远没有将"仁"视为美德，反倒在其中发现了所有的恶。因为孔子区分远和近、自己和他人，而对世界的敬意则来源于"兼爱"（kien-ngai），不做任何区分。应实行"兼爱"，为此人人都要自我完善，并非通过读书习礼，而是通过对"老天爷"意志的服从。当时大部分文人不信"天"，但"天"在民间宗教里作为私人的、人形的神而存在。真正的学者知道去爱上天和诸神，并对众人施行"兼爱"。这种学说在公元前5世纪下半叶获得巨大成功。墨子的弟子们不愿等待圣主将其师的理念付诸实践，他们试着成立社团，在公元前5世纪至前4世纪继承墨子成为学派领袖的"巨子"（kiu-tseu）的指导下努力践行"兼爱"，以实现老师的理念。

公元前4世纪到前3世纪各学派间的争斗。孔子的弟子、墨子的弟子，以及其他的学派之间进行了尖锐的辩论和激烈的斗争。各方都以为找到了施行良政的秘诀。文坛上的名气成为发家致富的重要手段。政客这种职业也具有流动性，他们将自己的智慧和治理方案从一国宫廷带到另一国宫廷，收入颇丰。离开鲁国之后，孔子就受益于此——据记载，他应该接受了卫国国君提供的酬金。他的弟子孟子在公元前4世纪末接受了齐王和魏王的款待，哪怕是自称远离政治和世俗生活的道家弟子也会效仿，庄子据说和孟子一样，也受到同一位魏王的周济。当然，这些异国人不会在其客居之国被授予官职，在当时这是不太可能的事，因为官职在一些大家族内世袭，诸侯无法支配。此外，难以想象的是，依据各国的贵族等级制度，不能将领地或爵位赠予知识分子，只能赠予其低微的出身，只有流亡异国的高官才能接受所在国领地或爵位的馈赠。即便出现诸侯想违反惯例的情况，大臣们也总会反对。但会为周游的文人们设立一些荣誉职位，以便他们能进入宫廷，向君王报告其观点；一言以蔽之，人们会给予其履行政治演说家职责的可能，同时不影响到政务的日常运转，也不会蚕食等级制度下的各种权利。在齐国，宣王（le Roi Siuan，约公元前 317 年 [①]—前 301 年在位）将某些文人封为"列大夫"（lie tai-fou），该荣誉头衔半世纪之后被襄王（le Roi Siang，公元前 283 年—前 265 年在位）授予了儒家学派的领袖荀子；在魏国，孟子和庄子被授予"相"（Conseiller，siang）的头衔。诸侯乐于让知识分子在自己面前发言、对质，甚至让他们唇枪舌剑地争论。但诸侯对舌战内容的重视程度不比观赏著名剑道家对决时高，既不会渴望也没有能力将文人们提出的理论付诸实践。

与较早创立的儒、墨两家相对的是新创立的名家（ming-kia）、法家（fa-kia）和道家。孔子和墨子的弟子期待着上天派来的圣主或根据上古道义培养出的贤人施行良政，法家弟子对此提出的反驳是，每个年代有其正确的治理方法，目前的治理方法与旧时的治理方法无关。在当时那个纷乱的时代，他们认为无法用"礼"这样温柔的方式来正确地治理；需要采用更加严厉的方式——"法"（fa），才能达成目标，与之

---

① 根据《辞海》，齐宣王在位起始年应为公元前 319 年。——编者注

相搭配的不是"仁"或"善"，而是"利"（li），即一切对国家有好处的东西，以及"功用"（kong-yong），即一切能成功的东西。必须严肃而公平的执法，赏罚分明，不被人为左右。即便是君王也要服从，因为尽管为了公众利益，他有制定或废止法律的权力，却不能为了自己的情绪而违法，否则就会眼睁睁地看着国家大乱。法家与其竞争对手相比更少空想，却大获成功；其理念由一些无名之辈假借公元前4世纪的秦国大臣商子（Chang-tseu）、想象中后者的弟子尸子（Che-tseu）①、公元前7世纪齐国大臣管子及其他人的口中说出，得以广泛传播。到了公元前3世纪，法家似乎到处培养政治家，他们在各国执掌大权，十分活跃。法家理念尤其在秦国被接纳，当时和其他各家的观点一起提交给秦国朝廷。法家能获得理论上的成功主要靠韩非（Maître Fei de Han），他是移居秦国的韩国（Han）王室后裔，于公元前233年失宠而死；而实践上的成功要归功于李斯（Li Sseu），他是司法大臣，也是秦始皇（le Premier Empereur de Ts'in, Ts'in Che-houang）最重要的谋臣之一，故于公元前208年。因此，帝国的道路是由法家开拓的……

---

① 即"尸佼"，一说为商鞅门客。——译者注

第二部分

秦汉帝国

第一章　帝国、领土和人口

　　秦和汉帝国的幅员略小于 19 世纪中国内地 18 省。孝平皇帝（l'Empereur Hiao-p'ing）[①] 时，公元 2 年的一份报告中提及，全国总面积估计已达 1.45 亿顷（k'ing），略少于 700 万平方千米（或 6.82 亿公顷[②]）。但其中只有一小部分已耕种，约 3900 万公顷，其余包括可耕地（1.42 亿公顷）和非可耕地或宅地（4.82 亿公顷）等[③]。这是历朝历代中最高的数字；而公元 105 年、125 年、144 年、145 年和 146 年进行的各次普查中已耕地面积略微减少，从 3200 万到 3450 万公

[①]　即汉平帝刘衎（前 9 年—6 年）。——译者注
[②]　文中单位换算为作者换算，似有误。下同。——译者注
[③]　据《前汉书》（*Ts'ien-Han chou*），28B，8b—9a，国土总面积为 145 135 405 顷（合 682 141 104 公顷），已耕地面积为 8 270 536 顷（合 38 871 519 公顷），可耕地面积为 32 290 947 顷（合 151 767 450 公顷）；住宅、道路、山川、河流、森林、沼泽面积为 102 528 889 顷（合 481 885 778 公顷）。汉朝时一尺（le pied）合 24 厘米，一顷合 100 亩（*meou*），大致相当于 4.7 公顷，据此推算出以上数字。中文文献中的国土总面积数与下文的总数不符。

顷不等。①

道路。当时的交通比较困难。秦始皇于公元前 221 年—前 210 年在位时修建了一些国家道路，以联结首都和帝国的边疆；汉代对这些道路加以悉心养护，但本质上它们的战略意义大于经济意义。

笔直的大马路在平原和山区延伸，为的是可以快速运兵；而在平时，大江大河就是运送粮食给养的通道。汉代的道路是宽 100 尺（约 24 米）的大道，由三部分构成——中间是铺有石板的骑马者通道［"特道"（t'o-tao）］，专供有公务在身的皇家邮差和在各地巡查的行省骑兵们使用；较低的两侧供战车和行人使用。②

人口的分布。在这块广阔的国土上生活着 5000 万至 6000 万居民③，几乎全是农民。城市数量很少，且面积不大。

---

① 据《后汉书》（*Heou-Han chou*），33，8a—b，公元 105 年国土总面积为 7 320 171 顷（合 34 404 803 公顷），125 年为 6 942 892 顷（合 32 621 592 公顷），公元 144 年为 6 896 271 顷（合 32 412 474 公顷），公元 145 年为 6 957 676 顷（合 32 700 077 公顷），公元 146 年为 6 930 123 顷（合 32 571 578 公顷）。

② 浜口重国（濱口重國，HAMAGUCHI Shigekuni）:《传舍研究——汉代交通线上的站点》（『漢代の傳舍』，*A study of Chuan-shê, the station of communication line during Han period*），《东洋学报》（『東洋学報』，*Tōyō Gakuhō*）卷二十二，第 4 号，1935 年，第 509—532 页。

③ 就这项统计而言，公元 2 年的普查数字是最高的，有 12 233 062 户家庭和 59 594 978 位居民（《前汉书》）。到了公元 57 年，有 4 279 634 户家庭和 21 007 820 位居民；公元 75 年，有 5 860 573 户家庭和 34 125 021 位居民；公元 88 年，有 7 456 784 户家庭和 43 356 367 位居民；公元 105 年，有 9 237 112 户家庭和 53 256 229 位居民；公元 125 年，有 9 647 838 户家庭和 48 690 789 位居民；公元 144 年，有 9 946 919 户家庭和 49 730 550 位居民；公元 145 年，有 9 937 680 户家庭和 49 524 183 位居民；公元 146 年，有 9 348 227 户家庭和 47 566 772 位居民（《后汉书》）。

秦帝国先分为 36 个郡，后分为 40 个郡；到了西汉时期（les Han Antérieurs），征服高丽（la Corée）和南方，切分过大的行政区，使得郡的数量达到 103 个。每个郡的首府都是很小的小镇。除了帝国的都城长安和洛阳及一些封建政权的旧都，如古老齐国的都城临淄（Lin-tseu），其余基本不过是一些小的行政城堡，四周围绕着几百米长的土城墙。执政官的府邸位于城中，称为"听室"（t'ing-che），布置得像领主的住所，四周有庭院，南边入口处有卫队，里面的土台上建有礼堂、接待处和裁判所，左右两侧的楼上则为办公室。"听室"周围是政府雇员的住所、军队的营房和带有一些铺位的市场，附近的农民可携带粮草食品前来售卖。在围墙以外，靠近正门的是邮政驿站"亭"（t'ing），以及驿站负责人"亭长"（t'ing-tchang）的住所、马夫的住所、马厩和仓库，最后还有供商队过夜的旅馆。这种居民聚落的体量并不是很稳定，因为大部分员工都是临时招募的，在当地最多待几年后，就会因工作调动而迁走，剩下来的居民由我们一无所知的工匠和商人构成。当时的中国依然如故，是农民的国度。

在帝国内部，人口的分布极不均衡。长江流域（le bassin du Fleuve Bleu）以南的和五岭〔wou-ling，在今天的云南（Yun-nan）、贵州（Kouei-tcheou）、广西（Kouang-si）和广东（Kouang-tong）一带〕以南的南方各省只有 160 万居民，合每平方千米 1.7 人；那里还是森林和山脉阻隔的丛林地带，隐藏着常怀敌意的部落居民。在行政站点周围和道路沿线，散布着小型的华夏族居民点。在这些新征服的国土上，缺少的不是可耕作的土地，而是人口；此外，在这片亚热带区域，农耕与华北（la Chine du Nord）和中原（le Centre）有区别，需要一个学习过程。定居者们逐渐在这里安顿下来，到了战乱年代则汇聚得越来越多，如王莽（Wang Mang）篡权后的内战时期（公元 1 世纪初）和黄巾（les Turbans Jaunes）起义时期（公元 2 世纪末）。相反，北方诸省人口充盈。公元 2 世纪中期，崔寔（Ts'ouei Che）已经观察到"狭乡"（village à l'étroit）的存在，即在北部和东部人口密集区域地少人多。[1]

随着共同劳动传统的丧失和大家族的消失，那些曾经花了大力气获得数亩土地的种植者因人数增多而只能获得小块土地。然而，从前耕作技术低下，收获微薄，为养活一个家族需要广大面积的土地。汉代通常被认可的生产率为 1~1.5 石（che）每亩，即每公顷 4~6 百升（hl），并未指出是哪一种谷物，大米或小米，总之，收成极低。因此，只有 1.5 公顷（30 亩）土地的家庭比较贫穷，而只有同样面积领地的家族就十分悲惨了。[2]

---

[1] 见崔寔（约 103 年—170 年）所著《政论》："今青、徐、兖、冀，人稠土狭，不足相供。"——译者注

[2] 《前汉书·陈平传》（Ts'ien-Han chou, biographie de Tch'en P'ing），40，5b。

第二章　社会阶层

农民。农民生活艰辛。公元前2世纪，晁错（Tch'ao Ts'o）在给皇帝的报告[1]中描述了农民的生活：今日，在五口人的农家里，服徭役的不少于两人。全家有力耕作的面积不超过100亩（5公顷），这100亩地的收成不超过100石（20百升）。农民们春天犁地，夏天除草，秋天收获，冬天贮藏；还要砍柴取暖，侍奉官吏，辛勤徭役。春季无法躲避大风沙尘，夏季无法躲避烈日酷暑，秋季无法躲避雨水坏天，冬季无法躲避严寒冰冻。一年四季无一天休息。我还没有说到他们的私人事务——他们要为逝者吊丧，打听病人的消息，抚

---

[1]　以下引文的原文出自晁错《论贵粟疏》："今农夫五口之家，其服役者不下二人，其能耕者不过百亩，百亩之收不过百石。春耕，夏耘，秋获，冬藏，伐薪樵，治官府，给徭役；春不得避风尘，夏不得避暑热，秋不得避阴雨，冬不得避寒冻，四时之间，亡日休息。又私自送往迎来，吊死问疾，养孤长幼在其中。勤苦如此，尚复被水旱之灾，急政暴虐，赋敛不时，朝令而暮改。当具有者半贾而卖，无者取倍称之息；于是有卖田宅、鬻子孙以偿债者矣。"作者原注释中的出处似不可考。——译者注

养孤儿，教育族内的青少年。当命运不济时，他们还要忍受洪水和干旱，负担收成以外的税赋，饱受朝令夕改的烦扰。于是，那些拥有了一些财产的人不久就会半价贱卖，而那些一无所有的人会承诺以连本带利翻倍的好处来借钱。因此，总会有些人转让自己的田产和私宅，变卖儿孙以偿还债务。①

一位前汉时期的作家借上古时代著名经济学家李悝（Li K'ouei，约公元前 400 年之人）之口，描述了一幅更黑暗的画面：今日，一位农民供养五人。他种 100 亩（约 5 公顷）地，每年收获为每亩 1.5 石（合 30 升），总共 150 石（合 30 百升）小米。若对这 150 石扣除什一税，即 15 石，还剩 135 石。每人每月的口粮为 1.5 石，五口之家一年的口粮为 90 石，则还剩 45 石。每石值 30 枚铜钱，故总共价值 1350 枚铜钱。若从中扣除对村中土地神、家族祖先，以及春初秋获的献祭，即 300 枚铜钱，则还剩 1050 枚铜钱。衣服平均每人 300 铜钱，5 人共需要 1500 铜钱，尚缺 450 铜钱；还未包括疾病、葬礼、吊丧的费用和各种份子钱……②

这景象并不夸张——户均 100 亩土地比 1000 万家庭分享 400 万公顷已开垦土地的情况还要多一些。若不考虑占地面积很大的领地，以及人口的不均匀分布，真正可耕作的面积恐怕不足以让每个家庭都均等获得 100 亩土地。如在中等

① 《前汉书》，24A，5a。
② 《前汉书》，24A，3a—b。

年景，一个家庭都无法靠 100 亩土地为生（即便是理论上的），则那些穷人会怎样？那些不幸生活在人口稠密地区的人会怎样？他们只获得理论上土地面积的一半或四分之一。然而，那个时代的农民看起来并非绝对悲惨，因为他们没有通过暴动来表现不满；起码西汉的史官们没有提及农村骚乱，除非在极端饥荒的年份中。某些统治时期还给人留下了持久繁荣的印象，如公元 1 世纪中叶，重建之后的东汉王朝在光武帝（l'Empereur Kouang-wou）和明帝（l'Empereur Ming）的统治之下，那时"每石（20 升）谷物值 20 枚铜钱"。

士人。士人阶层［称为"士"（che）或"儒"（jou）］或许是唯一受益于由秦始皇建立、汉代维持的新秩序的阶层。那些顺从的前诸侯国贵族们几近消失。最有影响的大家族首领和成员们被秦始皇勒令定居在首都咸阳（Hien-yang，在今陕西省，靠近长安）。那些仍待在原籍的被消灭，他们的封邑被充公，成为公共领地①；某些人沦落至悲惨境地，如楚怀王（le Prince Houai de Tch'ou）的孙子成了羊倌放羊。当项梁（Hiang Leang）想起事反抗秦二世（Ts'in Eul-che houang），恢复被秦灭亡的原诸侯政权时就去找他，将其推

---

① 《史记》（*Che-ki, Mémoires historiques*），沙畹（Edouard CHAVANNES）译，90，1a：魏咎（Wei Kien），末代魏王的堂弟，失去了在宁陵（Ning-ling）的采邑，成为庶人。

上楚国王位。[1] 数量最多的是被限制在自己私人领地里的旧贵族，他们迅速融入了广大小地主阶层中。而秦国自身的贵族集团在秦二世短期统治时期（公元前 209 年[2]—公元前 207 年）被肢解，到了秦末战争时期彻底灭亡。公元前 2 世纪上半叶，汉初诸帝统治期间，国家由协助高祖刘邦（Lieou Pang Kao-tsou）取得皇位的一群首领及其亲属、门客统治和管理。当他们的第一代离去，人们开始察觉到，合理经营国家比巧取豪夺要好，而经营国家的前提条件是建立秩序，必须求助于士人，他们是唯一具备日常治理原则和长期忠诚传统（历经四代帝王）的一群人。于是，文人阶层带着与日俱增的权威从动荡中走了出来。从此，他们再也没有被剥夺权威，一直操控着国家政权的组织活动，没有任何一个别的阶层具有足以同其抗衡的权威。

贵族。的确，汉代朝廷曾力图让领主们有封建贵族的样子，某些皇家私臣和显贵经皇帝认可，得以世袭以前的"王"（wang）"侯"（heou）爵位，有土地和居民，将采邑自立为"国"（kouo），但他们必须在每年八月向皇帝朝贡。这些采邑自己形成了宗教团体，创立自己的土地神，根据大地和百草的古老仪式来授予神的职位。但这只是一种表面上的贵族体制，被汉朝皇室赋予采邑的领主们从未形成真正的领主

---

① 《史记》，7，II，第 257 页。
② 根据《辞海》，此处应为"公元前 210 年"。——编者注

阶层。

最高级的头衔"王"只能授予皇帝的儿孙或兄弟，他们的采邑常扩展至当时的几个省，但他们对于臣民的权利基本仅限于税收。他们征税，后以每千居民 4 两金（合 4 万枚铜钱）的比例上缴皇室金库，自己留下的数量也很可观，因为个人税是按照每千居民 12 万枚铜钱来收取的。这些王被迫生活在采邑里，远离公职（那才是唯一的实际权力来源），无足轻重。他们反倒因自己的出身背景而变得不受信任，以至于无权管辖本国，也无权选择幕僚，后者由朝廷派出，既为了协助也为了监视。他们被逼得无所事事，某些人试着用一些智力活动来慰藉生活的空虚，如给作家提供庇护，建立图书馆或学塾等。因此，在公元前 2 世纪中期，河间王（le Roi de Ho-kien）、淮南王（le Roi de Houai-nan）声名鹊起。但他们中的大部分人头脑糊涂，生活放荡，烂醉如泥，斗鸡走狗，掳掠妇女为姬妾。他们几乎全都英年早逝，有的因放纵得病而死，通常暴毙，或者被逼自尽。他们对于当时社会的公众事务或私人生活均没有影响力。

"侯"或"列侯"（lie-heou）是皇室中较远的亲属，或皇帝开恩册封了采邑［"侯国"（heou-kouo）］的显贵。他们对采邑居民的权威非常有限——他们是领主，因此臣民们毕恭毕敬地称呼他们为"老爷"。但跟王一样，司法、行政、财税都不归他们管，其特权仅仅是一部分的税收落在他们手中。

与"王"相比,"侯"的好处在于不会被限制在某地居住,因此朝廷的职位是对其敞开的。但没有一个职务是为他们保留的,之所以汉代大部分达官显贵都是侯爵,是因为他们事后才被封爵,正因为有了较高的官位,他们才被封为贵族。除了全体士人共享的那些特权(如免徭役、被指控时免杖责)之外,他们没有其他特权。由于出身的原因,他们只是士人阶层内的一部分,从未形成一个独立阶层,但却成为士人中最有钱有势的一部分。

商人。士人阶层在当时没有与原生贵族阶层发生任何冲突,后者几乎全体来自文人。他们唯一的对手只可能出自商人(chang)和工匠(kong),后二者的出身和教育与他们完全不同;当然,发生冲突的情况即使出现也非常短暂。帝国进入了和平年代,随后开通了道路,在南方吞并了一些新的国家,与西边的一些异国建立了稳定的联系,大力促进了经济发展。南方新晋省份的广阔领土几乎荒无人烟,吸引的定居者与日俱增。这些领土富饶却人口稀少,可以向北方出口各种粮食物资——自汉代起,上古时代稀少的稻米在饮食中占据了越来越重要的地位,喝茶的习惯也是从那时开始的,但更晚才传播开来,即"胡人乱华",将皇室驱赶到长江流域时。人们开始开发这些全新区域内的自然资源。矿藏所有者大发横财,如邓通(Teng T'ong)靠铜矿发财,孔仅(K'ong Kin)靠铁矿发财。[1] 即便在北方各省，各大企业也纷纷创立；在渤海湾的西南岸，某个叫"东郭咸阳"（Tong-kouo Hien-yang）[2] 的人创办了许多大盐田。秦始皇修建的皇家道路网络在汉代的管理下增加了道路里程，成为华北地区密布的河流与运河网络的补充，利用这一路网，马车和轮船运输企业如雨后春笋般建立。驼队也组织了起来，穿越中亚（l'Asie centrale），运送丝绸。可以相信，经历了一个世纪，中国即将发展起与其富饶的自然资源相匹配的工业和商业。但为了支付征服中亚和开拓南方和西南地区的费用，需要找到新的税源，这对于工商业的发展而言是致命的。工商业者的大量获利引起了中央政府的警觉和敌意。汉武帝（l'Empereur Wou des Han, Wou-ti，约公元前141年—前87年）时期设立的税项几乎全部针对商人，对盐和铁的专卖，以及对运输的垄断摧毁了私营企业。士人对商人有偏见，后者被认为是生产者和消费者之间无用的中介；士人也指责手工业者让百姓中的男性劳动力脱离田间地头和粮食生产，前往作坊制造奢侈品，或至少是用途有限的次要产品，这对这些劳动力来说也是非常有害的。士人一直反对富裕的商人和手工业者形成独立的阶层，假如这一阶层形成，就会通过教育和训练的方式保持自身的独立性，也能为自身提供庇护。

---

[1] 《史记》，125。
[2] 《史记》，30，III，第567页。

地主。在整个汉王朝统治期，士人都是统治阶层。事实上只有他们有权成为领地之主，因为皇家官僚在他们中间招募，他们在新的社会中取代了以前的领主，自己和子孙后代均继承了拥有土地的特权；他们也多次禁止商人购买土地。但他们的土地不是被赐予的，这一点与上古不同；法律只允许他们购买土地，面积大小，理论上根据他们的职位高低加以限制。当然在实际操作过程中，这些限制性规则难以执行。在公元前6年，禁止买卖超过约150公顷的面积，违者将没收超标面积土地（不过该法规未严格执行）。地产交易自由，因此价格似乎还不算高。可以确认，在公元前2世纪，上好的土地价格达到1万铜钱每亩（约合5公亩）。但当我们找到一些具体个案的时候，显示的价格还要低一些。大臣李蔡（Li Ts'ai）被控侵占公有土地，并以40万铜钱300亩的价格卖出获利，即1400铜钱每亩，相当于每公顷2.8万铜钱（公元前118年）。公元82年的一份档案里，23亩64步（合1.17公顷）的价格为10.2万铜钱，即每亩4400铜钱。[1]

从原则上来说，法律只允许购买未耕种或已成为私人领地一部分的土地，属于每个州，且租赁给农民的土地被排除

---

[1] 马伯乐（H. MASPERO），《中国土地制度，从起源到近代》（*Les régimes fonciers en Chine des origines aux temps modernes*），《让·博丹学会文集（第二辑）》（*Recueil de la société Jean Bodin, II*），布鲁塞尔（Bruxelles），1937年，第271页。此文重新收录于《遗作杂编（第三卷）》（*Mélanges posthumes, III*），第155—156页。

在外，因为农民不是土地所有者，无权将其出售。尽管如此，在这一点上，法律依旧难以被遵守，因为这些都是最好的土地，利用荒年的机会将这些土地购入，是一笔诱人的买卖。此外，由于休耕的缘故，以上土地中的一部分一直处于无主的状态，这应该有利于富人将其占有。这种巧取豪夺同西方领主与农民争夺市镇地产相类似，几个世纪以来倍受士人的诟病，被认为是农村苦难的根源之一。领地由拿工钱的工人们耕种（受法律限制，奴隶的数量很少，无法用来开发农业领地），或者租给佃农们，后者会将一半的收成分给地主。因此，村庄里的农民提供了必需的劳动力，他们也因此提高了收入。以上两种方式同样施行。开发模式的区别在于土地所有者的社会地位——若是公职人员，就不会在领地里出现，于是通过佃户来耕种；他们一旦退出公职，就能亲自带领工人耕种。地主在行政机构服务的时间取决于他们的兴趣或政府的需要，最通常的情况是，他们满足于在县或郡的衙门里待上若干年，与其说是为了从中获得一些物质利益（省一级衙门的雇员乃至衙门首长的待遇都不太高），倒不如说是与地方政府建立起同事般的个人关系。

这些农村领地正式的名称是"名田"（ming-t'ien），因为在地籍册上用地主的姓名标示。名田由两部分构成——一块为"园"（yuan），包含住宅，其余为"田"（t'ien），是真正的产业，因此通常名为"园田"（yuan-t'ien），到了六朝（Six Dynasties）时才演变为"庄"（tchouang）或"野"
[ye，或"墅"（chou）]。汉代和上古的领地没有大的区别，
仅有一些因文化进步或社会变迁产生的细微差异。园的占地
面积比以前大，尤其是在重要的领地或在都城周围皇室显
贵的领地里。园有时十分宽敞，偶尔会打理成类似现今著名
景点的样子，像是缩小版的山、河、森林。袁广汉（Yuan
Kouang-han）在长安附近的茂陵（Meou-ling）[①]修建的园子
里，用石头堆砌成假山，绵延数里，并将此园打造成了动物
园，饲养白鹦鹉、野牛、犀牛和其他珍奇异兽。他让激水（la
rivière Ki）穿园而过，又使河道蜿蜒，构造人工湖，运来沙
子筑岛，星罗棋布，并置江鸥、海鹤于其中，还不惜重金移
植了各种奇花异草。各种亭台楼阁让人在漫步之余得以休憩
并欣赏美景。[②]大臣梁冀（Leang Yi）[③]于公元159年被处死，
而他的园子成为公元4世纪到5世纪文献里无比奢华的回
忆。[④]该园靠近东汉都城洛阳，那里堆砌起山丘，有密林和
激流相伴，还放养了一些珍稀鸟兽。整个园子被以艺术的方
式精心打理，人造的景观也具有自然气息。并非所有的园子
都一样铺张奢华，相反，有些园子独具一格，成为传奇。大

---

① 注音似有误，应为"Mao-Ling"。——译者注
② 《三辅黄图》（*San-fou houang-t'ou*），4。袁广汉是西汉人物，而此书是六朝时（公元5世纪）所作。
③ 似应为"Leang-ki"。——译者注
④ 《后汉书》，64。

部分的地主只在自己住宅周围有一个小花园。而中国园林艺术致力于师法自然，避免人工布置的效果，园林艺术似乎在那个时候就繁荣了起来，引领了当时所有富人私家园林的布局。到了六朝时代，中国园林艺术蓬勃发展，最典型的是浙江会稽（Kouei-ki[1], au Tchö-kiang）的大块领地，5世纪初的诗人谢灵运（Sie Ling-yun）[2]对其进行了打理和记载。至今，除中国本土外，中国园林艺术在日本（le Japon）亦得以保存。

---

[1] 注音似有误，宜为 "Kouai-ki"。——译者注
[2] 《晋书》（*Tsin-chou*），67。

第三章　富裕阶层的日常生活

　　园中建有主人的住所，与农庄及上古领主的住所区别不大。正方形庭院的左右两侧是和地面齐平的附属建筑，前面还有门房，北面是主人的住处，稍稍高企，朝南。这是中国住宅的传统平面图，一成不变。皇家宫殿的布局依然如此，只是庭院依次鱼贯排列，楼阁数量更多。从那时起，富人不再住在庭院深处的建筑里，他们更喜欢住在多层的楼房里，后面是大片的花园。而庭院里的建筑称为"堂"，是带有多根立柱的大厅，左右侧翼有小房间，后来变成了炫耀排场的会客厅。在西南角，一家之主的旧居里保存着祖先牌位，这是安放着家宅及家庭福祉的"荣耀之翼"；因此，大家都尽量短暂地在此居留，生怕冲撞财运，让家族破产。立柱被漆成红色，露明的小梁上也有雕刻和彩绘，凸显出鸟兽的图案，甚至还有挂在大梁上的猴子；在左右两端分别出现一条龙和一头虎，那是象征东方和西方的动物。地面是泥巴的，往往铺了草席；来自克什米尔（Cachemire）或极西之地的希腊–罗马世界［l'Extrême Occident gréco-romain，被称为"大秦"（Ta-Ts'in）］的羊毛地毯颜色鲜艳，非常受欢迎；但因为距离和交通不便，它们变得极其稀有和昂贵。墙面用石灰简单刷成白色，在有接待活动的日子会用带有刺绣的白色丝绸加以装饰。有时也会用绘画来装饰，一如灵堂上雕刻了图案的石板，能看到一些小场景——有的是神话里的内容，表现了神仙的随从们；有的取材于传奇和故事，如上古圣王及孔子和老子的会面；还有日常生活场景，如有杂耍艺人和乐师相伴的宴会，或打猎的过程。

家宅。我们之所以了解当时的家庭住宅，是因为汉代和六朝时的地基残存了当时建筑的大体结构。供居住的楼宇是无立柱的轻质建筑，简单的墙面为木制；外屋架裸露，嵌在黏土或砖制的墙里，显示出一些 X 形的装置，与我们[①]中世纪时的木制房屋类似。男性的套间在二楼，女性的在三楼，有时还会在此之上建起一两个小亭子，供消遣之用。整个室内，包括墙、地板和天花板在内，都是木制；根据某些高丽的墓葬来判断，地板被漆成黑色，墙壁覆盖着鲜艳色彩的壁画，如一列黑色的马队，用黄色和红色加以烘托。或许对于住宅室内而言，道德主题更受偏爱。公元 1 世纪，明帝的夫

---

① 指欧洲。——译者注

人马皇后（l'Impératrice Ma）命人将自己的套房用带有孝子图案的中楣来装饰。底层用作仓库；正如当今日式的家宅一样，在那里还会设置浴室和烧柴的大型火炉。当时，上层社会的人的规矩是五天洗一次澡，法律还因此给官吏放假。底层还有厨房，炉灶上摆满坛坛罐罐和各种食物，大块的鸡、鸭、鱼、肉用绳吊起来。墓碑上的许多雕刻画生动再现了当时的场景——家仆们忙前忙后，有的要看管炉火，有的要照看茶炉，有的要布置杯盘坛罐并洗碗，有的要在旁边的井里打水；鹅群在漫步，当中一只躺下的狗用单眼的余光窥伺着进进出出的菜肴；当托盘备好，家仆们通过一条又窄又陡的楼梯将其送至高层。

家具。家具的种类有限，桌子、椅子、床之类的尚未问世。椅子源于西方，要到公元 3 世纪才出现，而大面积使用椅子还要等到几个世纪之后，接近唐代（les T'ang）中期。当时唯一的家具是"榻"，即用简单的木板摆在地面或放置在四个弧形的脚上，上面覆盖一张席子，在冬天盖上羊皮，既当座椅又当床。正确的坐榻方法是跪着，大腿收紧，靠脚后跟支撑，今天的日本人（les Japonais）依然这样坐。即使对习以为常的人而言，这种姿势都很容易让人感到疲劳。因此在这种"座床"的左侧会放置一块扶手，这是一种高 5 英尺（约 1.25 米）、宽 2 英尺（约 0.5 米）的小长板；但从来不会放在右侧，怕招致厄运，因为在祭祀中那是神灵们倚靠的位置。当时的桌子非常矮，用于坐在地上读写。由放在弯曲桌角的两块木板构成，有时上漆并带有装饰画。用餐时，在桌上摆放木制或漆制的镶有银、铜边的托盘，饰有吉祥的图画，如黑底红色的"寿"字、神仙女王"西王母"（Si-wang-mou）的画像、云彩之上的动物等。它们从一应俱全的厨房端上，一同上席的还有筷、勺、碗、杯（漆或陶制）、碟（瓷或漆制）、盘（带有扁平把手，以便用双手端起），水壶和酒坛太重，只能直接放在地上。

这些就是全部的汉代家具——榻、扶手、矮桌。没有橱子，但有箱子或篮子，通常上漆或带有装饰画；没有放餐具的碗橱，都放在木板上，木板通过横档来固定在墙上；没有书架，绢或纸的卷轴［和古罗马人（les Romains）的莎草纸卷轴类似］开始代替上古时代捆起来的木、竹片，放在上了漆的筒子里。

地主们就是在他们乡下的房子里过日子的，而官员只能在度假时去乡下，他们必须长居在城里，随时听候差遣。显贵们在都城有府邸，那是与乡下家宅相似的官方住宅，只是没有园子；而在非常晚近的时候，中国才建起风格独特的城市住宅。人们无法将各处的别墅都保存下来，它们朝南，且由于空间狭小，限制了堂前院落的扩展；某些建筑又相当宽敞，以至于某些大臣都能在里面办公，如有必要的话。在乡下的家宅中，主人们过着乡绅般简单的生活，经营土地，照看屋舍，不时打打猎，等等。白日将尽，他们回家消遣，奏乐起舞，把酒诵读。

穿着。男人和女人都穿上下两件衣服，一件上衣和一条裙裳；在节庆时，上衣和裙裾在腰部缝合，形成曳地长袍。上衣为圆领，宽大的翻边叠于胸前，交叉呈三角形；袖子"形似牛颈下丛毛"，手腕处收紧，长度及肘，向下几近垂至膝盖。前面较短，后面较长，下摆呈圆形；衣服总是从右边扣上，左衽是胡人的习惯。裙裳在腰部收紧，有时带有褶痕，像倒置的花冠一样直抵脚面。腰上还系着丝带，两头向左右两边垂下。靴子在接待厅入口处脱下，只穿丝质袜子；帽子从来不摘，除非独自一人时；帽子下面有头巾，用长条状的发卡固定住，作为衣装的补充。男性的上衣和裙裳通常同色，似乎红色或浅蓝色比黑色还要常见。通常还会加一件外套，跟长袍形制相同，只是颜色不一样；流行的穿法是前襟敞开，肩膀宽松，领子翻下，露出上衣；或者像斗篷一样披在左肩，不遮右臂。女性常穿的上衣和裙裳颜色不同，但色调更加鲜艳，如深绿色镶边的浅绿色上衣搭配布满红点的黄色裙子，或带有金色火焰图案的黑色上衣搭配红色裙子。当时的风尚不允许女性不施粉黛、不戴假发示人。她们不仅要在脸上涂脂抹粉，还要顾及背部和双肩，有的用米粉，有的用"胡粉"，就是铅白；在此底妆的基础上，她们会上一些腮红［红花（carthame）或辰砂］，经面颊扫过唇边；随后在脸蛋上贴几颗假痣，最后在眼睛上方轻轻擦粉；到了汉代之后才有用靛蓝涂眼影的风尚。眉毛被刮掉，钻蓝色的眉线取而代之，弯曲程度和位置依风尚而变——公元前2世纪，流行的做法是将眉毛画成反弓形；公元2世纪中期，风尚变成了弓形断眉；稍晚，又变成了宽厚浓重的眉形。当时的女人佩戴假发；近公元50年时，假发的髻子稍稍偏向一侧。

第四章　皇帝

皇权观念。在整个社会之上，或许可以说在整个社会之外，有"一人"（yi-jen）完全被孤立，"皇帝"是他的新名号，那是秦始皇在公元前221年为自己和子孙后代设立的，那时"他首次统一天下"。这个头衔为后世历代君主所承袭，直到1912年帝制终结，民国建立。采用这一名号确实标志着新秩序的开始。当然，皇帝取代了以前周王的位置，但他首先是以往秦国国君的继承者。士人们花了不少于两个世纪的功夫来调和新旧两种观念，一方面利用帝国的理念和仪式来阐释上古经典文献中的"王道"（royauté），另一方面试图改变皇权至尊的礼仪和观念，使其与古文上的记载相一致。因此士大夫（Lettrés-fonctionnaires, che tai-fou，本义为"大官僚"）们得以让新理念披上老规矩的外衣，并建立起一套理想化的新皇权理论，借口却是再现上古圣王们的形象。

至尊皇权父子相传，但并无定法。皇帝在其诸子中选定未来的继承人，继承人从此得到"太子"（Grand-Fils，t'ai-tseu）的名号，即"储君"。这种称谓并非固定，可能会被收回。公元 79 年，汉章帝（l'Empereur Tchang）封其长子庆（K'ing）[①] 为储君，三年后，后宫的一个阴谋使储君被剥夺名号，其兄弟刘肇（Tchao）取而代之。当皇帝驾崩却尚未确定继承人时，就由皇太后选定一位皇子；如无皇子，可选侄儿或堂兄弟。因此，106 年，当殇帝（l'Empereur Chang）不满一岁便夭折时，邓太后（l'Impératrice Teng）指定殇帝的一位堂兄弟来继承皇位，即前太子庆（82 年被废）之子。125年，安帝（l'Empereur Ngan）驾崩，早在 120 年时他已经指定刘保（Pao）为储君。刘保在 124 年被废，之后没有新的册封；阎太后（l'Impératrice Yen）找了刘保的一位堂兄弟，但他在登基后不久就去世了，于是宦官们经过一系列的政变，将四年前被废的太子扶上皇位。从原则上来说，被指定的继承者适宜向先皇献祭，属于晚辈，但这个规矩并非一直执行。

登基。新皇帝登基庄严肃穆。西汉时，登基仪式在先皇驾崩后数日举行。当晚，所有朝廷官员被宣入宫，须在棺木前守灵；第二天一早，谒者（les Messagers，ye-tchö）宣储君和皇室成员入宫，他们站在安放棺木的土台之北，面朝西。接下来，典礼主祭请进三公、其余大臣、侯爵、博士（po-

---

① 事实上，刘庆是汉章帝的第三子。——译者注

che），按各自朝内位阶面向北站在土台下面；随后，所有官员分两列排在西侧。一切就绪，皇太后站在西侧，面朝东方，各位后妃按等级站在其后；然后，储君率各位皇子站在东侧，面朝西方。所有人身着不缲边的孝服，先皇一驾崩就备好了。大家按仪轨哭丧，皇子在先，大臣随后。于是，哭丧者围在棺椁四周。储君按仪轨哭号之后，献上大祭品"太牢"（t'ai-lao）并祭酒，典礼第一部分就此结束。接着，三公向储君宣读《顾命》（kou-ming），即《周礼》[①]中叙述周康王（le Roi K'ang des Tcheou）登基大典的那一章，并说："愿太子在棺木前承继天子之位；我等恭请太子为皇帝，恭请皇后为皇太后。"太子同意请求。百官走出，不久还会返回；太子旋即换下丧服，换上礼服；太尉在棺木前就位，向北方伏拜，宣读写有新帝登基圣谕的令牌，以告知先皇。他又拿来御玺，向东方跪倒，交由太子；太监们立即将代表新帝辈分的宝剑交给太子。于是，向百官宣布礼成，百官伏拜，山呼"万岁"（wan-souei）。[②]

上述仪式的要点是由三公宣读《顾命》和由太尉转交御玺。前者是根据古籍中记载的方式，将皇帝的职权由先帝交给储君。权力不能在先帝在世时直接移交给太子，因为"土无二王"；而需要在仪式上由三公充当中间人，先接受先帝

---

① 事实上，《顾命》为《尚书》中的一章。——译者注
② 《后汉书》，16，1b。

的权力，再将其转交给继任者。移交御玺是以一种具体的方式象征对皇权的接受。

庄严的召见。皇帝每月接见百官一次，在初一那天，于夜钟结束前的七刻钟，约相当于日出前的两个半小时。听到钟声，京城里的官员穿着礼帽和礼袍，手持朝板，在召见大殿下方按品级排列。当皇帝进殿并就坐，群臣伏地叩拜；接着，地位最高的大臣（即享2000石俸禄者），进入御座所在大殿内，并高呼"万岁"。重臣在御座前行祭酒之礼。典礼在伴随着乐舞的宴席中结束。[①] 召见的仪轨和显贵们的仪表都有严格规定。151年，权倾一时的大将军梁冀胆敢在某次上朝时带刀，这种逾矩的行为被位列九卿的某大臣（l'une des Secrétaires d'État）制止，并令羽林（yu-lin）和虎贲（hou-pen）夺其佩刀，梁冀随即下跪自责。

宫殿和皇帝的私人生活。除了庄严的朝见及其他仪式，或盛装出行去南郊祭天，皇帝在宫里过着与世隔绝的生活，周围只有女人和太监；伟大光鲜的外表使皇帝与人际交往相隔绝，正如王室禁忌将上古诸王完全隔绝一样。只有极少数宠臣、皇后的父亲和兄弟、极少数亲信，以及被授予特别通行权［"特禁"（t'ö-tsin）］的密友可以通过宫中禁地的"黄门"（houang-men），私密地面见君王，起码免于经过隆重接

---

① 《后汉书》，16，1b。

待或政府召见。皇帝居住的宫殿是都城之内的内城。在前面（即南方），经过大门和门卫之后，五进庭院构成一列用于接待的建筑。每进庭院的尽头各建起一座大堂。在该列建筑的中间（即第三进庭院的尽头），即是皇帝召见群臣的场所。在更远处，有一大片空地在国事建筑的北边延伸，那里坐落着皇帝、皇后、嫔妃和太监们的居所，各个楼宇都被花园和水体环绕。此外，皇帝在京城周围还拥有一片广阔的狩猎场，其中还坐落着夏宫。

第五章　帝国的政治架构和行政机构

在秦帝国和汉帝国内，行政部门变得异常强大，也是一个巨大的匿名群体，完全碾压任何个体，哪怕是君王。没有任何的反对力量，无论是政治的、宗教的、经济的，甚至没有公开的反对意见，因为一切集中在统治阶层（即士人）手中。中国政治架构的发展史几乎就是某些皇帝对抗士人集团的斗争史；这种历史难以追溯，因为正是士人在书写历史，他们采取的立场使得史书面目全非，而他们还常不自知。但正是士人摸清了政治架构的基本脉络，而他们的观念却是看起来很不现实的空想；事实上，正是按照周代史官们的想法我们才找到了帝国权力的各项原则。观念不可避免地在迅速发展，尤其是观念也在适应现实，故两汉和六朝的文人难以跟上。

皇权。皇权不受约束，但并非专断。[①] 士人们要求的（一般也能得到）就是要让君王觉得必须在所有重要问题上向他们咨询，并赋予他们表达自己观点的权力，尽管会冒一定的风险。例如，汉代上奏皇帝诏书的开头是这样的："臣……顿首死罪。"[②] 这在通常情况下不过是空泛的套话，写这些话的人不会有现实风险；但也并非总如此，不止一位士人进谏并不讨好的观点，可能会使臣子付出流放甚至生命的代价。这种"进谏义务"不在于对悬而未决的事情表达自己的看法，而是唤起"儒教"（jou-kiao，又称"孔教"）的基本原则，将其应用在这件事的处理上。这些言论或多或少脱离政治现实，听起来很空泛，统统充斥着孔夫子式的喋喋不休；但由于不断重复相同的理念，儒生们成功地将儒家理念灌输到了君王的脑子里。尽管君王们极少采纳这些谏官教条式的、不实用的意见，但最终他们常会接纳并自身也采用孔夫子式的态度，来面对要解决的种种难题。因此，儒教逐渐渗透进了中国政治中。

秦代皇帝的顾问机构。秦始皇的身边有一群幕僚，人数不定，在御前参谋。这是较早年代的传统，不可废黜。即便

---

① 此处略有删节。——译者注

② 《金石萃编》（*Kin-che ts'ouei-pien*），13，1a；《鲁相史晨奏祀孔子庙碑》（*inscription de Che Tch'en, conseiller de Lou, sur le sacrifice à Confucius*，公元169年）；《斯坦因在新疆沙漠中发现的中国档案》（*Les documents chinois...du Turkestan oriental*），沙畹，牛津（Oxford），1913年，第492、520、543、627号。

秦帝国的创立者是所有君王中最专断的，他依然需要谋臣们为他商讨所有问题，比如取代"王"的旧称后该采用何种名号，建立采邑的时机等。记载始皇帝的铭文中提到了十几位幕僚，简单称为"显贵"和"高官"，无详细记载；而我们知道，除了谋臣的职责以外，他们中的某些人还有固定的职务，如李斯为负责司法的大臣。皇帝执掌大政方针，包括内政和外交，但并不管理行政事务。正如从前商王和周王卸下经营领地的沉重负担，交由总务代办（"卿事"）负责；秦始皇及后来的汉代诸帝也将一切行政工作交给丞相，这样称呼是因为他辅佐皇帝进行统治，扮演首相/总理的角色。始皇帝不想赋予丞相太多的权力，于是将其职能一分为二，设立"右丞相"和"左丞相"，一位领导行政机构，一位领导宫廷和皇家官员。此外，在这两位身边还设立"国尉"，作为军队的统帅，但非军务管理者，因为他不开署办公。下面还有一系列其他的"相"（siang），有些具有技术职能，如司法大臣"廷尉"和卫队长官，等等；另一些只是无明确职务的"相"。他们都由皇帝任命，直接隶属于皇帝而非右丞相。

汉代皇帝的顾问机构。 汉代初期保留了以上体制；但不久之后，群相制渐趋常态化、组织化，一部分是受来自古代经书中有关记载的影响，变成了人称"三公九卿（kieou-k'ing）"的体制；"三公"位高一等，备受尊敬，但在进谏时公和卿的地位平等。除了要扮演谏臣的角色，主持内政外交之外，公卿们还要处理一些特殊的行政差事。"三公"把所有基本的行政工作攥在手里，而"九卿"则负责各自领导部门的事务。

三公。在前汉时期，丞相就是"三公"之首，另两位是太尉和御史大夫。公元1年，王莽在篡位前夕废除了这些称谓，而借用《周礼》（一本讲礼制的书，刚刚公布于世）上的官名表。东汉（公元25年—220年），部分保留了新的官名。"三公"为太尉（扮演首相／总理的角色）、司徒和司空。还加上四位军事首长，称为"弼公"（pi-kong）——大将军（Grands Généraux，ta tsiang-kiun）、骠骑将军（généralis-sime，p'iao-k'i tsiang-kiun）、车骑将军（tch'ö-ki tsiang-ki-un）和卫将军（wei tsiang-kiun）。

首相的职能主要是"辅佐皇帝执政"。事实上，除了少数几位年富力强的皇帝，如汉武帝和东汉前两位皇帝光武帝（公元25年—57年在位）和孝明帝（Hiao-ning[①]，公元58年[②]—75年在位）之外，都是首相掌握实权；即便在那些不想受制于人的君王治下，他们也非常强势。他的两位同僚却不那么重要。西汉时期，当首相具有"丞相"头衔时，"三公"中的第二位称为"太尉"，除了担任军方首长外，不过是一位没有常设办公室的宫廷显贵。只有当皇帝自知时日无多的

---

① 注音似有误，应为"Hiao-ming"；"孝明皇帝"为东汉明帝刘庄的谥号。——译者注

② 根据《辞海》，此处应为"公元57年"。——编者注

时候，才赋予与其头衔相符合的职责；这项职责必须履行，因为新君登基典礼也是先皇葬礼过程的一部分，那时太子即位诏书需要经太尉之手传递。到了东汉，"太尉"的头衔也归于首相，"三公"中的次席变为司徒，主要负责宗教事务，如仪轨、祭祀，等等；在一般情况下，他需要辅佐首相。第三位则由西汉时期的御史大夫变成了东汉时期的司空，这是个古老的头衔，完全是出于对上古官名表的喜爱而没有考虑到这个词的本义；他负责最广义范围内的行政事务——他的衙门核查品级令符、官员的印章与绶带，监控他们的言行，对于玩忽职守、品行不端者记入报告并归入国家档案。司空的职责广泛而多样，以至于他需要两位（一位尚且不够）秘书来辅佐，官名为"御史中丞"（yu-che tchong-tch'eng）；后来，为了统一起见，和其他部门相同，两位秘书合并为一位，称为"长史"（tchang-che）。御史台（le Censorat，yu-che-t'ai）内有 15 位"侍御史"（che yu-che），负责管制京城和各州官员；两位"治书御史"（tche-chou yu-che），负责起草经大理（le Grand Juge）审理过的案件的报告及大理下达的判决书；"监军御史"（kien-kiun yu-che）负责管控军事支出；此外还有"符玺御史"（fou-pi yu-che[1]）。[2] 所有御史的角色

---

① 作者似将"玺"和"璧"混淆，故原文作"fou-pi yu-che"。——译者注
② 《前汉书》，19A，3a—b；《后汉书》，34，5b—6a；《西汉会要》（Si-Han houei-yao），21，4b—5b。

都是监视众人，不管年龄长幼，官职高低。公元前55年3月16日①，汉宣帝（l'Empereur Siuan）在走访御史台衙门时向御史们做了如下讲话："九卿、大夫和所有官员们都要注意了！凡其中有玩忽职守者，御史们将其拿下！"②我们都知道，某些人会毫不犹豫地向皇帝本人进谏，有时会冒风险。

九卿。 "三公"的政治职能较为宽泛，"九卿"则各自承担特殊的行政职能。"太常"（t'ai-tch'ang）据说是因为起初总携带称作"太常"的皇帝私人旗帜上战场，故得名；主要负责仪式、音乐、天文、医学和学塾。他听命于"太史"（t'ai-che），后者是掌管天文、星象、历法和天文，合称为["灵台"（ling-t'ai）]；汉武帝时该职位由司马迁担任。太常也掌管太学（t'ai-hio）及"五经博士"（wou-king po-che），由一位"祭酒"负责日常管理。他也是"太祝"（t'ai-tchou）、"太宰"（t'ai-tsai）和"太乐"（t'ai-yo③）的长官，此三位负责一切与宗庙、皇陵和祭祀相关的事务；第一位负责仪轨，第二位负责献祭，第三位负责乐舞。

"典客"（tien-k'o），公元前104年起也称"大鸿胪"（ta-hong-lou）④负责与分封诸王和边陲部族相关的事务，如为来

---

① 此应为按中国农历的日期，但作者原文采用西历日期表达。——译者注
② 《汉旧仪》（*Han kieou-yi*），A，13b—14a。
③ 注音似有误，宜为"le"。——编者注
④ 此官名的意思是，用一种洪亮的嗓音["鸿"（hong）]，传递、颁布["胪"（lou）]祭祀的仪轨和对客人的颂歌等（《前汉书》，19，4a）。

京的诸王和使节提供住宿和给养、加盖官印、安排接见等。刑事判决和京城的监狱由"大理"或"廷尉"负责，手下有狱监（les inspecteurs des prisons），审判刑事案件，并在朝廷核准后执行判决。武帝时，长安城有 26 座监狱。

财政由两位大臣分担。一位是"大司农"（ta-sseu-nong），负责实物税收，用于支付公共开支。他负责"太仓"（grenier impérial, t'ai-ts'ang）的运营，即保管好皇宫的粮食，将各州和分封国运来的所有谷物集中起来；负责"平准"（niveau égal, p'ing-tchouen），即调控价格；还负责"稻关"衙门（le bureau des Épis fastes），运输粮食。各州盐、铁专卖官员原本由他领导，但在东汉时，这一领导权交由地方长官。另一位负责财政的大臣是"少府"，负责货币税收，补充皇帝的金库。

这位少府的角色很大程度上超出了财政的范畴。宫内所有行政人员都归他管辖。一部分是仓储业务，如日用品、布料、衣服、器具，以及宫内的作坊"上房"（chang-fang），在那里，有来自各地的工匠制造皇帝使用的物品，如瓷器、漆器、象牙、玉器、珐琅和掐丝工艺的铜瓶、金瓶、银瓶等。另一部分是宫内的图书和档案业务，称作"兰台"（lan-t'ai）；以及"尚书"（chang-chou）事务，管理皇帝的公私书信，起草文书、政令、命令等。所有负责皇帝个人事务的人都听命于他。"太医"（t'ai-yi）、"太官"（t'ai-kouan）负责与御膳有关的一切事务，"守宫"（cheou-kong）掌管皇帝和尚书的纸、笔、墨，"中常侍"（tchong-tch'ang-che）的人、"黄门侍郎"（houang-men che-lang），以及黄门的其他僚属（即太监们）都归他管。

另两位大臣能够指挥卫队。"卫尉"（wei-wei）指挥黄门卫队并负责皇宫内的秩序，"光禄勋"（kouang-lou-kiun[1]）指挥皇帝私人卫队，含"虎贲""羽林""郎"，每支卫队都有各自专门的首领。"太仆"（t'ai-p'ou）领导宫里的马匹和车辆部门，并管理种马场，为宫廷、军队、邮政供应各种马匹；监造兵器的"考工"（k'ao-kong）、战车部门"车"（tch'ö）和宫廷马厩"未央"（wei-yang）三个部门的首领也听命于太仆。"宗正"（ts'ong-tcheng）在皇族内遴选，负责管理皇子、公主们的财产，并在发生纠纷时仲裁。

这几位大臣们的称呼在今天看来有些奇怪，但能形象地反映其各自职能重要性的顺序。

曹。这些高官显贵的下属有庞大的行政机构。每个部（ministère）都要将繁多而芜杂的事务分配到不同的行政部门（services），后者又分为不同的曹（bureaux）。这种组织架构在一定程度上会根据各公卿（titulaires des ministères）的想法而有所变化。

---

[1]　注音似有误。——译者注

"三公"在东汉时各自辖"二十四曹"。上文提到了太常和两位卿下属的六位"令"（ling），每人600石俸禄。简单看一下东汉时太尉（或丞相）手下的衙署，就足以了解这种行政架构的复杂性。他领导的"二十四曹"中最重要的有："西曹"（si-ts'ao），负责中央行政；"东曹"（tong-ts'ao），负责京城和各州官员的任命、调动和勤务；"民曹"（min-ts'ao），负责户籍、耕作和祭祀；"奏曹"（tseou-ts'ao），丞相启奏皇帝的所有问题以及皇帝询问丞相的所有书面意见都在此撰写成奏章并定稿。另有负责司法和治安的"三曹"："辞曹"（ts'eu-ts'ao）负责断案，"决曹"（k'iue-ts'ao[①]）和"贼曹"（tsö-ts'ao）负责治安；负责军队的"两曹"："兵曹"（ping-ts'ao）和"尉曹"（wei-ts'ao）均负责军队调动和运输工作。负责财政的"两曹"："金曹"（kin-ts'ao）和"仓曹"（ts'ang-ts'ao）管理货币和实物租税；"黄楼主簿"[②]（houang-leou tchou-pou）登记所有寄出和收到的信函。这些曹的首领是长史，领导所有的吏（li），将公务集中起来；通常来说，具体事务都不会惊动丞相，以便其能专注于重要事务。

　　丞相下属的这些曹，无须对他们管辖之下的事情做出决定，决定由"九卿"下属的各曹来做出。前者的角色是将后者的报告汇总后交由丞相，因为一切事务都要通过丞相这个

① 注音似有误，宜为"kiue-ts'ao"。——译者注
② 原文似有误，宜为"黄阁主簿"。——编者注

中间人来呈交给皇帝。因此，这些曹的人员数量不少，而且随着时间的推移一直在增加。公元前 2 世纪中期，东曹长官手下有 9 个人，轮流监察各州官员，而西曹长官手下有 6 个人；到了公元前 117 年，两曹长官各有 362 位下属——20 位"史"（che）、80 位"少史"（chao-che）、100 位"属"（chou）和162 位"属史"（chou-che）。曹的长官"掾"（yuan）在次长官"丞"（tch'eng）的辅助下，处理悬而未决的问题，为信函和报告等草拟基本纲要。"史"在长官的指示下起草文件；"属史"将草稿抄成若干份，交给外界，而将底稿归档；"少史"审阅并修改"属史"的抄稿；而"属"就是勤务员，将所有文件由起草者交由抄写者，再由抄写者交由修改者，然后由修改者交给长官，最后送到曹外的相关地方。公元 1 世纪，曹内人数依然在增加，每类官吏都又增配了一些"属"，以便减轻长官们处理具体事务的负担。从那时起，公文堆积如山，因为每个部门都按照以上原则来组织运作。

皇家秘书机构。皇帝对一切事务有决断权，需要有一个私人机构，既为他提供信息，也帮他起草和执行决定。这就是皇帝的秘书机构"尚书"，受少府节制。这种机构的起源可能着眼于皇家行政的运转，开始是最低微的机构之一，但最后或许凌驾于所有旧的宫内官僚系统之上。秦代时，少府组织庞大行政部门的繁重工作，将工作分配给诸曹，其中一曹建立于宫内，负责文书收发，故名"尚书"（字面意思为"负责文书")。该曹是慢慢发展起来的。到了西汉时，又一分为四；东汉时又分为六个。这些曹的首领为"尚书令"（chang-chou ling），辅以一位副长官，取"仆射"（p'ou-ye）这个旧官名；从那时起，这个官名就被加在那些与射箭毫无关系的官职上。在其手下，四个曹各自基本上由一位"尚书"领导，只有第一个曹在公元前 28 年曾经由两位尚书领导。自东汉初年起，"常侍曹"（tch'ang-che ts'ao）成为"吏曹"（li-ts'ao），负责"三公九卿"交办的事务。"二千石曹"（eul-ts'ien-che ts'ao）的官员俸禄为 2000 石，负责来自各州和分封国的事务，不久便因为太重要也太繁忙，不得不将其分为两个曹，可能各自负责半数的直管行政区（les Arrondissements d'inspection）；"民曹"经由官员之手将民间诉状呈交皇帝；最后是"客曹"（k'o-ts'ao），负责与周边蛮夷相关的事务，之后便一分为二，一个负责"北客"（pei-k'o），另一个负责"南客"（nan-k'o）[1]。每个曹的人员均本着宁缺毋滥的原则挑选，6 位负责起草正式文书的笔吏在"郎"之间挑选，也就是说，这些年轻的文人先要通过太学举办的经学考试，然后才能组成皇帝的荣誉侍卫，因此具有"侍郎"（Vice-Président de Ministère，che-lang）的头衔；在其手下，有 3 位"临师"（ling-che），自公元前 91 年起变为 4 位，

---

[1] 《后汉书》，36，3b—4a。

负责将文件誊清，以便迅速发出。

秘书机构的角色是准备敕令、命令和皇家的公私通信，尤其是对于陈情的回复。事实上，如果"九卿"中的某位仅执行现行律令而不能立即处理某件事，材料就会转交给丞相下属的曹，丞相写御状给皇帝，请他定夺。所有的状纸都会转交给尚书令，他将状纸下发到下属各曹，研究并策划回复，随后上报皇帝。若皇帝允许，会在上面写一个"可"（k'o）字，这样便赋予报告法律效力；若不同意，则会写"不可"（pou-k'o）。

然而，秘书机构的官员们不能进入内宫，即所谓的"后庭"（heou-t'ing），那里有皇帝及后妃们的寓所。公元前 1 世纪初，武帝巧妙地解决了这一难题，将秘书机构交由宦官们；传统的观点认为，司马迁在经历了酷刑之后成为第一位被举荐至此职位的宦官。但宦官都是贫农的儿子，很少有人有足够的教养承担如此繁复的职责。近一个半世纪之后，成帝（l'Empereur Tch'eng）不得不重新起用士人。宦官除了将尚书的书信带给皇帝之外，无任何职责；那是一项特殊勤务，即"在内庭传递文件的信使"，又称"中书谒者"（tchong-chou ye-tchö）。因此，尽管尚书的职责重要，却也很少直接与皇帝产生联系，只能通过信使宦官（eunuques messagers）来与其交流。这也就是为何该体制发展缓慢，尚书花了很长时间才执掌大权，其首长成为皇帝的咨询机构的一部分。

地方行政机构：郡与县。地方行政机构的组织大致与中央相似。整个帝国被划分为郡，后者又再被分为县（hien）。秦始皇设立了 36 个郡 [1]，随后又增加了 4 个；接着，汉朝大举征伐，各郡因规模太大而非常难以治理，故再次拆分，数目达 103 个。秦代时，每个郡由一位称作"守"的长官来领导，辅之以两位副手，一位管民政，一位管军务；正如在皇帝身边有管民政的大臣"丞相"和管军务的大臣"太尉"一样。郡守的第一位助手叫作"丞"，当郡守在治所的时候就辅佐他，不在的时候就替他工作；也被称为"别驾"（pie-kia），因为在公众庆典时，他紧随郡守之后，坐在第二辆车里。第二位叫作"尉"，指挥地方武装。西汉初始一直提高这些官员的头衔，他们成了"太守"（préfets，t'ai-cheou）和"都尉"（tou-wei）。然而，由于郡的地盘越来越大，且道路不畅，出于治安管理的需要又设立了许多军事据点；不少郡被分为众多的"堡"（pou），各由一位都尉来指挥部队。这种体制却没有带来所期望的效果，兵力的分散或许被认为是不利的；光武帝撤销了所有都尉，让各郡的部队直接听从太尉的号令；除了在边境上的某些郡，因为那些地方的兵力众多，分别由

---

① 王国维（WANG Kouo-wei）在《观堂集林》（*Kouan-t'ang tsi-lin*）第 12 页的《秦郡考》（*Ts'in-kiun k'ao*）一文的注释里说，若统计《史记》中出现的"郡"，可以发现在秦始皇统治时有 48 个郡，扣除关中已有的 6 个郡和吴、越已有的 6 个郡，可知秦始皇设立了 36 个郡。

数位都尉指挥。

"县"（Arrondissements，法文也称Sous-Préfectures），
但这个译名更适合用在更晚的时代。它是由省级或省级以
下长官[（Sous-）Préfets①]掌管，头衔为"令"或"长"
（tchang），根据其治下户数是否达到两万而不同。他们自己
仍有主管民政和军务的下属，称为"命卿"（ming-k'ing），
根据县的大小有一位"丞"和一到两位"尉"。郡守和县令
在各自辖区的职责相同，后者听命于前者，二者都是皇帝的
代表，拥有宗教、民政、司法、财税和军事等一切权力。他
们管理民众，照看农耕，裁判案件，征收赋税，并将其中的
一部分以"贡"（kong）的形式上缴京城，还要定期完成官
方宗教的各种仪式，征招并指挥军队，监督府城或县城的学
堂，学堂主管是"博士"，由朝廷任命，负责教授五经；每
年九月，还要派遣"籍吏"（ki-li）送账目进京，因为在秦代，
九月是年终回顾的时候，新的一年在十月开始。

要完成如此繁重的行政工作，府城或县城需要有为数众
多并听从指挥的小吏。长史负责领导郡（或县）的衙门。繁
重的工作被分配给了六个曹，每个曹的首领称为"掾"："功

---

① 在法国的行政区划中，"Préfet"指省（département）一级的行政长官（又译"行
政督查官"），"Sous-préfet"指省以下一级的行政长官；鉴于法国在"省"之上还有
"大区"（région）一级，后者大致相当于我国的省级行政区划，故作者将秦汉时的县
级行政长官对译为"Préfet"或"Sous-préfet"。——译者注

曹"（kong-ts'ao）是一种掌管人事的衙门，对官吏进行评价，作为晋升或贬谪的依据；"兵曹"，负责兵工厂、马匹和一切与部队后勤相关的事务；"仓曹"，负责与实物赋税相关的事务；"户曹"（hou-ts'ao），负责婚姻、人口普查、民事诉讼、土地评估等；"赋曹"（fou-ts'ao），负责与货币赋税（铜钱或绢）相关的事务；"决曹"[①]，负责刑事案件、监狱和治安。雇员人数长期居高不下，也和行政区的重要程度相关。后汉时，京城洛阳地方行政部门下属各曹的官吏比中央政府各部的官吏人数还多；首都郡守的各曹中共有 927 位僚属，而县令的各曹中有 796 位僚属。

除了主要的行政系统外，还有次一等的雇员，如负责指挥徭役的"司空""狱史"（yu-che）、"督邮"（tou-yeou），负责保管府邸家具和细软的"少府"，指导公众建筑的营建维修相关业务的"主记室史"（tchou-ki-che che）。在西汉时，全体雇员由太守或县令随意任命或解职。到了东汉时，改由朝廷任命，因此他们的处境不再受专断的地方长官们支配；但实际上，地方士人们的真实境况仍在很大程度上取决于其家族财富和影响力，太守和县令们不敢冒犯出自富有且有权势家族的士人。

基层行政机构：乡与里。约 5000 户称为"乡"（hi-

[①] 按史学界共识，地方"六曹"中应有"法曹"。此处作者似将"法曹"与中央机构"二十四曹"中的"决曹"相混淆，尽管二者在职能上非常相似。——译者注

ang），百余户称为"里"（li），以及道路沿线设置的邮政驿站（"亭"）都不算什么重要的行政中心，因为它们不具备完整的行政职能，仅仅满足于监管民间思想、赋税分派、军队数目、土地分配等工作；因此也会雇用一些乡民，支付一点报酬并给予他们一些荣誉性优待。在"大乡"（Grands Cantons），即人口密度最大的一些乡，郡的太守会亲自遴选；而在次一级的乡，则是由县令来挑选。在大乡中，"有秩"（yeou-tche）的待遇为 300 石，属于官僚系统的最后一等，辅佐他的是一位乡绅，具有一个奇怪的头衔"三老"（san-lao），以及一位称为"游徼"（yeou-kiao）的警察。在小乡中，有秩和三老由一人担任，称为"啬夫"（sö-fou）。有秩负责制定徭役轮作表，根据乡民财产分派赋税，但他本人不亲自征收，那是称作"乡佐"（hiang-tso）及其副手"属乡佐"（chou hiang-tso）之类的郡吏或县吏们的差事。三老多扮演道德角色，或按当时的说法，是"教化"性的——他会向郡县举荐孝子贤孙、贞妇烈女和乐善好施之人。至于警察，不过是一种田间护卫，手下还有一些警员，来回巡逻，抓捕盗贼，移送县衙。但道路治安并不归他管，而是由"亭长"和"亭侯"（t'ing-heou）负责。除了指导马厩、工具库和馆驿（旅客需要下榻并换马）之外，这些官员各自负责十里一段的道路，中途五里之处还设有次级站点"邮"（yeou），督邮也归他们管；他们必须在路上巡逻，以确保路人自由通行。最常见的情况是一些下层人士，如游徼和有秩，偶尔有一些前低级官员或职业军人，在亭长、亭侯们的授权下从事这项工作。相反，三老通常是年长的乡绅，还有"里魁"（li-k'ouei）也是——对于百户之里而言，后者的职责相当于三老之于乡。他们的助手是"什主"（che-tchou）和"伍主"（wou-tchou），即十户或五户人家的头目[①]。

监察官员。郡守非常独立，也因路途遥远，交通不便而与外界隔绝，加之能指挥军队，使其拥有相当大的权力；以至于自秦朝起，必须对其进行监督。始皇帝不时派出一些"监御史"（kien yu-che），类似于我们的钦差（Missi Dominici[②]），在各郡间巡视；然而，这只是间断性的检查。公元前106年，武帝重新调整了监察工作，设立"刺史"（ts'eu-che）机构，受丞相管辖。刺史共12位[③]，每人负责一定数量的郡，成为自己的"部"（pou），或用一个更通行的名称"州"（Préfectures，tcheou）。他们每年八月前往，核查账目、司法和行政，回到京城之后于新年那一天呈交报告。这些州并非郡的上一级，而只是为了监督所做的区划，无权直接对太

---

① 《后汉书》，38，3b；《汉旧仪》，B，7a；《汉官仪》（*Han kouan-yi*），A，37a—b。
② 法国加洛林王朝和查理曼大帝时代时的官名。——译者注
③ 根据《辞海》，汉武帝为加强中央集权，在豫州、兖州、青州、徐州、冀州等十三部，各置刺史一人，称"十三刺史部"。此处原文有误，应为13位。——编者注

守下令。此外，刺史们只是 600 石俸禄的小官，而太守则是高官，俸禄达 2000 石，与"九卿"相当。只是到了东汉晚期黄巾军作乱时，京城和地方间交通日益不畅，"刺史"的官职授予一些兼管临近郡的郡守；于是"州"逐渐变成了名副其实的"省"，"刺史"成了真正的省级行政长官。

第六章 官员的招募与士人的教育

招募。所有的官和吏都在士人阶层内招募，很明显，士人本身也是地主阶层的一部分。这是一个有着贵族倾向的阶层，尽管其中不少成员相当贫穷；这一阶层相对封闭，因为商人及其子女被禁止谋求公职，且在汉代或六朝时都没有在士人阶层中发现农家子弟。但士人的特权因卖官鬻爵现象的存在而蒙受损失，即通过购买职位，相当多的商人家庭避开了针对他们的禁令。此外，要想当官，仅有类似市民阶层的身份还不够，还需要经过地方或京城官方学堂的教育。"太学"作为高等学堂，于公元前 124 年在京师设立，负责人为"太常"的下属之一。太学教授"五经"（wou-king）——《易经》、《书经》、《诗经》（*Che-king*）、《礼经》（*Li-king*）和编年史《春秋》。对于每一部经典，都有称作"博士"的老师充当教授。作为补充，还有一些称为"弟子"（ti-tseu）的副教授。此外，每个郡的首府都有一所官学，其主管也称"博士”，太学毕业，讲授一到数门典籍；学生毕业后，一般进入所在郡、县的行政部门。

太学。太学的入选资格仅限于京城高官子弟，此外再加上某些郡太守指定的地方学堂里的尖子学生。学生都是寄宿制——公元 2 世纪中期，洛阳的太学有 1550 间宿舍提供给长期生，此外还有 3 万名旁听生；人人都有权进太学听课。学生的身份千差万别，从豪族子弟到最贫穷的士子都有，后者为了谋生而给富有的学生提供生活服务，如做饭、洗衣之类。各部经书分开来研习，每一部经书按官方规定要学一年，还要参加考试，考试通过后，才能有权去学习另一部经书。这场考试的问题写在木片上，跟书籍写于木牍上一样。考生入场，庄严肃穆，根据已有仪轨，在音乐声中将箭射向木片，射中的木片上的问题即是自己将要作答的。能成功通过两门经书考试的学生们可以在行政部门获得一个带薪的小职务；之后每考过一门，品级和待遇都会提升。通过四门经书的考试后，学生就可进入保卫皇帝的荣誉卫队（“郎”）之列，等待正式任命为京城或外地衙门的官员。对于权贵子弟，任命不需要等太久。但对于来自外地学堂、朝中又无人的学生而言，等待就变得很漫长。有时候，指派他们来学习的太守会管他们，将其招为门客，让他们在衙门工作或在各郡首府的官学任教。其他学生则回到家乡，其中一些创办私塾，也通常是门庭若市。如郑玄（Tcheng Hiuan）的学塾，是公元 2

世纪后半叶最知名的私塾之一。

求贤。这种指定加推荐的体制是招募官员和行政雇员最通行的方式。但人们不时会表现出更新此模式的需要。如，皇帝下诏"招贤"（tchao-hien），即下令各郡太守寻觅"能人"送往朝中，通常是隐逸之士。需要选一些品德高尚，通晓经典，具备政府需要的科学知识，遵循儒家礼教且能处理文书的人；还需要一些因"孝廉"（hiao-lien）而出名的人。这些人到了京城之后，就觐见皇帝；皇帝提问，他们需要书面作答，待文章被批阅后即得到品级。选拔的前提是这些人物必须是读书人，但这种程序可以避免朝廷豪门的影响力，后者控制了一切正常的入仕通道；因此，多亏了招贤，有作为的皇帝能够确保使用新人、依靠新人，并完全信任他们，至少在某些时候信任。在公元前 2 世纪中期，武帝通过招贤认识了公孙弘（Kong-souen Hong），将改造财政和公共建设的事务托付予他；同样的还有董仲舒（Tong Tchong-chou），在皇帝身边当了 15 年幕僚，皇帝对他言听计从。但通常的情况是，皇帝过于懦弱，过于依赖身边人，以至于不会利用招募新人的机会，使得这种招募程序时常流于形式。

第七章　军队 [1]

秦汉帝国的弱点在于军队系统和财政体系。

当时的军队基本属于民兵。兵役被列为全民都要服的徭役（yao-yi）之一，而据一位与汉同时代的作者 [2] 说，连丞相的儿子也要服役。当然还有一些例外，可以免除。首先是皇

---

① 陈傅良（TCH'EN Fou-leang）《历代兵制》（*Li-tai ping-tche*，*Traité sur l'armée sous les dysnasties successives*，1172 年）第二章；《守山阁丛书》（*Cheou-chan-ko ts'ong-chou*）；钱文子（TS'IEN Wen-tseu）《补汉兵志》（*Pou Han ping-tche*，*Traité sur l'armée, complément aux Histoires des Han*，成书于 12 世纪末，1214 年—1215 年印刷）；《知不足斋丛书》（*Tche-pou-tsou-tchai ts'ong-chou*）。后一部著作编纂的本意是为宋代制度设计提供参考，而非完全出于批评目的，因此是一部相当严肃的著作。还可参考浜口重国的一些日文文章，如《论汉代兵制的一些问题》（*On some Questions concerning the Military Systems of the Han Dynasty*）；《东洋学报》卷十九，1931 年，第 370—393 页及卷二十，1932 年，第 292—298 页；《汉代兵制》（*The Military Systems of the Han Dynasty*）；《东方学报》（『東方学報』，*Tôhô Gakuhô*）卷十（2），1939 年 12 月，第 359—387 页；《论汉代时的兵役年龄》（*Über das Wehrpflichtige Alter zur Zeit der Han Dynastie*）；《史学杂志》（『史学雑志』，*Shigaku zasshi*）卷四十六，1935 年，第 851—871 页。
② 如淳（Jou Tch'ouen）是曹魏（公元 3 世纪）时陈郡（la Commanderie de Tch'en）丞，曾在《前汉书》的评注（7，4a）中被引述。

室宗亲和开国功臣之后；其次是某些士人、博士及其弟子，汉武帝之后扩大到太学的所有教授和副教授，元帝（l'Empereur Yuan，公元前 48 年—前 32 年在位①）之后扩大到只要通过一门经书考试的太学生，实际上已包含所有士子；最后是具有"五大夫"（wou-tai-fou）爵位者，即出身富豪家族且买了这一头衔的青年。实际上，兵役主要落在农民头上，只有残疾人或八旬老人的独子、独孙可以豁免。

招募。所有男性 20 岁时在原籍登记。如果有闲田，登记后的农民有权获得一块土地，但也会带来徭役的困扰。一经登记，青年们必须在辖区内完成一个月公共服务，通常是修建道路、堤坝、运河或其他公共工程之类的徭役；而到了二十三四岁，就改为兵役的形式。原则上，新兵第一年在京城服役，第二年在地方民团服役。在随后的年岁中，每年需有三天去驻防。此外，郡太守每年秋季都会召集民兵检阅。到了 55 岁时，男性会被免于一切军事义务。

以上均是原则。事实上，不可能招募了新兵而只在很短的期限内服役；否则可能在他们学会操练之前就把他们送回家，这样一来军队就无法走出训练场。此外，青年们入伍或返乡造成的频繁迁移会造成一些麻烦。每年，只会录用一小部分登记在册者，他们很可能是自愿的，或是一部分在当地被瞧不起，乡里长官都想送走的青年。西部地区更多地供应

---

① 根据《辞海》，汉元帝在位起讫年应为公元前 49 年—前 33 年。——编者注

骑兵，中东部地区供应步兵弓弩手，南部地区供应水兵。他们服役一整年；未被遴选入伍的在籍者需要支付 300 铜钱的税作为替代，利用这笔税收，公共财政每月可向每位受雇的士兵发放 2000 铜钱军饷。

军队由步兵和骑兵构成。先秦末期，战车就被弃用了，尽管传统思维的老将军们还偏爱使用战车而非骑兵。步兵和骑兵配有大刀和盾牌；此外，步兵还配有弓弩，骑兵配有弓箭；还有一种类似投射机的装置，可以将 20 斤的圆石弹投射到 300 步之外（约 5 千克投射 450 米）。戟只是仪仗性质的兵器，皇帝出巡时，年轻的侍从们会拿着戟。操练的基本单位是"队"（touei），由 100 人组成（步兵或骑兵），分为四个 25 人组成的"两"（leang），再分为五个 5 人组成的"伍"（wou）；10 个队组成一个"校"（hiao），由一位"校尉"（Connétable régimentaire）指挥。

兵力。现役士兵的人数在平时并不多。京城的部队组成两个军，分别称为"南军"（l'Armée du Sud）和"北军"（l'Armée du Nord）。前一个军共计 2400 人，守卫皇宫，有自己的临时营地，为"门卫"（Garde des Portes）提供兵员。北军守卫城区，驻扎在城墙以外；汉初国家动荡不安，北军有三万人；稍晚之后，北军的兵力从一万人到两万人不等。

皇帝的私人卫队由通过太学或地方学堂考试而等待分配职位的青年士子构成，称为"郎"。

各地常设的民间武装通常比驻扎京师的军队人数少得

多。我们没有任何手段去评估其数目，数目根据地点和时间应该有所变化。

兵力最强的是驻扎在长城（la Grande Muraille）沿线守卫国境的军队。从原则上来说，所有25至45岁的男性每年都要在那里驻防三天。但事实上，替代机制可以使职业军人去实现较为稳定的驻防。许多人的军旅生涯在那里持续多年，从普通一兵变成下级军官和哨所头目，他们退伍时会获得某些优待，或得到一些土地，抑或免于在原籍的赋税。

战时的军队。前面所谈的都是和平时期的军队。到了战时，由雇佣兵组成的常备军仍要坚守岗位，因为不能从京师或边境移防，这就可能让某些要害地点一击而溃。在看起来容易募集人员和给养的地方会抓来民兵，那里有时远离军事行动的地点，由他们组成远征军。比如，在一次对抗羌人（les K'iang）——居住在今甘肃（Kan-sou）、陕西和四川（Sseu-tch'ouan）交界处的藏语系部落——的远征中，强征的是东部沿海各地的人民。因此，这样一支军队的建立，以及给养和运输都需要花时间。等待远征军到来的过程中，开战当地的民兵武装就成了唯一承受战争压力的队伍。这就是为何反叛初期通常能取得惊人的胜利，因为只要有一点运气，最微不足道的几位匪帮首领都会变得相当危险。匈奴（Hiong-non, les Huns）袭击河套地区（la boucle du Fleuve Jaune），羌人在黄河上游也肆虐许多州郡，在需要的部队集结完毕后才被逐出；因为部队一旦抵达，返回原籍需要很长时间。

常备军的增长使得从中抽出一些远征军成为可能。但一方面，不太可能单增加驻扎在京师周围直接供朝廷指挥的部队，而又不增加邻近州郡的税收和徭役负担；另一方面，由地方长官指挥的大军会让中央军变得相当危险。士人的学说试图在理论上为这些实际中的弊端找到证据。在军中服役是一种惩罚，但善政不能通过惩罚来施行，而是要诉诸德行；如果君王有德且施仁政，则天下太平，无须用兵。事实上，由于国家人口稠密，这种军事体制的规模相应地有所缩减，但对于国家资源而言还是过于沉重。尤其是守卫边界很难，即使边防士兵的军饷很高，也享有许多优待。从公元 2 世纪开始，不得不雇佣一些胡人戍边。在匈奴之地，不再招募独立的雇佣兵；而是雇佣居住在长城以外的整个部落，他们会得到一块或大或小的土地，以此作为确保一段边境线防务的交换。这种危险的安排必然造成和罗马帝国（l'empire romain）时期完全相同的结局。当中央权力削弱时，胡人便发现劫掠汉人地区比把守边境会更有利可图。因此，在 4 世纪，他们终于在黄河流域建立了一些胡人王国。

第八章　财政

秦朝和汉朝庞大的行政机器对维持帝国非常有益，因为它们在四个世纪中保证了相对和平的环境；但也有耗费过度的弊端。只能并不完美地找到维持正常行政运转的必要资源；遇到内忧外患，资源就不够用了；最终，不可避免的开支长期持续增长，民众财富的积累却跟不上开支增长的节奏，也带来许多问题，导致汉代灭亡，还使得在随后的几个世纪中建立稳定政权变得不可能。

国库与私库。秦汉的财政机构继承了先秦时代[①]的分类税制。每一种税赋用于某一类特定支出。因此，严格区分了皇室私人财政和国家公共财政。司马迁特别指出了这一区别[②]，据他介绍，汉初"为官员工资开设账户，编制公共支出预算以确定人头税额。至于取自山水园泽、市场和商铺的

① 《周礼》，毕欧译，第六章，I，第122—123页。
② 《史记》，沙畹译，III，第541—542页。

税租，却被认为是给予某些特定人士的特权，从天子到领主，有自己经营的土地，这些租税没有被纳入帝国日常开支的计算中"。这两类收支都有专门的大臣负责，"大司农"负责公共财政，"少府"负责私人财政。要等到三国（les Trois Royaumes）和"五胡乱华"时这种区分才消除。

实物赋税。 将公共财政归大司农管理很容易解释，因为从根本上说这是一个农业国，针对土地及农产品的赋税构成了最基本的收入。土地税实际上是全部国家资源的基础，按实物征收，根据是其拥有地产的面积或租种地块的面积。但为了保留古代税收的形式，即一种臆想的什一税，而根据收成的变化征收，在士人看来比固定税要公平。称作"什一税"是为了表达税率，但又附加一种奇怪的安排，严格排除年际变化：计税单位为"亩"，据官方估计每年产出 15 斗（teou）谷物，但不考虑谷物到底是小米、小麦还是大米，这十分荒谬；而税率就建立在这种臆想收成的基础上。汉初，据说赋税稍有减轻（不清楚秦代税率如何），固定在 15 取 1，即每亩理论上得到的 15 斗要交 1 斗；这个比例长期有效，除非遇上荒年减产，抑或为了排场而进行的地方或全国性突击收缴。当时的耕地面积约为 800 万顷，约合 3900 万公顷。设立税目时还没有将闲置的土地考虑在内，据估算，全部产出为 8 亿斗，约合 1600 万石。税收的绝大部分留在当地，用于支付州郡开销。上缴京城的那部分用途多样，包括维持京师驻军，给中央官员发薪（一半以谷物支付，一半以货币支付）等。此外，如遇到军事行动，部队的给养也从这部分税收中出。土地税的计算方式很古老，似乎基于农产品而非土地本身，作为补充，还有一项基于牲畜的税，但现在无法了解其性质和征收方式。

货币赋税。实物赋税之外还有货币赋税。后者主要是称作"算赋"（souan-fou）的个人税，针对年龄在 14 岁到 55 岁的人，每人收取 120 铜钱。儿童和老人起初完全免税，而到了汉代则要缴纳 20 铜钱的一种特殊税"口赋"（k'eou-fou），到了武帝时达 23 钱，这部分收入与人头税不同，直接进入私人财政；只有 7 岁以下的儿童仍然免征。

人头税是封建时代的遗留问题：在秦代，其创始能追溯到公元前 348 年大臣卫鞅（Wei Yang）的改革[1]；同时代的齐国很可能也存在 30 铜钱的人头税。可能是秦始皇将人头税推广到整个帝国，尤其是统一了税额。汉高祖（l'Empereur Kao-tsou des Han）公元前 203 年的诏书保留了人头税；似乎汉代法典中规定的 120 钱的税率就是秦代时的税率。汉代政府对商人尤其严苛，需要缴纳双倍赋税，同样的还有家奴，确切地说是家奴的主人。对于超过 17 岁尚未出嫁的女孩，家人要支付五倍的税。整个汉代的税额稳定，尽管铜钱本身有所变动，从公元前 2 世纪初的半两一枚变为公元前 136 年的

---

[1] 即"商鞅变法"。商鞅姓姬，名鞅，卫国人，故也称"卫鞅"。——译者注

"五铢"，即在半个世纪中减少了税赋超过一半的实际价值。

要试着弄明白汉代货币税赋的数量，正如要弄明白地租的数量一样。全国有 5000 万到 6000 万居民，要扣除占四分之一的 15 岁以下儿童和占五分之一的 55 岁以上老人，上述这些人都无须缴纳人头税。若再减去各封国内的人口（约600 万），以及大致相当数量的侯爵领地的人口（他们有的向封王纳税，有的向侯爵纳税），就只剩下 2000 万缴纳人头税的人民，缴纳的税额总计约为 24 亿钱[1]，按官方价值计算合24 万两黄金（事实上更少）。若按五铢钱计算，则折合约 7.5万吨黄铜。公元前 115 年至公元 2 年间铸造的五铢钱为 2.8万亿枚，百姓在这 117 年间缴纳了 2700 亿枚，即这个时期国库收回的人头税占铸币总数的十分之一。

专卖。公共财政的另一个重要收入则是武帝时建立的对铁、盐和酿造饮品的专卖[2]；汉代随后的 4 个世纪中，上述专

---

① 加藤繁［KATÔ Shigeru（注音似有误，应为 "KATÔ Shigeshi"——译者注）］，《算赋——汉代的人头税研究》(A Study of the suan-fu, the Poll Tax of the Han Dynasty)，《东洋文库欧文纪要》(Mem of the Research Department of the Tôyô Bunko，『東洋文庫欧文紀要』)卷一，东京，1926 年，第 51—68 页。加藤繁是第一位想到做此种计算的人，在此我使用了他的算法，而我得到的数字与他不同，因为我不愿承认他提出的税率减少的假说。

② 加藤繁，《"榷"的含义——论汉代的专卖制度》(The Meaning of ch'üeh, the Monopoly System in the Han Dynasty)，《东洋学报》卷十，1920 年，第 426—432 页。对于当时的各种专卖没有一个笼统的名称，前两种简称"盐铁"(le fer et le sel)，第三种称为"榷"(k'iue，马伯乐这里给的是法语拼音，加藤繁论文中用的是威妥玛拼音——译者注)，这个字似乎原指"囤积""独占"(accaparement，参见加藤繁此文)，开始只是百姓口中的诨名，后来才成为官方用语。

卖一直延续，除了在公元前 1 世纪中叶有两年（公元前 44 年—前 42 年）的短暂中断。前两种专卖取代了旧的税收，第三种似乎是一种新的创举。两位最重要的盐铁商人——孔仅和东郭咸阳，于公元前 119 年各自奉命组织所在行业的专卖。他们在各地让主要的晒盐师和冶铁师指导专卖，当然也要听从盐铁官吏的指令，分别有 28 位和 40 位工艺师指导全行业，隶属于大司农。严格来说，对盐的专卖既不属于生产垄断，也不属于销售垄断——国家主要强制那些想生产盐的个人去租用国家所有的专属盐池来煮盐。① 对于铁，则是生产垄断——只有国家有权生产铁制工具，连废铁重熔也被禁止。尊重军令，恐惧铁器输出，尤其是害怕地下制造兵器等因素在禁令中扮演了重要角色。违反禁令者将受到最严厉的刑罚："凡胆敢私自熔铸铁器或熬煮食盐者左脚戴镣，工具充公。"但尽管制铁被禁止，制盐被管控，但其交易是自由的。相反，对酿造饮品的专卖创始于公元前 98 年，公元前 80 年被取消，公元 1 世纪初又被王莽重启，最终在东汉被彻底废止。这既是对生产的垄断，又是对销售的垄断——国家在一些零售店酿造，并以统制的价格售卖甜酒，由于售价定得相当高，所以利润颇丰。"按老规矩，以下描述了掌管酿酒的官员是如何行事的⋯⋯20 斗长米和 10 斗酒曲出 66 斗米酒⋯⋯将这 30

---

① 《史记》，沙畹译，30，III，第 570 页。

斗的米和曲的价格算在一起，总价除以 3，得到的就是 10 斗酒的固定价格（此价格比原材料价格高出一倍还要多一些）。米和曲的价格被切分计算后，十分之三的利润用来支付香烛照明的费用，以及器皿维护和柴火燃料的费用，余下十分之七进入国库。"[1]

针对商人的税收。这是另外一类充实公共财政的税收，专门对付商人。从战国末期到秦代，再到汉初，工商业蓬勃发展。从汉文帝（l'Empereur Wen，公元前 179 年[2]—前 157 年在位）时起，士人位列各阶层之首，他们随即向商人这个富裕阶层课以重税，从中牟利；商人与士人出身不同，因此士人害怕其影响力。公元前 119 年，借口商人的囤货"堆积在城中以谋私利"[3]，为了防止囤积居奇、投机倒把，对于工商业者的囤货及其财富分别征收 6% 和 3% 的税。这真是一种针对资本的税收，目的在于迫使工商业者大量卖出货物，获得货币以支付税款。同时，对私人马车征收的 120 钱的税对于他们而言翻了一倍，另一项对 50 步（12 米）以上的船舶征收 120 钱的税事实上只针对商船。[4] 这种规定尺寸的结果是让这种商船迅速消失，以至于价格上涨；但武帝的一位

---

① 《前汉书》，24B，10b。
② 根据《辞海》，此处应为"公元前 180 年"。——编者注
③ 《史记》，沙畹译，30，III，第 574 页。
④ 《史记》，沙畹译，30，III，第 575 页。

财政谋士卜式（Pou Che）建议取消这种税目，但由于此人失宠，该税依然保留。公元前110年，大司农的副手桑弘羊（Sang Hong-yang）决定利用官方工厂中建造的车辆来保证国家的交通运输。[①]这并非一种垄断，而是建立交通运输企业，以对抗私营企业漫天要价，并弥补其不足。它理应确保边界的活力，在饥荒或洪水时救助受灾地区，等等。这项措施致力于尝试在全国范围内限制并平衡价格，将丰饶地区平价的粮食调往粮食稀缺和昂贵的地区——大司农在全国各地派遣手下的官员施行"均输"（kiun-chou）。这种国家尝试经商的企图还是没有成功，结果是在几个世纪中毁了私人工商业。似乎这种复杂的管理制度因桑弘羊（公元前81年被处决）而消失，因为王莽有意重新恢复专卖时，已再无平准制度，亦无交运企业。

还有一些数额较小的特别税作为国库收入的补充。一种300钱的兵役替代税对已被征召而尚未入伍的人征收，因此这笔税金用来支付事实上服兵役的职业雇佣兵们的军饷。还有一种针对铜钱串的税[②]。最后，当国库快要见底时，就售卖官职以填补虚空。

私库。当然，私人金库里的资财数额不太大，也包括实

---

① 《史记》，沙畹译，30，III，第593页。
② 或指"算缗"，即通过将一千枚铜钱串成一串（称"一缗"）来计算工商业者财产，进而征收财产税。——译者注

物收入和货币收入。前者主要来自领地和御苑的收入。最大数额的货币税赋是封邑付的税，以及儿童支付的个人税。后者称为"口赋"，如前文所述，针对 7 到 14 岁儿童；起初为 20 钱，武帝时上涨了十分之一。王侯取得自己臣民们的个人税，并留作己用；但诸王须按每位臣民 63 钱上交私人财政所得，侯爵们按每千位臣民 4 两黄金上交。如按约 1500 万应税儿童和 1200 余万生活在王、侯封邑的居民计算，可估算出私人财政在儿童个人税一项的收入大致为 3 亿铜钱（按官方兑换率计算折合 3 万两黄金），此外王侯封地还有约 6 亿铜钱（合 6 万两黄金）的收益。可见，即便没有大额的人头税，这笔税收也相当可观。最后，古老的市场和商铺税归少府所有。

第三部分

中古：六朝和胡人帝国

秦代破坏封建制度，创立统一的官僚帝国，导致了领主社会的缓慢灭亡，这或许是中国史在近代之前最伟大的转折；而汉代的没落和持续近半世纪的内战给各领域带来了深远的变化，以至于可以毫不夸张地说那是中国的真正变革。不断的内外战争造成大量的人口和财产损失，帝国管理层精英崩溃，"胡人乱华"便不可避免，最终导致国家分裂为三个独立的帝国，开始相互对立。随后，北方日益碎片化，再次分裂为一些微小的短命政权。这一切的最终结局是普遍贫弱，各阶层的生活水平降低，社会在一定程度上重新封建化。约公元200年至600年的4个世纪在中国大致可称为"六朝"，因为在南方相继出现的6个汉族政权以建康〔（Kien-k'ang，今南京Nankin）〕为首都。尊属系被切断，转向旁支，演化为一种在各个方面都很像西方中世纪的社会。但这种倒退并非没有带来任何好结果。当士人—官僚集团领导的农业社会重新走向完善，隋、唐新帝国（le Nouvel Empire des Souei et des T'ang）便具有了比汉代广泛得多的基础，南方数个世纪的移民经营也在这段时间内获得了很大成功。另外，胡人血统带来了新气象，原本不了解宗教感情的中世纪中国因遭受苦难而对此变得敏感，也为全人类带来了中华文明里最美妙的精华，并为新一次的绽放做好了准备。

第一章　汉代社会的解体

一、内战的原因

公元 2 世纪中叶以后，逐渐扩大的动荡局势席卷了华夏世界。社会所有阶层都在为争夺权力进行激烈斗争，从而使自身受到猛烈冲击，而近 4 个世纪以来苦心经营的帝国大厦的根基都发生了动摇。许多皇帝的悲惨经历，尤其是西汉早期与末期的混乱不可辩驳地证明了一个领导中心的必要性——强有力的中央政府才是帝国保持繁荣与和平的条件。然而，从我们目前谈及的时代开始，等级金字塔的塔尖开始被破坏，皇权仅靠代理人来行使。小皇帝们再也无法举起皇朝大旗，他们作为汉室最后的弃儿成为其保护人的傀儡，被有目的地引入私生活的享乐中，无暇担当本应由自己和门客承担的统治职责。为了掌握实权，统治阶层内部的不同派别展开了殊死争夺，由此引发最后的灾难，将他们自身及其朋友、敌人，连同整个汉代社会结构一起统统埋葬。

当时有哪些势力在场呢？一些"外戚"（wai-ts'i），即后妃们的诸多亲戚，随着后宫的变乱和皇帝的妄为得以一步登天，而士人阶层则逐渐失去了对政务的领导权。后者自身也是从统治阶层和有产阶层中分化出来的，因为他们属于地主阶层。他们是该阶层中最不受优待的一部分，其掌控职位的特权受到威胁，因此打算发动变乱以获得对行政机器的独占。

他们的胃口难以满足，因为他们凭经验知道，应该使用一切手段从自己所处的享有特权却又不稳定的境况中牟利，而新贵家族受到皇室老贵族的嫉妒和鄙视。这两个阶层和广义上的大地主一起，在全民中仅占极小的一部分，成为士人们尖锐批评的靶子，谴责他们与反社会、寄生虫个体具有相同的特性——他们收入丰厚，生活奢侈，游手好闲。所有这些人的收入来源是农民们劳作的土地，有农夫，也有佃农，有时甚至还包括雇农。他们通常在当地就将税赋花光，但还是偏爱乡间住所甚过京城的宫殿，尽管京城里有五彩斑斓的宫廷生活和气势恢宏的狩猎在吸引着他们，还有高官厚爵羁绊着——那可是保持自己声望和正面影响的最可信的途径。

典型的外戚外表凶猛，敛财无数，却又朝不保夕。其典型代表之一就是某位叫"梁冀"的人，曾扶植两位皇帝登上宝座，一人身兼要职，拥有田产无数（上文曾提到他那难以置信的庄园），却突然在政治舞台上消失。其家族出了 3 位皇太后、3 位公主[①]、6 位皇妃、2 位元帅、7 位侯爵和 57 位高官。[②] 他被宦官杀害（公元 159 年），整个家族伴随他毁灭，几乎所有门客也一起死去。梁家掌控全国 20 余年，正如汉和帝（l'Empereur Ho，公元 89 年[③]—105 年在位）年间窦家（la famille des Teou）和汉安帝（公元 107 年—125 年在位）年间的阎家（la famille des Yen）所做的一样。

然而，士人们抨击囤积居奇者和在职期间滥权的没教养者越来越多。他们的诉求之一是土地改革，反复思索重建古代井田制度（以"井"字形方式或在井的周围均分土地）的好处，但这种号令没有什么意义。他们这种批评的口气变得越来越尖锐，批评具有社会价值，采取了有效的方式，其同

---

① 事实上，梁氏家族出了两位皇后，即梁冀的两位妹妹梁妠、梁女莹，只有梁妠在汉顺帝死后成为"梁太后"，而梁女莹死于汉桓帝前，不能称其为"太后"。此外，3 位公主迎娶自皇家，并非出自梁氏一族。——译者注

② 《后汉书》，64，出现多处；110A，12b，以及后续页。《通鉴》（T'ong-kien），53，4a 及后续页和 8b 及后续页；54，5a—8a。韦慕廷（C. M. WILBUR），《前汉时期中国的奴婢制度》（Slavery in China during the Former Han Dynasty），芝加哥（Chicago），1943 年，第 184 页。梁冀的财富高达 3 亿钱，在全家灭门之后被充公，其致富的手段之一就是敲诈勒索和诽谤中伤。对于当时的经济最有利可图的一位受害者是一位吝啬的亿万富翁，梁冀将其成功送入大牢并没收其所有财产——1.7 亿钱。此外，作为将梁冀灭门的交换，五位受封侯爵的宦官得到 76 000 户的食邑税收和 5600 万钱。一位御史（Inspecteur），宦官侯览（Heou Lan）的兄弟，指控依附于梁冀的富人大逆不道，为的就是没收他们的财产，因此成功获得"数十亿"（《后汉书》，108，6a）。

③ 根据《辞海》，此处应为"公元 88 年"。——编者注

党在数量上占优——这只能使斗争激化，使士人们成为可怕的敌人。当时有3000名学生，基本上处在极端贫困的状态，给整个帝国带来骚动和不安①——他们是先锋，是冲锋陷阵的部队，用自己辛辣的讽刺诗讥讽对手，使其遭受大众的鄙视，抑或用几乎不加掩饰的话赞美其首领的德行。这种"正直者的批评"［"清议"（ts'ing-yi）］②在京城被地位最高的士人带到顶峰。他们的威望使其能够通过进谏、陈情和申诉在全社会范围内发起严厉抗议。157年的一个案例向我们展示了那种尖锐和咄咄逼人的口气：

"对百姓而言，金银的成色和钱币的重量又算得了什么？……食物才是最迫切需要的……如要保证百姓康乐幸福，就应该结束徭役和征用。这样，不用花什么代价百姓就很容易……但现在，尽管有上好的土地，但还是无法耕种。人口众多却无粮可食。所有这些凡俗之人相互倾轧以缓步向前，待到染指国家公职，如帝国之鹰一飞冲天，如猛禽般吞噬骨肉，贪得无厌。真正可怕的是，在他们的户牖之下，筋疲力尽的长工和短工们扔下锄头，撸起袖子，揭竿而起，大呼几

<hr>

① 《通鉴》，53，1a（146年）。在一位反宦官运动首领的葬礼过程中举行政治集会，在京城共聚集了6000至7000名士子，而在187年著名士人陈寔（Tch'en Che）的葬礼上，有3万人参加（《后汉书》，83，4b）。青年士子的物质生活匮乏，他们的工作如匠人、农业工人或低级雇员，关于这一点可参见如郭泰（KOUO T'ai）的传记，《后汉书》，98，1a—3a。
② 见本书下文第178页。

声，集合群众，呼应者如云集！"①

因此，十余份类似的奏章压得豪门贵族们喘不过气来，不得不暴力镇压。

但在豪族和士人的争斗中，依然是宦官会取得暂时性胜利。尽管在农业社会里，土地是最佳资源，也是一切重要职业的起源和目的，但仅占有土地还不足以担任国家职务并负责，还需要一些最起码的文化基础。然而，贵族阶层受的教育很有限，他们喜欢斗鸡、宴饮，观看舞蹈、杂耍，而非严肃、冗长、累人的课程——而这正是培养一位好学士子所必需的。当然，还需要尽可能地利用在位人士的保护以靠近权力，最终与天子朝夕相处。皇帝被宦官包围，难以接近。自从宦官成功地帮助皇帝摆脱豪门或士人的控制，皇帝就越发倚仗他这些忠诚的奴仆。因此，士人面对着这两大竞争对手，而且两大竞争对手互相怀恨，矛盾不可调和。尽管在当时的文献中，社会分层的界限相当清晰，却不太可能准确地描述统治阶层中三种相互撕咬的势力各自的角色。与其说社会不同势力此起彼伏、相互渗透使得角色描述非常困难，倒不如说因

---

① 参见《后汉书》，87，5a—7a，关于刘陶（Lieou T'ao）进谏的记载。筋疲力尽的短工和徭役影射陈胜［Tch'en Cheng，或"陈涉"（Tch'en Chö）］推翻秦朝的起义（沙畹译《史记》，6和48，II，第219页）。——士人和贵族间激烈冲突的一个典型例子就是采用一些粗野的行政措施，如摧毁田产（拆除房屋、砍伐树木、堵塞水井等）；一位郡守曾用这种方法在故乡，甚至京城对付皇室成员（《后汉书》，86，4a；《通鉴》，55，10b）。

为历史是由士人书写，一点也不客观。甚至在涉及士人阶层神圣不可侵犯的利益问题上（因为历史是美德的样本，所以总会涉及），历史显得非常有倾向性。

公元 166 年，在地方做太守和县令的宦官以及在京城皇帝身边做近臣的宦官逮捕并关押了某个士人党（tang）的成员。次年，消灭宫中宦官的企图失败；而在 169 年，合法杀害一百多名著名士人的事件拉开了严格禁锢士人［"禁锢"或"党锢"（tsin-kou ou tang-kou）］的序幕——士人党的成员及其五服内亲属被禁止担任一切公职。直至今日，在传统士人的心中，这些被迫害士子的殉道事迹和秦始皇的所谓"焚书"[1]一样，都被充满温情地加以解读。但在真实的历史中，应该说定罪和禁锢不过是一种反击。必须对"天使士人"和"魔鬼宦官"的传奇进行两个方面的修正。

首先，士人发起的斗争反对奢侈和腐败，争取净化朝廷，使公共生活清廉，但并不意味着不去除掉宦官。在士人的眼中，宦官是仕途的障碍，在皇帝和其天然的谋臣（也就是士人）之间设置间隔。然而，宦官远非没有文化，他们已经开始为建立自己的学校组织构拟蓝图，因违反对教育的垄断而引起愤怒的反抗。[2]但宦官以平民身份成为服务于绝对权力

---

[1] 以下这件发生在同时代的事也被利用：一位士子，也是漆器工匠，警告其友人总是负面批评会招致的危险，并提醒他们在秦始皇统治下表达不满所招致的（从某种意义上也是应得的）命运（《后汉书》，83，10b）。

[2] "鸿都门学"（l'école de la Porte Hong-tou）（《后汉书》，8，3b；84，8a）。

的工具，这是其最大的罪名，这种权力有意摆脱顽固的儒家礼教的道德监督。[①] 宦官在当时是唯一有可能排挤儒生的有力竞争对手。还需要补充的一点是，在宦官的门客中也有工商业者。[②] 如果考虑到宦官和所有与奢侈宫廷合作的人有共同利益，那便是非常自然的联系。

必须做出的第二方面修正是，可以观察到士人结党的的确确是一种斗争组织，没有认真考虑选择什么样的武器来对付竞争对手——谋杀同检举或诬告，以及贿赂一样，都可能成为选项之一。正如某些史料想让我们相信的一样，士人根本不是被迫害的可怜无辜者，从这些史料中有时也隐约瞥见了荣誉的另一面。在反抗宦官的运动中不可避免地使用暴力，在结党和党锢的动荡中更会被激化，斗争只会以一个阵营完全压倒并碾碎另一个阵营来结束。而与豪门贵族的短暂结盟也是有可能的，这无论对宦官还是对士人都有好处。

---

① 很轻松就可以想象出年轻的皇帝们该有多害怕他们没完没了的长篇大论。我忍不住要在此引述一段由庄子于公元前 3 世纪描绘的儒生形象，其中充满了敌意和怨恨，但作为背景知识对于任何时代都适用："尔作言造语，妄称文、武，冠枝木之冠，带死牛之胁，多辞谬说，不耕而食，不织而衣，摇唇鼓舌，擅生是非，以迷天下之主，使天下学士不反其本，妄作孝弟，而侥幸于封侯富贵者也。"［《庄子》二十九，1；参见韦利（A. WALEY）的翻译，载《古代中国的三种思维方式》（*Three Ways of Thought in Ancient China*），第 41 页。］

② 一位有钱人通过贿赂，成功地被大权在握的宦官张让（Tchang Jang）任命为凉州（Leang-tcheou，今甘肃）牧。张让的传记讲述了其接纳有钱人的经过，非常符合那个时代的风俗——腐败。宦官首领和他的主管家奴瓜分贿赂，高级官也很有诱惑力，等等。新州牧的见面礼同样意味深长，他送给张让一斗葡萄酒，这在那个时代极其稀有（《后汉书》，108，18b—19a；韦慕廷，《前汉时期中国的奴婢制度》，第 184 页）。

尽管在对士人进行迫害之前，宦官似乎能赢，因为有来自太后（无论是被废的、现任的还是将来的）家庭的支持，但就在风暴来临之前，因某种新技术能传播士人们的理念，他们的地位得以巩固。公元105年，经由一位宦官发明的廉价造纸术，"熹平石经"的文本得以定稿并在175年刻在了石碑上，标志着通向几个世纪后发明印刷术的道路上的几个重要阶段。① 通过这些镌刻的石碑可以进行一些临摹，得到一致的文本，没有抄写错误。无须指出这种文化民主化带来的不可估量的效力，至少这也是教育手段。直到那时为止，书都由木片或绢轴制成（我们已经找到了可追溯到公元2世纪中叶的样本），拥有一部书要占很大的地方，也是一种罕见的特权。而此时，经典著作向一些不受待见的新兴阶层敞开大门，意味着他们一般能接触到文化，尤其是能获得特殊的职位。因此，士人阶层为自身统一并塑造最终的结构做好了准备。

思想上的统一扮演了十分重要的角色。公元1世纪末，王充（Wang Tch'ong）用尖刻而充满怀疑的话语反抗当时的各种信仰和迷信，也引发了儒家的危机。他用《论衡》（Louen-heng）中的许多章来记录经典之间的意见分歧。

① 卡特（T. F. CARTER），《中国印刷术的发明及其西传》（The Invention of Printing in China and its Spread Westward）。在我们看来，宦官们对技术的偏爱不是偶然的；关于其他发明，见《后汉书》，108，20b，以及《通鉴》，58（186年），16a—b。

文字学者许慎（Hiu Chen）是一部里程碑式的字书《说文》（*Chouo wen*，121年被人献给了皇帝）的作者，该词典包括所有古文字的辞源和语义。当许慎研究不同经典文本中相互矛盾的一系列段落，最终完成了一部题为《五经异义》（*Wou-king yi-yi*）的著作，儒家的危机变得愈发恶化。

士人面对官学恼怒而不安，因为官学挑起了一些不可调和的分歧，而许慎所指出的各种矛盾又激化了士人们的情绪。在那个时代的士人中，只有马融（Ma Jong）和郑玄两位能对儒家经典做出合理解释，儒家经典也一直在寻找这样的解释。前一位是大贵族，也是某位皇太后的侄儿，家财万贯，两度出任地方长官，终身以民间身份研习经书，到了晚年才想到以《书经》《诗经》和《礼记》注释的形式让自己的观点为外人知晓，这些注释是他不停地写了18个月（公元139年—140年）后完成的，随后他又在144年给《周礼》做了注，作为补充；他生命的最后时光被卷入到一起贪腐案件中，他不得不退休回乡，兴办教育，设立学堂，但也因此获得了巨大成功（公元151年—166年）。第二位士人，即郑玄，曾是他的学生，但出身一个贫困的士人家庭，被迫独自读书，夏天作为农业工人去打工，以支付学费。① 成名之后，他在

① 《后汉书》，65，11a。在大约相同的时代，哲人崔实做酿酒师和流动商贩谋生，同上书，82，18a。这些职业在当时被认为不够体面，有种说法叫"屠酤"（t'ou-kou），即"宰牲的和贩酒的"，一直用来称呼那些最低贱的行业。

自己村子里创办学堂，同时着手为经书撰写注释；他把生命的最后40年都花在了这两件事情上，公元200年，他刚完成《易经》的注释后就去世了。这两位士人都有很高的知名度。这是第一次由两位士人共同尝试给所有经典著作做注，并清除了其中矛盾的地方，给出了合理的解释。

然而，尽管儒家得以在一种新建且牢固的正统体系中稳定下来，社会和政治的危机却一直在学者们的脑海中制造不适和骚动，让人联想到公元前3世纪那个古圣先贤辈出的时代，不仅是因为有新的原创作品问世，作者的风格鲜明，而且因为社会与思想流派之间都具有关联度和相似性。长期被遗忘和摒弃的道家和法家学说，在当时众多"剪不断，理还乱"的问题面前似乎又具有了一种现实意义。道家因其无政府主义色彩而与儒家对立，否认改造社会的可能性，试图将其悲观主义沉浸在对自然的神秘静观之中；而法家从根本上避开了传统的德政方式，宣扬绝对而平等的法律及严厉执法，作为一种救赎之路。

归根结底，这三种立场可以通过如下方式来界定。对于儒家，当时的形式不可容忍，因为大家根本没有依循圣人的古礼；只有严格遵循传统的社会关系和道德规范，才能将偏离常态的世界重新带回正道。法家同样对世间秩序感兴趣，认为变革的时代需要全新的方法；只有全面、无情且聪明地执行赏罚——这把法律的双刃剑，才能让当下的问题迎刃而解。对于道家而言，糟糕的不仅是现状，人类社会本来就不纯净。对抗这种根本之恶，只有一种有效的方式——回归本真的自然，既无须法律，亦无须道德！

上文已简要表明，各家学说的极致观点如何相互碰撞，但实际上它们的区分并非十分明显。在这个时代及以后，当佛教作为第四种主要学说出现，我们发现学派之间时有流变，对于所有知识分子而言，某些思想流派是相通的。此外，儒家在几个世纪中发生了变化，其学说带有不同年代的烙印。如果说西汉儒家倾向于巫师-占星家的迷信，那么东汉儒家则具有怀疑论和固守礼教的特点。还有不少受到道家影响的儒家弟子、巧妙转化"天道"（t'ien-tao）学说的法家弟子和将道德教化视为济世良药的理想主义旁观者。原因就在于，这些各不相同的思想体系的社会基质一样，都是士人阶层。但在此阶层内部，似乎大体上可以确定各种社会成分。儒家自信，也确信其提出并经过验证的方法很高效，故基本上是官僚阶层，尤其是在位高官的意识形态。道家在退休小官吏和焦急等待着进入正常职业生涯的人，抑或由于贫寒而永远被隔绝在重要职位之外的人们之间招揽信徒。法家那些实证主义改革者也常来自以上领域，但他们与军人或日常处理行政、商业、边防等问题的人有着紧密的联系。而正是最后这一群人控制了汉末的公共生活。道家则深入底层，黄巾起义借用了他们不少的想法。

统治阶层忙于分割大部分的收入，对哲人的告诫充耳不闻。当社会的前台回荡着统治者们的争吵时，由乡民构成的背景之中正酝酿着一场起义。一小部分大地主穷奢极欲，令人反感；与之相对的是占国民几乎全部的农村人民普遍经历苦难，且难以言表。农业工人和小地主的命运也没有什么区别。小块土地上的自耕农受到饥荒、赋税的威胁，被薪水微薄的官僚们勒索，还有某些想扩大领地的大老爷可能强占他们的土地——这些自耕农迟早都会加入农业无产者们的行列。为弥补自己土地产出的不足，自耕农必须去大地主的土地上耕作，如果债务或天灾夺走了他们的最后一点田地，他们就要被迫充当农业工人。赤眉起义（la révolte des Sourcils Rouges）造成了大量人口损失，结束了王莽的短暂统治，使汉朝于公元 25 年重新建立。此后的一百多年中，人口增长了约 100%，而可供耕作的土地面积不仅没有增加，甚至还减少了。[1] 此时代全部问题都夹在这两个事实之间。尚且有广阔的未耕土地，但耕作这些土地应该需要进行一些排水和灌溉

---

① 据公元 2 年的普查：居民 59 594 978 人，耕地面积 827 053 600 亩（人均 13.87 亩）；据公元 57 年的普查：居民 21 007 820 人；据公元 75 年的普查：居民 34 125 021 人。公元 140 年—156 年间的数次普查结果显示有 4700 万至 5600 万居民和 6.89 亿至 6.94 亿亩土地（人均分别约合 13.86 亩至 14.25 亩）。与那些对中国古代人口普查的价值持怀疑态度的人［如福兰阁（O. FRANKE）的《中国通史》（Geschichte des chinesischen Reiches）卷三，第 235 页和第 342 页］不同，我以为中国古代人口普查是可信的，对这些数字及其传播（有错也通常是由于书吏的失误）进行批判性研究大有好处，尤其是将其用作比较研究的佐证。见本书上文第 64 页注释 3，以及本书下文第 153 页注释 1 和第 425 页注释 1。

工程，这只能由国家来实施，因为所需的费用和劳动力对于私人而言太高昂了。然而，大规模的林间狩猎和游园玩乐使得一些肥沃的土地未得到耕种。[1] 国家衰败，政府权威与日俱减，中央派驻各州的代表只想着尽快发财，把买官花的钱补上以后还有得赚。[2] 土地上的劳力太多了，要养活的人也太多了，"通常悲惨的小民养不起孩子"[3]。工商业者被士人视为寄生虫，农村无产者也无法进入；而除了耕作，他们的出路只有卖儿鬻女，做奴婢、宦官或姬妾，或自己入伍当低级士兵，或加入匪帮。[4]

二、帝国的瓦解

所有快要饿死的人很容易成为空想家和巫师们的猎物，他们在十年时间里加紧宣传，目的是通过大起义来实现"太

---

[1]　在诸多皇家记事中，我们引用公元 163 年和 180 年的（《后汉书》，96，3b—4a 和 84，17a）作为例证。

[2]　公元 178 年，正式的卖官鬻爵制度由灵帝（l'Empereur Ling）设立，而他本人出自皇室中已衰微的一支。候选人需要提前支付其职位的费用，而贫困者只能任职后依靠自己的肥缺发财，再支付双倍的费用。（《通鉴》，57，14b；《后汉书》，87，8a）

[3]　《后汉书》，97，11b。

[4]　马伯乐，《中国土地制度，从起源到近代》，第 278—279 页。关于商业和手工业，见先哲王符（WANG Fou），《潜夫论》（*Ts'ien-fou louen*）[《四部丛刊》（*Sseu-pou ts'ong-k'an*）本，I，4b—8a；3，4b—9a 和《后汉书》，79]。崔寔，《政 论》（*Tcheng-louen*）[《群书治要》（*K'iun-chou tche-yao*）本，45，4a—14b 和《后汉书》，82]。

平道"（t'ai-p'ing tao）的降临。① 新时代理应始于公元184
年，那是新的轮回的初始之年。值得注意的事实是，起义的
两个中心分别位于两个人口最稠密的地区（黄河下游和四
川），从那里像野火一样传播开来，在几个月中遍及黄河和
长江之间的整个华夏大地。最初的受害者包括那里的两位王
爷、一位州牧（gouverneur）和数位太守。"黄巾"是这支农
民起义军最通行的称呼（这个教派的信徒戴着黄色的头巾，
象征大地），但也常被称为"蚁贼"，或根据其大营所在地区
来命名。在军事上，分为36"方"（divisions），每方一万或
六七千人，听从张角（Tchang Kio）及其两个兄弟指挥，名
号分别是"天公将军""地公将军""人公将军"（Généraux
Ducs du Ciel, de la Terre et de l'Homme）。他们这场运动，
连同张修（Tchang Sieou）和张鲁（Tchang Lou）在汉水
谷地（la Vallée de la Han）发起的所谓"五斗米道"运动
（Voie des cinq boisseaux de riz）的共同特点是，将社会憧憬
与带有道教色彩的迷信巧妙地糅合在了一起。他们的经书是
《太平经》（T'ai-p'ing king），以一种充满巫术用语、神迹治

① 19世纪差点儿让清王朝覆灭的那场大革命也采用了同样的口号——"太平"。这
不是偶然——也不是他们唯一的共同点。关于黄巾军的文献有些陈旧，我们却远远
没有完全利用全部的资源，关于汉末人物的几乎每一篇传记都包含一些相关信息，有
的详细，有的笼统。我只引述最重要的——《后汉书》，84，85，87，88，96，101，
102，104A，105，108，以及《三国志》（San-kouo tche），1，6—8，31，46。上述
文献中的一些可以在1922年由戴遂良神父（P. WIEGER）汇编的《历史文献》（Textes
historiques）中的第773—789页中找到。

愈、符号象征的风格来讲述，史学家为我们保存了其中的只言片语。[①] 但通过公开悔罪、义舍（des Maisons d'Équité, yi-chö）和共餐并不足以建立一种声称能取代帝王统治的组织，而应当取消赋税，修整道路，在被攻占的郡县里任命官员，取代那些被杀掉或赶跑的官员。普遍的无政府状态接踵而来，整个中国北方陷入了几个月的血与火之中[②]，这些封闭的共同体有幸维持了十余年[③]。除了大平原的农民纷纷起义之外，安南（Ngan-nan，现称 Annam）和今甘肃也发生了暴动。这是一场类似的运动，受到剥削的原住民和汉族定居者常聚集在充满仇恨的社团里，反对朝廷派来的高官。除了关于盗抢的某些陈词滥调之外，我们很难了解到黄巾军的正面行为；但无疑，他们缺少可从根本上改变农村可怕命运的独创观念。他们为自己选择的名号就是将统治层级移植到了神话层面——他们的眼界无法超越官僚帝国的传统架构，仅仅试图用不充分的手段改个头衔移植过来。

[①] 如《后汉书》，60B，9b—11b；《三国志》，46，6b—7a。关于《太平经》，见汤用彤（T'ANG Yong-t'ong），《汉魏两晋南北朝佛教史》（Han Wei leang-Tsin Nan-pei-tch'ao fo-kiao che），上海（Changhai），1938 年，I，58 及以后各页，第 104—114 页；伯希和（P. PELLIOT），《通报》（T'oung Pao）卷十九，1918 年—1919 年，第 407 及以后各页。

[②] 此处原书如此，似乎是因手稿不连续之故，与下一分句的语义难以衔接。——译者注

[③] 张鲁的共同体是一个建立在广阔领地上的真正的政权，一直延续到公元 215 年；另一个是公元 193 年由田畴（T'ien Tch'eou）在北京（Pékin）以北的群山中建立的，并非完全道教性质，却很好地体现出这些自治社区的演变及各种可能性。（《三国志》，11，8a）

村民在没有防备的情况下参与反叛活动，又被维持秩序的武装力量镇压。农民帮派踏遍全国，烧、杀、抢，作的恶不比打一场内战少。朝廷在短暂的惊愕之后恢复镇定，组织远征军来讨伐，残酷的镇压在起义爆发后的一年内就造成50万人死亡。没有人免于被怀疑为同谋，大起义在广阔国土上取得了迅雷不及掩耳的成功，似乎起义首领与京城有影响的势力之间有某种默契的协定。朝廷内斗，派系嫉妒，被招安义军（Ligueurs amnistiés，yi-kiun）之间互不信任，宦官被控与黄巾军勾连，军人幻想施行独裁，一切都导致了"以众敌一、以一敌众"的战争。

全国上下被朝廷军队和黄巾军之间的战斗搅得天翻地覆，黄巾军在一处被剿灭而又在别地东山再起。大批流浪者和难民到处迁徙，寻找安宁的角落，而权力斗争的最后一幕却在与外界隔绝的都城上演。袁绍（Yuan Chao）是反宦官一党的代言人，也是显贵［这或许是称呼"地主-士人们"（les propriétaires-Lettrés）最恰当的词］的完美代表，以无比的韧劲将何太后（l'Impératrice Ho）的兄弟何进（Ho Tsin）和诸宦官一并了结。何进在别人要助自己一臂之力时犹豫了，这让他丢了性命，归根结底是因为其出身卑微；另一个事实是，作为新贵（他是屠夫之子），他与宦官有一定关联；宦官在给予何进致命一击之前还及时提醒，他们的态度对何家的财产起到决定性的作用。袁绍在最后一刻介入，冷酷无情地决定处决2000名宦官，这个决定本身也很有意思：只要嘴上无毛，就难免一刀。

但士人和显贵的胜利没有解决任何问题，为时已晚——因为军人控制了傀儡皇帝。于是，消灭竞争者，争夺权力的血腥游戏开始了。无论是不听人言、昙花一现的独裁者董卓（Tong Tcho），还是比他更糟的属下校尉，抑或十多位不为人知的皇位觊觎者，还是最后的赢家——三国（确切地说是"三个帝国"）中各王朝的建立者，所有这些鲁莽者和冒险家（condotierri[①]）都有着几乎相同的履历——他们在对抗黄巾军的战争中获得军功，成功地用其雇佣军的核心成员慢慢组建军队，当然大部分兵员由衣不遮体、食不果腹的乡下流民构成。当机会眷顾时，他们会占领某些仍屹立不倒的要塞和城市，在很容易就能招徕的赋闲文人的帮助下，可以对整个地区进行治理，将其作为征服全国的财政基地和兵员仓库。这种半军人、半士人的典型代表是曹操（Ts'ao Ts'ao），一位谋略家、诗人和政治家，一位同时代的人用下面一句话完美地概括了他的特点："清平之奸贼，乱世之英雄。"[②]

中央权力随即衰落。自公元 191 年董卓试图篡位未遂的第二天，末代汉帝及朝廷就只在京城及周边拥有权威，地方

---

① 借自意大利语，亦可指"中世纪意大利的雇佣兵队长"。——译者注

② 《后汉书》，98，7b。关于曹操可参见我发表在《华裔学志》（*Monumenta Serita*，卷 2，1937 年，第 410 页及后续页）上的文章，以及石坦安（D. von den STEINEN）的《曹操诗歌》（*Poems of Ts'ao Ts'ao*），出处同上刊（卷四，1939 年—1940 年，第 125—181 页）。

政府几乎完全独立。曹操倾其一生致力于让地方势力归顺，但至死仍未实现；整个长江流域都没有被他控制。两位独立的将军在长江流域自立，分别是吴地（Wou）的孙策（Souen Ts'ö）和蜀地（Chou，即四川）的刘备（Lieou Pei）。帝国如同被肢解的尸体一般被分割为三部分，这种分裂荼毒华夏太深。

当曹操之子曹丕（Ts'ao P'ei）于公元220年废黜汉献帝（l'Empereur Hien des Han），登上皇位，创立一个新的王朝"魏"（la dynastie des Wei）之时，他的这一举动标志了对南方主权的彻底放弃，哪怕只是表面上的主权。从前臣服于汉室的将军拒绝向他们的对手臣服，而是自封为皇帝，在四川建立"蜀汉"（la dynastie Han de Chou），在长江下游建立"吴"（la dynastie de Wou），后者定都南京。这就是"三国"。

然而，帝国的理念依然是心中的执念，与旧日的荣耀联系在一起。当曹丕即位时，他依循的是一套当时的礼数和仪轨，在理论上只是换了个人和统治的家族；当半世纪之后的265年，同样的礼数使曹氏的权力传给了司马氏［Sseu-ma，晋王朝（dynastie Tsin）］，一块纪念魏王朝（les Wei）禅让、晋王朝降临的石碑就立在那块纪念汉王朝禅让、魏王朝降临的石碑对面。从此之后，每一个新家族的合法性建立在被推翻家族禅让的基础之上，乃是根据如下一个悖论："天命不永"①。吴帝和蜀帝无法用禅让行为替自己吹嘘，为了弥补缺憾，他们试图通过一些所谓的预言来证明上天的眷顾。事实上，他们在自家内部完成了和魏帝同样的仪轨——大臣劝进，三次推辞，随后接受，公开祭天，昭告天下，百官和百姓山呼万岁。

因此实际上有了三位皇帝，分别在当时中国的三个经济和政治中心，魏帝在洛阳，吴帝在建康（今南京），蜀帝在成都（Tch'eng-tou，属四川）——三位都不孚众望，相当孱弱，只能通过不断派遣远征军讨伐不断叛乱的地方官僚以维持现状。稍过些年，当晋王朝的第一位皇帝在265年结束了"三国"（Trois Royaumes②）的局面（我们的汉学就是这么称呼的），重新统一天下时，人们应当相信类似汉代的和平即将重新来临；但幻想没有持续——新的王朝比之前的诸王朝更加虚弱。除了地方官僚的叛乱之外，还有黄河流域胡人首领们的叛乱。几个世纪之中，连最有力的皇帝也将无法建立真正的和平，也无法让别人服从自己，除了用战刀。

---

① 语出魏文帝曹丕在司徒韩暨去世后所下诏书，见《三国志·魏志·韩崔高孙王传》引《楚国先贤传》，法文原文为"le Mandat du Ciel n'est pas conféré à jamais"。——译者注
② "Royaume"一词主要指欧洲封建王国，与魏、蜀、吴三个政权的性质不完全一致，在作者看来该法文译法有些不妥，只能勉强依从习惯，但加上了引号。——译者注

第二章　社会阶层

我们之所以花很长篇幅来论述汉朝的灭亡，是因为这充满了戏剧性事件的 40 年（公元 180 年—220 年）彻底埋葬了 4 个世纪（公元前 221 年—公元 180 年）的文明并开启了一个全新的时代——可以被认为是中世纪——也将长达 4 个世纪（公元 180 年—581 年）之久。汉代社会在两代人的时间内——在公元 2 世纪末到 3 世纪初之间崩塌。黄巾叛乱让各州郡的民政管理消失，直到动荡结束也未曾恢复。混乱随着暴动和军阀缠斗而来，一切毁灭于乱世。皇帝周边的宫廷贵族在汉代已很有权势，他们有望成为一个封闭阶层；汉朝原本懂得在行政管理中将优势的位置安排给豪门望族，同时要求所有行政人员严守某种规范，也允许新人凭才能得到提拔，而后来我们察觉到这种严丝合缝的机制已荡然无存。军阀到处居高临下，取代文官行政；这些文官有的是朝廷派来的，有的是凭自己的威望夺权的，还有的是被寻求扩大影响力的周边长官任命的；最通常的情况下，朝廷的角色仅仅在于认可这些篡权行径。同时，州郡长官越发独立于地方豪强（hao-k'iang）的意志，他们以往一直在其官署中任用豪族成员，但此时后者常试图直接告诉相距遥远的朝廷他们想要的官位，偶尔能成功得到。这就是普遍的无政府状况。无论在何地都不安全，除非在南方某些被放弃的郡里。一些武装人员组成帮派，有时是军人，有时是强盗（很难说哪种更坏），蹂躏、抢劫、纵火、屠杀。受到惊吓的百姓。百姓见到匪帮便四散奔逃，等到匪帮离开了才回来。因为不断受害，百姓和难民们持续迁徙，大范围的无序状态越发严重，流民们将本已因战争而不便通行的道路挤得水泄不通。贵族和官吏可以成功逃生，或躲进官府的城堡，或武装自己的家奴，守护自己固若金汤的庄园；富人们拥有广阔且众多的领地，可以在那里重新安排自己的生活。但农民、手艺人、商贩等其他人没有别的资源，只能让自己置身于富贵人家的保护之下。

一、低贱阶层：农民、租客、农奴和奴婢

农民尤其受到不安全形势的打击。不再有警察保护他们，他们也无法保护自己。有一点点警报，他们就逃走了，抛下房屋田产，涌上道路，阻塞交通 [1]；这在当时是相当正常的现

---

[1] 《三国志》，21，5b。

象，于是官府用一个专门的名称来称呼他们——"流离家"（lieou-li kia）①。这些背井离乡之人结局如何？有些移居华中、华南，那里局势不太乱，人口也没那么多，因此被破坏程度较轻。还有些人走在了他们前面，最终到达长江沿岸；例如，有 10 万户人家离开了长安周边的所谓"关内"（l'Intérieur des Passes）地区，那里在董卓的士兵经过之后荒无人烟，他们在荆州［le Département de King，属湖北（Hou-pei）］安顿了下来。②还有些人走得更远，在南海［les Mers du Sud，Nan-hai，属广东（Canton）］和交趾（Kiao-tche，即东京③）的半蛮荒地带定居垦殖，在那边不时还会发现一些同胞，或许还是亲属，他们在王莽时代为了躲避赤眉军而流亡到那些地方。但大部分人还是待在原籍地周边，藏身于山林沼泽。精力最旺盛的那些人加入匪帮，或出于自己考虑肆意劫掠，一旦发了财，便企图被官府招安。④还有一些人，也是为数最多的，四处流浪乞讨，直到他们相信可以回家了。

由于一直过着朝不保夕的生活，回来时他们发现自己彻底破产了；他们不得不借来可维持到下一季的基本生活资

---

① 《宋书》（Song-chou），45，7a；《梁书》（Leang-chou），11，3a。

② 《晋书》，26，3a，杨联陞（YANG Lien-shêng）译，《晋代经济史释论》（Notes on the Economic History of the Chin Dynasty），《哈佛亚洲学报》（H.J.A.S.），卷 9，1946年，第 152 页。

③ 指越南北部。——译者注

④ 公元 224 年，60 余名难民暴动，变成盗匪，见《宋书》，45，7a。

料，更别说重整自己一亩三分地所需的种子和农具了。这样的灾难年复一年地重演，没有尽头，债务越来越重，债主催得越来越紧。不到50年，小地主消失了，他们把自己的土地转让给了债主；他们成了大地主们的农夫和租户。大约三分之二的人口依附于另三分之一的人口，仅保留自由人的名义。

在名门望族周围有一众门客，包括保镖、仆人、家仆，四方豪族在没落贵族或出身低微的人之中招募，得以迅速地组织起防卫力量，保卫财产。乡间的家宅固若金汤——土台起于典礼庭院深处，与两侧楼宇连接，构成一道城墙，正南面有一个加固的入口，角上有塔楼，为补偿自己土地上微薄产出而过来作为雇农的邻村农民，以及领地内的工人在紧急时刻避难于此。防务由"家士"或"家兵"（kia-che 或 kia-ping）负责，他们是主人在奴隶或家仆中招募的武装人员，稍晚些年或许也在佃户中雇佣，编为"部曲"（pou-k'iu），人数多少不一。这个词也可指人，即某些豪强大族的"部曲成员"[1]（bandiers[2]）。小地主十分贫穷，付不起家兵的费用，只能接受大地主的保护，抑或自己变成大地主。

---

[1] 此为"部曲"这类称呼的起源，后来成为介于自由人"良人"（leang）和"奴婢"（nou-pei）之间的阶层，其法律地位让公元7世纪《唐律》的作者们颇为头疼（见白乐日，《唐代经济史》，第96页）——《三国志》，6，4b；21，5b；18，1b；28，12a和19a。《晋书》，62，7b。

[2] 该词为作者根据法语构词法造的新词（"band-"指"帮、团、群、队"，"-ier"指"成员"），亦可理解为"帮派分子"。法语词典上查无此词。——译者注

门客数量众多，命运不同。最体面的称为"门生"（men-cheng），似乎还保持着一定的独立性，父母把他们送到一位东家身边成为其扈从，也称"门义"（men-yi）或"义从"（yi-ts'ong），陪伴东家出门，既提高威望也加以保护，但并非军事化组织。[1] 这些人都指望着主人的荫庇以发家致富。同样，知名士人身边也攀附了一些弟子，当后者进入重要岗位时要给他们安排位置。[2] 但门客的主体是由负债的农民构成，他们最后不得不卖儿鬻女，抑或出卖自己，作为分期还债的"质人"（tche-jen），从此只能侍奉主人直到他们的劳动得以还本付息。这种作为担保的义务（engagement[3]）原则上是暂时的，但实际上是永久的，因为在大多数情况下，他们已经将自己的土地出让。有两种主要的"荫人"（yin-jen）类型。一类称为"衣食客"（yi-che-k'o），通常是一些穷亲戚，用自己的自由换取平安的生活，作为仆人在更富裕的亲戚身边服务；他们这种法律上的身份将其置于稍高于家中奴婢的地位。另一类称为"佃客"（tien-k'o），他们作为农夫或农业工人为大地主劳动。或许，后一类中的一大部分由"质人"构成；但他们中的某些人自愿出让土地，却以农夫的身份保留

---

① 徐湛之（Siu Tchan-tche）是皇帝宠爱的一位公主之子，拥有 1000 多位门生，见《宋书》，71，1b，及《南史》（Nan-che），15，6a；关于门义，见《宋书》，52，5a。

② 《南齐书》（Nan-Ts'i chou），33，1b。

③ 在法语中，"engagement"还有"雇佣"的意思。——译者注

了土地传承权。这样，至少事情只会在一种情况下起变化——尽管我们对此知之甚少，那就是后来有人成了大型佛教寺院的门客。荫人丧失了土地的所有权，但作为回报，一方面被免除赋税和徭役，从此由主人承担，另一方面受主人武装的保护。他以佃租来偿付这种保护，在正常情况下似乎与土地产出的一半相当，且要完全服从主人。① "客"的处境与地中海世界（le monde méditerranéen）里隶农的处境不同，束缚他们的不是土地而是主人，以致前者更换住所时会带着大群门客。②

　　门客体制对于皇权有双重困扰。皇权担心地方大员和其他大贵族（magnats）独立，因他们有私人武装作为后盾；大地主们只在他们乐意时才为门客缴税，而那是永远不可能的，税务机关惊讶地看着最明显的一笔税收白白溜走。于是政府

---

① 约319年时，有人请求将抛荒的土地重新划分耕种，回归曹魏的惯例——第一年，一切产出归拓荒者；第二年，缴部分赋税；第三年，正常缴税。我们知道，在曹魏帝国农夫或佃农得到一半的收成，但如果耕作的牲畜由国家提供的话就只能得到40%。见《晋书》，26，7a；杨联陞译，《晋代经济史释论》，第172页，书中另有引用别的资料。

② 约公元190年—193年，当李乾（Li K'ien）因局势不稳离开其在巨野（Kiu-ye，今属山东）的领地，前往其在乘氏（Tch'eng-che，也在山东）的宅第定居，那里位于一个似乎较安宁的地区。他将3000户"客"也带到那里，即自家的门客和雇佣人员，共有超过1.3万人。20年后，他的儿子成为侯爵，又将他们带到其在魏郡（la Commanderie de Wei，今河南）邺（Ye）附近的采邑（见《三国志》，18，1a—b）。257年，全（Ts'iuan）氏家族的一位成员是吴帝孙权（Souen K'iuan）的姻亲，他同母亲及十几家部曲渡过长江归降魏国的主宰——骠骑将军司马昭（Sseu-ma Tchao）（同上书，28，12a）。

采取了某些措施，但效果必定不佳。265 年，也是新的晋王朝的建立者武帝（l'Empereur Wou）登基之年，他让所有部曲军中被"雇佣"的人得到了自由，而这不过是一种姿态，因为277 年命令又有更改。各位皇帝也多次尝试减少门客的数量。自 3 世纪末以来，由于积重难返，晋武帝企图重建汉代盛景而不成，只能接受现实，但加以限制，每个家族只能根据品级获得一定数量的门客。事实上，他于 280 年下令，六品以上的官员的"衣食客"不得超过 3 人，七品和八品官员为 2 人，九品官员仅为 1 人；一品和二品官员的"佃客"不得超过 50户，三品不得超过 10 户，依品递减，到九品官员只有 1 户。[①]

"租客"的数量很大。在东汉时没有租客这种习惯，而晋代的租客未登记在册，但通过与东汉时期人口普查相比较我们就有概念了。公元 156 年的普查确认汉帝国有 10 677 960户和 56 486 856 人[②]；280 年晋代的普查确认有 2 459 804 户和16 163 863 人。考虑到当时血腥恐怖的内战和由此带来的大规模人口迁出，我们必须观察到在一个世纪之中，三分之二的人口成了新的租客阶层，随着时间的推移数量一直在增长。在北方，胡人建立的南燕（Yen Méridional）王国在慕容备德（Mou-jong Pei-tö，公元 398 年—405 年在位）时期，经过以上的变迁

① 《晋书》，26，6a—b；杨联陞译，《晋代经济史释论》，第 168—169 页。
② 《晋书》，14，5a。这是 146 年或 156 年—157 年进行的那次普查中最可信的数字，而可能的变数是书吏在传递过程中产生的讹误；见《后汉书》，29，3b。

之后，户籍簿上的一栏都可录得一千"丁"（ting）；而在一户（hou）之上都记有一百栋房屋，为的就是逃避苛役（k'o-yi）。通过寻找未登记的丁口，在这个只包含今山东一部分的小国里重新恢复 5.8 万户（按正常比例算折合约 30 万人）的户籍。[①]

在当前的汉学研究状况下，我们几乎忽略了一切"中世纪"里被奴役阶层（农奴或奴隶）的生存条件。主要原因在于文献的沉默，因为出身贵族的编年史家只会偶尔谈及这些事；另外的原因在于中国历史一直以来对社会报道的特点，以及缺乏契据。[②] 关于徭役的确切性质和期限的信息不准确，这并非偶然，因为徭役可以根据当局的喜好任意延伸，这也是一直以来民众抱怨的根源。因此，东晋（les Tsin Orientaux，公

---

① 《晋书》，127，5a。另有一些例证："那时（539 年—542 年），法律松弛，百姓常离开故里，逃避苛役。东魏神武帝［l'Empereur Chen-wou des Wei Orientaux，名"高欢"（Kao Houan）］（应为齐神武帝。——译者注）下令孙腾（Souen T'eng）和高隆之（Kao Long-tche）记录未曾登记的家庭，后发现超 6 万户。于是就强制所有背井离乡之人返回原籍"；稍晚，"豪族使百姓无法脱身，越来越多的人藏身以躲避户籍登记和赋税"［见《隋书》（Souei-chou），24，3a］。三国时蜀汉在 263 年的人口普查也很有特点，在 94 万居民之中（或之外？）有 10.2 万名士兵（占 10%）和 4 万名官员（占4%）；吴国在 280 年的人口普查显示，在 230 万人中有 23 万是士兵（占 10%），3.2万为官员（占 1.4%）（见《三国志》，33，8b 和 48，25a）。西魏（les Wei Occiden-taux）时，根据李冲（Li Tch'ong）的提议，地方政府建立了名册；他在 486 年左右观察到通常 30 家，甚至 50 家（kia）构成一户［见《魏书》（Wei-chou），53］。
② 近代学者力求以当时的趣向为古代史做出全新的解释。有些人还算温和，他们想让我们相信，中国一直存在着民主（因此没必要变革制度）。另一些具有共产主义倾向，他们无止境地讨论 19 世纪西方入侵前的前资本主义时期所有历史的封建制，乃至奴隶制特征（还想由此证明进行一场革命是必须的）。两种观点都不符合历史真正的演变，在我们看来，它们只有纯粹的宣传意义。

元 317 年—420 年）时，"成年男性每年服徭役不超过 20 天"，但同时代的大儒范宁（Fan Ning）在 380 年左右说，服徭役者勉强有三天休息，出于恐惧，他们甚至自残以逃避徭役。[①] 同样的资料告诉我们，北齐（les Ts'i Septentrionaux）高洋（Kao Yang，公元 550 年—559 年在位）时，"征富人钱财，发穷人服徭役"。在北方，修长城的徭役开始了；在南方，有金陵（Kin-ling）之战……修建亭台宫殿大大加重了徭役，雪上加霜。稍早的西魏（535 年—556 年）时，"以 1 万多名苦役为代价修建佛寺"[②] 北周（les Tcheou Septentrionaux，公元 557 年—580 年[③]）的规定比较含糊："司役（sseu-yi）负责管理徭役。任何 18 至 59 岁的人必须服徭役；丰年时不会超过 30 天，平年时不过 20 天，荒年时不过 10 天。而征发的'徒役'（t'ou-yi，军事性徭役）每家不超过 1 人。如（家里）有 80 岁的人，一个儿子可以免于服役；如有百岁老人，（全）家人可免于服役；如有无法养活自己的残疾人，一人可以免于服役"。[④]

最大规模的徭役是兵役和大型公共工程，如建造堤坝、灌溉或排水渠、运河、长城，修建道路、公共建筑，等等，

---

① 《隋书》，24，2b 及《晋书》，75，12a。
② 《隋书》，24，3a 及 4a。
③ 根据《辞海》，此处应为"581 年"。——编者注
④ 《隋书》，24，4b。

但细节无从知晓。①

对各种类型的奴婢而言同样如此。我们所知道的是，有许多次，一批奴隶被征召服兵役，但随后即被释放。不可否认的是，使用奴隶在中古时扮演了重要角色。但可以简单思考一下，由于有如此丰富多样的质役性劳动力（如租客、门客等），应该不怎么需要奴隶，所以我们认为奴隶的重要性被夸大了。除了在胡人建立的北魏（公元386年—534年）初年，奴隶忙于饲养家畜之外，他们并未在农业生产中扮演任何其他角色。事实上，胡人自身也迅速被汉族统治阶层悠久而准确的经验折服，即让农夫或自由佃农来种地比用奴隶效果更好，因为前者对提高产量感兴趣，而用后者得到的收益很少，管理成本却更高。②

① 通过阅读484年一位主管建筑的官员的意见（《通鉴》，136，4a），我们可以对修筑长城的工程有一个大体的认识。据他介绍，一个人在一个月内可以建造三步（pou）长（合4.5米）的墙。但可惜我们不知道墙的高度和厚度，更不用说其他细节。

② 皇帝在321年左右征召了扬州（Yang-tcheou）的奴隶入伍，借口抗击胡人，事实上是为了控制有实力的州牧、将领王敦（Wang Touen）（见《晋书》，98，3a）。杨联陞那里还能找到别的一些例子：杨联陞，《晋代经济史释论》，第197页。我们暂时掌握的关于中国奴隶制的最好研究（不过仅针对西汉）做出的结论是，在公元1世纪末（似应为"公元前1世纪末"——译者注）奴隶制施行最广时，奴隶的数量低于总人口的1%（见韦慕廷，《前汉时期中国的奴婢制度》）。在那里我们能找到关于此问题的所有中国和西方的文献记载。因此，我对唐代也得出了相似的结论（见本书下文第287页注释2）；艾伯华（W. EBERHARD）对魏时的奴隶制也做了同样的评价［见《拓跋魏的奴隶制度》（Tobalar'da köle usulü），《安卡拉大学学报》（Bulletin de l'Université d'Ankara）］，原文为土耳其文，摘要为德文，1946年，第255—270页；蒙思明［MONG Sseu-ming，《北魏社会体系》（Social System of the Northen Wei Dynasty，原题为《元魏的阶级制度》——译者注）］，《史学年报》（Che-hio nien-pao）第3期（1936年），第89—124页。517年的一道政令禁止佛教寺院剃度奴籍儿童［《魏书》，114，8b，魏鲁男（J. R. WARE）译，《通报》卷三十，1933年，第164—165页］，显示出很多地方都有此现象，寺院也养育了许多奴家儿童。他们中的大部分可能作为仆人依附于寺院。

二、贵族的复兴

皇权削弱带来的最有特点的现象之一是真正世袭贵族（aristocratie de naissance）的再次出现。汉代时就有贵族（noblesse），他们除了享有的特权以外，只获得了皇家的偏爱。我们已经了解了，天下大乱的局面如何有利于豪门大族的势力发展。当各种武装力量不断交战，掌握小股部队的县官们无法维持秩序和安全，失责的中央政府让强大的庄园成为管理中心，让地主们扮演惊慌失措的百姓们的保护人的角色。新贵族除了在经济和军事上的实力之外，又在不久之后依仗举荐制度获得了政治方面的优势，接下来将做论述。

社会逐渐分裂成不同阶层。"良人"和"贱人"（gens de peu）、贵族和平民之间都有天壤之别。第一个称呼逐渐具有"自由民"的意思，与之相对的是受奴役的阶层，包括各种奴婢和门客，以及广大"役门"（yi-men）。他们应该就是不享有任何特权的人，包括小地主、地方政府的小雇员、农民、军人、狱守、驿站头目等——他们是人口普查时的"丁"（字面意思为"成年人"），即与被奴役阶层相对的自由民，但也要负担各种赋税和徭役。无须服徭役的人口也分为几个不同的阶层，各自成员间不通婚，故形成从高级贵族到平民的微妙级差。居于首位的是世袭贵族，有采邑和头衔。晋代重建了公、侯等古老的头衔，又加入了一些等级，如"国公"

（kouo-kong）、"郡公"（kiun-kong）、"郡侯"（kiun-heou）和"县侯"（hien-heou）等。这些头衔取代了不再使用的旧官阶，它们在社会生活中也没有用，只不过是代表了家族的过去——无论有没有头衔。在社会的顶端，我们会发现"旧门"（kieou-men），其中最著名的是崔氏（les Ts'ouei）和卢氏（les Lou），他们的姓氏成为贵族权力的象征；紧随其后的是"次门"（ts'eu-men）和"后门"（heou-men），也是高级贵族；然后是新贵们，称为"勋门"（hiun-men），他们通常靠其首领的战功而获得荣誉，其中最末的一等称为"一世勋门"（yi-che hiun-men）。"役门"和为数不多且有影响力的豪族富户［通常称为"高门"（kao-men）或"豪门"（hao-men）］是两个极端，其他贵族夹在他们之间，但不太容易弄清楚他们之间地位的高低——高门的数量似乎比旧门还要庞大。

保卫国家，抗击北方胡人是新兴贵族阶层产生并迅速掌权的原因之一，并使贵族产生了对自身价值的认同感和对平民的优越感。在北方黄河流域的贵族移居到南方长江流域之后，维持这种感情的则是南方本地贵族和北方外来贵族之间的敌对情绪，以及异域征服者（胡人新贵）和有着深厚根基、精美文明的全体华夏贵族之间的竞争、对立乃至明目张胆的仇恨。"侨姓"（k'iao-sing）、"郡姓"（kiun-sing，即留在北方的汉族贵族）、南方贵族［"吴姓"（Wou-sing），字面意思是"吴地的家族"（les Familles de Wou）]、胡人贵族["虏姓"（lou-sing）]之间相互有别，总共有十几个家族，分支众多。①

稍晚，6 世纪后期复归统一，各种区别逐渐消弭；但在当时，这还不只是习惯上的区分，行政管理机关依然承认区别，并执意保留。对其置之不理的官员被治罪——这是一位县官的例子，他在 5 世纪后半叶将 110 个门庭不算显赫的家族划入"旧门"行列。②州官多次专门被勒令检查辖区内的贵族头衔，并让僭越级别享受待遇者复归原位。一位"次门"的成员在"对家族分类管理以区分贵贱"的过程中被驻襄阳（Siang-yang）的州官降级，扔进了"役门"里。但随后（450年），他蒙皇恩重新被重新纳入"次门"之中，最终被封为侯爵（470 年）。③

编修宗谱（tsong-p'ou）的风潮始于这个时期。如果知道家谱可证明获得官职及优待的权利，便可理解贵族阶层保存家族内各种簿记的嗜好。正如道齐尔（d'Hozier）负责开列了所有法国贵族的家谱，同样地，各位皇帝也多次希望完成中国所有贵族的总族谱。曾经有所谓《百家谱》（*Listes généalogiques des Cent Familles*，*po-kia p'ou*）；贾执（Kia

①《新唐书》（*Sin T'ang-chou*），199；《通鉴》，140，13b—15b（496 年）。
②《南齐书》，35，1b。
③《宋书》，83，1a。

Tche）编纂《姓氏英贤谱》（*Liste généalogique des Familles Célèbres，Sing-che ying-hien p'ou*），共 100 章；梁 武 帝（l'Empereur Wou des Leang）下令编纂一部《十八州谱》（*Liste généalogique des Dix-huit Départements，Che-pa-tcheou-p'ou*），共 690 章；王僧孺（Wang Seng-jou）编纂《百家谱集抄》（*un Extrait des Registres généalgiques des Cent Familles，Po-kia-p'ou tsi-tch'ao*），共 15 章；等等。[①] 甚至到了唐初（638 年），一部全国贵族的总目编纂完成，含 293 族 1651 家，分为 9 级。尽管编纂该书的政治目的或许是通过将门第等级纳入官阶，以抗衡贵族，它仍然显示出，直到唐代贵族依然有着深远的影响力。[②]

　　贵族通过"土断"（t'ou-touan）获得官方证明。但并非总能轻易完成，因为这项工作不是在家族现居地进行，而是在其来源地进行，但可能全族人都与彼地毫无关联。而且，

[①]　可参考隋代书目《隋书》，33，11b—12a；《梁书》，33。《三国志》的注中除了引用名门望族的独特家事之外，还引用了十几本家谱。所有这些大部头文献今已散佚。然而，还能在韩昌箕（HAN Tch'ang-ki）的《王谢世家》（*Wang-Sie che-kia*）中找到中古时王（Wang）、谢（Sie）两家各分支的谱系史，共 30 章（1622 年版）。《四库全书总目》（*Sseu-k'ou...tsong-mou*），62，商务印书馆本（éd. Comm. Press），第二卷，第 719 页。17 世纪的伟大的批评家顾炎武（KOU Yen-wou）追溯其谱系源头至 4 世纪初；而大名鼎鼎的石勒［Che Lo（似应为 Che Lö——译者注）］利用东拼西凑的族谱来证明自己源自名声显赫的华夏贵族，见《日知录》（*Je-tche-lou*），1886 年版，23，4a—b（但查阅《日知录》原文，未见相关记载——译者注）。

[②]　《旧唐书》（*Kieou T'ang-chou*），65；《新唐书》，95；《资治通鉴》（*Tseu-tche t'ong-kien*），195，5a—6a。

最初的户籍登记地通常在北方，那里已是胡人的地盘，无法进入。然而，这样做出的证明却不容质疑，等级一经确定便不可撤销，无论是占有的公职，还是受封的侯（Marquis）、伯（Comte）、男（Baron）等爵位都不会改变家族的社会等级。6世纪时，当侯景（Heou King）背叛北魏[1]，携其任刺史的州投降梁朝（les Leang），被梁武帝封为"公爵"，他的最后一项请求是迎娶一位王氏或谢氏的姑娘，但皇帝自身也出身卑微，完全被旧贵族的声望所吸引，于是答道，王、谢均为"高门"，与侯景不般配。他令侯景在朱（Tchou）、张（Tchang）两族中娶妻。[2]

贵族与平民间门不当户不对的婚姻实际上相当不受认可，几乎已成为一项罪名，但没有被法律明文禁止。变故、内外战争、革命和改朝换代都会周期性地摧毁豪族，使其中不少人不择手段地试图重新光耀门楣；家败之后的贵族可以很方便地顺势而为，协助富裕的平民钻进贵族阶层。暴发户迎娶贵族的寡妇[3]，另一些人花大笔钱给衰败豪族以迎娶他们的女儿。当贵族家庭的女儿有某种残疾而不可能门当户对地出嫁，父母会毫不犹豫地将其嫁给有钱的平民，平民会为得

---

[1] 事实上，侯景北魏末年起兵，后投东魏权臣高洋，最终叛东魏，投降萧梁。——译者注
[2] 《梁书》，56；《南史》，8，2a—b。
[3] 《北齐书》（Pei-Ts'i chou），24，1a 及 37，4a。

到此殊荣花很多钱。① 东海（Tong-hai）王源（Wang Yuan）以 5 万钱的彩礼迎娶了满璋之（Man Tchang-che）之女，这场门不当户不对的婚姻被载入史册，因为当时的一位大作家沈约（Chen Yo②，公元 441 年—513 年）在 490 年就此事写了一纸诉状，甚至要请求废除婚姻并处罚夫妻二人。诉状被认为值得收入半世纪后出版的一部著名的文学选集中。③

这种联姻大抵与习俗有关，而非涉及法律，法律只禁止自由民和处于奴婢境地者之间的婚姻。在北魏，463 年的法令"禁止宗室、师（Maîtres）、傅（Tuteurs）、公、侯、伯及普通贵族家庭成员与工匠或贱籍人士通婚，否则受罚"。这部法律当时并未严格执行，意义有限，因为 478 年又做了修订。④ 更有可能的是，在南方，汉族建立的各朝中也存在类似的安排，但文书上未留痕迹。在北朝的胡人帝国中，第一等级自然属于土生贵族；在拓跋部（T'o-pa，Tabgač）建立的魏王朝，第一等级为八个鲜卑（Sien-pei）部落，为皇家卫队的 8 个军团提供兵源，为首的是八大公爵（les Huit Ducs），形成皇帝的幕僚机构；而在其之下，汉人贵族保持

---

① 某个叫崔九伦（Ts'ouei Kiu-louen）的人准备将他家一只眼盲的姐妹嫁给地位较低的一家，后者没有当面提亲。但家里的一位姑妈为了挽回她的脸面而反对亲事，让其嫁给了自己的儿子——《北史》（Pei-che），32，2a。

② 注音似有误，应为"Chen Yue"。——译者注

③ 《文选》（Wen-siuan），40，3a—4a。

④ 《魏书》，5，5a 及 7A，5b。

着自负，甚至还有汉化的胡人家族来献殷勤。

在中古时代，对于社会阶层（无论有无特权）的归属感根深蒂固，以至于一个人在其生存状况发生根本变化之后的很长一段时间里，这种归属感依旧控制着他的行为方式和具体行动，甚至皇帝也是如此！直到唐初，一些新晋人士（通常是军人）开始成长，逐渐得以削弱六朝贵族的影响，取消其特权。

这样的贵族没有什么作用，他们忙于阴谋诡计，常年征战，或梦想与胡人作战以收复沦陷的州郡，一直生活在对旧日荣光的怀念中。尤其自317年的大迁徙以来，他们与在北方恢复正统王朝的幻想紧紧地捆绑在一起，从未发自内心地想定居南方，而是在宫里享享清福。有土地的豪族无心经营，交与代管人及农夫打理，他们的子弟也不怎么学习。作家、艺人、政治家和将军通常都是贫苦的"寒人"（han-jen，字面意思是"因悲惨而被冻僵"），他们因为"出身"而做不到很高的职位。贵族中的杰出成员至多会沉湎于极端的崇拜，有时是道教，有时是佛教，抑或醉心于文学、博弈或观念上的游戏，这是一种业余爱好者的矫揉造作，所谓"清谈"（ts'ing-t'an）就是以形而上学或美学为话题的细腻对谈。近580年时，一位伦理学家刻画了他们慵懒的生存状态："我们通常看见士大夫以结交农民和商人或与工匠打交道为耻。他们射箭时射不穿木板，勉强会写自己的名字。他们恣意饮食，终日无所事事……自晋代移居江南以后，南方宫廷中大部分贵族都成为门客①。至今，八九代人之后，他们依然不事耕作，全体靠俸禄为生。即便他们拥有（土地），也是转给仆人耕种。他们从未亲眼见过翻动一块泥土或铲除一根杂草。不知道何时播种，何时收割，他们又如何能知晓天下事？"②

---

① 即"居无定所的访客"。勿与专门术语"客"混淆，前文已有定义。
② 《颜氏家训》(*Yen-che kia-hiun*，《四部丛刊》本)，I，22b（第 8 节），以及 2，2b（第 11 节）。

第三章　地产和土地制度

汉代建立以来，政府的一贯政策是阻止封建制度的经济基础——大地产制的重新建立。"限田"（hien-t'ien）从未严格阻止豪强对土地的"兼并"（kien-ping），这种限制与其说是法律，倒不如说是一种简单的劝导。但尽管如此，在汉代灭亡以后，情况发生了根本的变化，再次封建化的危险出现了。

由于内战和"胡人乱华"，大片土地抛荒，北方尤甚。中古时期的各个王朝对无主土地进行重新分配，远不止为了引入平等原则（与时代精神完全不相符），而是要医治耕种不足和大地产日益集中这两大顽疾。此类法规历朝历代不断更新，直到唐初，都没有大的变化，其理论基础一直是一种理想化的典型，即以各个时期的家庭产业作为最佳状态。实际上，100 亩大致相当于维持五口之家生存的最小土地面积。但正是这种理想使得我们不太信任当时的法律，尽管颁布时很严肃，但从未执行。西方憧憬乌托邦，用法律认可既有的习惯；与之不同的是中国的大同回到上古去寻找黄金时代，法律不是明确表达现存的状态，而是设定应该变成的状态。

一、土地制度

有了上文的铺垫，我们现在通过最有代表性的一些例子，来审视一下立法本身。所有的规定都始于指定权利所有人的年龄限制，每个朝代各不相同。太老的人被排除在土地分配之外；年轻人、上了年纪的人，偶尔包括女人，只有权得到一部分田；只有注册了的成年人（"丁"）才有权获得一整块地。分地首先在每年第一个月进行，随后会在第十个月进行，以便留更多的时间来做耕种准备；也不是每年都重新划定区域内的所有土地，而是将年内变为可耕地的土地再次分配，只占全部土地的一小部分。5世纪时，当农民达到法定年龄时，会分给他们终身之地，只在他们亡故或达到耄老之龄时，这块地才被收回，去分给别人。此外，唐代时，儿童到了可以拥有土地的年龄仅仅是继承其父亲的土地，无须通过额外的文书来向他们分配土地。

另外，有些地区土地很少，有些地区土地过剩〔所谓"宽乡"（Canton au large，k'ouan-hiang）〕。当理论上的数字无法达到时，相关规定会事先按比例削减，使之成为常态。

而在"狭乡"（village à l'étroit），人们开始取缔桑田，在此之后，如果依旧不足，则削减家里下一代人（子女等）的田地份额。隋代时，每位成年人的田地份额估计下降到了仅20亩（约1公顷）。

我们知道的首个土地规定是晋代（280年）的，给予每位户主70亩、其妻30亩地作为"产田"（tchan-t'ien[①]）。此外，所有在籍成年人（16~60岁）中，男性有权获得50亩、女性获20亩的土地，次等男性在籍者（13~16岁及60~65岁）得其一半（次等女性在籍者得不到）——这就是所谓"课田"（k'o-t'ien），似乎就是为了补偿赋税。[②] 可以看到，确定法定地块面积是为了让每一户农民总计得到100亩耕地和20亩桑田——这是古代经书里确定的惯常数目。为了在贵族阶层之外重建一个独立的中等有产阶层，也为了进行地产分配找到必要的土地，同样的一份法令规定了一系列措施以限制"租客"的数量和贵族大型领地的面积，官员及其家眷根据级别只有权得到一块10到50顷（合1000~5000亩）的土地，并最多"荫庇"9代亲属（免除赋税和徭役）[③]。

---

① 注音似有误，应为"tch'an-t'ien"。——译者注
② 《晋书》，26，6a；杨联陞译，《晋代经济史释论》，第167页。杨先生对"课田"这个术语给出了另一种解释，不太令人信服；参见上书第123页的讨论。
③ 《晋书》，26，6a；杨联陞译，《晋代经济史释论》，第168页。此外，该法令明确限制有采邑的世袭贵族在京城及其城郊拥有领地；大型封邑的所有人可以获得1500亩，中型封邑的所有人可以获得1000亩，小型封邑的所有人可以获得700亩。

法令的第二部分只是空想——负责执法的人想必自己都放弃了，因为他们既是官员也是大地主。与之相比，第一部分还要缺乏可行性，除非将"狭乡"的人迁走，让他们到南方拓殖。这种命令很可能不会产生什么后果，除非在一些因内战人口数量很小的地区。

北魏孝文帝（l'empereur Hiao-wen des Wei Septentrionaux）485年的规定差异较大，打着"均田"（kiun-t'ien）的旗号，依旧承认由地主地位造成的巨大级差，在均等的基础上寻求为大众调节土地所有权的方案，不分官员和百姓，但皇子、公主和侯爵的采邑除外——那是特殊性质的地产。根据这一规定，任何男人有权为自己、妻子、儿女和家庭中在籍人员（"户"）获得一定面积的土地，即为子女和不太近的亲属，以及门客和奴婢；最后，他还可以为耕牛获得一部分土地。因奴婢的数量取决于家庭财富，门客的数量取决于声望和势力，故每家有权得到的土地面积依自身状况差别很大。

据此规定，任何年满15岁、不足70岁的男人可获得两块土地：一块是20亩的耕地或可用来种植桑树、榆树、果树（"桑田"）的土地，作为可继承产业授予；另一块是40亩的可耕地〔"露田"（lou-t'ien），本义是"暴露于露水的田"，即没有树木和房屋的裸地〕；此外再加上10亩用于种植麻类作物的"麻田"（ma-t'ien），授予后的占有权不确定，持有人亡故或到一定年龄（70岁）后交还给村里重新分配；妇女得到一半的土地（分别为 10 亩、20 亩和 5 亩）；奴婢的主人代替他们获得一块与自由民相当的"露田"，但不获得"桑田"；家畜的主人可获得每头牛 30 亩的额外土地，最多按 4 头牛计算。这些数字与每年可以耕种而无须休耕的土地数有关。至于对必须休耕一年的土地，以上数字则要翻倍。而对于必须休耕两年的土地［"三一田"（san-yi-t'ien）］，则为三倍！分田和还田在元月进行，一切突如其来的家庭变故，如在籍者亡故，出卖奴婢或耕牛，或刚好相反，孩子达到法定年龄，买入奴婢或耕牛，只能到下一年的元月才生效。[1]

　　显而易见的是，此时的北魏官府对农民的照顾不如对富裕地主的照顾。第二年（486 年），李冲提议改革赋税。拿一户典型家庭为例，该户由父母、4 位不满 15 岁的未婚子女（也未登记为纳税人）、4 位奴隶劳工和 4 位纺织婢女构成，共 14 人，再加上 20 头牛，共有 465 亩（约 25 公顷）土地供耕种，若土地需要休耕一年的话面积可能翻倍或更多。[2]从这个意义上说，自耕农在当时已不复存在，起码都需要在

---

[1] 《魏书》，110，3a—b；《通鉴》，136，7b。参见李安世（Li Ngan-che）的上书，这份重要的文献显示，对抛荒土地的独占源自 485 年的法令（《魏书》，53，4b—5a）。
[2] 《魏书》，110，3b 及 53，7b。须知：丈夫有桑田 20 亩，耕田 40 亩，麻田 10 亩，共 70 亩；妻子分别有 10 亩，20 亩，5 亩，共 35 亩；4 个 15 岁以下的孩子一无所有；4 位男性奴隶，耕地 40 亩乘以 4，共 160 亩；4 位婢女，耕地 20 亩乘以 4，共 80 亩；4 头牛（已达上限），30 亩乘以 4，共 120 亩；总计 70+35+160+80+120=465 亩（1 亩约合 5 公亩，465 亩合 2325 公亩）。在休耕 1 年的情况下，需要扣除桑田面积，即 30 亩，剩下的翻倍，即 435×5+2325=2175+2325=4500 公亩，合 45 公顷。

豪强家里作为"荫夫"（yin-fou）注册在籍。官府试图加以控制，让小农阶层消失。同样处境的还有拥有一些土地的贫苦士人，他们无法对抗豪族，因此有沦为农业无产者的危险。应纳税之人和应服徭役者的数量本就有限，而且还在不断减少。另外，地方官府招募小官吏越来越难了。贵族自身也很苦恼。在兼并农民土地之后，大贵族开始威胁到贫困小贵族的地产。官府为了保护小贵族，至少是在一定程度上加以保护，禁止他们出售一部分土地。暂时租种的"露田"不能出售；至于"桑田"，则只能出售法定面积之外多余的部分。因此，任何人的土地都不会低于维持家庭生计所需要的面积。

北齐和北周的规定与北魏孝文帝时的几乎完全一样，只是凭奴婢数量得到的土地根据地主的品级加以限制：高官按60位奴婢计，皇室亲王按300位计。并不是禁止拥有更多数量的奴婢，但多余的奴婢无权得到土地。[1]

这些规定在多大程度上执行了呢？很难说。地主并非必须出售超出法定面积的多余土地，因此大规模的领地依旧存在。北、南方诸国的问题各不相同。北方占据中国人口最稠密的地区，而六朝时期南方的各个小朝廷拥有大片未耕种的

---

[1] 《隋书》，24，3b—4b；万国鼎［WANG Kouo-ting（注音似有误，应为"WAN Kouo-ting"——译者注）］，《北朝隋唐之均田制度》（*The System of Equal Land Allotment, etc.*），《金陵学刊》（*Nanking Journal*）卷一，1931年，第269—300页，尤其是其中的表格，第279页。

土地，人口也不多。在那里，我们并未发现有什么土地法规。在北方，更重要的是均衡地分配农产品，并利用农业剩余劳动力，以增加税收，而非开垦新的可耕地。"大地产被禁，因为其所需人口数量远低于同等面积被分割成小块分给农民的地产。"[①] 此外，人们较少地摧毁大地产，而是限制其扩张，保护小地主免受其蚕食。

事实上，尽管有圣谕在上，各地区的土地分配也需要依当地传统习惯进行。因为相较普遍的规定而言，这些习惯更符合各地的实际情况，而具体的限制性条件和今天在越南北部乡村里进行土地分配时一样繁多。北魏成功地组织起政权，形成基本稳定的管理体制和治安组织，这有助于减少赵（Tchao）、秦等北方短命王朝时对土地政策过于频繁的干预。另一方面，频繁地没收土地将一些土地和户口重归国家掌控。门客和奴婢却未因此获得自由，仍然是被奴役的阶层，只是移交官府支配，成为所谓"杂户"（tsa-hou）、"官户"（kouan-hou）、"官奴婢"（kouan nou-pei）。只是土地却空了出来，可供分配。

---

① 马伯乐，《中国土地制度，从起源到近代》，《让·博丹学会文集（第二辑）》，布鲁塞尔，1937 年，第 282 页。

二、军屯与民屯

中央政府不时会尽力将难民安置在其故乡。有很多土地抛荒，导致军队的补给困难，此外，全体流民构成长期的不稳定因素。于是，为了弥补第一个不利因素，按汉代军垦模式，开始进行官方拓殖称"屯田"（t'ouen-t'ien）。在汉末内战期间，曹操为了保障军队补给（并充实驻地人口），在许（Hiu，在今河南中部）周围建立拓殖区域，招募自由民，向其分配土地，并规定某些义务；同时，在州、县之内，他也推动建立类似的屯田区。据说，屯田区的所得达到每年数千万斛（hou）。[1]在他看来收获颇丰，因为202年战胜袁绍之后，他又在其住所邺（河南北部）的周围建立了新的屯田区。西晋（les Tsin Occidentaux，公元265年—316年）年间，廷尉所辖的专设曹负责处理与屯田区有关的全部事务，即所谓"屯田曹"（t'ouen-t'ien ts'ao）。[2]土地税不过每亩4市升［cheng，合8分升（dl）］，即每公顷16公升（1），而一般的税赋为每亩一斗，即每公顷40公升。可见对屯田者的优待非常丰厚。

比较清楚的是，尽管在全国范围内征发"良人"屯田，这首先是一项战略性的经济措施，也是通过分田地来保障内战退伍老兵复员后生活的途径。边境地区通常成为实施此类

---

① 《晋书》，26，2b；杨联陞译，《晋代经济史释论》，第156页。
② 《晋书》，24，4b。

举措的对象，特别是横跨南北王朝的地区，尤其是淮河（la rivière Houai）及其支流流经的富饶平原，那里受连绵不断的战争摧残，人烟稀少。①

早在 243 年，三国时代魏国的一位将领司马懿（Sseu-ma Yi），出于为与吴国作战的部队提供补给考虑，在此区域设立屯田区。而钦差大臣邓艾（Teng Ngai）发现这些土地优良，但异常缺水，于是挖掘了 300 里的运河灌溉此地，并使之与大运河和济水（la rivière Ts'i②）相连。投入耕种的面积达 2 万顷（合 10 万公顷），一切税费上缴后年均收益估计为 500 万斛（合 10 万石）。③ 六朝时，同样的困难局面持续，但也通过同样的行政手段努力加以解决：持续的不稳定使农村荒无人烟，而官府采取措施试图使农民留在乡下。南齐（les Ts'i Méridionaux）时的 497 年，徐孝嗣（Siu Hiao-sseu）的一份报告清楚地陈述了黄河和长江之间富庶地区的现状④："有国急务，兵食是同……淮南旧田，触处极目，陂遏不修，咸成茂草。今边备既严⑤，戍卒增众，远资馈运，近废良畴，士多饥色，可为嗟叹。愚欲使刺史二千石躬自履行，随地垦

---

① 见冀朝鼎（CHI Ch'ao-ting），《中国历史上的基本经济区》（*Key Economic Areas in Chinese History*），伦敦（Londres），1936 年，第 100 页。

② 注音似有误，应为 "Tsi"。——译者注

③ 《晋书》，26，2a，参见非常有启发性的邓艾传记（《三国志》，28）。

④ 《南齐书》，44，2a。

⑤ 北魏于 494 年从南齐手中夺取洛阳。

辟。"他也提请在六部（six Départements，lieou-pou）设立军屯管理机构，受邮政长官和刺史节制，后二者在各自辖域内制定法规，无须朝廷额外派遣任何官员，属于官府的耕牛和农具都归他们支配，每到年底，详细的账目上报各州首府。这项提议未被采纳，因为当时的皇帝几个月后被病魔夺走了性命。当然，这也不是唯一由朝廷或刺史设立军屯的地区。

然而，军屯一般和公共工程一样，需要中央领导和强有力的政府权威才能有效果，才能进行长远规划，分配劳动力，保证执行。六朝时代皇权削弱，通常只能应付紧急事态。[1]

---

① 冀朝鼎在《中国历史上的基本经济区》（伦敦，1936年，第36页）中制作的表格仅记录了二十项南北朝（Nan-pei tch'ao）分裂时代的水利（chouei-li）工程，而对于唐以后的各大统一王朝则记录了成百上千项。

第四章　民政与军务

一、封建制度的革新

如前文所述，汉代成功建立了一个统一、集权、可持续的官僚帝国，但在其崩溃之后，许多因素都有利于封建制度在一定程度上的复辟。随着汉的覆灭，帝国的组织架构也荡然无存。到了三国时代，魏国诸帝还试图尽可能地保留帝国的组织架构，但军方首领没有给他们留下多少条件。3 世纪后半期，魏之后的晋代，连表面上的帝国组织架构都没有保留下来，因为各种阴谋诡计需要支付高昂代价。晋花了 30 多年时间取得皇位，整整三代人的心血用于此。所有或多或少有助于其篡位的人都要求得到一些东西，为了满足他们，就要分配朝廷官职、采邑、侯爵头衔、地方官职；对于一些职位较低的人，则授予州、县的官职。民政管理尽管没有消失，但在各级军事长官面前地位削弱。随后，南北分裂，胡人的内进强化了这一状况——边境线不断变化，大片国土沦陷，由此造成行政管理失序，士大夫阶层影响力衰弱，助长了抗命与地方主义。

晋初，皇室血统的27位亲王受封采邑，其年俸从实物赋税中获得。取得政权需要炫耀武力，故不可能让受封亲王们失去武装，因为他们的"公国"（简称"国"）可能成为附近州官们觊觎的理想猎物。自265年即位以来，西晋武帝（l'Empereur Wou des Tsin Occidentaux）按以下方式重建诸"国"：一等亲王，封两万户，有权维持三个军（5000兵力）和100名官吏；二等亲王，封一万户，维持两个军（3000兵力）和80名官吏；三等亲王，封5000户，维持一个军（1500兵力）和60名官吏。这些诸侯王采邑的管理基本上自给自足，那里的每支军队都归一位大臣管辖，并由一位将军指挥。此外，侯也有权拥有军队来守卫领地，他们有一支1500人的军队，如同小型公国。只要亲王被留在都城居住，正如开国初年他们所做的那样，就没什么大碍，但封国也是支撑皇权的副中心，因为那里虽然有军队，但将领的威望不足以谋划叛乱。但情况不再如此——277年，诸王被安置在自己的采邑里，从那时起，每个封国都成了阴谋对抗中央政府的巢穴。

以上全部事实所造成的结果并非如我们所期待的那样，也非如几个世纪后欧洲发生的那样，即让帝国破碎成若干独立于皇帝或仅与其有很松散联系的封建王国。结果仅仅是反复发生的各种动荡，但并不威胁到既有各政权的统一性，无论对于北方胡人政权还是南方汉族政权来说都是如此。这一事实可以通过各种方式加以解释。首先，采邑掌握在同一批人手里的时间非常短。但更重要的是，百姓并未体会到他们与这些昙花一现的封国小朝廷之间有任何依附关系。而封国的官吏在士人中招募，因其教育背景，使得这个官吏阶层并非倾向于独立——在士人中，大一统帝国的情感是一项建立已久的传统。另外，这些封国从未在地理上形成真正的统一，诸王也从未想过以损人利己的方式扩张其领地。就集权施政而言，王侯对所在封国的掌控还不如刺史对于各州的掌控。没错，王侯管理封国更加强势，但更不稳定，因为升任朝中官职会使其返回京城，远离封国。另一方面，他们的食邑为其提供了实现雄心壮志的各种必要资源，如尽全力获得朝中官职甚至是皇位所需的资源；但他们从未依赖这些土地并使其成为大展宏图的起点——无论在当地还是在更大的层面上。这些领主的威望更取决于其在朝中的地位而非其食邑的大小。

西方世界的封建主根基牢固，君主一直试图将其从领地中拔除而留在宫廷，以消除威胁。与他们不同，人们认为中国受封的王公在采邑里还没有在宫廷里有威胁。在宫里，他们组织起来，窥伺各种消息，时刻准备密谋，他们的职位使其可以随时进宫，这让他们变得尤其危险。在采邑里，他们被孤立，得不到消息，无法协调一致行动，还被自己的官吏监视窥探。因此，当怀疑有变乱会发生时，会把这些王公从宫廷送回采邑，正如在 18 世纪的法国将一位大领主流放一样。像这样，西晋时，杨珧（Yang Cho[①]）怕武帝死后诸皇子利用惠帝（l'Empereur Houei）软弱阴谋反叛杨太后（l'Impératrice Yang），摧毁杨氏一族，便摆脱开诸皇子，将他们全部遣送回采邑。后者不从，最终酿成著名的"八王之乱"（révolte des huit Princes，公元 291 年—311 年[②]），其后不久，胡人征服中国北方，中央政府迁至长江以南。

二、举荐选官

尽管儒家的公共教育初见雏形，且与文字考试制度相联系，却丝毫未能在汉末的混乱中幸存。内战造成无序，旧官僚阶层解体，知识分子在兵戎嘈杂声中逃离，不利于建立具有权威性的体系以维持高度集中的组织机构，也不可能用报酬丰厚的职位来奖励长期学习。一方面由于武力占优，另一方面由于道教和佛教与儒家士人争夺教育的垄断地位，导致

① 注音似有误，应为"Yang Yao"。——译者注
② 根据《辞海》，"八王之乱"应为公元 306 年结束。——编者注

刚刚建立的考试制度毁灭。①

而士人本身则为建立一个培养精英的全新制度做出了贡献，他们开创了"清议"，在士人集团对抗宦官的斗争中成为潮流。这是对于公共生活中各人物进行的一种道德评价，由一或两句七音节的诗构成，迅速传播开来，以辛辣、通俗的方式臧否人物。②但这种清议的效果与发起者的初衷相反——"公众意见"一旦被贵族阶层控制，就成了反对知识分子的可怕武器。通过推荐来遴选官员的根源就在于此，这种机制在本章讨论的整个时代都有效。

这种机制称为"九品中正"（kieou-p'in tchong-tcheng），220 年设立，内容如下：在每个郡和县任命一些称为"中正"（tchong-tcheng）的监察官员来向中央政府推荐有能力的人，这些能人被分为九个品级［"九品"（kieou-p'in）］；监察员

---

① 公元 3 世纪，在三国时期的魏国，读书是为了逃避兵役，而当读书的要求被设立得过于严苛时，大部分学生走了。那个时代的编年史为我们提供了一些佐证：对于宫廷里的社会精英而言，400 人中不过 10 人会写字（2.5%），人人只想着填饱自己的肚子［《魏略》（*Wei-lio*），引自《三国志》，13，28b—29a］。当然，在 4 世纪初的等级制度下，学习没有什么乐趣可言，我们从一位士人略带伤感的回忆录中能窥见一斑："治世崇文，乱世尚武"（《晋书》，69，6b）。除了南朝宋文帝（l'Empereur Wen des Song Méridionaux；公元 424 年—453 年在位）和梁武帝（公元 502 年—549 年在位）时以外，公立教育仅存于纸端。北魏尽可能主动为胡人贵族提供儒家教育，自 466 年起，他们甚至建立了州内的学校系统，在每个重要的郡任命 2 名教授，带 4 名助手和 100 位学生（《魏书》，84，1a—b）。

② 例如："不畏强御陈仲举（Tch'en Tchong-kiu）"或"南阳（Nan-yang）太守岑公孝（Ts'en Kong-hiao），弘农（Hong-nong）成瑨（Tch'eng Tsin）但坐啸"，等等。《通鉴》，55，73b—74a(166 年)。《后汉书》，97，3a；104A，1a；109B，4b 和 15a。《三国志》，9，21a。《晋书》，45，1a。

们大都是京城的官员。监察员推荐的候选人名单经由上一级监察员挑选，并由政府批准，报吏部（Fonctionnaires，li-pou）派遣职位试用。因此，要走任何一条仕途完全取决于这些被称为"中正"的公众道德裁判员的选择方式。不过，尽管有这个头衔，他们远不比其他任何人更清廉公正。

不久，这一制度便陷入了任人唯亲的泥潭，只有财富和社会地位才能起支配作用。各豪族掌控了最重要的职位，他们只引荐自家亲属，于是整个推荐制度立即成为腐败的源头。自284年起，各种抗议活动兴起，但没有结果。讨论到此，请看下面这个清晰明了的评判，由刘毅（Lieou Yi）提出，专门针对中古时期愈发严重的祸害[①]：

> "今立中正，定九品，高下任意，荣辱在手。……公无考校之负，私无告讦之忌。用心百态，求者万端。……今之中正，不精才实，务依党利，不均称尺，备随爱憎。所欲与者，获虚以成誉；所欲下者，吹毛以求疵。高下逐强弱，是非由爱憎。……是以上品无寒门，下品无势族。"

[①] 《晋书》，45，2a；《晋书》，48，6a；赵翼（TCHAO Yi），《廿二史札记》（Nien-eul-che Tcha-ki，为18世纪著名的史学批评著作），8，9a—b。整个中古时代都施行举荐制度，针对滥用的情况有一些小的改革，但逐渐对官员的选拔向考试制度过渡。504年，北魏引入了"保"制——没有（官员方面的）担保，没有职务，回归徭役。北周时［les Tcheou Postérieurs（原文似有误，宜为"Septentrionaux"，原文误指五代时的"后周"——译者注）］，苏绰［Sou Tch'o（注音似有误，宜为"Tch'ouo"——译者注），公元498年—546年］乃是首次正式改革的发起者。在他看来，考试的基础不再应该是"门资"（men-tseu），而是成就和知识。

三、民政

　　行政部门的组织架构对于理解一个官僚政权的运作至关重要，也是中国历史中最难的篇章之一。大部分王朝史中涉及此问题的"官制考"基本不包括除官名，或至多品级和薪资以外的其他材料。至于拥有官衔的人真正行使何种职能，史学家吊尽了我们的胃口。而更令人遗憾的是，古老的官衔周围总是环绕着令人肃然起敬的传统，通常原封不动地世代相传。因此，官衔与统治机器具有同样的架构，可能会（通常一定会）将各种现实中的差别隐藏起来。不仅职能有差异，官职的行政任务千差万别，而且官职的重要性也在变化，重要的实权由行政机器中的一部分转移到另一部分，而名义上各部门的设置依旧不变。然而，尽管人们能够或多或少地记录下这些变化，但若要稍稍具体地了解某位官员的实际工作，依然困难重重。原因与其说是资料缺乏，倒不如说是由中国官本位体制（史学家们的缄默也缘于此）和职能的高度政治化这一特点决定的。官员的职能中包含更多的是全局性监督和个别性指导，以及通过下属职员来控制命令的执行，而非专业化、区别化、实证性的工作。他们所做的，并非本义上的"行政管理"，而是执行权力，拿皇权来吓唬百姓。

　　介绍完上述内容之后，让我们简要记录一下在帝国分崩离析的六朝时代，行政管理上出现的最值得注意的一些变化。汉代的行政体制已名存实亡。在宫廷，汉朝时古老的"三公九卿"的职能就已经逐渐脱离实际，大部分职位慢慢成为无实际职能的虚衔。东汉时，尚书令成为最有权的官员。但汉代灭亡以后，该部门逐渐远离权力，变为一个纯粹的执行部门。在那里完成的少量行政工作又从高官显贵们虚弱的手上传递到了五到六个曹的曹官（secrétaires）手上，他们独揽各种日常事务的大权，制定规章并负责派人执行。于是，一旦外部环境允许中央行政部门重掌日常工作，就会慢慢建立起一个旨在取代旧的高官显贵的机构。这六个秘书机构，名称会略有变动，由一个尚书领导，各自又分成专门的部门（总计三十四个曹[①]），自隋朝起成为"六部"（lieou-pou），名称和职能也确定了下来——吏部、户部（Finances，hou-pou）、礼部（Rites，li-pou）、兵部（Armée，ping-hou）、刑部（Justice，hing-pou）、工部（Travaux publics，kong-pu）。这种组织架构比原来的九卿更加紧密协调，将重要事务进行了优化分配。因此，与六朝末期定型的原有行政架构相比，它的优势源自事物的内在逻辑。

六朝时，在中央政府尚存的情况下，政治权力集中于"侍中"［che-tchong，这个名词既指机构本身又指其长官，自那时起该部门偶尔也被称为"门下省"（la Chancellerie Impériale，men-hia-cheng），在唐朝时后一个称呼占了上

---

① 应为"二十四曹"。——译者注

风］尤其是"中书"（le Grand Secrétariat impérial，tchong-chou）之手。中书影响力不断增强的原因在于其官员和皇帝间的关系十分密切：因为它位于禁苑之内，凤凰池（fong-huoang-tch'e）边，故常被如此称呼①，以彰显蒙受皇恩②。

南北分裂期间（官方期限：公元 439 年③—589 年，事实上是 4 世纪到 6 世纪），南方的汉族王朝维持着西晋的行政体制，没有大的改变。在北方，由于汉族士人早已建立皇权观念，一切也都没有改变。当 4 世纪初，胡族在北方各地建立汉族式的政权时，他们没有带来什么新的东西。定居长城以内一个多世纪以来，胡族受到了来自汉族的强大影响。④此外，相当数量的汉人归附他们，这些人多是全国各地的流民，只为讨生活而来。他们构成的与其说是部落联盟，倒不如说是由一群比较机智的雇佣兵所领导的若干雇佣军集团。当他们掌控了一块土地，会试着扮演汉人政府的角色，有成功也有失败，如果他们觉得自己足够强大，则会自封皇帝。他们只是模仿，未带来任何新的原则和原创理念。总的来看，自征服伊始，他们就放任汉人自治，一切如故，他们也非常高兴

---

① 一般称"凤阁"。——译者注
② 荀勖（Siun Hiu，289 年卒），长期任中书监（Directeur du Grand Secrétariat），当众人庆贺他提名尚书省（le Département des Affaires d'État，chang-chou-cheng）时，他叹道："夺我凤凰池，诸君贺我邪！"（《晋书》，39，7a。）
③ 国内史学界公认的南北朝时期的开始时间为公元 420 年。——编者注
④ 福兰阁，《中国通史》卷二，各处。

结识一些士人，来帮他们收税和传递消息：他们手下的将领们不必是胡人，其中能发现汉人和匈奴人、通古斯人（Toungouses）同样多。汉人隆重的礼仪吸引了胡族——他们想在其中找到稳定与忠诚的原则，这是他们自身的体制中所没有的。甚至皈依佛教对他们来说也没有什么特别，南朝的汉族皇帝们和他们一样是佛教徒。然而，或许在北方，佛教信仰的外在表现没怎么受到儒家影响的干扰。

唯一的例外好像是拓跋部在他们的伟大国家北魏或"后魏"（Wei Postérieurs）里，尝试根据鲜卑人的部落组织原则建立行政体系。但随着权力的增长和领土的扩张，他们觉得有必要让原始部落松散的封建制度（或多或少出于自治状态）与中央集权国家更紧密、一致的组织架构相适应。在其多项汉化改革过程中①，北魏孝文帝（公元 471 年—499 年在

① 以下是这些改革中让人印象深刻的一系列事件——

480 年：废除原始仪式（取缔 1200 处圣地），建立汉式皇家仪式［明堂（ming-t'ang）和太庙（t'ai-miao）］；

483 年：禁止同姓家族间通婚，这变相有利于异族通婚（汉—鲜卑）；

485 年：土地改革（见本书上文第 167—168 页）；

486 年：建立人口普查，在地方专门机构辅助下进行（见本书下文第 185 页）；

486 年—489 年：在礼仪活动中的服饰、车辆等方面采用汉人制度；

489 年：祭拜孔子；

491 年：起草新的刑法典，于 492 年颁布；

494 年：将位于山西最北端的首都（自 396 年起一直是政府所在地）迁至洛阳；禁止胡服；

495 年：在朝廷禁止胡语［鲜卑语（sien-pei）］，否则贬谪；

496 年：采用汉族姓氏［如拓跋王室从此称"元氏"（Yuan）]。

位）在南齐变节者王肃（Wang Sou）的帮助下，根据在南方施行的传统体制重组了拓跋氏的体制，甚至还能发现北魏胡族的一些变本加厉的做法：他们狂热地采纳汉族等级制，将传统的九品细化为三十品（梁朝也划分为内九品和外九品）。

地方行政也一分为三。县级长官（根据县的重要程度称为"令"或"长"）、区级长官（每个"郡"的领导人"太守"）以及省级长官（每个"州"的领导人"刺史"）的权力不断增长，职责与各自级别相对应，由中央政府委派，实行任期制。按道理来说，他们维护地方秩序，向子民们传达中央政府命令，并向其征税以上交国库。[1] 地方行政部门就在这些朝廷命官的指令下运作，成为政府这座大厦低调而又不可或缺的根基。我们对它还知之甚少：每个村里有一位"农人"（或"啬夫"），负责收税；另有一位"治书史"（tche-chou-che）；每百户组成一个"里"，设"里吏"（li-li）一位。在"乡"里，人口超 1000 户，书吏由一位"佐"（tso）来辅助，并设"乡正"（tcheng）一位；此外，还设"校官掾"（hiao-kouan-yuan）一位[2]。在县里，"散吏"（san-li）执行"劝农"（k'iuan-nong）的公务。关于这些"敦促者"及其与

---

[1] 晋代约有 11 万名地方官员，含 21 位刺史、156 位太守（再加上 22 位封国下属的区级长官，称为"内史"）和 1109 位县级长官及其下属、雇员和临时雇员。一些政治经济方面的百科全书统计出，西汉末期哀帝（l'empereur Ngai）时共有 130 285 位官吏。

[2] 《晋书》，24，12a。

地方行政部门的关系，拜当时一位诗人所赐，我们掌握了一段非常生动的记述：当收获之时，需要收税，村里的长官们就会带礼物给他们，根据贿赂的多少，"一可以变成五，抑或五也可变成一"[1][2]。

为了定期对百姓进行经济普查（然而当时全国人口数量都尚未登记）及征收税赋，北魏于486年创立了名为"三长"（san-tchang，让人想起了汉代的"三老"）的体制。按李崇（Li Tch'ong）的建议，在每个村子有名望的人中选择一位"邻长"（lin-tchang）、一位"里长"（li-tchang）和一位"党长"（tang-tchang），分别为5户、25户和125户村民小组的负责人。[3]

四、军队的组织

政府机器的良好运转需要一群忠实的官员和一个稳定的朝廷。如果仅凭驻扎在都城周围的数万名士兵，皇帝恐怕无法通过武力来控制局势。在汉代，朝廷的威望保持了很长时

---

[1] 束晰（CHOU Si），《劝农赋》（K'iuan-nong-fou），《全晋文》（Ts'iuan-Tsin wen），87，2a—b；杨联陞译，《晋代经济史释论》，第134页。

[2] 法文释译进行了节略和简化，原文为："若场功毕，租输至，录社长，招闾帅，条牒所领，注列名讳，则鸡豚争下，壶榼横至。遂乃定一以为十，拘五以为二，盖由热喋纤其腹，而杜康哇其胃。"——译者注

[3] 《魏书》，110，3b；《通鉴》，136，9a—10a。

间。但自 2 世纪中期以来，连绵不断的内战使国威大大受损。随着中央政府的内讧和衰落，地方大员的权力越来越大。

刺史需要每三年做一次汇报，有权"开府"（k'ai-fou），即可以维持一定数量的雇员。既有处理民政事务的办事机构（即传统的官方行政机构），也有军事机构"府"（fou）。此外，还有越来越多的"都督"（Gouverneur général, tou-tou），他们才是真正能掌控局势的大佬。晋以及继承其衣钵的南方各朝自感不太稳定，其人事安排也不太确定。内战期间，大将们对宫廷造成威胁，教训不应忘却，因此，重要的军职，以及部级大臣的官职开始只授予出自皇室的王侯。事实上，只有皇帝的子弟被认为不对王朝构成威胁，因为他们不像野心勃勃的将军那样想推翻政权。但他们取代皇帝以自立的尝试同样比较危险。

唯一真实的且延续下来的权力来自武力。郡守若无法将军事指挥权占为己有，或起码取得将军的头衔，就会因此蒙羞——因为要成为人物，必须掌握军队。"大将军"的职位历朝历代不断增加。汉代只有两支军队，即北军和南军；三国时的魏国在四个重要据点有四支军队，随后变为八支军队，以特殊的称号加以区别；晋代的军队数依然在增加，于是有"镇（tchen）某大将军""平（p'ing）某大将军""安（gnan）某大将军"，等等。有一些"使持节都督某州诸军事"（che tch'e-tsie tou-tou tcheou-tchou kiun-che[①]），州名会在头衔中标明，他们可自由裁量，对郡守及以下官员拥有生杀大权。还有一些人就称为"持节"（tch'e-tsie），他们有权处决除官员以外的任何人。最后还有一些人称为"假节"（kia-tsie，即"临时授予"），这种级别的人拥有对军人的有限裁判权。[②]

在这些夸张的头衔之下很难区分出事实上的情况。无论如何，军务官员倾向于随处插手民政事务。他们中有雄心壮志的会攀附王公们的资财，从他们那里得到"司马"（Secrétaire militaire，字面意思为"执掌马匹"，相当于元帅）或"长史"（字面意思为"史官之长"）的职务；有一点运气的可以在主公的军队中得到一个低级指挥官的职务；如果受青睐，他们可以在衙门或郡治所得到官衔，但一直会待在主公身边，不敢远离，生怕被忘记。因此，原先的行政精英名义上依旧存在，但实际上只在军务部门存在。

尽管六朝的历史，尤其是 4 世纪的历史就是连绵不断的战争史，但却未形成真正的军事机关，只是根据时局需要，强行征发、招募军队。大部分士兵都是奴隶或流浪汉；但由于长期与北方王朝作战需要越来越多的常备军，于是逐渐求助于征

① 按原文拼音应为"使持节都督诸州军事"，该头衔在史籍中也有出现。但结合上下文看，此处仅指负责某一州军政事务的官名，并非"诸州"，似为作者将此二者混淆。——译者注

② 《晋书》，24，3b。

发自由民乃至贵族入伍。① 另一方面，从北魏时代开始，躲进寺庙逃避兵役的习惯越发明显②，后来传遍全国——这种现象雄辩地证明，兵役本质上令人生畏，且中国人传统上鄙视军事。

我们的无知使我们无法正确估计史书上记载的兵力数字，这些数字有时具有说服力。比如说，我们只能根据一些相当保守的数字发现某些军团实际上参与了著名的淝水之战（la célèbre bataille de la rivière Fei，383 年），当时前秦"羌王"③ [le roi k'iang des Ts'in，现属于藏族（tibétains）④] 苻坚（Fou Kien）所谓的大军据说由 112 万汉、氐羌（Tibétains）、鲜卑人构成，但最终被 7 万名南方士兵击败。因此，这对双方而言的确都是一场总动员：在北方，每 10 个成年人（徭丁）中抽调 1 人，并组建一只由 3 万名骑士组成的贵族军团；在南方，常胜将军谢玄（Sie Hiuan）自 376 年起组建"北府兵"（pei-fou-ping），那是一支原来驻扎在都城（南京）北部的精锐部队，彼时驻扎在广陵 [Kouang-ling，今江苏（Kiang-sou）扬州⑤]。还需要期待一些专门的研究，来确认这些

① 《晋书》，6，5a—b（《通鉴》，91，16a）；64，8b；69，4a；70，9a；73，8b。
② 《魏书》，114，《释老志》（Che-Lao tche），10b。
③ 准确来说，苻坚属于氐族，氐、羌二族同源，关系密切，故作者误称苻坚为"羌王"。——译者注
④ 本书的两位作者马伯乐和白乐日常将氐、羌、党项等西部民族解释为"tibétain"（藏族），有欠严谨。——译者注
⑤ 《晋书》，84，3a；《通鉴》，105（383 年），1b—4b；福兰阁，《中国通史》卷二，第 95—96 页。

数字，或者更确切地说，宣告其失真。顺便注意一下，刘裕（Lieou Yu）是个简单的冒险家，他创立了刘宋（la dynastie Song，420年—476年①），成功推翻了自北方沦亡以来统治东晋的虚弱贵族制度，具体来说是因为他作为北府兵的军官，把相当数量的兵力掌握在了自己手里。

出于组织大军进行持续性作战并开展"全国性"远征来对抗北方胡人的雄心壮志，刘宋在450年征发了除贵族以外的各阶层人民②，而在当时只有贵族才通晓武艺并拥有马匹。组建农民军队作为军事体系基础是一项变革，而在北方我们发现，魏国及其继承者已经越过了这一变革的第一阶段。自北魏孝文帝进行土地改革以来，详细的人口数字便有了记载。东魏（les Wei Orientaux，公元534年—550年）和西魏（公元535年—556年③）间的斗争你死我活，它们各自的继承者——北齐（公元550年—577年）和北周间的斗争依旧如此。因此建立了一种征兵制度，成为唐代租税和民兵制度的源头。北齐时，男性在18岁时有权获得一块土地，20岁时应征入伍，60岁时可豁免服役；步兵曹（pou-ping-ts'ao）负责组织各州军队，即组织民兵中的步兵，而骑兵曹（k'i-ping-ts'ao）

① 国内史学界公认的刘宋政权的覆灭为公元479年。——编者注
② 《通鉴》，125，11b—12a。3个成年人中取1人，有5个成年人的家庭取2人。全国总动员的另一个特征是强制借款：家资超过50万钱的富户和拥有超20万钱的佛教僧侣都必须交25%给国家，换来的是战后归还的承诺。
③ 根据《辞海》，西魏灭亡的年代应为公元557年。——编者注

负责管辖京城中的精锐部队。苏绰是北周行政和司法改革之父，也是著名的"府兵（fou-ping）制度"的真正创立者。每个"府"（fou）为首的是一位"郎将"（lang-tsiang），一百个府组成24个军（kiun），由24位"开府"的将军、12位"大将军"和6位称为"柱国"（tchou-kouo）的主将（généraux en chef）来指挥。至于兵力，我们只了解府兵总数从未超过5万人，可以推测每个军府有480人，按8或12个兵一个班组建，所以一个军应该大体上有2000人。尽管根据上述事实我们有理由认为这是一支由豪强寡头家族（六个"柱国"）控制的军队，但该制度最重要的一方面在于农民军队扎根于土地这一基本原则，如每位入伍者在每年的农闲季节必须服役一个月（或接受军事训练）。[1] 因此，这种兵制变革没有走向汉族贵族的派遣军制或胡人部落的骑士制度，而是迈向职业军队架构下的民兵步兵模式，但通常会采用一种折中的解决方案，因为能完全实现中国人"兵民合一"理想的时代实属罕见。

五、立法

中古时中国法律的演进具有连续性，应予以注意。中国

---

① 关于府兵制度的起源，有许多观点不同的讨论，见戴何都（R. des ROTOURS），《法译新唐书·百官志与兵志》（ *Traité des Fonctionnaires et Traité de l'Armée traduits de la Nouvelle Histoire des T'ang* ），第 xxvi 页。

的法制观也可称之为一种"公正",在公元前3世纪由法家的思想家们始创,一直以来未有大的变化,其目标一直是通过严刑峻法对妄图违反现行秩序的行为进行恫吓和镇压,并对任何试图逾越社会等级规定之"份"(fen)的人给予残酷惩罚。事实上,人们所谈论的并不是西方意义上的"法/权利"(un droit)这个词,那只是刑事意义上的法律体系①,古代的原则是"法不涉贵"②。而在公元94年,后汉一位著名的法家代表人物采用了另一种更肯定的说法加以重申:"失礼(li:社会习俗之规则,道德)即入刑"③。

根据完全散失的最早几个朝代的法典中有连续性的一些碎片来判断,此类刑法极其严酷。而后汉时期的法律总集已相当笨重,并附有约12部冗长的注疏,共包括26 272个段落、7 732 200个字!以至于皇帝下令不再使用,只保留郑玄编纂的那部最著名的法典④。汉代社会对610种罪行处以死刑,对1698种罪行处以徒刑,2681种可缴罚金免刑,1989种仅予以逮捕。

有观点认为,六朝时期的律令由于受佛教影响不够严苛,

① 见埃斯卡拉(J. ESCARRA)在其《中国法律》(Le Droit chinois,北京—巴黎,1936年)一书的序言中关于中国"法律精神"(l'esprit des lois)的长篇大论。
② 此处原文为"les lois n'atteignent pas les nobles",疑似作者对"刑不上大夫"一句的误读。——译者注
③ 《晋书》,30 [《刑法志》(Traité des Lois pénale)],3a;《后汉书》,76,8b [关于陈崇(Tch'en Tch'ong)的文献]。
④ 事实上,郑玄只是注释了汉代律令,非其本人编纂。——译者注

却更加人道。除了 5 世纪末北魏的立法者们进行了某些微调以外，我们并不认同这种观点，此外，我们也不认同那种将汉族人所谓"民主"的立法同胡人的严刑峻法相对立的无稽之谈（包括认为唐代律令仍然受拓跋胡人风气的影响，云云）。所有这些观点在史料的字里行间面前均站不住脚。相反，六朝时总的趋势是越来越严苛。此外，对于因残酷内战而不太稳定、随时面临崩溃的社会来说，强化其司法架构、收紧而非放松法网是很正常的。

事实上，公元 3 世纪的法家信徒重拾法家学派的理念也在情理之中。社会阶层的对立和不同政权间的分裂、对抗引发了许多问题，与战国时期非常相似。主要的问题是，找到一个非个人化的框架来证明统治阶层权威的合法性。因此，众所周知，人们对法律相关的事务和法家理论重拾兴趣，不仅是因为其争辩和诡辩之术，也是因为其精准的定义和简明扼要的法律语言。[①] 三国时魏国的《新律》（*Sin-liu*）简化了法条，将从汉代继承下来的冗繁法典精简至 18 篇（p'ien），然而，又为许多省份（共计 45 篇）和军政机关（共计 180 篇）增加了许多"令"。但只有序言保留了下来。我们在其中可以找到一些很有启发意义的蛛丝马迹，涉及改写汉代律法的指导精神——从此以后，"从坐"（ts'ong-tso）不会延伸

---

① 见张斐（Tchang Fei）对晋律所做的评注中的二十条定义，非常清晰，载《晋书》，30，6b—8a。

到祖辈和孙辈，相反，"谋反大逆"（meou-fan ta-ni）必须立即捉拿，砍下来的人头必须穿在长矛尖上展示，尸首必须斩碎［"枭菹"（hiao-tsiu）］，三族以内的亲戚必须处死。作者详述道，具体的条款未编入法典，"为了让（这些罪行的）可憎的痕迹彻底擦去"[①]！

216 年起，关于恢复肉刑（jou-hing，即残害肉体之刑）可能性的讨论，曾经多次使肉刑这种残酷恫吓手段的说情者与死刑的倡导者相互对立，在前者看来，肉刑更有效力，因此也比简单的死刑或杖责（几乎也是致命的）更加人道。双方的证据同样不可忽视。法学家—逻辑学家们依据的理念是量刑［即"名"（ming）］太轻将在根本上导致罪案增加，也因此导致大量的死刑（其中一人说，削掉右脚每年会拯救3000 人的生命）。而严格守法的道家或儒家弟子们也都是机会主义者，他们害怕肉刑在民众中带来不好的印象。[②]在晋代，类似的讨论持续不断，让我们记住一些主要的观点，它们在整个法制史上显得十分耀眼。

[①] 《晋书》，5b。

[②] 《三国志》，22，4a—b；13，6a—7b；9，33b；《晋书》，30，4a—b。在程树德（TCH'ENG Chou-tö）编著的《九朝律考》（Kieou-tch'ao liu-k'ao, 9, 第 11—16 页）中能找到这些文献。在此值得转述夏侯玄（Hia-heou Hiuan，公元 214 年—259 年）（根据《辞海》，夏侯玄的生卒年应为公元 209 年—254 年——编者注）的观点，他认为罪犯个人的悔罪和赔偿原则是有价值的，因为割掉的鼻子填满街巷是可怕的，对任何人都无益。其对手回应道：这不是让犯人有所改变［"改"（kai）］，而是一种警示［"惩"（tch'eng）］和恫吓［"戒"（kiai）］，处罚一人，警告千万人。至于被割掉的鼻子，修长城的劳工和被坑杀的士人都不担心。

在约 275 年发表的一篇文章里，大理① 刘颂（le Grand Juge Lieou Song，公元 240 年？—300 年）以如下方式论述了其支持肉刑的理由：对于因各种罪行服徭役的人［"徒"（t'ou）］来说，肉体一直忍受饥寒，生命对于他们而言无足轻重，所有这些人，哪怕是其中最优秀的，也会冒死逃亡，沦为盗匪，除了那些家境富裕的役徒可以利用赎身机制，获释回家。如今，逃亡的役徒众多，以至于被捉住的那些人会被加刑，每少服役一天就会加刑一年，相当于永久服役［"终身之徒"（tchong-chen tche-t'ou）］。他们也无法悔改，这种绝望的处境只能逼其逃亡或抢劫。上古的原则是，"用刑以止刑"（即为了不再有惩罚的需要），但现在完全走到了对立面。上古的肉体惩罚则意味深长，不仅能通过残忍的痛苦起到恫吓作用，使被威慑者不会犯罪，还会剥夺作案工具，使其无法再犯，罪恶被彻底根除。若割去逃亡者的双脚，他们就不会再逃亡了，砍掉窃贼的双手，他们就不能再偷盗了，等等。②

刘颂的第二篇论文（299 年）以论述裁判权为主，向我们说明了一些程序问题，也揭示出司法机关本身的缺失，这也是中国古代法制的另一个特征。中国古代的官员集行政、军事、司法权力于一身，事实上也拥有立法权。我们的作者先抨击了司法机器的臃肿和案件数量的庞大，接着强调了一个事实：

---

① 刘颂官职应为"廷尉"。——译者注
② 《晋书·刑法志》，30，8a—9a。

负责官员在原则上必须逐字逐句地按照法律和命令行事。如遇异常情况，由权贵介入，而在特殊环境下，则由皇帝来宣布一项临时决定。但在原则上依旧会执行法律，如四季轮替般规律，亦如磐石般不可屈。下级雇员或官员根本无权以"随时之义"（souei-che tche yi）为由行事，临时决定只能在处理重大政务时有效。在一个地域辽阔、事务繁多的帝国中，对审判一般罪行必须执行法律和政令的正文（tcheng-wen）。如果这样的文件不存在，就需要诉诸"一般原则"［称"明例"（ming-li），即《民法典》的前两章，甚至后文］。而这些章节里没有出现的案例不必依律判决［所谓"勿论法"（wou louen fa）］，如高官们的意见不一致，则可以进行商议。如今，遇到分歧的时候，小官们会违抗权威，做出自己的判决。[①]

也可以借鉴其他作者的观点，思路都一样。中国古代的立法者甚至没有涉及"权利"的观念，对于他们而言，就是找到一些灵活而有效的规则来统治民众，通过一些惩罚措施防止民众犯下可能威胁现有秩序的罪行。此外，历朝历代的年鉴记载了数以千计的法令，却以"法律依然无效"或"命令无法执行"的字样结尾。我们试图系统性地总结中古时期的律令，但不能认为以下各表有多大的价值。

我们先来看看编纂法典的基本情况：

---

① 《晋书·刑法志》，9b—11a；《通鉴》，83，6a—b。

年份	朝代	"律"的数量			"令"的数量（卷）	"故事"（卷）	总计
		条	目	卷			
南方							
268	晋	620	20	60	—	30	90
491	南齐	1532	—	20		—	
503	梁	2529	20	20	30	40	90
557	陈	—	20	30	30	30	90
北方							
451	北魏	370	—	—	—	—	—
481	北魏	832	20	20	—	—	—
563	北周	1537	25	25	—	—	—
564	北齐	949	12	12	—	—	—

正如刚指出的那样，在所有这些律令中只剩下很少一些法条记载于历史或百科全书中。然而，我们仍了解各种律令的类型分布，分别属于哪一栏哪一目。以下清单是由 14 位法学家组成的小组在 264 年完成的，他们都是西晋初年大独裁者司马昭钦点的著名士子。[①]

1）《刑名》（*Hing-ming*）：对刑罚的定义。

2）《法例》（*Fa-li*）：一般原则。

3）《盗律》（*Tao-liu*）：与盗窃有关的法律。

4）《贼律》（*Tsö-liu*）：与抢劫有关的法律。

---

① 《晋书》，30。

5)《诈伪》（*Tcha-wei*）：伪造与欺诈。

6)《请赇》（*Ts'ing-k'ieou*）：腐败。

7)《告劾》（*Kao-ho*）：控诉和通知。

8)《捕律》（*Pou-liu*）：与逮捕有关的法律。

9)《系讯》（*Hi-hiun*）：监禁与传唤。

10)《断狱》（*Touan-yu*）：审判中的判词。

11)《杂律》（*Tsa-liu*）：各种法律。

12)《户律》（*Hou-liu*）：与家庭相关的法律。

13)《擅兴》（*Chan-hing*）：专断行为（对法条的滥用等）。

14)《毁亡》（*Houei-wang*）：（公共财产的）毁坏和损失。

15)《水火》（*Chouei-houo*）：火灾和洪水（造成的损失）。

16)《卫宫》（*Wei-kong*）：皇家的宫殿和守卫。

17)《厩律》（*Ki-liu*）：与养殖相关的法律。

18)《关市》（*Kouan-che*）：关口和市场（交易、关税）。

19)《违制》（*Wei-tche*）：非法的举动（官员的违法行为）。

20)《诸侯》（*Tchou-heou*）：与贵族相关的法律。

该清单的特点是为立法者考虑，后来不断有法典加入，直到唐代（含），仅稍有一点改动：梁代时，与贵族有关的法律被另一门与"仓库"有关的法律取代，到了北周时又恢复了前一项法律；北周时又在其《大律》（*Ta-liu*）中增加了与婚姻有关的卷宗（似乎在北魏时已存在），还增加了祭祀、庭院、争吵等内容。通过上表我们能发现法条数量在持续增长，可能反映出法典编制方法上的区分和细化，而不是犯罪行为的增多。

对于"五刑"（les Cinq Châtiments，wou-hing）的定义和定级经常变动，但这种传统的编号分类方式一直延续。晋代使各种惩罚方式更加人性化，弱化了处罚集体责任（"从坐"）、处死整个家族所有成员［"族诛"（tsou-tchou）］或展示已砍下的罪犯头颅［"枭"（hiao）］。梁代将终身剥夺资格［"禁锢"（tsin-kou）］作为处罚，即禁止犯品行不端罪的官员再获任用。到了陈代（les Tch'en），这项禁令扩展至孝道、乱伦、行为古怪等方面，使得犯此罪者的妻子可以与之离婚。①

以下是六朝时期南方各朝"五刑"的清单：

1. 死刑：

1）将砍下的头颅示众［"枭首"（hiao-cheou）］

2）削斩［身体砍为两段，"斩"（tchan）］

3）在市场上公开处决［"弃市"（k'i-che）］

2. 流刑［苦役，也称"髡钳"（k'ouen-k'ien），字面意思是"头发剃光并戴上枷锁"］：流放过程中 5 年强制做工。

3. 徒刑［"耐罪"（nai-tsouei），字面意思是"面颊剃

---

① 《隋书》，25，3a 和 4a。

净"］：2~5 年。

4. 鞭刑（pien）：分六等，分别鞭打 200、100、50、30、20、10 下。

5. 杖刑（tchang）：分五等，分别杖责 100、50、30、20、10 下。

鞭刑和杖刑也包含长达 1 年、6 个月或 100 天的强制劳动。有 3 类鞭子：需要特别下令方可使用的巨大鞭子［"制鞭"（tche-pien）］、符合律令规定的鞭子［"法鞭"（fa-pien）］和普通的鞭子［"常鞭"（tch'ang-pien）］。同样，也有 3 种木棍："大杖"（ta-tchang）、"法杖"（fa-tchang）和"小杖"（siao-tchang）。

晋代的法典还包含赎罪的安排：当时极刑的赎金被定为 2 斤黄金，徒刑的赎金分别为 1 斤至 1 斤 12 两 [1] 黄金不等。

在北方，最初编纂成典的法律可上溯至北魏的缔造者拓跋珪（T'o-pa Kouei，公元 386 年—409 年在位）。第二次法典编纂在 430 年进行。而我们现在只能掌握 451 年第三次法典编纂的一些详情，如下：有 4 种罪行可导致犯人全家灭门［"门诛"（men-tchou）］，145 种罪行可用极刑惩处，221 种罪行适用于更轻的处罚。471 年—499 年间颁布的修正案强

---

[1]　当时 1 斤合 16 两。——译者注

化了这些严酷的法律：灭门涉及 16 种罪行，235 种罪行适用死刑，377 种罪行适用更轻的处罚。原因在于，北魏初期执行的是鲜卑先民部落简单粗暴的法律，在接触了华夏文明之后逐步采用南朝更加精确的立法原则，实际上就是采用了汉人的古代法律。某些原始部落法律的痕迹还在北魏有所残留，在法典逐步修订的过程中我们能够体会到这一点。据说，从前最常执行的刑罚是全家灭门。① 但部落对大规模灭门行动的抵触使传统的（以黄金或马匹）赎罪规定得以重新确立。叛乱分子的家庭还是会被灭门，无论性别或年龄，通奸也同样适用死刑。若有能力赔偿受害人家庭（49 头牲畜）并支付安葬费用，便可赎回杀害普通公民之罪。

431 年，经太武帝（l'empereur T'ai-wou）下令，由汉人立法专家崔浩（Ts'ouei Hao）主导对北魏法律进行修订，我们无意中了解了这一史实。结果是取消了 5 年和 4 年期的徒刑；叛乱者会被腰斩（yao-tchan），若其父母户籍相同，也须处死；14 岁以下的男孩子受腐刑（fou-hing），女孩子被"充公后交给官府"["没献官"（mo hien-kouan）]，即沦为奴婢；然而，怀孕的妇女在分娩百日以后方可审判；违抗父母之罪受到"车轮刑"（le supplice de la roue②）的惩罚

---

① 《魏书》，1，4b 及 111，1a—2a。
② 事实上，法文中的"车轮刑"指将罪犯绑在旋转的圆桌上棒打，并非指用车辆分尸。——译者注

［"轘"（houan），用马车分尸］；偷渡者须斩首；纵火者和施巫术者背上绑着公羊，双臂绑着狗溺毙。^①若有赎罪的情况，那些无能力出钱抵罪者将挨200鞭；有钱人需要在烧炭人那里做工；穷人则要清扫污水池；妇女要碾磨谷物；残疾人要看管苑囿。自481年起，之前延伸至五服的家族连带责任改为共祖的所有后代共同担责；单一家族的责任取代了延伸至"三族"（san-tsou）的责任。最终，只处决一名犯人取代了之前的株连全家。^②

北齐时，官员必须研习法律，法律文本在当时应该是清晰简明的。总之，就在北齐时，"十恶"（che-gno）的观念被引入立法中，随后又被唐代继承。这些罪行不可赎，哪怕有特权：1）叛乱；2）叛国；3）暴动；4）敌前投降；5）谋杀双亲；6）反人道罪；7）不尊重；8）不孝；9）不忠；10）乱伦。^③北周仅保留了后六条。

最后，我们列了一个表，比较魏的不同后继者^④统治之下"五刑"的区别：

---

① 此段文字原文为："害其亲者轘之。为蛊毒者，男女皆斩，而焚其家。巫蛊者，负羖羊抱犬沉诸渊。"（《魏书·志·卷十六》及《通典·卷一百六十四》）作者对个别字词的理解和断句有误。——译者注

② 《魏书》，7A，7b及111，2b—4a；《通鉴》，122（431年），5a及135（481年），15a和124，6a。

③ 原文为："一反逆，二谋大逆，三叛，四降，五恶逆，六不道，七不敬，八不孝，九不义，十内乱。"——译者注

④ 北魏后分裂为东魏和西魏，东魏后被北齐取代，西魏后被北周取代，故下表比较北齐和北周。——译者注

	北齐	北周
一、死	1. 轘 2. 枭 3. 斩 4. 绞（kiao）	1. 裂（lie） 2. 枭 3. 斩 4. 绞 5. 磬（k'ing）
二、流	被判死刑者,先被棍打并剃光头面,然后被送到前线充军。	1. 国都 2500 里以外,打 100 鞭,60棍; 2. 国都 3000 里以外,打 100 鞭,70棍; 3. 国都 3500 里以外,打 100 鞭,80棍; 4. 国都 4000 里以外,打 100 鞭,90棍; 5. 国都 4500 里以外,打 100 鞭,100棍。
三、耐	"耐":1~5 年不等,打 100 鞭,20~80棍。	"徒"（t'ou）:1~5 年不等,打 60~100 鞭,10~50棍。
四、鞭	分 5 等,40~100鞭。	分 5 等,60~100鞭。
五、杖	分 3 等,10~30棍。	分 5 等,10~50棍。

第五章　财政与商业

一、财政

很自然，六朝时中央政府几乎没有掌握任何实权，因此可以想象的是财政管理整体上处于无序状态，即宫廷财政不稳，税收执行随意，地方税务分散，尤其是能释放资金的背书程序纷繁复杂，想要有效执行，会令人多有疑惑。我们也不能忘记，大部分税收是以实物形式进行转移的，而税收的转移是和征收同样重要的操作，需要复杂的运输系统，而在战争时期就会变成无法解决的问题，在那时，军政府的地方本位主义使得广袤的各地区事实上独立。以下一段来自《隋书·食货志》(*le Traité économique de l'Histoire des Souei*①)，向我们展示出中古的全貌，也显示出中古时期财经管理支离

---

① 按之前作者在注释中的译法，此处应作"Souei-chou"。——译者注

破碎的特点：

军队和政府需要的各种物品以税收形式征收或在市场上购买，根据当地的产出和当时的需要来确定，并没有什么固定的原则，会命令州、郡、县根据地里物产的情况支付税收。无固定居所，或拒绝在郡县户籍上登记的人称为"流民"，他们的自愿捐助数额也不定，但量力而行的这些捐助最后还高于正常的税赋。[1][2]

这并不是说正常或非法的政府放任应税者避税。相反，政府控制的民众还要双倍缴税以补充成功逃脱税务机关魔爪的人而导致的亏空。这些负担有哪些？原则上说，农村经济的主要产品（谷物和丝绸等）以实物形式支付。但不同朝代、不同时期、不同地域，上缴农产品的数量有差异。此外，还会经常通知上缴实物的重量和尺寸规定有变化，很随意。[3]

东晋时，南方成年农民（18~66岁）的负担如下：

---

[1]　《隋书》，24，2a。

[2]　原文为："其军国所须杂物，随土所出，临时折课市取，乃无恒法定令。列州郡县，制其任土所出，以为征赋。其无贯之人，不乐州县编户者，谓之浮浪人，乐输亦无定数，任量，准所输，终优于正课焉。"——译者注

[3]　在整个中古时期，由于税务原因，这种现象渐趋增长，王国维在《皇家亚洲文会北华支会会刊》（*J.N.C.B.R.A.S.*，卷五十九，1928年，第114页及后续页）中对此进行了论证。也可见王国维的《释币》（*Che-pi*），载《王忠悫公遗书》（*Wang Tchong-k'io-kong yi-chou*，二集，1928年版）；伯希和，《通报》卷二十，1921年，第140页。

	向国家（中央政府）缴纳	供（州级政府）发饷
一、上贡［“调”（tiao）］ 1. 布 2. 绢 3. 丝 4. 绵	20 尺（约 4.82 米） 20 尺 3 两（约 42 克） 8 两（约 110 克）	8 尺 3.2 两
二、地租［“租”（tsou）］ 1. 按人头（脱壳米） 2. 按亩^①（脱壳米）	5 石（约 100 公升） 2 升（0.4 公升）	2 石（40 公升）
三、徭役［“役”（yi），18~60 岁］	20 日每年，“至多”	

年轻人（16~18 岁）和成年妇女（已婚，20~60 岁）支付一半，不需要服徭役。^②需要补充的是，据不同估算，这个时期每亩平均收成合 40~60 公升谷物。376 年，废止根据地产面积计算地租，实行根据人口征税“自王公起”，所有人须按人头缴纳 3 斛（合 60 公升，从此处往后“石”和“斛”等价，前者表示重量，后者是容积单位）。

在北方，赋税似乎更加沉重。在北魏，484 年以前，一户家庭要交给国家 80 尺绢、2 斤（约 450 克）绵、1 斤丝和 20 石谷物作为“调”，另交 60 尺织物作为州级税收［“调外费”（tiao-wai-fei），字面意思为“上缴之外的费用”］。473 年的法令对织物的度量作了严格的规定：一卷丝［“匹”（p'i）］为 2.2 尺宽乘 40 尺长；一块布［“段”（touan）］为

<hr>

① 对于正式承租的 70 亩地，折合 28 公升。
② 《隋书》，24，2b；杨联陞译，《晋代经济史释论》，第 130 页。

2.2 尺宽乘 60 尺长。[①]

按法令原文，486 年的土地改革想必减轻了一些农民负担。在此之后，我们得到了下表，反映北魏的赋税（提醒注意，一对夫妻理论上可以申请 140 亩地的补贴）[②]：

	以尺(约 28 厘米)计算的布	以石(约 20 公升)计算的谷物(小米)
夫妇	40	2
单身	10	0.5
奴婢	5	0.25
耕牛	2	0.1

这里尚未涉及州一级赋税，但毫无疑问是要征收的：在魏的继承者北齐时期，此税以"公共地租"["义租"（yi-tsou）]的名目再次出现：[③]

	按"床"（夫妇）	按奴婢	按耕牛
一、上供("调") 1. 绢 2. 绵	40 尺 8 两	20 尺 4 两	2 尺
二、地租("租")	2 石	1 石	0.1 石
三、州税("义租")	0.5 石	0.25 石	0.05 石

① 《魏书》，110，2b。
② 《魏书》，110，3b；《通鉴》，136，9a—b。
③ 《隋书》，24，4a—b。

应该注意到这种税收制度的突出特点是大地主负担沉重，与半世纪前相比，他们要为每位奴婢支付四倍的税赋。

所有这些规定只不过代表了一个总则，会根据行政机关的喜好去执行或变通，最佳的证据是对于地租中各种个案的分散指示，这正是所有税务管理的支柱。因此，我们知道526年时，在洛阳（北魏都城）一带，私人土地的地租为每亩5升（1公升），租种公共土地加倍（1斗，合2公升①）。因此，农民很有可能被重复课税：他们需要按人头或家庭支付一笔确定的税，还要根据其租种土地的面积支付一笔地租，此外还要加上一系列地方税收。

二、商业

想要对六朝时期的财政状况有一个准确的了解已经比较难了，而要精确地评估中古时期商业的重要程度则几乎是不可能的。士人—官僚们对税收领域的丰厚回报趋之若鹜，而根据传统，商业对于他们而言仅是额外营生，甚至被认为是卑鄙而有害的，被打上了奢侈、僭越和寄生虫的印记。生意在做，但没人说，否则会被罚。我们只能侥幸地间接获得一些与商业活动相关的蛛丝马迹，如道学先生们的长篇大论、

---

① 《魏书》，110，6a。

关于官商之间利益冲突的讨论，或附带提及商人在大臣的产业中扮演的角色。我们有理由设想，在中古社会，商业的实际规模及其在公共和私人领域扮演的角色远比官方史料和碑铭文献中透露的巨大和重要，而碑铭文献至今仍未很好地加以利用。

我们知道，早在西汉时期，中国与西边的中亚和希腊-罗马世界、东北的鲜卑部落、南方的少数民族（les aborigènes Man au sud）间的贸易就相当发达。这些贸易关系在三国时期依然保持，未曾中断。商业活动和一切经济活动一样，适应了新的政治形势。三个独立的朝廷并存但相互敌对，却促进了三个政权所在地核心区域的需求和相互交流，这些区域早已相对自给自足。在以下三个轴心周围发展出了中国经济的网络：北方的黄河下游，成为千年历史变革的舞台；西部富饶的盆地（今四川省）；南方长江入海口处及其刚开发的腹地。用中国历史学家熟悉的方式来说，尽管在政治和行政上不再统一，这三个"鼎足而立"的根据地之间的交流依旧活跃。

从商业上看，三国之中最强的魏国是条件最不好的。然而，开垦广袤的荒地对其商业活动有利。上文已谈到魏国在淮河流域建立的垦殖地。[1] 开发山西则是卫凯（Wei K'ai[2]，

---

① 《魏书》，第111页。
② 作者误将"觊"字当"凯"，故原注音（K'ai）有误。山西应为陕西。——译者注.

公元 180 年 [①]—230 年）的功劳，他设立盐税，利用间接税
（gabelle[②]）的收入购置牛、犁。[③]在西北，凉州刺史徐邈（Siu
Mo[④]，公元 172 年—249 年）致力于开发当地的盐湖，为原
住民购买粮食。凉州首府姑臧（Kou-tsang，今属甘肃）成
为西部要道上的贸易中心。灌溉农田，在公共土地上安置贫
苦农民，最终使当地富裕起来，给整个魏国和姑臧的几任
长官都带来了相当可观的好处。[⑤]与鲜卑的贸易中心是太原
（T'ai-yuan，在今山西），鲜卑人在那里的市场上出售马匹。
235 年，一个魏国的使团去了吴国的朝廷，很可能就是用来
源于鲜卑的马换了珍珠、蚌壳等。[⑥]230 年左右的一份奏折强
调农事劳作的艰辛，与商业形成鲜明对照。或许我们可以得
到的结论是，许多商人在魏国生活，或许处在士人—贵族圈
子的边缘，但地位高于农民。[⑦]

　　蜀国（l'État de Chou，四川）的创始人刘备早期受北京

---

① 国内史学界认为其出生生年不详。——编者注
② 这个词在法文中也有"盐税""盐税局""国家盐仓"等意思。——译者注
③ 《三国志》，21，12a。
④ 注音似有误。——译者注
⑤ 《三国志》，27，1b—2a。姑臧在中古十六国时期的一个半世纪中，一直是汉族
王朝前凉（les Leang Antérieurs，公元 313 年—376 年）和藏族（实为"氐族"——译
者注）王朝后凉（les Leang Postérieurs，公元 386 年—403 年）的首都，在文化交流
中也扮演了重要角色，因为此城是所有来自中亚的行脚僧侣的必经之地。见福兰阁，
《中国通史》卷二，第 196 页、290 页以及后续页。
⑥ 《三国志》，47，24a—b；《通鉴》，73，8b。
⑦ 可惜的是司马芝（Sseu-ma Tche）的那篇文章没有与商业有关的细节，见《三国
志》，12，20b—21b。

附近的商人相助：钱袋子空了的时候，有一位叫"糜竺"（Mi Tchou）的大商人和他的妹妹一起将财产、2000 名奴隶和仆人捐给了刘备。[1]登基之后，刘备任由手下的士兵洗劫了成都这座富裕的商业城市，也是他的新都城。据史料记载，该城的财富和商品都被扫荡一空。然而，商店和铺子过了几个月又金银满仓，主要是因为征服者铸造了新币（值 100 铜钱），供官市交易结算之用。[2]成都繁荣的商业之源头是纺织业，其锦缎享誉全国，在当时的诗作中被热情赞颂。[3]成都也是整个西南地区各种物产的交易中心——金、银、象牙、皮毛、盐和铁。

南方吴国的贸易被视为三国中最繁荣的，可能是由于遥远、神秘、未知的拓殖地带来多样的物产，让阴冷的北方地区人民留下了很深的印象。吴国中书丞（ministre qui appartient au Grand Secrétariat）华覈（Houa Ho，220 年—约 285 年？[4]）的两篇文章绘声绘色地描述了已废弃的公共工程，向国家检举奢侈的富商们造成的浪费——他们身着锦绣衣袍，却未在谷仓中屯粮。[5]这些都很模糊，也充斥着道学家的意味。

---

[1] 《三国志》，32，1b 以及 38，6b—7a。
[2] 《三国志》，32，11b 以及 39，3b。
[3] 左思（Tso Sseu，卒于约 306 年）在三国灭亡时创作了《三都赋》（*fou des Trois Capitales*），收录于《文选》。
[4] 国内史学界认为其生年不详，卒年约为 277 年。——编者注
[5] 《三国志》，65，12b—15b（关于"反奢侈"）及 15b—17b（关于"反商业"），亦可见《通鉴》，79（267 年），8b—9a。

关于对外贸易以及给贸易造成负担的官僚主义，我们还能找到一些更详细的记载。

226 年，一位来自罗马（Rome）的商人在东京（交趾）上岸，那里的中国太守想将其送到吴国皇帝孙权的身边。孙权派一位会稽（商业中心，位于今浙江省）的官员陪同，但此官员暴毙于路上，因此罗马人只能"径自归国"。[①] 或许他不是唯一一位借道海路来赛里斯国（le pays des Sères[②]）探险的人。但无论此阶段西方（l'Occident）和远东（l'Extrême-Orient）的关系看似多么吸引人，其经济上的意义与中国国内的贸易相比仍很微小，甚至直到近代亦如此。

已被证明的是，"互市"（hou-che）早在 280 年以前在北方（晋）和南方（吴）之间就已经存在。晋朝的将领们争相将互市视作支柱产业，这也是唯一值得被史官记录的细节[③]。

---

① 《梁书》，54，7b；夏德（HIRTH），《中国及罗马东边地》（*China and the Roman Orient*），第 48 页。早在 166 年，一位自称安敦（Ngan-touen，Marc-Aurèle Antonin）派来的使者已到达汉朝［沙畹译《后汉书·西域传》（*Les pays d'Occident d'après le Heou-Han chou*），《通报》卷八，1907 年，第 185 页］。关于中国—罗马经由云南的贸易，见《三国志》，30，31b。关于"丝绸之路"（la route de la soie，陆路或海路），见赫尔曼（A. HERRMANN），《汉代缯绢贸易路考》（*Die alten Seidenstrassen zwischen China und Syrien*，又译《中国和叙利亚之间的古代丝绸之路》）；斯坦因（Sir Aurel STEIN），《西域考古图记》（*Serindia*）和《中国沙漠中的遗址》（*Ruins of Desert Cathay*）；格鲁塞（R. GROUSSET），《中国史》（*Histoire de la Chine*），1942 年，第 82 页及后续页。
② 法文亦作"la Sérique"，为公元前 4 世纪开始希腊人和罗马人对中国的称呼，16 世纪后与"震旦"（Cathay）一词趋同。——译者注
③ 《晋书》，61，1b。

以下这位倒霉的市长（Préfet des Marchés）的故事更加典型：
仗着在吴帝孙皓（Souen Hao）面前得势，想处罚皇上的一
位宠妃，因为她派手下去市场强占原本供应百姓的粮食，市
官于 273 年被火刑，斩首。[①]

3 世纪时，南方建立了自治政权，随后在 4 世纪初，旧
贵族出逃，晋国朝廷迁至长江以南，经济重心也由北方移到
了南方。但由于我们对此时期的商贸史知之甚少，许多自相
矛盾的说法摆在了我们面前。正常商业活动需要最低限度的
稳定，但全国各地都不稳定。在北方，各突厥—蒙古部落
（hordes turco-mongoles）建立的 16 个少数民族政权昙花一
现，常年相互征战；在南方，汉族王朝腐化堕落，夺回华夏
遗产大业的想法萦绕在心头，面对外部压力和内部篡权，拼
尽全力以苦撑困局。双方都无力保证法律的有效实施、旅行
者的安全，以及道路的修整和监管，总之，不能为商人及交
通提供必要的秩序和安宁。另一方面也不能忽视，与其他任
何时期相比，中古时期中国经济的根基依然是自给自足的农
村；其特征是在自给自足的社区里，农民家庭就地生产和消
费，没有交换。货币经济即便存在，也显得非常无序：币值
变动频繁，东晋时一串名义上 100 钱的货币实际仅 70~90 钱，
有时低至 35 钱，成为贸易活动的另一障碍。

[①] 《三国志·吴志》，3，8a—b；《通鉴》，80，273 年年末。

在此情况下，听见有人谈论创造大量财富，或谈论南方朝廷偏好商业风俗，或谈论金钱的巨大能量，我们都会感到惊讶。3 世纪末时，一部经典的批判性著作《钱神论》（*Ts'ien-chen-louen*）①问世。贵族阶层的巨额财富主要由于其掌握了操纵国家订单的手段，而大地主炫耀的豪奢生活恐怕因为有别的来源，如一门发达的生意或一项娴熟的手艺。所以，巨富石崇（Che Tch'ong，公元 249 年—300 年）将军是一位有品位的美食家，生活很讲究，拥有许多宽敞的宫殿，含数百间房，在洛阳郊外还有别墅，配有浴室等。而他有机会就会敲诈富商，以此为生财之道。②有时刺史们自己也做生意。317 年南迁之后，数以千计的难民还在长江两岸流离失所，江州刺史［le Gouverneur de la Province de Kiang，江州今属江西（Kiang-si）］掌控了粮食运输，而朝廷就靠这些粮食给官员发饷，刺史做起了生意，似乎比做官挣得还多。③

在中国的史书里，君王或皇帝在宫里设立市场［“宫市”（kong-che）］并非新鲜事；帝王扮作商人，为身边无所事事

① 作者鲁褒（Lou Pao，？—295 年）。《晋书》，94，6a—b；戴遂良译，《跨越时代的中国》（*La Chine à travers les âges*），献县（Hien-hien），1920 年，第 149 页。
② 《晋书》，33，8a—10a；《通鉴》，83，15a—b。其传记充满轶事趣闻，但也值得参考。我们会发现他用蜡烛而非木柴取暖，有一扇长达 50 里（25 千米！）的锦绣屏风，用来防风、防寒、防尘。“八王之乱”时，石崇和全家（15 口）被满门抄斩。查抄充公的财产中包括 30 处“水碓”（chouei-touei），以及负责碾磨和仓储的“仓头”（ts'ang-t'eou）800 余人。
③ 《晋书》，81，3a；《通鉴》，94（329 年），16a—b。

的人组织类似"假面游园会"的活动。但南朝宫廷常见的此种消遣活动提醒我们，他们生活的地域水路交通便利，具有得天独厚的条件来做生意，商业氛围也更浓。有皇帝把学习各种手艺（裁缝、制帽工、首饰匠）视为荣耀，另一些则扮作市官或屠夫，任命嫔妃为市守（prévôt de marché）。之所以如此，是因为这些职业反映了周边社会的日常生活。

益州（Yi-tcheou，今成都）、广州（Kouang-tcheou，Canton）、交州（Kiao-tcheou，在越南北部）、梁州（Leang-tcheou，在今四川境内）等商业城市的官府贡献了大部分的国库收入。当地的刺史也迅速发迹，诸王也好想谋得这些肥缺。近460年时，益州一位刺史送了300万钱给破产的梁州刺史；另一位人称"赎金刺史"，在那个年代聚敛了巨额财富，最后被迫把一部分献给国家。据说，恭顺却贪婪的广州刺史王琨（Wang Kouen[①]，公元399年—482年）只需经过各个城门，就能捞到3000万。其后的一位继任者也很伪善和贪婪，但还算是一位温和的行政长官，在其任上每年有十艘外国商船到港，而以往每年仅三艘。对商贸征收的税支付了国家大部分的军费，梁武帝（公元502年—549年在位）因此感叹道："啊！朝廷算是又添了一个广州！"这位皇帝的一个儿子任四川刺史17年，征收盐铁之税和州内及与少数民族［吐谷浑（T'ou-

---

① 注音似有误，应为"Wang K'ouen"。——译者注

yu-houen）］之税、北方的贸易税，因此大举敛财，离任时拥有 1 万两黄金和 5 万两白银①，马匹、丝绸、贵重物品不在话下。我们还了解到，该刺史命一位定居在四川的名叫"何细胡"（Ho Si-hou②）的商人做该州的商贸主管［称"主知金帛"（tchou-tche kin-po）］，后者得以暴富，后被称作四川的"大贾"（ta-kou）。此事例显示出，行政机关与商人阶层之间错综复杂的利益瓜葛，二者互有妒忌，但最终还是密切合作。③

梁武帝之弟萧宏（Siao Hong，公元 473 年—526 年）是贪财鬼的原型，有关他的传记里有这位王爷各种抵押行为的有趣证据。他利用书面合同［"文券"（wen-k'iuan）］为不动产发放贷款［"悬钱"（hiuan-ts'ien）］，逾期，就命人将贷款者［"券主"（k'iuan-tchou），即"签合同者"］逐出屋舍，如此便在京城（南京）及周边强占了 10 多处宅邸和田产。其贪婪恶名昭彰，另一位皇室成员模仿《钱神论》，在一篇题为《钱愚论》（Ts'ien-yu-louen）的檄文中讨伐萧宏。④ 事实上，萧宏的钱按百万聚成一堆，以黄色标签标明；10 堆钱塞满一只大柜，以紫色标牌标明；其宫殿内有 30 多间配备此

---

① 据《南史·武陵王纪传》记载，"武陵王纪镇蜀，既东下，黄金一斤为一饼，百饼为簏，至百簏，银五倍之。"故可推算出武陵王事实上所得为 1 万斤黄金和 5 万斤白银，作者的计算有误。——译者注

② 注音似有误。——译者注

③ 《宋书》，81，1b。《南史》，15，4a—b。《南齐书》，32，1a。《南史》，23，5a。《南史》，51，2a—b；53，9b—11a。《隋书》，75，3a。

④ 梁武帝下令销毁该文，但早已广为流传。见《南史》，51，8a—b；"愚"（yu）字面意思为"傻"。

类保险箱的屋舍，共计约 30 多亿铜钱[①]；还有一些房间存有其搜罗来的珍宝、布匹、丝绸、漆器、蜜、蜡、辰砂等。

当时应有一些涉及商业的法规。商业税是何性质？《隋书·食货志》是我们了解中古经济制度最好的资料来源，向我们展示了这样的景象：

晋代，他们渡过长江（317 年）以后，只要贩卖奴婢、马匹、耕牛、田产和屋舍，就有书面契约（"文券"）。若总共一万钱，则要交 400 钱的税直接进国库，其中 300 钱由卖家出，100 钱由买家出。若没有契约（即金额在一万钱以下）则支付 4%，不同货物契税不同，称为"散估"（san-kou，指对于不同商品分别课税）。随后的宋、齐、梁、陈四朝，该规则一直沿用。因此，人们纷纷经商，而不去种田；因此，又向这些人征收一笔税，以示严厉警告。此为（征税之）借口，这种侵占行为带来了不少实在的利益。此外，在都城西边有个"石头津"（gué de Che-t'eou），东边还有个"方山津"（gué de Fang-chan），每个津都设立一名"津主"（tsin-tchou）、一个警务处（称"贼曹"）、五位水手［称"直水"（tche-chouei）］，检查禁止运输的物资，管控任何形式的入侵（主要指走私逃税）。经过渡口运输的芦荻、煤炭、鱼和取暖用木材等需支付 10% 的税，直接上缴国库……在淮河以

---

① 《南史·萧宏传》原文为："帝与佗卿屈指计见钱三亿余万。"——译者注

北，有超过 100 家大型市场和 10 多家小型市场，各处均设官职，税赋相当沉重。当时的人饱受其苦。[①][②]

此番景象还是有些模糊，不妨再补充说说那些对旅行者自由活动的阻碍。酒店［称"逆旅"（ni-liu）］，旅舍、小酒馆［称"憩亭"（k'i-t'ing）：此称呼可追溯到西汉，在唐代广泛盈利，而"逆旅"这种称呼在《左传》（Tso-tchouan）等上古文献中已存在］在道路两旁接待各种旅人。或许这些接待点在京城周围比各州还要多一些，成为商人见面的场所，他们会将一部分商品卖给赶来的村民；流浪汉、走私犯、难民及一切法外之人也都在此聚会。因此，官府很担心这些潜在的是非之地越来越多，也一直在努力加以取缔，抑或加强管理并课以重税，因为直接取缔也许会连累商业的发展，而商业又是重要的税源。到 3 世纪末，某些刺史公开设路障（称"官檄"，kouan-li），派老弱病残把守，由手下小吏负责征

---

① 《隋书》，24，9a。在洛阳有三家市场：城西有"金市"（le Marché de l'Or），城东有"马市"（le Marché des Chevaux），还有"南市"（le Marché du Sud）；南京有四家市场，相继由吴皇孙权、孙休（Souen Hieou）以及晋安帝（l'Empereur Ngan des Tsin）设立。这些市场由"市令"或"市长"（che-ling ou che-tchang）及其助手"市丞"（che-tch'eng）管理。

② 《隋书·食货志》中原文为："晋自过江，凡货卖奴婢马牛田宅，有文券，率钱一万，输估四百入官，卖者三百，买者一百。无文券者，随物所堪，亦百分收四，名为散估。历宋齐梁陈，如此以为常。以此人竞商贩，不为田业，故使均输，欲以惩励。虽以此为辞，其实利在侵削。又都西有石头津，东有方山津，各置津主一人，贼曹一人，直水五人，以检察禁物及亡叛者。其获炭鱼薪之类过津者，并十分税一以入官。其东路无禁货，故方山津检察甚简。淮水北有大市百余，小市十余所。大市备置官司，税敛既重，时甚苦之。"——译者注

税。① 到六朝末年，一位具有公爵头衔、名叫苏威（Sou Wei）的显贵，意欲严禁开设旅馆，理由是传播不良风俗，且与朴实的农村生活方式相背离。他还试图取缔那些古老的馆驿，并提出别的限制举措，如商人远离大道，在特定的日子做买卖；若无法让商人回归土地，则将其送回到原驻地，并注册为"市籍"（che-tsi）。这些计划统统落空了，因为一位赞同商业的官员以形式上一些微不足道的借口予以抵制，但本质上来说是出于更自由的想法，对商业的敌意也较小。②

毫无疑问，佛教盛行是有利于商业的。佛教作为新兴宗教，因与占国家主导地位的儒家思想竞争，不得不在下层民众中寻找新信徒，也能让商人摆脱社会偏见。因此，佛教一开始就是一种民间信仰。僧人云游四方，与同路的伙伴们保持友好关系；拜佛求经者到处弘法，走的也是古老的商路。在他们走过的路线上，还有批发商、船主、大商人、街头小贩、工匠等。一位中国的"乔叟"（Chaucer）③ 想必能在此找到许多故事素材，但遗憾的是，此时的中国文学创作尚未体现出这方面的内容。同样肯定的是，佛器的制作和传播不可

---

① 见郡守、诗人潘岳（P'an Yo）的奏折，要求维持古老且优秀的馆驿，不要妨碍其正常运营，载《晋书》，55，5b。和西方一样，在馆驿中有人赌博，还玩得很大；某官员在从广东到江西的途中赢了一大笔约 2000 两白银，见《陈书》（Tch'en-chou），8，2a 及《南史》，66，2a。

② 《北史》，77，3a；《隋书》，66，2a—b。

③ 14 世纪英国作家，代表作《坎特伯雷故事集》（The Canterbury Tales），讲述各阶层朝圣者的故事。——译者注

避免地让佛教徒与商人之间的关系变得紧密，双方能进行有效率的合作，结果常是一举两得：既让商人皈依新的宗教，又培养佛教徒经商的兴趣。

在北方，"胡人乱华"之后，十六国（les Seize États）之间关系的破裂或恢复密切决定了商业的发展。十六国中最强大的一些政权的宫廷中，商业有过短暂的繁荣：若相关记载可信的话，出身匈奴世家的后赵（les Tchao Postérieurs）嗜血暴君石虎（Che Hou，公元334年—349年在位）建立了富庶的邺城（la ville de Ye，河南东北部）；古老的长安成为氐羌王朝"秦"的大都会，冷静而智慧的苻坚（公元357年—385年在位）开辟道路，广植绿树，二十里建一楼，四十里建一馆[①]；而汉化胡人建立的魏帝国具有持久稳定性，保证了国内商业和对外贸易的扩展，与其在东亚（l'Asie orientale）的支配地位相符。雄伟的摩崖石刻艺术受到狂热的佛教信仰启发，但鲜为人知的是，北魏在物质生活的改善中发挥了重要作用。对北魏都城洛阳诸多寺院的描述，为我们提供了关于6世纪中叶商业生活的全景画面，这并非偶然。[②]

洛阳的"大市"（ta-che），方圆八里（约4千米），位

---

① 他手下的大臣王猛（Wang Mong，竟是汉人！）以振兴商业的倡议者著称。关于石虎，见《通鉴》，95（336年），18a—b，其中也统计了各种手艺，包括15种不同的布料、丝绸等。

② 《洛阳伽蓝记》（Lo-yang k'ie-lan ki，《四部丛刊》本），4，8a—10b。关于547年创作的这部著作，见沙畹，《法国远东学院学报》（B.É.F.E.-O.）卷三，1903年，第382页及后续页；伯希和，《通报》卷二十二，1923年，第382页及后续页。

于都城西郊，围绕着市场，在封闭的社区空间内分布着商人和工匠的街区［称"里"（li），即"村庄"］。每个行业或行会都有自己的街区和街道，同一行当的商店、商铺和货摊一字排开。① 市场东边的两个里称"通商"（t'ong-chang）和"达货"（ta-houo），内有富商巨贾们的屋舍。有一位叫刘宝（Lieou Pao）的巨富，是贩卖盐和粮食的批发商，在各州的大城市里都有一幢房子，每幢房子还包括能容纳十匹马的马厩。洛阳的南市为娱乐街区，称"调音"（t'iao-yin），还有"乐肆"［lo-sseu，"乐"（yo②）这个字读作"lo"，意思为"快乐"］。在那里，歌手、乐师、舞者、娼妓在勾栏、酒馆、妓院里各行其道。西边是酒水区域，有酿酒师的酒窖［称"治觞"（tche-chang）］，还有烧酒商人的零售店［称"延酤"（yen-kou）］。在那里能品尝一杯长寿酒［称"鹤觞"（ho-chang）］，还有一种由山西一位著名酿酒师特制的甜酒，经长途运输也不会变质。低调的葬礼、棺材匠、灵车租赁者藏在"母爱"（Amour maternel）、"慈孝"（ts'eu-hiao）和"奉终"（fong-tchong）这样诗意的名字之下。③ "金肆"（kin-sseu）

① 正是由于最初按街区或街道在当地组织起市场，稍晚之后，各种行会才在更大的范围内发展了起来。加藤繁，《论"行"或商人协会等》（On the Hang or the Associations of Merchants, etc.），载《东洋文库欧文纪要》，第 8 期，1936 年，第 80 页及后续页。
② 注音似有误。另依《洛阳伽蓝记》："洛阳大市市南有调音、乐肆二里。""乐肆"一作"乐律"（引《河南志》出校，两说可并存）；又依后文"里内文人丝竹讴歌"，可知此里的"乐"实为音乐之"乐"，而非"快乐"之"乐"。——译者注
③ 《洛阳伽蓝记》中仅见"慈孝""奉终"二里，并无与"母爱"相关的里名。——译者注

和"准财"（tchouen-ts'ai）可能聚集了金银匠、首饰匠和汇兑商。我们现有的资料显然已足以描绘这些街区内的景象：财富聚集，交通繁忙，富商豪奢，屋舍绚丽，装潢讲究，多层双门，衣着锦绣，呼奴唤仆，凡此种种，不一而足。虽有518年禁止穷奢极欲的命令，但收效甚微。

在城市附近的另一个地方，皇家大道的两旁耸立着招待胡人的四座酒店［称"驿馆"（yi-kouan）］、类似于使馆的建筑以及四个住着侨民的村落（和上述街区一样，也称"里"）。"归正（Kouei-tcheng）里"住着"吴人"（les gens de Wou），即南方汉人，超过3000户；"归德（Kouei-tö，今属河南）里"则住着北方胡人；"慕化里"（Mou-houa）住着东部外族人；"慕义（Mou-yi）里"住着西部外族人。北魏却从不视自身为胡人；相反，按中国的古老传统，与其相邻而居的胡人反而来北魏寻找文明。作者以一种天真的口吻描述了当时在洛阳有"无数"外国人、胡人商贾、各地宾客，还包括从拜占庭帝国（l'empire byzantin，称"大秦"）来华定居的人；他确定，至少一万户居民占据了这些街区，他们住在干净整洁的屋舍中，四周花园环绕，小径旁栽满槐树和柳树。洛水之南的一个专门市场供其使用，此乃国际市场［称"四通市"（sseu-t'ong-che），字面意为"与四个方位进行交通的市场"］。据他描述，该市场仅供外商交易，可能按国籍分片，规模不亚于"大市"。

以上描述提醒我们，当时存在一种官方组织的商业活动，史学家们引用的政令也能佐证。许多简洁的文献可以让我们注意到这一点，如526年的这道命令："入市税为每人一枚铜钱。商铺分为五等，每等课税不同。"①

三、技术与科学

关于中国技术的发展有两种截然不同的观点，二者都能站得住脚。这是一个取得了许多伟大发明（举几个最出名的：丝绸、纸张、印刷、火药、指南针）的国度，比西方的同类发明早了几世纪；同样不可否认，中国在西方现代科学引入之前技术水平一直停滞。这种矛盾如何解释？技术性发明的沿用和协调发展的两个关键条件在中国一直具备，即细致考察自然界和设计节省人力的装置。国家支配大量劳动力以建造大型公共工程，尽管农村有大量劳动力储备但也可能用完，节约本已不足的劳动力的问题未被提出。在这个"差不多"的国度里，某些天才灵光闪现，但物理和数学知识无法超越这最初阶段，也无法组织为由可测量、可传达的经验概念所构成的严密系统。可以思考，中国语言是否应该在一个更有利的社会环境中改变其既含糊又具体的特性，是否应该创立

---

① 《魏书》，110，6a。

一种更适应抽象概括、理论推理和理性精神的语言工具。无论如何，我们必须观察到，中国式发明创造依旧停留在孤立、无根据、偶发的事实层面，最多只是父传子或师传徒，个别创始人一死就失传了；同样，手工艺技术也无法幸存，发明家将其带进了坟墓。

除了这两个不利因素以外还有第三个，也是决定了另外两者的最重要的因素——无所不能的官僚主义国家。士大夫阶层天生蔑视一切私人创造，也蔑视在独享特权的环境中可能进行创造的任何创新思维；因此，他们满怀妒忌地将所有独立的想法加以扼杀。一旦某种特殊设备或非人力工具的持有者与纳税农民的眼前利益之间有冲突，为了捍卫后者的利益，国家机器会毫不犹豫地进行干预，归根到底是为了捍卫国家自身的利益。

然而，在我们看来，在每一个分裂的时代，不同的政权在中华大地上相互敌对，国家主权的分裂使国家的官僚系统丧失了一部分权力。总之，士人们只能以间接而不完整的方式行使专制主义集权，技术与科学总有一些机会摆脱限制其发展的镣铐。也不要忘了战争的角色，战争总是刺激技术创新，也会影响人口数量。因战争造成的人口减少，抑或劳动力数量的减少必然会有利于科学的进步。有三个时代可以证明这种观点，那也是大帝国之前的三个动荡时代：秦统一前的战国、宋之前的五代（les Cinq Dynasties）和为唐代做准备的六朝及十六国。

中古时代的中国诞生了为数众多的发明家和学者、机械师、工程师、数学家、天文学家、地理学家。在此我们只提及他们最瞩目的几项发现。蜀国真正的创立者诸葛亮（Tchou-ko Leang，公元 181 年—234 年）心灵手巧，据说发明了"连弩"（lien-nou），能一次击发十支八寸（pouces[①]）长的铁箭，还发明了两种难以定义的机械装置——"木牛"（mou-nieou），可能是一种独轮车，以及"流马"（lieou-ma）。[②]他却被同时代的工程师马钧（Ma Kiun）超越。据其传记记载，马钧因贫穷而想节省时间和工作量，于是发明了一种非常简单的织机，踏板的数量从 60 个减到 12 个，他又建造了一架带有罗盘的机械化战车，还为魏明帝（l'Empereur Ming de Wei，公元 227 年—239 年在位）制作了自动玩偶。[③]发明水利驱动齿轮的水车似乎也可追溯到此时期。[④]同时，地图学家裴秀（P'ei Sieou，公元 224 年—271 年）编制了一本地图集[⑤]，含 18 幅地图[⑥]，第一次在制

---

① "Pouce"原指"法寸"，为法国古代长度单位，约合 27.07 毫米；这里借指中国传统的"寸"，约合 3.33 厘米。——译者注
② 详细的描述见《三国志》，35，15b—16a；戴遂良，《历史文献》，第 840 页。
③ 《三国志》，29，8b—10a；杨联陞译，《晋代经济史释论》，第 117—118 页。
④ 杜预（Tou Yu，222 年—284 年）；傅路德（L. C. GOODRICH），《中华民族简史》（*A Short History of the Chinese People*），纽约（New York），1943 年，第 78 页。这位杰出的学者在技术史上花了很长篇幅。
⑤ 作者原文中使用的词为"mappemonde"，但该词指"由两幅地图构成的世界地图"或"地球仪"，显然不符合史实；应用"atlas"一词。——译者注
⑥ 指《禹贡地域图》十八篇。——译者注

图中使用经纬线，直线投影中的每村对应 500 里（250 千米）①。

在中古时期，中国数学所有的经典著作都被加以评论和拓展，在北方和南方均如此。最著名的数学家、天文学家是祖冲之（Tsou Tch'ong-tche，公元 429 年—500 年），他改进了铜制罗盘战车，［宋武帝（l'Empereur Wou des Song）在战胜胡人皇帝姚兴（Yao Hing）后缴获的装备，但没有内部机械系统］的机械系统，计算了 463 年的历书，并在诸葛亮相关发明的基础上建造了一些完全自动的装置，以及称为"千里"（合 500 千米，ts'ien-li-tch'ouan）的机械船，在新亭（Sin-t'ing）附近的长江上每日能航行超过 100 里（50 千米）；但真正给他带来荣耀的称号，是"第一位将圆周率 π 计算至小数点后第七位（3.1415927）的人"。

天文学和数学蓬勃发展的最佳证明可以在《隋书·经籍志》（le Traité bibliographique de l'Histoire des Souei，成书于 656 年）中找到，其中与天文、数学有关的著作共 97 部、675 卷，大部分写于三国和六朝时期。② 对于地理文献而言同样如此：此类目录共包含相关书名 139 条、1432 卷。其中能

---

① 《晋书》，35，3a；沙畹，《中国地图学史上最古老的两幅图》（Les deux plus anciens spécimens de la cartographie chinoise），《法国远东学院学报》卷三（1903 年），第 241 页及后续页。
② 其中也包含许多印度的数学和天文学论著；戴遂良，《跨越时代的中国》，第 106 页、第 125 页、第 159 页、第 180 页。关于古代数学文献，见戴何都，《论考试》（Le traité des examens），第 139—140 页。

找到一本详细描述帝国的地理、政治、经济、人口等方面的书，共 170 卷，由晋代的挚虞（Tche Yu）所作（300 年左右，隋代时已亡佚）；一本地理著作集［称《地理书》(*Ti-li-chou*)］，共 149 章，于南齐年间从古代作者的 160 部论著中汇编而成；梁代的一位名叫任昉（Jen Fang）的编纂者在《地理书》中加入了一部《地记》(*Ti-ki*)，共 252 卷，含 84 小册，后者在《隋书·经籍志》编成的时候作为别册也丢失了。[①]

以上不过是对一些浅显材料进行考察的成果，有待更专业、更深入的研究加以确认。这或许显示出中古中国的另一面，比我们在上文中描绘的制度与社会变革的画卷还要明晰。

四、南北对立

中古时的中国被漫长的分裂撕扯，在此过程中，北方胡人建立的帝国和自称合法控制南方的汉族王朝相互对立。对此事实，人们常会犯两个错误。一方面，由于这些政权的主权是自己赋予的，我们会非常确定地认为它们之间会相互冲突，且对它们在种族和语言上的差异印象深刻；另一方面，我们会强调胡人统治下的土地政策与汉人政权截然不同，敌对且自我封闭，没有妥协余地。但事实上，边境远未彻底封

---

① 《隋书》，33，10a—b。

死，再者，汉人和胡人之间的冲突因国家之间的接触和动摇而有所缓和，且在胡人政权的内部也发生了快速的变革。现实更加复杂，也更加多变。

华夏文明界限之外的异族部落错综复杂地聚集在一起，这一史实向语言学家、人种学家、艺术史学家提出了许多问题；而除了考古得到的资料，我们只能通过中国史学家这面镜子来了解这些边缘文明，因此上述问题变得越发棘手。在千年汉化和不停地迁徙过程中，这些部落常改变其特有习俗、生活方式乃至语言，他们的人种也多次混血，因此哪怕最细致的研究也不怎么能取得不受质疑的成果。在我们看来，各类胡人的融合与缓慢同化一直有规律地不断重复着，这种长期现象使我们能够识别各类种族的个体性在演变中的共同特征，这也是历史面前唯一有价值的特征。在我们看来，这种考察"胡人"问题的方式比细致的语文学方法更有收获。

无论他们属于突厥人种或"原始突厥人种"（race turque或 proto-turque），属于蒙古人种或"原始蒙古人种"（mongole 或 proto-mongole），属于通古斯人种或"原始通古斯人种"（toungouse 或 proto-toungouse），无论是混血的或纯种的，无论说哪一种高地亚洲（la haute Asie）的语言，匈奴、鲜卑、突厥（Turcs, T'ou-kiue）、女真（Jou-tchen）、契丹（K'i-tan）、鞑靼（Tatars）、蒙古（Mongols）、满洲（Mandchous），所有这些民族，及其含有上千个姓氏的无数部落，最终都和中华文明有了接触，并开始了同化进程。此过程可粗略地划分为几个连续的阶段。他们最初是流浪放牧者，在大草原上突然出现，后又以同样的速度消失在中华地平线。他们随意占据丰美的牧场，为了与他们唯一的财产——牲畜的生活方式相适应，也为了与武士部落的社会组织形式以及军事战术相适应。他们也是出色的骑兵和弓箭手，习惯了长距离骑马的疲劳，能适应变化多端的恶劣天气。一般来说，由于干旱会影响珍贵的水源并灼干牧草，他们倾向于在冬季侵袭汉族聚居的边境地区。定居的汉族农民的防御很薄弱，仅靠小分队和瞭望塔，很容易成为游牧民族劫掠的对象。[1] 与其相比，中华帝国一直试图弥补军事上的弱点，辅之以多种拓殖政策，因为他们面对的是难以抓住的敌人，灵活机动就是战斗力。其中主要是利用长城及军人—农民的屯田形成阻碍，但还有别的措施，更聪明，也更危险："以夷制夷"（yi yi tche yi），即根据"分而治之"这一早已被证明的箴言，增强

---

[1] 关于这两种力量——"干燥"和"相邻定居社会中的社群真空"——推动并吸引草原游牧民族，以及草原作为"语言驾驶者"的角色，见汤因比（A. J. TOYNBEE），《历史研究》（*A Study of History*）卷三，1934年（精简版，1947年，第169页和第185页）。对于此问题，需要注意的是，汤因比的观点很有成果，也很令人兴奋（我尤其能想到的是关于内部无产者和外部无产者的观点，以及与"统治空窗期"相关的现象，如教团和"民族大迁移"），但他以一种过于程式化的方式应用在了中国史上。比如说，尽管他认为唐末中华文化"崩溃"，五代处于"乱世"，蒙古族人实现了"广域国家"，我们理应以完全不同的视角看待中古时期：战国混乱时代以秦、汉建立广域国家而告终，接着是六朝的统治空窗期，在此期间，内部无产者通过佛教教团组织起来，而外部无产者（胡人）则通过民族大迁移瓦解了古老文明。

某一部落的战斗力以对抗另一部落，抑或驯服（apprivoiser①）这些野生军力，将其束缚在边境的"无人区"，并使其为中原王朝服役，如此便形成了一道堰堤，抵挡草原上涌现的新潮。

这种政策很大程度上有助于胡人部落自身的变革，促进了游牧社会的解体。如果用英美人种学家指称所谓"原始文化"和"发达文化"间接触现象的说法，所谓"同化"的标志有：在帝国的保护下建立部落，胡人用畜牧产品定期与汉族人交换农产品，最终部落进入半定居—半游牧状态。这些部落最初还保留其部落式的组织形式、古老的习俗、语言和祖先信仰，其主要经济来源依然是畜牧业，依然更喜欢狩猎、捕鱼和作战。但到了第二阶段，某些部落开始在土地上耕作：零散的农耕成为一种经济上的补充，并逐步开始适应。转变生产方式的带头人来源于部落的精英阶层，主要在贵族首领之中，他们非常执拗，与汉族官僚有合作关系，明白自身的力量并以此为傲。而他们的儿子却被汉族政权作为证明其忠诚度的抵押物，留在帝国大都会中由汉人师傅教育，使用汉语，与年轻的汉族贵族杂处。② 于是，这些人质接受汉族式的教育，被一种更高级的文明渗透；无论他们之后是反对这些

---

① 该词在法文中亦包含"建立联系"和"供养"等意思。——译者注
② 例如，五胡十六国中最著名的开国国王：匈奴的刘渊（Lieou Yuan）和石勒、鲜卑的慕容（Mou-jong）家族，羌人（近似藏人）的苻氏（clan Fou）等；关于这些人物及其教育，见福兰阁，《中国通史》卷二，第41页及后续页。

价值，还是尽力在本国民众中传播这些价值，他们终身会留下被同化的痕迹。如果是后一种情况，已进化的精英会与倾向于捍卫传统习俗的势力发生冲突，这些势力一般来源于部落下层。他们的态度是矛盾的，既厌恶保护他们的师傅，也向往汉人的制度，因此会在其臣民中引发争执。他们的亲兄弟会请求他们不要屈服，而文明也征服了他们，并用魅力吸引他们；一方面他们因有了解放的朦胧意识而感到困扰，另一方面又面临着保持个人独立的问题。这第二阶段的特点正是紧张状态，最终可能成为猛烈爆发的中心。这一过渡阶段中，种族融合问题也介入了进来。土生贵族与汉人贵族间联姻（公主嫁给有功绩的胡人首领），胡人部落与边境汉族进行贸易，在边境和内地形成了有利于相互渗透的缓冲区。同样需要考虑胡人首领身边汉人谋士的角色：他们有点像宗教使团中的经验丰富的教皇特使，也有点像负责监督新近结盟对象的官员。他们是贪婪的冒险家和阴谋家，任期短暂；他们是失势的政治人物，寻找一个靠山，或仅是找个避难所；他们也是调停者和说情者，利用层级差异协调身边不断出现的各种争端。

当汉族帝国军力衰弱、统治腐朽之时，胡人首领们就会借此良机把从师傅的学堂里习得的所有本领加以应用。此时，首领们已不是真正的胡人，该轮到他们统治老师了。此时，第三阶段开始。他们将部落组成同盟，向中华帝国发起冲击，朝着对方的弱点猛扑过来，因为他们很了解造成弱点的原因。最终，他们建立自己的王朝，有可能只是昙花一现，也有可能持续数个世纪。游牧部落会凭借骑兵优势迅速完成征服。一旦战乱结束，摆在其面前的问题是被统治的民众中汉族农民占压倒性多数。对待此问题，各胡人家族表现出惊人的一致性，他们采用相同的模式，也逐渐面临同样的命运。这些新的主人有汉族官僚做谋士，史学家时而认为后者是叛徒，时而认为是圣贤。因此，胡人新贵试图将其统治建立在汉人制度之上，这样一来，统治基础才能显得受人尊敬且无可替代。一些汉族士人行使传统的行政权力，最多调整一下政府的最高层人物，给征服者中的贵族留一个位置，也尽可能久地维持部落组织架构，以保证军事上的优势。但这些部落却以非常快的速度失去了自己的特色，要不了两三代人，古老的美德就丧失殆尽了。精致文明和原始文明间的共生总会贬低后者的代表，把双方的缺点都传给被同化的胡人。胡人被淹没在汉人的汪洋大海里，胡汉不可避免地混为一谈，胡人也不再是胡人了。他们的王朝和汉人的王朝面临同样的命运，最终作为汉族王朝，而非外来统治集团消失。我们会很惊讶地发现，在面对扑面而来的新兴胡人反抗浪潮时，往日的胡人却采用与帝国王位的先辈同样的态度和手段。到了演化的最终阶段，胡人的行为方式已完全跟汉人一样了。

　　注意这几个连续的阶段足以提醒各位，确定性的差异不是语言或种族上的，军事、经济和社会事件也并不重要。我只想用北朝中最"胡人"的鲜卑魏帝国来做例子。语言学家们有时认为鲜卑语属于原始突厥语，有时认为属于原始蒙古语。[①] 鲜卑人来自东西伯利亚（la Sibérie orientale），西汉时被匈奴人击败后迁至中国东北地区。他们逐渐将长期的敌人匈奴和乌桓排挤出去，他们同宗同源却彼此对立。鲜卑同匈奴、乌桓及中原都保持着紧密联系，而中原地区正是他们攻伐的理想之地。东汉末年，鲜卑部落联盟由三个分支构成，散布在西至敦煌（Touen-houang）、东达东北东部呈半圆形的广阔地带。他们与中原的关系在攻伐与结盟、附庸之间摇摆，附庸关系对于中原而言非常重要，却可能突然之间变成新的战争。自大规模攻伐行动开始以来，有一支鲜卑人一直居住在今山西省的最北部，并以此为基地，在拓跋氏族的主持下征服或吸收了敌对部落，在持续半个世纪的战斗中摧毁了存在于中国北方的所有政权。

在彻底定居在中原地区两个世纪之后，抑或在停止夺取最高权力之前，他们这些自豪于出身（无论与相邻的汉人还是

---

① 伯希和，《通报》卷二十，第328页及卷二十七，第170页；卜弼德（P. BOOD-BERG），《哈佛亚洲学报》，1936年，第185页；格鲁塞，《中国史》，1942年，第111页、第128页、第133页及后续页；福兰阁，《中国通史》卷三，170页、第177页和第250页。关于鲜卑和乌桓（les Wou-houan）最佳的记载在3世纪的一部编年史中，存于《三国志》，30，2a—6b（《后汉书》，120）。这段记载与某个随后创作的神话无关，它以生动的方式叙述了草原民族演化的最初阶段，与我们上述推断中的前两阶段相吻合。

其他胡人相比）的胡人的行为方式究竟如何？在远征当时最可怕的胡族敌人阿瓦尔人（les Avars）前夕，为拓跋氏服务的汉族大臣崔浩于429年发表演说，确定了他曾向拓跋氏建议的对外政策。此次演说受到太武帝［拓跋焘（T'o-pa Tao[①]）］的全面肯定，很好地表达了汉化鲜卑对于南方汉人的立场，后者称其为"胡人"；也表达了他们对于真正的胡人——北方游牧部落的立场。崔浩倾向于摧毁北方游牧的胡人，他说：

"……南方的贼寇一定不敢兴兵动武。况且，南寇多是步兵，而我们主要是骑兵；他们能北上，我们也能南下；对他们来说已经疲惫不堪了，而对我们来说还不曾疲劳。更何况南方与北方的风俗习惯大不相同，南方河道交错，北方一马平川，即使我朝（北魏）把黄河以南的土地都给他们，他们也守不住。……假如他们真的打来，就像马驹、牛犊与老虎、豺狼争斗一样，有什么可畏惧的呢！至于蠕蠕（Jouan-jouan，阿瓦尔人[②]），他们一直仗着与我朝相距遥远，以为我们没有力量制服他们，长期以来利用我们给予的宽容，一到夏季就把部众解散，各处逐水草放牧，秋季马肥兵壮之时重新聚集，离开寒冷的荒野，向温暖的中原南下掠夺。而今我们乘其不备出兵，他们一看到飞扬的沙尘，一定会惊慌失措四处逃散。

---

① 注音似有误，宜为"T'o-pa T'ao"。——译者注
② 关于"蠕蠕"［柔然（Jeou-jouan）］与阿瓦尔人的关系问题，中外史学界尚无定论。——译者注

公马护着母马，母马依恋小马，根本难以迅速赶路，若我们切断水草，不过几天的工夫，他们就会再次聚集，趁着他们疲劳之际，我们就能打得他们跪地求饶。"[1][2]

可见，鲜卑此时已转而对抗那些还停留在游牧社会阶段的部落，那正是他们从前的状态，南方的汉人反而被视为"贼寇"。入侵的节奏是这样的：一个帝国覆灭，另一个取而代之，胡人征服者们轻而易举地占据了前一个朝代的位置。至于鲜卑人民，则在 6 世纪时完全消失在了汉人之中。唐代时，他们作为一个民族已不复存在。

在上古中国，还没有南北分裂的观念，因为文明的大部分基础集中在黄河流域和中原（la Grande Plaine）。当然，人烟稀少且欠发达的长江以南地区刚刚被发现，被视为拓殖之地，其民众也被视作蛮夷。只是从三国时期开始，随着魏和吴的敌对，真正的南北对立才开始形成。魏帝曹丕对于渡江之事犹豫不决；看着冲走浮冰的江中巨浪，他叹道："是上天要划分南北之界限啊！"[3][4]——这种情感在吴被晋征服以后

---

[1] 《通鉴》，121，7b。关于阿瓦尔人（蠕蠕、柔然），见福兰阁，《中国通史》卷三，第 283 页及后续页。

[2] 原文为："……南寇必不动也。且彼步我骑，彼能北来，我亦南往；在彼甚困，于我未劳。况南北殊俗，水陆异宜，设使国家与之河南，彼亦不能守也。……彼若果来，譬如以驹犊斗虎狼也，何惧之有！蠕蠕恃其绝远，谓国力不能制，自宽日久，故夏则散众放畜，秋肥乃聚，背寒向温，南来寇钞。今掩其不备，必望尘骇散。牡马护牝，牝马恋驹，驱驰难制，不得水草，不过数日，必聚而困弊，可一举而灭也。"——译者注

[3] 《通鉴》，70（225 年），11b。

[4] 原文为："嗟乎，固天所以限南北也！"——译者注

越发明显。南方的人们依然被蔑视，晋朝将领依然对他们在吴地的老对手们表现出强烈反感。汉人贵族定居长江以南更强化了这种对立。南方民众被移居至此的北方贵族嘲弄，还受到这些没落贵族的剥削，于是他们发泄对贵族的仇恨，用一个贬义词"曾"（ts'eng，意为"不属于这个时代"）来指代他们。南渡之后的北方贵族虽然身在南方，却一直怀有收复祖先故土的梦想，而那片土地一旦失去就再也无法收回了；这种思乡之情更加剧了冲突。这种决裂似乎可以追溯到胡人在北方建立强大王朝之时，南朝的臣民们听见北魏称自己为"寇"或"岛夷"（tao-yi），而他们为了表达对征服者的蔑视，也称其为"索虏"（so-lou）[①]。一位梁朝的使者毫无准备地被问及对北方人的看法，答道："我最早想到的是，在长江（le Grand Fleuve）以北只有野蛮胡人的茅屋。自从到了洛阳之后，我发现居住在中原的是完全开化的人，衣着和发型跟我们一样，南方无法企及。为何要蔑视他们呢？"然而，刚才提到的对北魏洛阳的描述也包含了一些绝句诗，北魏人借此嘲讽这位使者：在诗中，他们拿吴地的家伙们开玩笑，认为那是一群侏儒，长得像佛教地狱里的鬼怪，吃杂草，喝茶

[①] "岛夷"的说法可追溯到《书经》，但当时的意思不同，指"海上的蛮夷"。至于"索（头）虏"[so(-t'eou)-lou]，能发现多种解释：被束的奴隶（犯人、俘虏）；鲜卑人将头发编成辫子盘起来，与将头发梳成垂髻（tch'ouei-ki）的匈奴人不同；抑或是某个部落之名，为鲜卑人的祖先。我们认为第二种解释是正确的；《通鉴》，69，8b，及《宋书·索虏传》（le chapitre So-lou-tchouan du Song-chou），95。

水，小口抿着鱼汤，大口嚼着螃蟹；一到"中土"，他们就想着故乡，还是早点回去为好！[①] 在智力方面，人们会根据一些对立特征来区分南北，这一习惯也始自此时：北方喜爱一切坚实和严肃的，如深邃的理论、广博的文史、简洁的诗歌，无矫饰、强调内容；南方则偏爱更自由的思辨，不太接地气，表现出对形式、格律、乐感的兴趣，更加轻盈。

然而，除了相距遥远的地区之间天然的差异之外，南方与北方之间当时并没有本质上的对立，只是同一种文明的两个分支，被同一种理想激励，在相似的经济和社会环境下演进，建立了相似的制度。那些使二者在表面上分化的因素，如国家机器的自治和对种族特点与王朝特点的认识，不断受物质、精神交流，以及人员、事物混杂的影响，倾向于逐渐消失。

北方胡人王朝和南方宫廷间的战争并非一直持续，自 5 世纪后半叶以来，官方遣使越发频繁。在南北两地，选拔特使时都对其人品非常在意，必须是能雄辩地谈论事务且有声望、有代表性的人物；他们还需要谙熟礼仪，仪表堂堂，精神高贵，风趣健谈，博古通今，吟诗作赋，这样才能在帝国的宫廷里展示高贵的文化。每次遣使都是政治事件和社交事件。"接待官"（commissaires à la réception）在边界上迎接使者及其随扈，随后被带至京城并盛情款待。少不了有机会

① 《通鉴》，153（529 年），8b；《洛阳伽蓝记》，2，19b 以及后续页；《洛阳伽蓝记》，3，6b—7a，见关于饮食差异的部分（北方的羊肉和乳清，南方的鱼和茶）。

交流观点，而人员间的接触也会持续很久，通常比皇帝的隆重会见还重要。某些使臣尤其受邻国青睐，于是会多次承担出使任务。每次互派使节，通过交换礼品、辩论交锋、即席作诗等活动说明，敌人（也就是对方）其实比想象中更接近于己方。刚才已引用了一位南朝使臣在受过教育的北朝人面前表现出来的惊讶，他原以为那里只有野蛮人。梁武帝想必也感受到了相似的诧异——当他在会见之后目送魏朝使者出门时，问四周众人："你们这些大人整天说北朝没人了，但这些人呢，他们从何而来呀？"①②

这些官方使团也对贸易做出了贡献，可能是富商成为使者的随行人员，也可能是使者自己借此机会获利。大使收到的礼品也成为觊觎的目标。著名史学家魏收（Wei Cheou）于538年成为前往梁朝宫廷的使团成员，回到洛阳后，他没有让别人勒索其所得，但最终还是被迫把礼品拿到市场上出售。史书上之所以赞扬另一位北魏使节的清廉，是因为他的同僚们与其说是外交官，还不如说是批发商，只有他赢得了

---

① 《北史·李谐传》（*Pei-che, biographie de l'ambassdeur Li Hiai*），43，15b。在南朝的编年史中能找到与官方使团相关的许多段落，但据我们了解，目前为止尚未得到搜集和系统研究。——有一篇1177年写的叫《北方游记》（*Récit de voyage dans le Nord*）的文章（沙畹译，《通报》卷五，1904年，第163—192页）可以让我们对此类遣使有些概念。在南方的宋（Song，汉人政权）和北方的金（Kin，胡人政权）并立的时代，"使臣负责迎接和陪同"。
② 原文为："……及出，梁武目送之，谓左右曰：'……卿辈常言北间都无人物，此等何处来？'"——译者注

梁朝的尊重。[①]

　　私人和非官方商贸或许更加重要，尽管此类生意有的合法，有的非法。531年的法令承认梁朝的主权［北魏正式放弃将梁政权视为"非法"，或"伪"（wei）］，放松了先前颁布的反奸细措施，并开放边境。可以推断，在此之前越境经商者被视为军事间谍——至少被当局抓住者会被如此看待。据一位魏国民众当时的证言［也在同一时代（504年）被记录了下来］，驻守边境的官兵更偏爱从过境贸易中抽取好处，而非与敌国之"寇"作战。[②]

---

① 《北史》，24，7b及32，11a；《北齐书》，37及39，1b。
② 《北史》，47，2a。

第六章　宗教和知识的演进

　　南方和北方之间存在各种交流方式，多样化的途径造成了缓慢的相互渗透。我们已经试着阐明了那些倾向于弥合对立的力量。我们还需要就一种更重要力量多说几句，这种力量为不久之后的再次统一做了准备，那就是精神共同体，以及其中最活跃的一员——佛教。由于本书篇幅有限，不太可能详细研究这种复杂现象的意义和价值，它是印度宗教，引入、移植于中国，并与之相适应。我们只提醒大家关注该现象的一些结果，在我们看来对于整个历史的发展起到了决定性的作用。

　　要想理解中古时期知识演进的全貌，需要从那个时代华夏世界的苦难和由此产生的对"出世救赎"的新需求谈起。如果不考虑这一点，便无法解释佛教传入中国，尤其是自 3 世纪开始的快速扩张。来自印度（l'Inde）、西域（la Sérinde，Si-yu）乃至伊朗（l'Iran）的传教者付出了巨大努力，对他们关照有加的不仅是某些对异域文化有好奇心的汉族王公，还有一些没有传统戒备心而轻信外人的少数民族君主。但假如没有当时的政治不幸和社会灾难，传教者们永远无法使大众皈依，并将这种非常怪异的教义根植于百姓们的灵魂里，他们的热诚虽令人感动，也终将徒劳无功。万事俱备，可以接纳布道：宣扬此生短暂，荣华若浮云，将生命非永久性的本质上升为某种永恒。因此，无论何种处境的中国人，每天都会察觉到，各种事物逐渐消失，财富与地位脆弱易碎，连王朝也如昙花一现、动荡不安——这些都是教义的显著佐证。人们充满渴望地迎接来自佛祖的首次开示——《四十二章经》（*Sûtra en 42 articles*），用夸张的语言展现了普遍的变化无常，离奇而优美。其中最后一章宣称，王公贵族如尘埃，最昂贵的财宝亦如卑贱的碎片，万物都没有独特属性。

这也许是一种深沉的宗教情感第一次出现，中国人的灵魂也首次彻底地离开俗世；这俗世毫无恻隐之心，每个人被战争、社会偏见和国家的胡作非为无情碾轧。普遍的不安全感带来失望，而佛教提供的补偿既为士人精英，也为普罗大众。士人在形而上的思辨中找到渴望的安宁；大众尽管处境一直悲惨，也能得到佛教所许诺的天堂和永恒幸福。个人泯灭于"涅槃"之中，破除此世一切肮脏的层级，在彼岸世界长生，与地上天堂相遇，世人皆可前往；在那里，一切罪恶可赦，一切美德受赏。这种印度宗教具有两种形态表现，以平等的方式回应了苦难众生的哀鸣。而在此岸，无人听见，也无人能听见这些求救的呼号。儒家也无能为力，其统治学说只属于统治阶层，他们处理政务，循规蹈矩，礼数周全，生在文明社会，按习惯运转。一旦习惯出现紊乱，整个社会甚至将无以为继；儒家学说便不再具有合理性。道教对于时代的需要更加豁达，它曾尝试建立无政府主义社会，但在汉末破灭；道教的济世处带有消极色彩，如寄情山水，利用身心修炼或丹药秘方延年益寿等，但在长期的竞争中，道教不得不对抗一种更加强势的信仰，消极厌世使其没有太多的机会。①

首先，人世间杂乱无章而又无可救药，佛教不需要人们"理解"世间规则，而迫切需要人们"相信"一种聊以慰藉的法则，即向往着寄托于上苍的公正，并将自己托付于大乘诸圣的保护、同情和宽恕之中。总之，正是佛教内在的宗教特性（对于中国而言闻所未闻）使其对芸芸众生的布道变得很有吸引力。因此，原始佛教中不可知论的智慧蜕变为一种拯救灵魂的宗教。它是遥远国度的产物，也是社会和时局的产

---

① 白乐日，《虚无的反抗和神秘的逃遁之间》（*Entre révolte nihiliste et évasion mystique*），《亚洲研究》（*Études asiatiques*）卷二，伯尔尼（Berne），1948年，第27—55页；《汉末社会生活和政治哲学》（*La vie sociale et la philosophie politique à la fin des Han*），《通报》卷三十九，1949年，第83—131页。

物；它穿越中亚，开始了胜利的步伐。在传播的过程中，佛教的躯壳和精神都发生了变化，这是再正常不过的事。它化身为一种哲学，或许是人类精神领域最令人激动的冒险之一。佛教的教义变了，将舟车度化（véhicule）的理念用于形而上的思辨，惠及整个大陆。一代代的思想者们即便观点各异，甚至针锋相对，也会在《大藏经》（Tripitaka）这三只大乘佛教的篮筐里①获得苦思冥想后的成果。强硬的理想主义者在此遇见温和的物质主义者，客观的现实主义者在此与相对主义者和纯粹的虚无主义者相互较量。佛教僧团变得如此宽容大度，能容得下苦修宗派中的严守戒律者、因相信而入教的普通人，抑或学问渊博的教义专家，后者包括"顿悟"的反智主义者或深奥法术的信徒。

佛教在中国的最直接后果是在其影响下进行了各种创造，其中最著名的是建立宗教机构，发展造型艺术，开创音韵研究。组织起一个自主的新兴宗教在最初之时就受到了国家的激烈反对，原因在于它威胁了家庭这个国家的支柱，也威胁到对官僚权威的服从。官僚们已经发现，独立于国家的宗教实体产生了，这在中国是闻所未闻之事，因此会与自己争夺精神上不受质疑的统治权，按照宗教团体的方式塑造自己，并威胁自己在教育上的垄断地位。按照这个思路，有必

---

① 《大藏经》含"经、律、论"三藏，故作如此比喻。——译者注

要提及佛教的独身与国家理念是根本对立的：出家只是为了自我救赎，对国家而言则是危险的实践。但更严重的风险在于佛教团体的社会职能，譬如寺院有意或无意地吸引民众，与使应尽的国民义务决裂。那些被税务机关追查的农民、顽抗捐税或徭役之人、逃避兵役者、诈骗犯、走私犯都越来越多地在寺庙中找到了避难所。他们不仅因此逃脱了世俗的支配，还让肉体和灵魂服从于庙宇的权威，为僧人劳动，将自己的财产托付给僧人，从此也免于赋税——他们极大地增强了佛教的实力。寺院的出现恰如社会肌体中大量的癌细胞，国家迫不及待地与其进行无情斗争，防止其扩散及蚕食特权。多次斗争都采用僧人还俗和没收财产的方式，国家的目的在于摆脱这些"反社会"的败类，因为他们最终会威胁到物质资源。这种重复上演的行动首次出现于北魏时的 446 年，寺庙被毁，经书被焚，部分僧侣被杀（décimation[1]）；采取了许多看起来强有力的措施，动机在于发现和尚参与政治阴谋。然而，这场由崔浩策划的著名"迫害"行动依然没有收到成效，20 多年后，佛教的势力还在增长。[2]

----

① 原指古罗马时在十人中抽一人处死。——译者注
② 《魏书》，114，4b—5a 和 6a；魏鲁男译，《魏书·释老志》（*Wei Shou on Buddhism*），载《通报》卷三十，1933 年；《通鉴》，124（446 年），18b—19a 和 132（469 年），13a—b；福兰阁，《中国通史》卷二，第 203—207 页。关于崔浩的角色，亦可参考胡适（HOU Che），《胡适文存三集》（*Hou Che wen-ts'ouen san-tsi*），上海，1930 年，第 895 页，及牟润孙（MEOU Jouen-souen），《崔浩及其政敌》（*Ts'ui Hao and his political Rival*），《辅仁学志》（*Fou-jen hio-tche*）卷十，1941 年，第 167—180 页。

北魏的雕塑保存了一些绚丽的作品，常与我们的罗马艺术和哥特艺术相媲美，云冈石窟（grottes de Yun-kang）和龙门石窟（grottes de Long-men）是其代表。在佛教的启发下，对艺术的巨大热情化为飞扬的神采，让人想到了基督教艺术的巅峰，那个修建大教堂的时代。但非常少见的是，同时代的基督教艺术比这些充满了宗教性且匿名的作品更进一步，我们不可能想不到在信仰驱动下的巨大劳动和几代谦卑工匠付出的努力和耐心，还应考虑到这些宏伟遗迹的材料基础，连串的岩间洞窟、巨型造像长廊、石灰岩上难以开凿的壁龛。①

南北方美术的兴盛是当时宗教运动的一部分，此外佛教也迂回地引起了科学之花的绽放，而在当时科学还尚未被中国人知晓。最早一批来自印度或中亚的传教僧侣面临难以克服的困难——神圣的经文中散布着技术术语和奇异名称，且要译成句法结构完全不同的单音节语言。由译员和士人组成的许多团队开始工作，一步步地讨论将怪异思想译成中文的方法，经过几代人艰苦卓绝的劳作，逐渐成功地让译文变得简洁明了。而这种努力又带来了未曾料到的副产品：中国士人第一次意识到自己语言的许多特点，因此在 5 世纪末出现

---

① 沙畹，《华北考古记》（*Mission archéologique dans la Chine septentrionale*），第1 册和两卷插图，巴黎，1913 年—1915 年；格鲁塞，《远东历史》（*Histoire de l'Extrême-Orient*）卷一，第 302 页及后续页。

了一位汉语语言学家。沈约及其他人意识到汉语语音学的若干原理，建立了音调和韵脚理论，不仅指引了唐诗的韵律，还诞生了一系列的专业著作，如词汇表、词典、韵脚和拼写汇编等，还为现代语音科学得以重构古音奠定了坚实基础。

在中国，佛教影响的另一个结果是论辩文学的出现。宗教争论导致一些小册子的出版，里面的议论、抨击和有趣的语言让我们想起宗教改革（la Réforme）时期的那些说教者。[①]译本和民间宣传册中的语言都与口头方言相近，而与古典文风大相径庭，同样为奠定通俗文学的基础做出了贡献——在随后的诸世纪中，通俗文学有了长足进步。

上述所有创新随佛教一起出现在宗教、艺术、科学、文学等诸领域，迫使中国人意识到其民族特性。在与其他语言、文明和种族的交锋中，这种民族特性得以彰显。创新也扩大了他们的视野，使各种精神融于同一理想中。尽管南北双方在政治上有所分裂，精神上的共同体却拉近了彼此的距离，缓慢而坚定地为帝国的再次统一做了准备。

---

① 白乐日，《哲学家范缜及其神灭论》（*Der Philosoph Fan Dschen und sein Traktat gegen den Buddhismus*），《莱顿汉学丛书》（*Sinica*）卷七，1932 年，第 220—234 页。

第四部分

新帝国：隋唐时代

相较西方历史而言，中国"中古"的结束并不意味着与旧时代的决裂，也并未带来根本上的改变。在习惯了我们这个快速变局时代的现代观察者看来，10世纪前，中国的社会结构似乎是停滞不前的，推动变革的因素与西方现代不同，确立变革的趋势也不具有连续性。在此框架内，唐代确实标志着新时代的开端，她拥有青春年华、充沛活力和满腔热血，摧毁了南北之间的隔阂，开启了全新的视野。4个世纪的分裂结束了，在此背景下帝国的统一又面临性命攸关的问题；尽管后来突然出现了解体，也没有影响统一的局面[1]。新王朝挡住了通向多元化的道路，因为它将国家建立在更广泛的基础之上。

　　唐代重新与汉代的传统相连，中古的成就又丰富了这一传统。唐代还利用了隋代的工程，后者的确开风气之先。隋唐两代利用其能找到的资源，铸造成一个全新的整体，光彩夺目而又无与伦比，在它们灭亡之后依然留存于世。中国在

---

① 　此处指后来的五代十国短暂分裂和北宋的重新统一。——译者注

亚洲重新确立盟主地位是隋、唐两代的功业，这个时代可以被视为中华文明的复兴，后者为整个亚洲提供了样板。如果没有隋唐王朝的制度、语言、文学、宗教、艺术，日本将不会成为它后来的样子。唐代是中国历史上最有创造力的时代之一，在上述诸领域创造了许多不朽杰作，中国的才华全面迸发，前无古人。正是就这种充满活力的创造精神而言，可以将唐代的新生与我们的文艺复兴（la Renaissance）相提并论。其中有聚集起来的力量。一种与西方相似的青春魅力带来了新生——太宗（T'ai-tsong）陵中挺拔的骏马活灵活现，栩栩如生，舆图专家贾耽（Kia Tan）那神经质般的线条让人好奇地想起达·芬奇（Léonard）的草图。更大的自由似乎在激发当时的艺术家，他们的作品像是被醉意吹拂，那是种久违的灵动，宛如呼吸着清新的空气。当时画家的颜色在模仿者的临摹本中已变得苍白，但李白（Li Po）或杜甫（Tou Fou）的诗歌对于将来历代模仿者而言依旧是形象和灵感的不竭源泉，其突如其来的爆发力、别具一格的自发性和充满人情味的腔调让我们印象深刻。然而，于我们而言，这种精神最有力的见证者却是那些在我们博物馆里随处可见的质朴陶器。千年以后，人们好容易才发觉到它们最初的用途：那些随葬的小塑像，有纤细的舞女，也有矮壮的骑士，都在向我们传递着那个时代人们的活力、生气和生活乐趣。

第一章 隋的成就：统一

从某些角度来看，隋王朝（公元 581 年—617 年 [1]）的重要性可与秦王朝（公元前 221 年—前 207 年）相提并论。若中华大地上没有秦始皇的暴戾篇章，汉王朝（公元前 206 年—公元 220 年）也无法诞生。同样，唐（公元 618 年—907 年）也只是在三个世纪中继续、补充并完成了隋代先驱们在 30 年中创立的一切。隋代的短命与其留给后世的成果不相称，却使其扮演了先行者的角色。我们还可以进行更深入的比较，以超越秦和隋之间深层的相似性：统一、标准化，使华夏融为一个中央集权的帝国。也涉及两个王朝在史学上所扮演的角色及其遗产。秦和隋的专制独裁被严厉评判，并被儒家史学家们谴责。但他们的方法片面、迟钝甚至愚蠢，因此不了解两个王朝积极的方面。相关的相似性尽管相距八个世纪，但源自同一个值得

---

① 根据《辞海》，隋王朝灭亡的年代应为公元 618 年。——编者注

注意的内在逻辑，在正史和传说中均拉近了两个王朝的命运。随后我们会谈这一点（本书第 268—270 页）。

首先，我们来清理一下那段编造的传奇：据信，王朝的创立者文帝（Wen-ti le Parcimonieux，公元 581 年—604 年在位）和他的儿子、弑父者炀帝（Yang-ti le Prodigue，公元 605 年—616 年在位[①]）势不两立。事实上，他们各自宣告完成了多项丰功伟绩，但豪华的公共工程、昂贵的建设、悲惨的远征等成就都受到诋毁。这些成就看上去均动用了同样多的人力，带来了同样重的苦难，至少二者同样倾向于忽略这些方面。尽管儿子疯狂花钱，将父亲审慎的积蓄浪费殆尽，但二者的行为都源自一种考虑：统一一个庞大帝国。他们的失败正是由于"过分"，或曰"傲慢"，而国家工程的性质决定了隋王朝败在"过分"上面。

杨坚（Yang Kien）——未来的文帝——在登基之前是后周[②]的显贵，以大型工程开始了其统治。登基伊始，他在今天的河北开始进行长城的修复工作，以抵抗强大的突厥人的入侵。这本身是政府行为，由一个局部王朝[③]的领导人发起，以保证能自由地采取必要行动，但似乎未使西突厥（les Turcs

---

① 国内史学界认为隋炀帝的在位时间为公元 604 年—618 年。——编者注
② 内容有误，应为"北周"（Tcheou du Nord）。——译者注
③ 据《资治通鉴》，隋文帝开皇元年两次修长城时，隋仅占据北方，尚有南方的陈朝和江陵一隅的西梁未平定。——译者注

Occidentaux）和东突厥（les Turcs Orientaux）的归顺（公元584年—585年）持续下去。假如隋文帝没有进行一系列内部改革，以帮助这个年轻王朝建立起威望的话，他恐怕不会和其他北朝帝王 [1] 有什么区别。581年，隋文帝通过颁布政令的方式逐步减税；同年还颁布了针对官员的衣冠条令，连天子本人也须遵守，规定大家均可穿黄色长袍（当然仅限平日）；另实行币制改革，铸造统一的良币；而比上几项更重要的是，还进行了司法改革。[2] 最后一项措施包括废除一些最令人反感的刑罚（展示首级、车裂、鞭打、全家灭门），审讯过程中禁止虐待，减轻其他刑罚："流"（lieou）和"徒"不超过3年，大小杖责也予以减轻。[3] 两年后颁布了新法典，只包含510条 [4]，分为12章。在司法领域，文帝的统治是一种个人独裁和"开明专制"的有趣混合，与弗里德里希大帝（Frédéric le Grand）相仿。这位君主在专断与宽厚的人本主义之间摇摆不定：时而怒火中烧，亲自在大殿上鞭打官员；时而又表现出忏悔，下令所有死刑犯在复核三次之后方可执行。对于当

---

① 尽管隋朝不属于北朝政权，但源自北周的禅让，在诸多方面与之前的几个北朝政权具有广泛的渊源，故在此作者将文帝与北朝诸帝做比较。——译者注
② 《通鉴》，175，5a、7a、8a—9a。其中，比较值得关注的是释放"乐户"（musiciens corvéables），即作为乐师在宫廷里服务的人（同上书，6a）。
③ 《隋书》，25，8a。如涉及暴动，则维持灭族之罪。
④ 应为500条。——译者注

时的风俗来说这是非常值得注意的举措。① 相反，严厉的刑罚会制裁哪怕最轻的偷盗；如有需要，皇帝也会利用自己的手段想方设法追究奸诈之人和渎职官员，并让他们认罪。

但这一切只是开始。583 年，政令规定削减赋税和徭役，将纳税、服役年龄上调 3 岁，即只需自 21 岁起纳税和服役，而非前朝规定的 18 岁。自登基时起，炀帝将此限制上调至 22 岁，并对妇女、奴婢和"部曲"予以免除。同时，以"州"代替"郡"，这是为简化行政机构所采取的一系列措施中的第一项。改组地方行政机构，建立新的赋税、徭役登记制度，重新为税务机关找回 164 万逃避登记的人，收到了良好效果。② 然而，对后世影响最大的是一个兼顾水利建设和经济远见的发展规划，它通过有序的交通保证了都城的日常供给。584 年，文帝通过庄严的诏书为该工程揭幕；在这之前，又建立起第一个环绕都城的谷仓系统，"以防范水旱灾害"。这让人觉得，一个已终止的方案依然有效。可以读以下文字③：

"都城区域是各地汇集之地，也遍布扼守四方的重要关口。无论走陆路还是水路，都难以接近；而大河（黄河）向东流，经河流和海滨的交通长达万里之遥。……作为君主，自从我掌握帝国权力之后，就计划创造利益，消除损害；我

---

① 《隋书》，9b；《通鉴》，178，2a（592 年）和 10a（596 年）。
② 《通鉴》，175，19a 和 23a；176，7a 及 177，7b。
③ 《隋书》，24，6b。

的心一直被公共或私人的不幸所折磨。这也就是为何我要向东打通潼关（la passe T'ong-kouan），向西引流渭水（la riv-ière Wei）；多亏了在籍之人（即服徭役者）的工作，我得以开凿出运河。通过对环境的考量并计算劳动量，很容易完成此工程。我已命令工程师走遍运河沿线，勘察地形，并研究整个古代流传下来的方法。一旦开凿这条历经万世也不会毁灭的运河，就可使官家和私人的方形船和巨型船日夜执行运输任务，上下游的交通都不会阻塞……我发布此诏书就是为了让大家都了解我的意图。"[1]

　　这条渠名叫"广通渠"（Kouang-t'ong k'iu），使 300 里（约 150 千米）渭水可供通航，确保将粮食运往国家谷仓，尤其是用于在荒年放粮的"常平仓"（tch'ang-p'ing ts'ang）。585 年，另一份诏书下令在各村庄建立"义仓"（yi-ts'ang），当局号召所有居民在收粮季节自愿进行粮食储备（"义"字的言下之意是责任感、无私奉献、公共义务，因此也可能译作"公共粮仓"），"与其收成相匹配"，以防饥荒。在多次旱灾和连续不断的水灾中，300 万石（约合 6000 万升）粮食经由属于广通渠体系的国家粮仓派发，促使文帝扩大义仓网络。

---

① 原文为："京邑所居，五方辐凑，重关四塞，水陆艰难，大河之流，波澜东注，百川海渎，万里交通。……朕君临区宇，兴利除害，公私之弊，情实愍之。故东发潼关，西引渭水，因藉人力，开通漕渠，量事计功，易可成就。已令工匠，巡历渠道，观地理之宜，审终久之义，一得开凿，万代无毁。可使官及私家，方舟巨舫，晨昏漕运，沿溯不停……宣告人庶，知朕意焉。"——译者注

596年，他下诏在23个州建立"社仓"（chö-ts'ang）。从那时起，按纳税人等级（4斗、7斗和10斗，合8升、14升和20升）确定应缴数量并上缴粮食。[1]

与北方胡人的斗争历经百年，带给隋朝的教训是要低调。尽管两支突厥部族已归顺，文帝还是于585年招3万人在黄河西北建造或修复了一条长达700里（约350千米）的长城，并在后一年再次征发15万服徭役者。别忘了，所有这些工程由宽厚而节俭的文帝发起，一方面确保了隋朝的伟大（当然，也带给人们苦难），另一方面也保证了将来唐代的强大。不久以后，这些工程也成就了帝国的统一。随后文帝又聪明地准备了一场短暂的军事行动——30万份传单在长江以南敌国的领土上散发，列举了陈朝皇帝的诸多罪状——南方最后一个王朝（公元557年—589年）灭亡，几乎未遇抵抗。南方贵族方面曾进行了一时的抵抗，但采取了政治和民生上的措施后其影响迅速减弱，主要措施为对陈朝的旧臣遗民免除十年税赋。此次军事行动结束后，皇帝便命令士兵复员。[2]

最终，帝国重新统一，和平似乎再次来临，与之相伴的是繁荣昌盛。当然，再次伟大需要努力和牺牲，需要成千上

---

[1]《隋书》，24，7a。"义仓"源于佛教中的慈悲理念，但自创立伊始就已背离了最初的人道目的；它们迅速蜕化变质，被负责人掌控，成为高利贷盘剥的工具（《魏书》，114，8a，511年初；魏鲁男译，《魏书·释老志》，第160页）；随后所有类似的机构也纷纷变成这种样子，尤其是国家为养活官员所建立的官方基金，此类有规律的现象值得注意——《隋书》，24，7a—b；《通鉴》，178（594年），6a—b。

[2]《通鉴》，176，15a—b；177，10a和18a。

万的人付出生命。仁寿宫（Jen-cheou kong，多么讽刺的名字！）修建时，编年史记载："工人大量死亡，筋疲力尽而死者被扔进沟渠（将其填满）。上面盖上一层土石，又变成了平地。死者数以万计，甚至更多。宫殿建成后，皇帝前去居住。当时正值最热的月份，尸体布满街道。杨素（Yang Sou，大臣，也是文帝的主要幕僚）为了撇清干系将尸体统统烧掉。"[①] 此外，598 年，隋王朝对高丽的征伐非常不幸，几乎葬送了全体士兵的生命（疫病、舰船被毁等原因）。尽管有这些失利，隋代第一位皇帝的统治到了末期仍得以改善和稳定。公元 7 世纪伊始，中国显示出相对繁荣的局面，这是几个世纪以来未曾有过的。我们没有任何理由怀疑 609 年普查数字的真实性，它反映了一个指标：在 190 个郡和 1255 个县中生活着 8 907 546 户 46 019 956 人；耕种的土地，"不计城市、道路、山脉、河流、运河、荒漠、盐田、丘陵和田间小路"，共计 55 854 041 顷，平均每户 627 亩（约合 31 公顷），每人 121.3 亩（约合 6 公顷）。[②]

炀帝统治时的辉煌和苦难只是前任统治者的延续，前世为此时创造了条件。炀帝"痴迷于伟大"的直接动机可能要

---

① 《隋书》，24，6a（593 年）。

② 《隋书》，29，2a。关于此次普查的意义，参考毕汉思（H. BIELENSTEIN），同上书，第 146 页；该作者借助《隋书·地理志》(les chapitres géographiques du Soueichou) 推算出户数应更多（9 067 993 户），对应人口总数约为 4800 万，因此上述户均、人均耕地数也应相应降低。

在这位暴君阴郁而失衡的性格中找寻。然而，交通体系的进步完美地回应了时代需求——尽管据说是为了满足皇帝出游的乐趣，那可是他钟爱的业余爱好。隋炀帝成为中华第二帝国的缔造者，将富庶的东南地区与都城相连，使其成为帝国整体的一部分，并长久维持下去。无论炀帝的性格是随性还是妄为，这些工程对于中国的命运而言被认为具有毋庸置疑的决定性价值。此外，对于这位皇帝不可理喻的奢华和挥霍，我们会理所应当地将其中一部分原因放在儒家学说体系中来考虑，后者宽容地评判父亲杨坚的建设，而执意要毫无保留地抨击儿子杨广的功业——这种态度尤其令人惊讶，因为文帝藐视士人，而炀帝自己本身就是细腻的士人，也表现出对士人们非常在意。

炀帝的主要贡献在于建立了西北和东南之间的长期联系。延长了广通渠，并对一条古老的运河进行全面维修，于605年发动百万人继续开挖，以连通黄河和淮河。这条运河叫"通济渠"（T'ong-tsi k'iu），同年推进至长江，需要动员当地的10万苦役。无论从动用的劳动力还是从工程的规模而言都相当可观，整个系统工程还包括另外两条运河。一条称"江南河"（Kiang-nan ho），整体应归因于皇帝对长江流域如画风景的偏爱，610年，沿南北轴线延伸了800里（约400千米），自镇江（Tchen-kiang）至杭州（Hang-tcheou）。另一条是起联络作用的分支，于608年打通了今河南北部和北京地区之间的水路联系。即使我们对该运河〔称"永济渠"（Yong-tsi k'iu）〕耗费的难以置信的劳动量表示惋惜——一百万不幸的男女在此劳作——但也不能因此而否认它非常具有实用性。[1]

但这些工程远未填满这位皇家建筑师的雄心壮志。相较于渐趋边缘化的长安，东汉和北魏的故都洛阳的位置更理想。他在选择洛阳作为常驻地之后，便征发 200 万人重建了这座城市。各种建筑拔地而起，提升了天子的威望，也庄严地代表了一个新兴的亚洲强国。史官们为我们保存了一些彰显奢华的细节，在宫殿里、在游园中，池塘亭台错落有致，离宫别馆正对运河，甚至在秋季还会在树上粘上丝质的人造树叶，以取代枯叶。以上记录大大超越了对于汉代华美宫殿的描写。皇家扈从排场很大的巡游让当时的人印象深刻，史官也留给我们一些熠熠发光的描写。皇家船队由数千艘船组成，名字千奇百怪。8 万人身着盛装，沿着栽满垂柳的运河岸边拉动船队。走在最前面的是皇帝的四层龙船，高 45 尺，长 200 尺（分别约合 13.5 米和 60 米），最上层有大殿，第二和第三层共有 120 间皇家客房，镶满金和玉，下层被分配给侍从们。皇后用的船尺寸略小，但布置得如出一辙。后面是九艘三层的船，名副其实的流动客厅。还有各种各样的帆船，搭载后宫佳丽、皇子、大臣、僧道和外来贵客。扈从队伍的尾

① 关于隋代大运河的全部，见冀朝鼎，《中国历史上的基本经济区》，第 114 页及后续页；福兰阁，《中国通史》卷三，第 342 页。

部一直拖到 200 里（约 100 千米）开外，由御林军（la Garde Impériale）的船和补给帆船组成。这个移动宫廷的生活必需品由当地政府提供。在洛阳到江都（Kiang-tou，今江苏扬州）一路方圆 500 里（约 250 千米）范围内，丝质风帆所到之处，渴望自我表现以博得皇帝垂青的太守们，纷纷赶来献上巨量物资，通常要扔掉许多。在这些描写中，少不了关于沉沦暴君各种用品的话题：排场、浪费、奢华等。遗憾的是，关于公共工程的资料不太有说服力，尽管公共工程也是上述炫耀的产物——对造船厂没有一个字的记录，也没有对采用物料工艺的记载，至于挖掘并维护运河的技术更是三缄其口。只有简短的一句话让我们了解关于洛阳的谷仓的情况：这些筒仓，以及 10 万挖土工掘出的 3300 口竖井应具有总计 2640 万石（约 5.28 亿升）的容量。①

为了得到详尽的第一手资料，需要借助于传奇故事——这种民间叙事文学的萌芽通俗易懂，却受到皇家目录编纂士人的蔑视。从中可了解到，360 万苦力被征召，用铲和筐去挖运河。该工程使用的劳动力包括为劳工提供补给的儿童、老人和妇女，以及带着棍棒的士兵、工头，还有控制整个劳工队伍的管理人员和雇员，总数达到难以置信的 543 万人。半数工人为此丧命，另一些因试图逃亡而惨死，或因表现出

①《通鉴》，180（605 年），11a，13a—14a，17a。

无力提供所需要的劳动而被残酷处罚。[①] 尽管民间想象力的显著特点是夸大其词，突出这些大型工程的无情，但完全将其归因于民间想象力似乎不太可能。尽管这些叙述夸大了数字，但其本身的逻辑保证了真实性。此外，官方资料也能佐证一部分。609 年，检举试图逃避服徭役者可受赏，措施简单而巧妙：被检举者即刻在检举者所在的地点和岗位上服役。就在当年，不怀好意的举报将 20.3 万名应服徭役者和 6.4 万名新登记在籍者交与官府。[②]

机器一经开动就不可能后退。要确保皇家建筑更安全、外部更有气势，就必须投入更多的劳力，也会导致更多的死亡。为了将文帝时修的那段长城全部完成，百万人于 607 年被派往北方边境，第二年又派了 20 万人。半数之人被这难以满足的贪吃怪兽吞没，它早已吞噬了如此多的生命——我们不知道这些人是普通法上的一般罪犯，还是被流放的政治犯。付出如此多的人力使国家筋疲力尽，也挑战了人民无穷无尽的耐力。而将愤怒推到顶点的，则是远征高丽。这场远征使炀帝的对外政策"功德圆满"，却变成了一场灾难，引发了

---

① 《炀帝开河记》[*Yang-ti k'ai-ho ki*，《古今说海》版（éd. *Kou-kin chouo-hai*）]，1b，4b—5a；关于此书和同时代其他一些传奇色彩的叙事作品，见《四库全书总目》，143（卷三，第 2966 页）；冀朝鼎，《中国历史上的基本经济区》，第 123—124 页。明代（公元 1368 年—1644 年）末年，一位不知名的作家将所有这些叙述重新融合在了一本精彩的小说中：《隋炀帝艳史》（*Souei Yang-ti yen-che*）；郑振铎（TCHENG Tchen-to），《中国文学史》（*Tchong-kouo wen-hio che*）卷四，北平，1932 年，第 1243 页。
② 《通鉴》，181（609 年），7b。

不屈不挠的全面抵抗，最终让执着于自己构想的暴君灭亡。

隋代的对外政策由一位精明的外交家裴矩（P'ei Kiu）指导，灵活多变，使帝国的所有资源能服务于雄踞亚洲的理想。为达此目的，一切手段在他看来都适当：皇帝亲自访问少数民族聚居地，排场盛大；建立商贸交流；时而用计谋，时而用强力，时而靠军事恫吓，时而靠友好条约。而且，两座都城的商业生活大大受益于对外关系的快速发展，此外还有交通优化带来的利润：新开通的交通大动脉加快了全中国范围内的物流速度。在此方面，有必要记住那些重要市场的名字。长安有两个市场，东边的叫"都会"（tou-houei），西边的叫"利人"（li-jen）①；洛阳是新的商业中心，有三个市场，像别处的市场一样由"市令"（directeur des marchés，che-ling）管理，它们的名字更令人遐想："丰都"（fong-tou）、"大同"（ta-tong）、"通远"（t'ong-yüan）。最后一个市场位于都城北侧，大运河边，有一个商用港口，"超过万艘船只"经常在此停泊。朝廷的目的是让外人留下深刻印象，向他们展示其拥有的所有财富。为了给外来人员提供消遣，还组织戏剧演出，有 1.8 万位乐师参加，舞台周长 5000 步；在市场里，全国各地的产品堆满了挂着挂毯的商铺、酒馆、饭店，这些场所出入自由，让幼稚的蛮夷之人相信这个理想中

---

① 一说为"利民"。——译者注

的乐土物产丰饶，取之不尽。有一位精明的胡人对此表示赞叹，但并未因炫富而盲目崇拜，他向中原商人提了一个令人尴尬的问题：为何不把挂在公园树上的布料分给穷人，这些人还不能体面地穿衣，居然生活在"中央之国"①？

控制中亚和北亚（Asie centrale et septentrionale）的突厥势力一直有来犯的可能，为了在入侵中保持后方的安宁，中原王朝统治者认为必须使小而独立的高丽臣服。鉴于此，自611年以来，全国都被动员了起来。对于这场"罪恶"远征的准备工作，史料为我们提供了一些令人匪夷所思的数字，仅凭似是而非和膨胀的想象力——300艘战船、1万名水手、3万名弓弩手，还有3万名专门从东南地区招来的执矛骑兵、5万辆战车，以及一支113.38万人的军队，而提供军需品的队伍是这个的两倍，等等。上述史料为揭露这次军力部署中不仁的一面提供了确凿证据。大部分的服役者被派去造船，在齐腰深的水中劳作，毫不松懈，直至被虫子啃咬而死。总之，第一次远征（612年）以溃退告终，已经使东北部各州人口减少；第二次远征（613年）因途中后方叛乱而停止；到了第三次远征（614年），尽管最终在军事上取得了

---

① 即使这不是真的，那也是个好故事（se non è vero, è ben trovato）。《通鉴》，181（610年），9a—b；戴遂良，《历史文献》，第1284页。撰写于641年—656年间的《隋书·地理志》（29—31）对7世纪初的商业做了生动的描绘。关于各个市场，见上书，28，13b。关于裴矩及三条主要的商路，见颜复礼（F. JAEGER），《东亚杂志》（Ostas. Zeitschrift），9，1920年—1922年，第81页、第216页及后续页。

胜利，却为暴君的所作所为画上终点，也同时确认了王朝的命运——起义扫荡全国。[①]

我们花了这么长的篇幅谈论隋朝这个短暂插曲，是为了展现这个朝代的反例意义。它在各方面获得成功，但最终失败，这对中国社会的演进提出了一些重要问题，也让我们有机会说明中国的某些恒定不变的背景。

中国的土地制度与西方文明的摇篮地中海地区不同，其地理环境的特点是连续而不可分割，幅员辽阔且稳固；具有无可比拟的水文地理系统，黄河等水系河道无定，改道和不可预料的泛滥不断造成灾害；气候亦多变，民众也因此成为水旱灾害的牺牲品。在这样一个国度里，一种封闭式的农耕经济使人类的生活任由反复无常的自然摆布。中国农民屈从于大气环境，他们挖掘水井，建造水库，疏浚河道，灌溉土地，修筑水坝，整修排水渠，但还是无力抵抗绵延不绝的水旱灾害，在寻求和抵抗水的不懈斗争中一直失败。这种斗争超出了每位农民的个人能力。要想预测和防止灾害，驯服大自然的敌对力量并使之为己所用，就要求助于大型集体工程，必须无数只臂膀共同协作。因此，中国的神话以治水开始并非偶然，此等丰功伟绩归于一位造物主式的君主——大禹（le Grand Yu）。老实巴交的广大农民相互隔绝，局促于家族土地

[①] 《通鉴》，181，12b 和 15a—b；福兰阁，《中国通史》卷二，第 338 页及后续页；毕汉思，《中国的人口普查》，第 150 页。

之上，只为自己耕作，他们愚昧、消极、一盘散沙，被迫服从社会精英的集中指挥。后者具有组织、协调、监督工程的能力，若没有精英，作为全社会存在基础的农业就没有出路。只有国家具有充分的物质资源，也只有国家有足够的力量行使大型公共工程所需要的强制措施。士大夫们摆脱了生产劳动的束缚，这一阶层具备构思计划、执行计划、集中人手并通过监工加以管理的能力。这一阶层最先受益于大型工程，在一切与公共利益相关的事务中也不会被取代，因为它处于一个麻木的、无政府的农业社会，先天被剥夺了创造精神。落在士大夫肩上的事情包括灌溉，建立谷物仓储，建设国防，抵挡少数民族入侵，以及发展天文历算，以调节季节性工程的进度。由于中国农民的视野无法超越自身的家庭和村庄，也无力自我组织，自我团结，他们必须忍受国家的暴政统治。这样至少能部分解释士大夫阶层在专制和官僚主义国家机器中占据的优势地位，这也是东方农业社会中的顶梁柱。[1]

---

[1] 强调这些因素重要性的主要是魏特夫（K. A. WITTFOGEL）的著作：《中国经济史问题》（*Problem der chin. Wirtschaftsgeschichte*），《社会科学与社会政治文库》（*Archiv f. Sozialwissenschaft und Sozialpolitik*）卷五十七，1927 年，第 289—335 页；《中国农业之前提条件与其基础要素》（*Voraussetzungen und Grundelemente der chin. Landwirtschaft*），出处同上，第 61 期，1929 年，第 566—607 页；《中国的经济与社会》（*Wirtschaft und Gesellschaft Chinas*）卷一，莱比锡（Leipzig），1931 年；《中国经济史的基础和阶段》（*The Foundations and Stages of Chinese Economy History*），《社会研究学刊》（*Zeitschr. f. Sozialforschung*）第 4 期，1935 年，第 26—58 页；等等。冀朝鼎，《中国历史上的基本经济区》；卫德明（H. WILHELM），《释群原国》（*Gesellschaft und Staat in China*），北平，1944 年。

长期的统治经历让士人懂得，要想扮演好自己的角色，只能将落在农民身上的沉重负担减到最低。因此，他们一直试图减轻公共工程带来的辛劳。至少在理论上，他们从未放弃宣称自己为代表公共利益或个体农民的无私代理人，为捍卫农民、反抗君主专制的侵犯而做好准备。实际上，士大夫从未下定决心捍卫农民，除非前者自身的利益受到牵连：每当有非凡魄力的皇帝威胁实行专制统治，并因此剥夺士大夫提出专制措施的倡议权时，后者就会大声痛骂暴君，以维持其在暴君专制下的特权。因此，我们能看见儒家士人阶层不仅谴责暴君的专断行径和与这种统治相关联的荒淫奢侈，还会谴责他们自身所参与施行的各种正面成就，哪怕他们还要重新参加工作，或在一位更加仁慈、懂得在口头上照顾劳工感受的君主统治下继续工作。官员不喜欢让别人插手。君主的角色被规定为象征性的代表，用礼教上的"无为"对其加以限制，若他违反了这种架构，就可能面临丧失神圣威信的危险，并可能在事实上成为暴君，注定会受到上天的惩罚和人民的憎恨，直到最终。秦始皇和隋炀帝这类独立而有力的强人所表现出的革新倾向最终化为神话——在儒生们充满道德说教的传奇中，大型公共工程、军事征伐、中央集权和一切可能有损于农民的事情，以及与儒家监督和官僚常规相违背的事情都变成奢侈、专断、邪恶和无理智的残暴。自此，上天的惩罚会化作此起彼伏的人民暴动，免不了古代悲剧般的结局。

18世纪著名的史学批评家赵翼在一篇文章中审视了中国最著名的几位暴君，正如他在该文的总结部分谈到的那样，"自上古以来，若农民的愤怒没有爆发，就绝不会出现大规模的战争或征发，也就不会导致国家的灭亡和皇帝本人的死亡。"①

长期以来，隋炀帝的所作所为一直萦绕着他的继任者，他的名字在唐初的政治评议中不断出现。隋代"有益的暴政"在当时所有人的记忆中依旧难以磨灭。637年，太宗皇帝的一位谋臣对此确定了态度，那也是同时代人的态度，有关记载如下，"自上古以来，国家兴亡关乎百姓的欢乐和痛苦，而非积累财富的数量。"②尽管我们的时代只在意此类反进步的警句中体现的智慧，但也不应该对士大夫通过暴政得到的现实利益视而不见。士大夫的暴政是间接的，经过伪装，宛如慈父，所付出的努力虽痛苦但有益。皇帝不发声，而士大夫们已将其塑造成恶的化身。

---

① 《廿二史札记》，28，27a。
② 马周（Ma Tcheou）的上疏，引自《通鉴》，195，3b。

第二章 官僚系统的定型

　　唐代的政治制度、行政制度、军事制度、教育体系，甚至经济和社会生活的形式及结构对于我们来说都很熟悉，至少有一个粗线条的了解。材料并不缺乏；许多唐代作者的原稿还在，尤其是官府文书、档案汇编和刚编纂的制度性文献，如《唐律疏议》（*T'ang-liu chou-yi*，653 年）、《唐六典》（*T'ang lieou-tien*，739年）、杜佑（Tou Yeou）的《通典》（*T'ong-tien*，801年之前）、《唐会要》（*T'ang houei-yao*，961 年完成）。这些卷帙浩繁的文献让我们有幸能将官方历史补充完整，并更好地加以理解。此外，西方汉学界还有一系列专门研究该历史时期的著作。[①]

---

① 我经常需要以缩略形式引用以下这些著作的题名：戴何都，《中国唐代诸道的长官》（*Les grands fonctionnaires des provinces en Chine sous la dynastie des T'ang*），《通报》卷二十五，1927 年，第 219—330 页；《法译新唐书·科举志》（*Le Traité des Examens, traduit de la Nouvelle Histoire des T'ang*），巴黎，1932 年；《法译新唐书·百官志与兵志》卷一（第 1—499 页）和卷二（第 501—1094 页），莱顿（Leiden），1947 年—1948 年；拙文（指"白乐日"——译者注）《唐代经济史》，《东方语言学院通讯》（*Mitteilungen des Seminars für Orientalische Sprachen*）卷二十三—卷二十五，柏林，1931 年—1933 年。只要其中有我需要引用的材料，我就会参阅上述文献。

在行政、经济、社会等所有领域，唐代的制度成为后世发展演化的样本。就另一方面而言，所有这些制度均可追溯到隋代，那才是名副其实的创新者（我们不会再分别谈及每种制度的要点）。在下文，我们将致力于做一个全景式的考察，并总结出普遍性的价值。

唐代制度的价值，或者更确切地说，所有这些制度的架构或骨架叫作"官本位"，即组织稳固、等级分明的官僚系统。据此我们明白，不仅士大夫阶层从此毫无争议地掌握了中国社会的走向，而且官员们的行为、理念和习惯也支配着公共生活和私人生活中的各种现象——他们的本人或精神一直存在，无论在政府、军队、商界、文坛或宗教领域。无论初唐时期原生贵族的角色有多重要，血液的高贵逐渐被文墨的高贵所排挤，因此中古的遗产世袭贵族制与官僚等级制紧密结合。这种变化产生的最显著现象是高官的后代享有世袭权，凭此能得到一个官职。这是一种有趣而杂糅的制度，介于职位世袭、出身特权和精神贵族之间。我们在后文还将谈到这一点。

"亲王"，即皇帝的兄弟或儿子，按规定被列为正一品（premier degré, première classe）官僚；嗣王（sseu-wang）及其儿子"国公"被授予从一品（premier degré, deuxième classe）；而亲王的非嫡长子继承人得到"郡公"封号，只列为正二品（deuxième degré, première classe）。普通的公（Ducs）、侯、伯、子（Vicomtes）、男诸爵受封如下：他们被封在某某县里［"县公"（hien-kong）、"县侯"，等等］，跨越了从二品（deuxième degré, deuxième classe）至从五品上（cinquième degré, troisième classe）。这些官员的爵位和品级已经表明，拥有贵族头衔者被视为高级官僚，与朝中显贵和封疆大吏平起平坐。事实上，那些拥有"实封"（che-fong）的受爵者并非食邑中的地主，也不是领地的主人：尽管他们并不拥有私人土地，但仍有权获得来自一定数量家庭的三分之二的实物地租。他们可"食"（che）归于他们的定量粮食，或利用其价值——"租"，以谷物形式就地收取——但他们基本上生活在京城，而无论如何，另外三分之一的地租必须上缴至京城。他们没有被赋予任何一项针对"封户"（fong-hou）的领主权益，在大多数情况下，由州或道的常设行政机构收取这笔租税，并和其他纳税人的租税一起征收。对于公爵、侯爵等五个传统等级的贵族而言，有捐献义务的户数从 300 到 1500 不等。①

　　分封诸王是从汉代取得的经验，晋代的经验也是毋庸置疑的：为了巩固国家安全，不能指望封邦建国。诸王总是被政治野心和各种阴谋困扰，迟早陷入本位主义，也不得不被帝国行政官员们监视、刺探、控制。最多可容许他们享受稳

---

① 白乐日，《唐代经济史》，第 61—68 页；戴何都，《法译新唐书·百官志与兵志》，第 43—50 页。见戴何都，《法译新唐书·百官志与兵志》，第 287 页："亲王和嗣王履行民事或军事职责，（在朝堂上）与同样级别的官僚并列。但即使他们在较低的岗位上履职，他们依旧按照王爷的头衔来排位。"

定俸禄所带来的一些安逸，这与其社会地位相符。最简单的解决方案正如唐代所采纳的那样，使其与其他官员同化，给他们在官僚体系中安排一个位置。

该体系包括九品三十级［前三品各分为两级：自"正一品"（I.1）至"从三品"（III.2）；后六品各分两级之后还要再分上下两阶，即每品四个等级：自"正四品上"（IV.1.a）至"从九品下"（IX.2.b）］。该体系可以将各种官衔统一分为 30 个品级，对其排序并推动其进步，根据固定而严格的等级 ① 给予其待遇和某些特权。对于从丞相到下级胥吏的全体官员来说，等级上的差异巨大。

官员中最高级也是最重要的一类是"职事官"（tche-che kouan）。其中又可分两类，包括所有在职且构成军民行政机关基本架构的官员。居首的是所谓"流内"（lieou-nei）官员，他们在九品等级中具有官衔，执掌一切大权，是官僚圈子里的"精华"。所谓"流外"（lieou-wai）官员就是"局外人"，是占据书吏、办事员、仓管员等小职务的下级雇员，他们总数有 3 万到 4 万人（如果我们扣除 4 万卫士和 6 万学生的话，他们也属于此类），经过 8 年的服务之后能得以"入

---

① 等级化甚至拓展到最细微的服饰细节上。伯希和，《通报》卷二十六，1929 年，第 145—146 页。根据等级确定服饰颜色可追溯到隋代——据《通鉴》，181，11b；五品以上官员着紫袍，五品以下着暗红和绿色；胥吏着蓝色；平民着白色；商人着黑色；士兵着黄色。服饰的尺寸——包括袖子的宽度和下摆的长度也有规定。（《旧唐书》，卷四十五）。所有这些规定可追溯至汉代。

流"。他们也分九品，但在正常等级之外。①

第二类是"勋官"（hiun-kouan，约 1.5 万人）。按照"评语"（某种军功表彰）的数量得到 12 项荣誉头衔，但不行使职权，被认为低于在职官僚。荣誉制度会授予中等品级（正二品到从七品上，对应 12 个荣誉头衔），也会授予某些特权，如免税。②

第三类，也是最低一类的官员是"有头衔但没有职务的官"或"散官"（san-kouan）。他们是一些只有荣誉头衔的文武官员，没有被赋予任何职权。但品级较低的职事官若加上这些头衔，则必须轮流在吏部或兵部服务 45 日。若不去，则要支付罚金，这似乎为向某些追求名望的闲适之徒卖官提供了迂回的途径。③

显然，等级体系本身不是万能的。必须解决大一统帝国行政系统内的长期问题：如何选拔一支有能力又忠诚的官员队伍以管辖遥远的各州；如何教育他们，尤其是如何选拔和培训精英，使其成为中央政府的骨干？对于这些问题，唐代找到了有效且独创的解决方案。

---

① 戴何都，《法译新唐书·科举志》，第 4 页、第 218 页注释 3；《法译新唐书·百官志与兵志》，第 39 页、第 519 页。

② 戴何都，《法译新唐书·百官志与兵志》，第 50—59 页。

③ 戴何都，《法译新唐书·百官志与兵志》，第 35—38 页、第 99—104 页及《法译新唐书·科举志》，第 230 页。上朝（议事）时的优先顺序如下：1）在职官员；2）具有文官头衔的官员；3）具有武官头衔的官员；4）具有荣誉头衔的官员——《法译新唐书·百官志与兵志》，第 286—287 页。

一、官员的选拔和考试

我们已经看到，汉代通过简单的招募贤能来遴选官员，贤人由州当局任命，任低级职务；而中古的等级系统消失于保护主义和裙带关系之中，既是拜贵族特权所赐，也是由于缺乏统一且有组织的教育体系。唐代选择了一条折中的道路。高品级（一至五品）的官员经由世袭或直接招募遴选，无须经过考试。[1] 名臣李德裕（Li Tö-yu）在一篇反对考试的文章（844年）中表达了他的感想，尽管正史评价为片面，但在晚唐时依旧占了上风：

"朝廷主要官员应该是高官们的儿子。为什么？因为他们自幼习惯了这种职业，他们的眼睛习惯了朝中事物，他们也熟悉宫中的规矩和礼仪，不需要人来教，而平民出身的人即便具备出众的才能，通常也不会适应。"[2]

然而，由于继承权受到限制，即便是高官的儿子也习惯于参加考试。但需要重申，高级官员并非必须通过考试才能获得职务，读完下文会更清楚地明白这一点。以下几页中涉及的考试原则上仅指针对低级官员的考试。我依然坚持这一点，因为正史记载的各种考试的地位（撰写正史的史官出于

---

[1]　戴何都，《法译新唐书·科举志》，第216页。

[2]　同上书，第205页。李德裕自己也未曾通过考试，蒙其父荫庇，他承袭了官位［关于"荫"（yin）这个词，见下文，第279页和第414页］。

职业原因才对此进行记录）与其实际的重要性完全不相符。此外，民主的传奇光环围绕着考试制度——与以前的选拔方式相比，这种评价方式相对来说有一定合理性——但如果与我们今天所理解的民主制度比较的话，它则是故弄玄虚。

当时有许多种考试，按重要程度做如下区分：

A. "选拔低级官员的考试"["选"（siuan）]。想要得到官职或升迁的低品级官员（正六品上至从九品下）必须通过此考试。通过之后，会获得临时任命；经皇帝核准后，上述候选人正式得到任命。参加科举考试者必须是士人，即属于官僚集团，且在官僚系统中有品级。成为士人有以下几种可能：1）具有贵族头衔；2）与皇室有亲戚关系；3）为士人之子；4）具有荣誉封号。属于以上四类的候选人享有某些进入官学准备考试的便利，他们的资质使其具有被录取的实力。此外，还可以：5）通过科举考试（examens de Doctorat[①]，参加此考试者多少会有一些特权）；6）曾执掌低级职务（此乃正常的行政途径）；7）有钱人可以在服务十年（为国家放高利贷）以后可获较低品级；最后，缴纳13年赋税的人名义上可成为卫士的一员[②]。

---

① 法文字面意为"博士学位考试"。——译者注
② 最后一种可能性仅存在于较短时期内（公元 785 年—819 年）。关于科举考试，见戴何都，《法译新唐书·科举志》，第 42 页、第 223—238 页。

B. "遴选下属官员的小型考试"["小选"（siao-siuan）]。所有的"流外"官员通过此考试方可被提名任职。进考场之前，必须通过三次"资格考试"，所以会在最少三年内获得一个下属职位。

这些官员选拔考试的题目有哪些？对于"小选"而言，我们知之甚少，主要考查候选人三个主题：写作、数学（算术）和时事问答。[①] 对于大型考试，题目更模糊。会考查候选人的"体态、言谈、书写以及论辩—评判"，按其举止、才华及优点来区分档次。虽然并不苛求候选人有特殊的学识，但向往具体职位的候选人必须展现出自己在道德上和政治上有能力执行政府命令，使大家可以信任他，也须具备从事行政职务不可或缺的广博文化知识。这些考试具有的全面性、政治性的特点变得更加明显，因为如果考虑到有人一直在对官员的管理加以控制，我们会发现"被判刑家庭的儿子和各种工商业者"无法通过考试。[②]

C. "检查性考试"["考"（k'ao）]准确地来说并非考试，而是对在职官员的管理进行检查，据此评定等级。这种考试的规则非常有特色，是官僚化国家机器所关心的。此外，"规则的建立似乎主要是为了防止过快升迁，并迫使官员在规定

①　戴何都，《法译新唐书·科举志》，第49—50页、第282页注释4。
②　同上书，第215页。可以像戴何都一样，翻译为"工匠、商人和其他（士人阶层）以外的人"，意思是一样的。

任期内能留在职位上"。① 方式如下：层级较高的长官每年评判其下属的优缺点，按其"品行"（美德、正直、清廉、公道、勤勉等）分为九等。此外，必须指出每位官员是否具备符合通行标准的 27 种（！）"完美品行"之一：小心工作、不粗枝大叶、公道、高尚、专注、敏锐，等等。我们仅举这张冗长清单中的几个例子。第 8 种"完美品行"针对指挥军队之人："军人要集训和操练，兵器和军装都备齐。"第 9 种"完美品行"针对负责司法之人："查案之时刨根问底，公道且真诚地宣判。"第 14 种"完美品行"针对州县官员："仪式和法度发展进步，在当地令人尊敬。"第 19 种"完美品行"针对徭役管理者："工事全部完成，丁男（服徭役者）和工匠均不抱怨。"最后一种"完美品行"与驻扎在边境的人有关："边境国土有序而安宁，防御工事和堡垒维护完好。"②

所有被评价为较高等级的官员可晋升一到两个官阶，并提高待遇；列为第五等的官员待遇不变，而后四等的官员——他们因不公正或玩忽职守而勉强通过考查——将减少四分之一的待遇；最后，"欺上瞒下且证据确凿"者（第九和最末等）将被调离岗位。显然，这种评级只针对小官吏，因为关于大官僚功绩的报告会直接呈交皇帝［作为中层官僚的

① 戴何都，《法译新唐书·科举志》，第 50—56 页、第 231 页、第 276 页注释 2。
② 戴何都，《法译新唐书·科举志》，第 51 页及后续页；《法译新唐书·百官志与兵志》，第 59 页及后续页。

吏部考功司（le bureau des examens）秘书去评判比他们级别高的官员似乎有点不可思议]。此外，对于高品级官僚（一品到五品），没有与晋升相关的规则。因此，可见"检查性考试"是操纵考核并掌控下属的工具。

D. "科举考试"["举"（kiu）]是现在谈论最多的，但在当时重要性远不如刚才介绍的以"选"和"查"为目的的考试。科举考试几乎是纯粹文学，"授予较低品级（八品和九品，即30级中的最后8级），但无职务：任何刚通过进士（tsin-che）或明经（ming-king）者需要等待多年才能被任命职务"[①]。候选人在相关方面经过了精挑细选，也几乎都是特权阶层。另一个特色能反映出此类考试（及其他考试）根本的目的，即在政治和思想上培养一个由政治领导人组成的小众精英阶层，而技术方面的研习（法律、数学、书法）则不太受重视，只留给低级士人和普通民众。

研学完经典之后参加科举考试，含文本注解、默写原文、理论释义，以及将理论应用于解决当下问题和对良政进行论述等。研学在教育机构持续多年，且大都不对普通个人开放。以下是一些学校的录取条件和学生统计：

1）两所侧重文学的公学［弘文馆（hong-wen-kouan）和崇文馆（tch'ong-wen-kouan）］专门招收最高级显贵之子

① 戴何都，《法译新唐书·科举志》，第47页、第27—41页。

和皇亲国戚。对 50 名学生的评判较为宽松。①

2）国子监（kouo-tseu-kien）包括以下四部分：

a. 国子学（kouo-tseu-hio）专属于显贵子孙，包括：高官（一品至三品）、有荣誉称号的官僚、有头衔的贵族。学生人数原则上限定为 300 人，但实际上常低至 72 或 80 人。

b. 太学专属于五品至六品文官的子孙。学生人数至多 500 人，通常仅 70 或 140 人。

c. 四门学（sseu-men-hio）专属于有荣誉头衔的大官僚和六品至七品文官的儿子，人数为 500 人，原则上另有 800 个名额从百姓中选拔。

d. 律学（liu-hio）、书学（chou-hio）和算学（souan-hio）教授技术性课程，专属于八品至九品文官的儿子和百姓中有天赋者。学生人数最多 110 人（法律 50 人，书写 30 人，历算 30 人）。

因此，原则上国子监有 2210 名学生，大部分（占 65%）是有特权者，只有 800 名（占 35%，实际上总共 400 至 800 名）是平民。全体学生的录取由尚书省决定。②

在 8 世纪，即便是一位进士，也无法在未获推荐的情况下得到职务。这些文字考试的特权特征和相对有限的重要性源自以下一个表格，其中我们已经记录了参加科举考试时得

---

① 戴何都，《法译新唐书·科举志》，第 135 页、第 156—157 页、第 229 页。
② 同上书，第 37—38 页、第 131 页及后续页、第 179—180 页。

到的品级，根据之前考试的成绩或贵族头衔、与皇室的亲戚关系、文官荫庇权等特权来确定。所谓"荫"（yin, 字面意为"影子"或"保护"），自动确保文人官僚体系的连续性，随后在唐代扮演了更加重要（也更加有害）的角色[1]（见下表）。

通过下表可见，通过考试的"进士"不会比某位小官员的儿子获得更好的职位，即便后者不学无术，也未通过任何考试。

品级	贵族头衔	亲戚关系（与皇室）	继承权（荫）	先前考试
从四品下	王的继承人	—	—	—
从五品上	亲王（Princes proches parents）的次子	—	—	—
正六品上	国公	一服（lien de 1er degré）；长公主（Princesse[2]）的驸马	有荣誉头衔的官员[3]	—

---

[1] 戴何都，《法译新唐书·科举志》，第46页、第220页、第223—228页。在唐代，进士科平均每年录取20位应试者（同上书，第197—198页）。关于"荫"和官阶继承权，见魏特夫，《辽代公职与中国考试制度》（*Public Office in the Liao Dynasty and the Chinese Examination System*），《哈佛亚洲学报》第10期，1947年，第24页及后续页，展示了一份暂时性的统计数据。据此，在唐代77.5%的大臣通过考试、6.3%通过继承权获得官职，而只有27.4%的官员在该朝代的第二阶段（8世纪）通过考试。

[2] 中国古代分"长公主"（皇帝的姊妹）和"公主"（皇帝的女儿），而作者使用"Princesse"和"Princesse de 2e d."（字面意为"次级公主"），想必在强调这种区别。——译者注

[3] 官员中凡荣誉头衔［"勋冠"（hiun-kouan）］从正二品到正七品者，在参加科举考试时视为正六品上至从九品上。上表中总结的规则是开元年间（k'ai-yuan, 713—741年）的，那是唐朝最辉煌的时代。

品级	贵族头衔	亲戚关系（与皇室）	继承权（荫）	先前考试
正六品下	郡公	—	—	—
从六品上	县公	二服	—	—
从六品下	—	—	—	—
正七品上	侯	三服；公主（Princesse de 2e d.）的驸马	一品官员之子	
正七品下	伯	—	二品官员之子，一品官员之孙	
从七品上	子	四服；郡主之子	正三品官员之子，一品官员之重孙（等）	—
从七品下	男	—	从三品官员之子	—
正八品上	—	—	正四品官员之子	秀才（Sieou-ts'ai）[1] 上上
正八品下	—	—	从四品官员之子	秀才上中
从八品上	—	县主（Princesse de Sous-Préf.）之子	正五品官员之子	秀才上下
从八品下	—	—	从五品官员之子	秀才中上，明经上上

---

[1] 秀才科（Examen de Talent Parfait）只在唐初（公元 618 年—651 年）开设，见戴何都，《法译新唐书·科举志》，第 31 页、第 129 页。

品级	贵族头衔	亲戚关系（与皇室）	继承权（荫）	先前考试
正九品上	—	—	—	明经上中
正九品下	—	—	—	明经上下
从九品上	—	—	七品官员之子	进士一甲
从九品下	—	—	九品官员之子，具有五品荣誉头衔的官员之子	进士二甲，明经中上

3）最后，还要谈一下各地的学校。原则上来说，各州和各县均有一所 20~50 名学生的学校，并有一些老师，根据行政地位的高低有所不同。但这些"经学博士"（king-hio poche）是家境贫寒的士人，等级较低，而"出自豪门的官员对于从事这种工作感到不齿"。在我看来，这些学校里学生的数量应该达不到上述资料中指出的理想数字（6 万人）。此外，所有的学生由州、县指定。①

总之，唐代地方政府认为有相当数量的人应享受与官职紧密相关的特权，但其中仅有一小部分人接受了公共教育。

---

① 戴何都，《法译新唐书·百官志与兵志》，第 700—701 页、第 737 页；《法译新唐书·科举志》，第 128 页、第 133—134 页。通过计算《法译新唐书·科举志》和《通鉴》中 801 年各县的数字（见戴何都，《法译新唐书·百官志与兵志》，第 730 页注释 2），都得到了相同的数字（5 万）。

二、政府机构

上文（第 178 页及后续页）我们已经看到，汉代陈旧的皇朝体制是如何移植到了中古的朝廷里去；由于豪门影响力不断扩大，一方面通过军阀行使独立的行政权，另一方面使职权受限的中央各衙署在组织方面更趋协调。隋代和紧随其后的唐代需要解决的问题同汉代一样艰难。这两个王朝重新面临着决定性的问题：如何依靠中央以一种有效的方式治理统一且即将变得很辽阔的帝国？他们找到了答案，重新将汉帝国和中古少数民族统治的王朝留下的基本制度共冶一炉，形成新的治理机制；中央集权而又分工细致，等级森严，但在各种枷锁的约束下运转更灵活，安排得更合理也更有效率。同样，也可以说此时进行的是可持续乃至永久性的建设。因为，如果说细节一直在变，但基本组织体系的架构在唐代以后的各朝代中是保持不变的。基于此，以比我们研究其他王朝时更详细的方式去研究上述体制，在我们看来非常有意义。①

中央政府和朝廷。——在唐代，天子在理论上依然被

---

① 我们掌握了一份关于上述制度的详细材料（译自《新唐书》），还有戴何都《法译新唐书·百官志与兵志》中的其他所有材料作为补充；此外，在《法译新唐书·科举志》前言里的表格中（第 3—25 页），还能找到一份关于上述制度的完美总结。这些不可或缺的著作都包含一份丰富的索引。因此，我认为可以让读者免于查阅文献的烦琐，除非在一些有争议的点上，或有特别的兴趣。

赋予至高无上的权力，他是一切智慧、恩惠、失宠的根源，是帝国、民众和官员绝对的主人，是所有决策的最后程序，是不同阶层、不同利益的终极裁决。实际上，由宰相（le Grand Secrétariat impérial，tsai-siang）们组成且受到一定限制的委员会在操控着政府。该机构包括政府中"三大省"的主官，他们每日聚议，起初在门下省，后来在中书省（le Grand Secrétariat，tchong-chou-cheng）商讨政事，做出决定。其成员通常被称为"同中书门下平章事"（t'ong tchong-chou men-hia p'ing-tchang-che），人数不等，至少两人，至多12人，实际上由一位或两位宰相领导；他们都是有影响力的人物，因受皇帝信任或因特殊情况得以入选，是该机构真正的掌控者。"三师"（san-che）和"三公"这种古老头衔被授予最高级别的文官，按律他们也是宰相，但极少被授予。

中央政府的三省或多或少都依律令行事。每个省都有其职权；然而，对权限的扯皮和嫉妒也造成了互相监控的局面，这对于最高权力却是合适的。各部的行政权属于三省中的第三位，后者常受前两个省影响：门下省，尤其是中书省，负责起草、接收和送达一切书面文件。

（一）中书省负责起草皇帝的诏书、敕令、法令，以及所有委任令、贬谪令、赦免令，等等。中书省由两位中书令（tchong-chou-ling）和两位侍郎领导，必须"辅佐天子指导政府重大事务"并签署所有命令。在他们之下，有一群撰写公

文的人，其中最重要的是六位大秘书［"中书舍人"（Grands
Secrétaires du Grand Secrétariat Impérial，tchong-chou chö-
jen）］。这些高级士人尽管在等级上受中书令节制，但由于其
特殊职能，也在政府中占据关键位置，因为他们担负着起草
法令内容的重要责任。除了舍人与幕僚之外，隶属该省的还
有保存并抄写古书的皇家图书馆，以及负责记录皇帝言行的
"起居舍人"（k'i-kiu chö-jen）和负责逐日记载官方历史［"实
录"（che-lou），待王朝灭亡之后用作编纂正史的材料］的史
馆（che-kouan）。

（二）门下省由两位侍中和两位侍郎执掌，辅之以四位
给事中（Grands Secrétaires de la Chancellerie Impérial，ki-
che-tchong）和多位幕僚。他们需要接收和传递各种报告，如
奏抄、奏弹、露布①、议、表、状等。属于他们的职责还有批
准对下级官僚的任命，核实并将鱼符重新分成两半②，监督国
玺的使用。据某些评论，门下省的四位给事中因其独特职责，
可能是唐代最有权势之人，每一份敕令、每一份奏折都要由
他们经手，他们有权"封驳"（fong-po），即在高处对所有
施政行为进行控制。③ 在该省还有两位"起居郎"（k'i-kiu-

---

① 指一种不封口的奏章。——译者注
② 这些"符"（fou）呈鱼形，像被切开一样分为两半，作为特许、证书、通行证，
见戴何都，《法译新唐书·百官志与兵志》，第166—167页。
③ 顾炎武（公元1613年—1682年），《日知录》，9，2b—3a。

lang），辅佐负责记录皇帝言行的官员，上文已有提及。

（三）无论从职能上说还是从机构数量上说，最重要的省，即管理各部的省（le Département des Ministères，cheng），依然冠以"尚书省"［准确来说应译作"秘书省"（Secrétariat，pi-chou-cheng）］的旧名。在太宗登基之前，它名义上由一位尚书令领导；627年，出于对这位伟大皇帝的尊敬，尚书令之职被废，该省实际上由两位副职领导人［一左一右："左仆射"（tso-p'ou-ye）和"右仆射"（yeou-p'ou-ye）］、各位大臣（Grands Ministres ex officio，他们理所应当是该省的成员）和两位助理［"左丞"（tso-tch'eng）和"右丞"（yeou-tch'eng）］领导。他们负责"执掌百官"，即监督六部的工作，后者受其节制。他们也通过六部监督整个政府机器的运作。各部之首设尚书（很适合将这个称谓译作"国务秘书"）一位，官居正三品。每个部包括四个司（bureaux），居各司之首的是一到两位"郎中"（lang-tchong）和一到两位"员外郎"（yuan-wai-lang）。简单算一下，六部共有24个司，各司其职。很正常的是，在一个官僚主义的国家里列第一位的是：

1. 吏部（lì-pou）[①] 是政府的核心（大体相当于现代的内政部）。其核心角色很容易理解，总之是我们所说的对官僚

---

① 即"人事部"。中文里有两个"声调"不同而读音一样的字，因此我们注上了声调："吏"（lì，官员）和"礼"（lǐ，仪式）。

队伍的管理。提一下四个司的名称足矣：a. 吏部司（排在各部首位的司都与部同名）；b. 司封司（sseu-fong）；c. 司勋司（sseu-hiun）；d. 考功司（k'ao-kong）。可见，该部的任务是对与官僚相关的规定和等级进行监督，并管理贵族。

2. 户部（字面意思为"门户"，即与家人、家庭这种最小的纳税单位相关）管理帝国的经济，另有其他一些机关也分享此权，下文将讨论。下属的司有：a. 户部司，负责租税和户籍（人口普查）、分配土地、免税等；b. 度支司（tou-tche），负责预算和租税的转运；c. 金部司（kin-pou），负责钱币、丝绢、度量衡以及两京的市场和对外贸易；d. 仓部司（ts'ang-pou）。

3. 礼部（li-pou）负责一切与官方礼仪相关的事务。其首要的司也称礼部司，职责众多，包括礼仪、音乐、礼节、五服丧（三个月至三年不等）等。其余的司负责祭祀［祠部司（sseu-pou）］、祭祀用品采购［膳部司（chan-pou）］和贵宾接见［主客司（tchou-k'o）］。

4. 兵部，包括：a. 兵部司，负责对军官进行提名、考核、授衔［对于"无职但有衔的军官"共有 45 种头衔，称"武散官"（wou-san-kouan）］；b. 职方司（tche-fang），管理地图、工事、驻防和边境邮政；c. 驾部司（kia-pou）；d. 库部司（k'ou-pou）。

5. 刑部（字面意为"惩罚"）并非最高司法机关，其职权与大理寺（la Cour Suprème et des Tribunaux，ta-li-

sseu）相互协调。首要之司（刑部司）负责编纂法律，如刑法（"律"）、法令（"令"）、规定［"格"（ko）］、惯例［"式"（che）］。① 都官司（tou-kouan）对监狱和服务于国家的奴婢进行监管。② 另外两个司负责司法审核［比部司（pi-pou），防止弄虚作假］和监督入境的外国人［司门司（sseu-men）］：通过 26 个关口者会收到一张通行证（laisser-passer）；若出境超过一个月，可获一张安全通行证（sauf-conduit）。

6. 最后是我们觉得很重要的工部，负责组织和管理所有需要一定数量劳动力的工程。工部司将所需的匠人和工人分配给各都城中的建筑和维修工程，为工程的组织设立规章制度，协调与其他部门的关系，规定合法的工程时长，并在总体上监督所有与道路交通（桥梁和隧道）相关的工程。屯田司负责管理所有属于国家或各级政府的公共土地。虞部司（yu-pou）是管理森林的最高机关，其职能包括规范狩猎行为，整治大小园林，开采柴火木炭等物产等。最后是水部司（chouei-pou），负责"一切与水泽、船只、溪流、桥梁、堤坝、沟渠、灌渠、渔业、漕运、谷仓相关的事务"③。

皇宫里的服务工作也按照"省"来划分职责，但它们的

---

① 戴何都，《法译新唐书·百官志与兵志》，第 114 页；宾格尔（K. BÜNGER），《唐法史源》（Quellen zur Rechtsgeschichte der T'ang-Zeit），《华裔学志》专论九，北平，1946 年，第 21 页及后续页。

② 关于唐代的奴婢制度，见白乐日，《唐代经济史》，第 94—106 页。

③ 戴何都，《法译新唐书·百官志与兵志》，第 129 页。

重要性无法同上文提到的三大省相比。它们分别是，秘书省；殿中省（tien-tchong-cheng），负责皇帝的饮食、医药、衣服、屋舍、车马；内侍省（nei-che-cheng），完全由宦官构成；皇帝的后宫，包括各位等级分明的嫔妃① 及服务人员。

按照重要性，紧随负责政策、立法、行政的三大省之后的是控制政府的机构——御史台。其角色是检举滥用职权并制止官员犯罪；但其裁决超出了行政架构。其执掌者御史大夫为正三品，两位副职御史中丞有三个院（yuan）受其支配。最重要的是"台院"（t'ai-yuan），属于此的有六位侍御史，负责侦办案件和检举行政不端。除了控告和训诫之外，他们还负责监控监狱，尤其是严格确保宫廷在礼仪上的优先权。每天，他们都有权列席皇帝上朝② ，径直入宫，无须盘查；也可亲自签署并迅速处理不太重要的事务。如涉及要事，他们与刑部和大理寺的负责人组成大、小三司使（san-sseu-che）；而三司受事（le collège des Trois Services）则由御史大夫、给事中和中书舍人组成，为常设机构，需要做各种决定。武后（l'Impératrice Wou，公元 684 年③ —705 年执政）时，

---

① 皇帝的嫔妃，被任命为"内官"（nei-kouan），也有品级和一系列诗意的头衔；关于这些称谓，见《法译新唐书·百官志与兵志》，第 256 页及后续页。
② 每天都有权列席皇帝上朝的有正五品以上的文官，以及侍御使、各部员外郎和亲王；一至三品武将每月来九次；四至五品武将每月来六次；六至九品的文武官员每月仅来两次（戴何都，《法译新唐书·百官志与兵志》，第 284—285 页）。
③ 国内史学界公认的武后称帝的时间是公元 690 年。——编者注

针对反对篡权者的案件众多，御史的权力过大，以至于后来自玄宗（l'Empereur Hiuan-tsong，公元712年—756年在位）起，大臣们觉得是时候限制御史的权力了。第二个院中的九位御史，即殿中侍御史（tien-tchong che-yu-che），限于监督宫内礼仪及本土的军队。然而，第三个院中的15位御史，即监察御史（kien-tch'a yu-che），其权力范围依然相当广。他们负责去各道进行调查和监控，除道一级全体行政官员以外，还特别针对案件、武器装备、重大工程、国库账目、租税徭役、军屯和佛寺的管理。他们监督钱币铸造，核查已被判有罪的犯人，自8世纪初起监察邮政服务。然而，自该世纪下半叶起，他们的大部分职责落在了钦差们（Commissaires impériaux）的手上，后面还会谈到。

同钦差和御史们领导和控制的三大省平行的还有两个政府机构，分别是九寺（kieou-sseu）和各监（kien）。前者是秦、汉"九卿"的延续[1]；各监涵盖偏技术性的业务。

九寺分为数目不等的若干署（chou），有一主、一副两位领导，依旧保留古代的官名"卿"和"少卿"（chao-k'ing）。各寺分别是：

1. 太常寺（t'ai-tch'ang-sseu），包括两京郊社署（l'office des temples des Banlieues et des temples du dieu du

---

① 戴何都，《法译新唐书·百官志与兵志》，第61页及后续页。

Sol des deux capitales)、 太 乐 署（l'office de la Musique suprême ）、鼓吹署（l'office des Tambours et des Instruments à vent ）、太医署（l'office de la Médecine suprêmes ）、太卜署（l'office de la Divination ）、廪牺署（l'office des approvisionnements et des victimes pour les sacrifices ）、汾祠署（l'office des Temples des Ancêtres et des Tombeaux impériaux ）。

2. 光禄寺（kouang-lou-sseu），负责为祭献仪式和宫中盛宴准备酒菜。

3. 卫尉寺（wei-wei-sseu），分别负责储存京城军队的武器，以及仪仗队和民间典礼所需的器械、旗帜、徽章。

4. 宗正寺（tsong-tcheng-sseu），负责编纂皇室宗亲的族谱和管理皇家陵墓，以及道教祭礼（唐皇室与老子同姓）。

5. 太仆寺（t'ai-p'ou-sseu），负责管理皇家车辆、皇子扈从、马厩和其他各种饲养工作。

6. 大理寺——古时是太尉的职责，也称"大理"（ta-li）——如前文所述，它与刑部和御史台分享刑事审判权和对监狱的管理权。① 其官员判刑事案件，执行判决并监督死刑。达到流放或处死级别的重大判决必须先呈交刑部，然后重新

① 在京城有三种监狱：东"徒坊"和西"徒坊"（t'ou-fang），分属刑部和大理寺；还有县级监狱，属于治安机关。多数负责"询问"（为了招供进行拷打和杖责）的打手归大理寺管，似乎显示出大理寺的监狱最为重要。

呈交门下省和中书省，最后判决方可生效。①

7. 鸿胪寺（hong-lou-sseu），负责与朝贡国家代表有关的外交礼节；分两个署，典客署（l'office de l'intendance des hôtes）和司仪署（l'office des rites funéraires）。大家应该已经发现了，我们在列举各部的时候唯独缺少了外交部，因为其存在反而与独尊、大一统、广及天下（t'ien-hia）的帝国理念不相容。

8. 司农寺（sseu-nong-sseu），辖许多署 ②，在农业国是必需的：上林（bosquets impériaux）、太仓、诸仓（autres greniers）、司竹（produits des marécages et des bois）、宫苑（jardins et parcs des villes capitales）、盐池（marais salants）、诸屯（colonies militaires）等。特别是，该寺还负责接收和发放粮食（以谷物形式征收的赋税和支付的薪酬）。

9. 太府寺（t'ai-fou-sseu）也很重要，分为四署。总的来说，两京诸市署（leang-king tchou-che chou）监管商业和贸易，核查度量衡，尤其还负责管理两京中的商人，将其组织成行会。左藏署（tso-tsang-chou）将来自租税的钱币和

---

① 隋代以来，五刑（见本书上文第 198 页及后续页）的内容确定如下：1）10~50 竹棍；2）60~100 木杖；3）1~3 年强制劳动；4）流放至出生地外 2000~3000 里远处；5）死刑（绞死和斩首）。如在京城，强制劳动者在将作监（la Direction des Travaux, tsiang-tso-kien）（男性）或少府监（la Direction des Ateliers, chao-fou-kien）（女性）中劳动；如在各道，他们则在当地政府的指挥下劳动。此外，还有"加役流"（kia-yi-lieou）的刑罚。

② 以下除"上林""太仓"外，均为"监"。

布帛收入库中，而右藏署（yeou-tsang-chou）接收各州以上贡为名提供的各种珍贵物品（金、银、珠、玉等）。常平署（tch'ang-p'ing-chou）通过买卖平衡谷物价格。该机构须将其账目送交户部的金部司，它相当于以前"少府"的职能。①

除九寺外，还有具有技术色彩的各监。《新唐书》列举了五个。

第一个监是国子监，上文在谈考试时已有涉及（见上文第 278 页）。

少府监领导京城内的匠人为宫廷精工细作：画匠、刻工、金银器匠、织工、裁缝、车匠、锁匠等。分为 4 个署（其中 3 个为皇家作坊，另一个负责织造和印染）。另外，该监还掌管各道的不同机构：监督采矿的掌冶署（tchang-ye-chou）、各道的铸冶监（tchou-ye-kien，含武器和农具铸造）、8 个铸钱监（tchou-ts'ien-kien），此外 9 世纪在各道还有 15 个铸钱作坊，最后是互市监（hou-che-kien），位于边境上，可以弄到帝国边缘地区的各种特产（尤其是皮、毛、马和骆驼等）。

将作监掌控工程师、建筑师、匠人和工人，实施与皇家宫殿和京城公共建筑相关的建设工程需要这些人（辖三署，治泥瓦、木工、漆画、物料等）。建造方案严格依照社会等级制定（房梁、屋舍、装饰门的数量），私宅的建造也要符

---

① 本书上文第 95—96 页。

合这些规定。[1] 甄官署（l'office des travaux en pierre taillée et en terre cuite）供应塑像、碑柱、瓶罐等。另有若干署负责提供基本物料。

军器监（kiun-k'i-kien）在其两处作坊内制造弓弩和铠甲，那是帝国的兵工厂。

都水监（tou-chouei-kien）分两署（河渠和诸津），"掌川泽、津梁、渠堰、陂池之政"，即灌溉和合理分配水资源。[2]

以上就是中央政府、宫内各署、国家制造机构和技术部门的组织架构。我们在此不再列举皇位继承人的后勤部门、秘书机构和内庭中的官员，因为这些官员应该是新帝的亲信，在其登基之后才会掌握一定权力；而太子的府邸模仿皇宫内各部门，规模缩小，但一模一样。

读过所有这些官名，我们会问："这么多称呼！"实际上，列举出来的确枯燥乏味。对官衔和平衡体制的喜爱一直是中国特色。而也不应忘记这种特色所对应的社会现实。如果我们知道，"在所有（各部）向京城或各道官员传阅的文书上，总会加盖一枚标有日期的章，以便核实期限"[3]，或浏览在中亚发现的中国文书——小心翼翼开列出的年贡名单（碎片）、民间或军中的账目样本、记有边境军粮详细数目的木

---

① 《唐六典》，23，8b；戴何都，《法译新唐书·百官志与兵志》，第482页。
② 戴何都，《法译新唐书·百官志与兵志》，第490页及后续页。
③ 同上书，第24页、第175页。

片等——我们的印象是，这架巨大的统治机器的确可以运转，构件安置合理，运转高效，至少在相对和平时期确实如此。

地方行政。——在地方行政上，唐代的体制也具有特色和确定性，未来的各王朝基本未做大的改变。这种体制准确来说不是一种创造，因为将国土分为道、州、县，由官僚管理，可追溯至秦代（公元前 3 世纪）摧毁古代封建制度之时。然而，自汉代以来，历经中古，其名称、幅员、重要性和行政单位的特色一直在变。秦始皇设 36 郡，由于某些郡过大，且因汉朝建立，郡的数量增加到 100 个左右。除此之外，汉代还建立了封邑或王国，其行政模仿各郡，但或多或少较独立。东汉时，近公元 140 年，有 1171 个县，由 79 个郡和 26 个王国管辖，共组成 13 个州（Province），居其首的是称为"太守"的地方长官（gouverneurs）。[1] 在动荡起伏的中古，国土四分五裂，国家缩小且不稳定，州一级没有存在下去的理由，作为行政机关，只有郡和县仍具有一定现实意义，被保留了下来。[2]

然而，唐代区划的特点是郡永远失去了军事特色，一段时期内，同样的行政区有两种称谓，有时称"郡"（两字名），

---

[1]　见本书上文第 101 页、第 184 页和《后汉书》，第 29—33 章，《郡国志》（Kiun-kouo-tche）。

[2]　3 世纪末（"胡人乱华"之前），晋有 21 个州，分为 156 个郡和 22 个王国，又分为 1109 个县。

有时称"州"（一字名）；经过这段动荡期后，一直称"州"①。其次，较大的省级行政区（从此称"道"）由文官或武将担任长官，道的划分和数量预示着帝国区划和三级行政体系（道、州、县）的定型。

在唐代，帝国起初被分成 10 个道。自 733 年起，因南方各道过大，又分为 15 个道。州和县的数量因开疆扩土或新的行政区划调整而稍有变化。8 世纪，王朝极盛时，有超过 350 个州（府），超过 1500 个县和约 16 000 个乡。②

我们应该重新校正一下中国史学家们的视角，其缺陷在于仅关注高级官员；我们应当从基层开始研究各道的组织架构。实际上，正如农民家庭是社会的细胞一样，整个帝国构建在农村社区的基础上。5000 万生活在农村的人占总人口的压倒性多数。每一个"里"理论上由 100 家或户组成，有一位"里正"（li-tcheng），借助家长（kia-tchang）的"手实状"（déclarations véridiques manuscrites）建立家庭户籍，监督农业，尤其是征税并分配徭役。他们要对租税登记簿上的一切欺诈和缺失负责，可动用酷刑，因为建立登记簿耗时三年，是税收的基础。此外，还存在着非常古老的家族互助

① 可见，汉代的"州"为省级，由中央直接管理；唐代的"州"降为地区级。——译者注

② 戴何都，《中国唐代诸道的长官》，第 271 页；白乐日，《唐代经济史》，第 14 页、第 19 页。

和互相监视的组织形式，但大都是理论上的：四家构成一"邻"（lin），五家构成一"保"，并有一"长"[1]。

多个里（理论上为五个）构成一个乡，乡长也称"耆老"[k'i-lao，即斯拉夫社群里的"村中显贵"（starosta）]，由两位助手辅佐，与里正的职能相同。但乡长是由县里选派的，主要任务是每年建立乡里的文书，每三年准备一次人口普查。这些文件由县里（它们根据财富数量确定九个纳税等级）汇总，送交刺史审查，刺史再向户部通报。[2]

在里和乡之上，官僚的统治开始了，准确地说就是帝国的行政管理。最基层也是最重要的行政单位是县，由县令（hien-ling）领导，辅以众人。官僚和雇员的数量，以及县令的品级取决于县的级别，后者又取决于居民数量。[3] 在百姓面前，县令既代表皇室威严，也代表了道当局的权威。其主要职责在于监督公共秩序，征税和分配徭役，以及确保司法

---

① 本书上文第 103—105 页和第 184—185 页。

② 戴何都，《中国唐代诸道的长官》，第 277—279 页；《法译新唐书·百官志与兵志》，第 72 页；关于人口普查，见白乐日，《唐代经济史》，第 10 页及后续页；王国维，《观堂集林》，21，9a—11b（关于 769 年和 985 年的敦煌租税登记簿）。——州和县保留五本登记簿，九本由尚书省（户部）保存。

③ 关于对县进行分级的人口数，各种资料存在分歧。通常显示并最为可信的数字如下：一等县，人口 5000 户以上；二等县，人口 2000 户以上；三等县，人口 1000 户以上。以上是最低等的几类。据《通鉴》，县分七等：1）6 个京城辖县；2）82 个京城属地辖县；3）78 个"望县"；4）111 个"紧县"；5）446 个上等县；6）296 个中等县；7）554 个下等县。见戴何都，《法译新唐书·百官志与兵志》，第 730—732 页；《中国唐代诸道的长官》，第 55—59 页。

公正。也正是县令负责对上级命令的执行："对税簿、邮件、仓库、盗匪、河堤、道路的监督完全落在县令的肩上，尽管还有一些专门官员处理上述事宜。"① 在他们手下有一位县丞（assitant）、一位主簿（préposé aux registres）、一到两位主管（chefs des employés）、一到两位录事（greffiers），还有司户（bureau des finances）和司法（bureau judiciaire）及多位佐（secrétaires）、史，另有十多位典狱（intendants des prisons）、负责杖责的问事（satellites）、白直（plantons）、一位市令、仓督（contrôleurs des greniers）、一至两位博士。②

居各州之首的是刺史，其职责完全和县令相同，手下人员类型也一样，二十余位官员，官名比县令的同僚们更有威信：别驾、长史、司马、参军事（ts'an-kiun-che），这些官名继承自东汉，多少带有军事色彩。州根据人口数（2~4万户）分三等。在长安、洛阳、太原等都城所辖的高等级州（"府"）中，刺史的职位作为闲差留给诸王，称为"牧"（mou，意为"牧羊人"），有效的领导权归于有特别头衔的刺史［"尹"（yin）］，与其职务的重要性对应，与普通的刺史相区别。后者或其下属的一位主要官员每年上京城，做一份关于管辖地施政情况的报告，尤其是其下属的履职情况，

---

① 这是《唐六典》中一大段定义的结尾，见戴何都，《中国唐代诸道的长官》，第271—273页。
② 只有在为数很少的高等级县中才有军务、功勋、仓库、工程等衙署。

称为"朝集使"（Délégués à l'Assemblée de la Cour, tch'ao-tsi-che），同时他们也将本州的贡品带到朝中。

除了中原地区的州之外，还有约 800 个羁縻州（ki-mi tcheou），即在部落地区建立的州。但这种组织形式仅在名义上是中原的，因为边疆地区事实上相对独立，按部落分为州，他们的首领被封授汉族的荣誉头衔，以及一个刺史或都督的官职，可世袭。在从满洲到突厥斯坦的开阔地带和今"东京"（安南①）建立起七个都护府（Protectorats Généraux, tou-hou-fou），为了对其控制，使其"安"（ngan）；这些保护地机构大部分设立在部族组织之上，当 8 世纪末部落地区完全独立之后就消失了。都护（les Protecteurs Généraux）自然而然也分三个等级，主要行使军事职权，领导一个与中原各州相似的行政体系。②

边疆地区各州或汉族地区具有特殊战略意义的州组成都督府（Gouvernements Généraux）。都督约有 40 位，周围的僚属与州级机关相似，但人数更多（军务、功勋、财政、仓库、工程、司法等部门），他们控制属地各州。然而，其真正职能是地方军事长官（gouverneur militaire），与都护扮演的角色

---

① 更确切地说是"安南保护地"（Protectorat Général pour Pacifier le Sud）；也有为了"安"别的要地所设立的。

② 戴何都的《中国唐代诸道的长官》，第 226 页和第 244—261 页、第 718 页里能找到对唐代都护府及其行政管理的详细描述。

相近。①

　　所有这些都督府和都护府事实上就是军事机构，适应边疆地区的需要。这些机构预示着第三种类型的道级行政机构，即各地总揽军政事务的地方长官，而我们却在钦差［"使"（che）］的职能中发现这种体制的萌芽。一开始，钦差比较特殊，由特别诏书任命，后来越发频繁，自8世纪初起扮演了越来越重要的角色。其头衔依环境而变化；有的负责"安抚某地""经略某地"或"观察某地"，在此只举几个最重要的。而"节度使"（tsie-tou-che）这个头衔逐渐占据优势，用来泛指上述地方长官。他们的职责非常重要，负责指挥整个辖区内的军队，也要管理当地的民政；他们有权判处死刑，无须上报皇帝；他们也拥有众多属下，包括一位副使（Vice-Commissaire）和一位判官（p'an-kouan），多位副手、视察员、书记和法官等。② 到了唐末，因8世纪中叶肆虐帝国的内乱，这些地方长官们只具有"钦差"之名。事实上，他们成了独立于朝廷和政府的统治者，是真正的暴君（satrapes③）。后

---

① 还需要注意的是，大都督（Grand Gouverneur Général，因为都督也分四等）的职务被亲王占据。五个大都督府（Grands Gouvernements Généraux）的实际领导权在长史手中；同样，大都护府（Grands Protectorats Généraux）的实际领导权也是由副大都护（fou ta-tou-hou）掌握。见戴何都，《法译新唐书·百官志与兵志》，第668页、第703页及后续页。

② 在《中国唐代诸道的长官》，第89页及后续页中有对诸钦差的详细研究；《法译新唐书·百官志与兵志》，第656—680页。

③ 该词原指"古波斯帝国省区的总督"，后转指"暴君"。——译者注

面我们还有机会再谈论他们的角色，对于理解唐代的衰落至关重要。

在结束对政府机构的概述，开始涉及帝国的军事组织之前，我们必须思考两个问题：士人—官僚阶层在数字上占了多大比重？道级行政机关相对中央政府有多大的重要性？

第一个问题很难回答，中文的资料不够。政治—经济手册上只揭示了某个官衔的职务，但并不完整。[①] 根据我们自己非常谨慎的计算，唐代时中国大约有 15 万 ~ 16 万各类官员，包括雇员，其中约 1 万名在京城（宫廷和中央政府）。如果我们按当时一户中国家庭平均有 5~6 人来计算——尽管有影响力的人物家里的人口远不止这么多——应当承认，在 5000 万居民的人口中，约占 2% 的 100 万人依赖官本位体制为生，即官员的占比与其社会作用之间的关系颠倒了。官僚阶层一直以来只包括一小部分人，他们嫁接在庞大数量的农村人口之上。

第二个问题等于是问地方自治实际上到了何种程度。毫无疑问，边疆地区的少数民族部落尽管承认汉族政权，但实

---

① 例如，《文献通考》（Wen-hien t'ong-k'ao），第 47 章，以及《通志》（T'ong-tche）第 51 章（由于版本不同，我只能指出章的序号，具体的引用处很难找）给出了如下数字：隋代，京城有 2581 名官员（"内官"），地方有 9995 名官员 ["外官"（wai-kouan）]，总计 12 576 名；唐代，2620 名内官，16 185 名外官，总计 18 805 名。同样的材料给出的汉哀帝（公元前 7 年—前 1 年）时的数字，包括雇员，有 130 285 名官员，与事实情况更接近。我们根据《唐六典》（739 年编纂）进行了大概计算：在 1500 多个县中有 9 万名官员和雇员；在 350 多个州里有 3.5 万多名官员和雇员；在 50 个都督府中有 8000 名官员和雇员；在中央政府和宫中（京城）有约 1 万名官员和雇员；还要加上属于都护府和钦差手下的官员和雇员。

行自我管理；或者更确切地说，他们在地方首领的控制下通过部落组织进行统治，而由帝国的某位总督（proconsul）进行相对宽松的控制，如钦差、都督或都护。他们保持平静，按时上缴应付的税，而这与压得人喘不过气的实物负担相比只是象征性的；于是中央政府不过多介入他们的事务，而是让他们平安祥和。在其他汉人聚居地区并不是这样的。低级雇员在所在地居民之中选拔。只要农民完成了徭役的部分，服完兵役，并按时向县长结清赋税，县长及各级首领——原则上不是当地人（如在罗马帝国一样）——对其放任自流，也把高效行政带来的烦恼丢给了更加专业的雇员们。他们唯一需要考虑的是满足中央政府，通过将一部分税收交由自己管理以谋求升迁，离开外地，前往京城；或至少谋得一个更好的职位，同时期待尽快发财。他们最大的抱负是国家的安宁和富强，尤其是没有水灾、旱灾等自然灾害；如果外部环境不错，他们的抱负可以实现；但这种情况极少。因此，州县官员的滥用职权一直与地方一定程度的自治权不可调和。相反的例子是，某些恶官酷吏，他们贪婪残暴，在中国的史书上专门有他们的栏目［"酷吏"（k'ou-li）］。

为了让大家对各道的重要性有个具体的认识，以免在各种官职构成的迷宫中迷失方向，我们对某些重要的军政职务，无论中央的还是地方的，按品级列了以下一个表。即使品级不是决定性的——给事中和中书舍人非常重要，但地位很低，这是不正常的，也不应误导观察——第一眼观察这个表格就能发现，比如说，一位普通刺史的职务和处境同某个部的侍郎（Vice-Président de Ministère）处在同一水平。我们可以通过所有这些作证材料得出结论：地方大员在帝国的行政管理中扮演了重要角色。

唐代官员等级表

品级	文官		武将
	中央政府（京城）	地方	
正二品	中书令、侍中	—	—
从二品	仆射	都督、都护	上将军（chang-tsiang-kiun, 786 年起）
正三品	6 位尚书、门下和中书侍郎、御史大夫、太常卿（t'ai-tch'ang-k'ing）	—	大将军
从三品	9 个寺的 8 位卿、内史省和殿中省诸监	尹、都督府长史（Administr. en chef d'un Gouv. Gén）、副都护（Vice-Gr. Protecteur）、上州刺史［Préfet（ts'eu-che）de 1ère classe］	将军
正四品	尚书左丞（chang-chou-tso-tch'eng）、吏部侍郎（li-pou che-lang）	中州刺史［Préfet（ts'eu-che）de 2e classe］	高级军府首领（Chef de milice sup.）

品级	文官		武将
	中央政府（京城）	地方	
从四品	尚书右丞（assistant de droite du Dép. des Aff. d'État）、其他各部侍郎（Vice-Présidents des autres Ministères）	下州刺史［Préfet（ts'eu-che）de 3e classe］	—
正五品	各部郎中、中书舍人和给事中	京城的令（Sous-Préfet, ling）	—
正六品下	侍御史	—	—
从六品上	各部员外郎	上县令［Sous-Préfet（ling）de 1ère classe］	—

三、军队：府兵与禁军

我们前文已谈到，在中国习武从未受到过赞誉，还会在社会上受侮辱，因为士兵一般在下等阶层，如犯人、苦役、流浪汉、受灾农民中招募。此外，士人对军职的偏见原因在于根深蒂固的职业嫉妒。在困难时期，尤其在旧王朝灭亡、新王朝建立的动荡时代，以及在"胡人乱华"时，士人不得不屈从于某位没文化且暴躁的将军。士人需要武力支持和平，也渴望去限制不可避免的恶，并将强力机器限制在由文官控制的温和机构中，再加上以上对军人的偏见，于是决定要去构建某种理想化的兵农合一的体制。这便可以解释，为何很多资料对帝国高效的军事组织三缄其口，而连篇累牍、沾沾自喜地记载农民武装机构的优点。

府兵（字面上意为"某一军事衙门的士兵"）制度在6世纪中期建立，在唐代同独创性的土地分配制度相结合。农民租种土地，作为交换，需要支付赋税并完成每年20~50天的徭役，原则上还包括兵役。一旦该制度无法运转，府兵制也随即崩溃。事实上，府兵制在帝国的军事组织结构中只扮演了微不足道的角色，因为总是和其他军事架构并行，而后者重要得多，下文即将看到。

直到722年，进行了一场军事改革，创立了一支职业军队。因此，在唐代扩张的世纪里，边境防务异常紧张，且更重要的原因在于，频繁的军事远征，让中国人的旗帜插到了中亚的核心区域，假如仅依靠府兵制度来实现这一点是无法想象的。事实上，我们知道，守卫帝国边界的重任落在了近60万士兵的肩上，原则上他们至少服一年兵役，而实际上至少要服三年。他们是谁？我们一无所知。其中大部分很可能是被流放到这些蛮荒之地以洗刷罪行的苦役犯。他们或许由于无力重返千里之外的家园而再次服刑。可能类似此种情况的还有，无经济来源而被迫服兵役的农民，以及招募等其他来源。他们生活无趣、职业艰苦、怨言悲凉，这些可以通过抒情诗中撕心裂肺的腔调了解到。[1]

除了以上常备军，皇帝及其政府还需要一支内部武装力量，尤其是在宫殿和中央机构云集的京城。正是出于此种考虑，军府被组织起来，受一批忠诚的军官节制。还有一支能经受各种考验的皇家卫队，随时准备处理意外状况，并制衡常备武力。

这种双头体制似乎是有效的，具体的运转方式如下。全国有约630个军府，每个军府平均有1000人，但这些"折冲府"（tchö-tch'ong-fou）中至少有270个（占43%）驻扎在关内道（la Province du Kouan-nei，相当于今天的陕西），那是京城长安所在地。这63万名府兵需要轮流在京城服役，一次为期一个月，理论上这一制度很好，但对于所有军府却难以执行，也并不意味着每月都有5万人同时在京城。实际上，只是在京城附近招募的府兵轮流服役，而其他地区的军府负责守卫其他城市和边疆地区的国境[2]。

首都部队总数约12万人，分布如下：

---

[1] 戴何都，《法译新唐书·百官志与兵志》，第XXXIX—XL页、第774页及第LXII—LXVII页；沙畹，《斯坦因在新疆沙漠中发现的中国档案》，牛津，1913年，第XVIII—XXIII页；韦利，《中国诗歌170首》（*170 Chinese Poems*），伦敦，1918年，第139—141页。关于征兵，有两首杜甫的诗［张潜（Tchang Tsin）编，《杜甫集》（*Œuvres*），准确题名应为《读书堂杜工部诗集注解》——译者注］由艾思柯（F. AYSCOUGH）翻译，载《松花笺》（*Fir-Flower Tablets*），第109页；查赫（E. V. ZACH），《华裔学志》卷一，1935年，第112—113页。

[2] 戴何都，《法译新唐书·百官志与兵志》，第XXXII—XL页、第LXVII—LXXI页、第548—555页、第751—769页。

a. 十六卫（che-lieou-wei）驻扎在"南衙"（nan-ya），是军府军官的培训机构。理论上，每个卫可容纳51000名府兵，实际兵力在1500~7000人之间。最重要的几个卫是：（1~2）左右卫（tso-yeou-wei），并非在军府中招募，而是在五个特别机构中招募；每个卫各含5000名军官，均为士人或士人之子，他们共指挥120个军府。[①] 另几个卫（3~10）平均各包括40个军府，在服役的府兵中招募，他们主要扮演仪仗的角色。特殊的任务落在了最后六个卫的肩上，分别是：（11~12）金吾卫（kin-wou-wei）；（13~14）监门卫（kien-men-wei）；（15~16）贴身护卫［称"千牛卫"（ts'ien-nieou-wei）[②]］。[③]

b. 四个团或军组成了真正意义上的禁军（kin-kiun），兵力约3万人，驻扎在"北衙"（pei-ya）。这是皇帝的常设卫队，类似古罗马的禁军，或者还在中国范围内类比，类似"旗"［这是满洲王朝（la dynastie mandchoue）使用的称呼］，由退伍军人和特权阶层构成，以制衡十六卫。在唐王

---

① 戴何都，《法译新唐书·百官志与兵志》，第XXIII—XXVI页、第501页、第503页、第515—519页。
② 据《庄子·养生主》："（庖丁）所解数千牛矣而刀刃若新发于硎。"于是，有一种帝王随身携带的防身御刀，叫作"千牛刀"，寓意"锐利可斩千牛"。因此，作者给出的意译名为"la Garde au sabre tranchant"，字面意思为"持锋利短刀的守卫"，与本意相符。——译者注
③ 同上书，第506—507页、第530页、第537页、第543页及后续页。

朝延续过程中，禁军数量越来越多。①

722 年，唐代的军事史（也不只是军事史）翻开了新篇章，并持续到 8 世纪中叶由安禄山（Ngan Lou-chan）叛乱造成的动荡时期。这一时期，军事系统的构成如下：

a. 称为"彍骑"（kouo-k'i）的皇家卫队，成立于 722 年—723 年，是"一支负责守卫皇宫的职业军队"，定期招募（首先两个服役周期，各六个月，随后每年服役两个月），兵员免除赋税、徭役。为了能享受免除政策，许多商人（！）也想挤进去，但通常还是被他们的家仆取代。这个系统共计 12 万人。②

b. 常备军称"健儿"（kien-eul），在驻地［军部（Commanderies militaires）］安置，负责守卫边境。737 年，这支部队依据御旨创立，也免于赋税。这道御旨也标志着农民—士兵所构成的军府的终结：从那时起，对于农民而言不再有强制性的兵役；那种兵役与其他贡赋有机联系在一起，且由土地制度决定，但后者早已改变。到 8 世纪中期，这种地方职业军队的兵力为 50 万人。③

c. 最后是地方民兵［"团练"（t'ouan-lien）或"团结"

① 戴何都，《法译新唐书·百官志与兵志》，第 555—569 页。
② 同上书，第 XLVII—XLVIII 页、第 LVI 页、第 773—784 页。
③ 同上书，第 L—LII 页、第 671 页、第 784—819 页；戴何都，《中国唐代诸道的长官》，第 290—296 页。

（t'ouan-kie）]，人数不多，在生活安逸的显贵家庭中招募，仅负责保卫他们所在的国土。他们也被免除赋税。在地方民兵中，有时能发现一些出自外族的人，即为帝国服役的边疆"胡人"［土蕃人、高句丽人（Coréens）]①。

最后，唐代军事组织的特点是禁军的不断壮大，尤其是都督军队的扩张，他们在地方上是无所不能的暴君。与之对应的是皇权的分崩离析和士人集团影响力的衰退。我们在阐述唐代衰落的时候还要就此详述。

---

① 戴何都，《法译新唐书·百官志与兵志》，第 LIII—LIV 页、第 671—672 页、第 715—717 页。

第三章　土地制度的演变

一、土地分配

府兵制度实际上是兵农合一模式的理想化，其坚实基础是统一的赋税制度和权利义务的均衡。根据税收安排，我们认为唐初有平均分配土地的可能，也是对中古土地规则的继承，在唐初依然执行，没有太大改变。

任何一位成年农民原则上都能获得 80 亩（约 4.4 公顷）田，土地权益可以转移，终身有效，称为"口分"（k'eou-fen）；另一部分称为"世业"（che-ye）或"永业"（yong-ye），有 20 亩（1.1 公顷）地，种桑树、榆树和枣树。妇女、半大孩子、寡妇、残疾人和老人只能分到有限份额的土地。但对于所有这些土地份额，其中都有 20 亩的世业，余下的部分是个人的。此外，每家都会获得 1 亩（每三口人）的宅地和园地。在原则上，当土地所有人亡故或到 60 岁，原来让渡给个人的土地会归还所在的里，重新分配给符合条件的人。继承权则转移到了家庭。

在每个村庄，家族首领每年都要提供一份"手实状"，明确记录所有家庭成员的姓名、性别和年龄，并指明要得到的土地数量及实际获得的土地数量。通过这些指标，从十月开始，里正要开列关于整个村庄的清单，称"记账"（ki-tchang）。根据这些清单，每三年，县令根据财产、年龄、人数、健康状况等将所有家庭分为九等。来年，开列"户籍"（hou-tsi），换言之就是人口普查登记表。这些账目和登记表同样用于确定每个家庭的赋税和徭役比例，这些数据都被记录在"记账"上。到年底，"若有土地要收回和分发，县令会让归还和接受土地的人们聚集在一起，当面进行土地分配。根据规则，土地优先授予正在服徭役者，其次再授予不在服徭役者；优先授予尚无土地者，其次再授予土地较少者；优先授予贫苦者，其次再授予富裕者"。

土地，包括"口分"和"世业"，原则上不可转让。但法律本身非常灵活，对一系列的例外予以认可。首先，上述措施仅适用于土地充足的"宽乡"，包括北部边疆尚未开垦或长期荒芜的区域和南方地广人稀的未开垦地方，即文明的边缘地带。在古老文明地区的"狭乡"（hia-hiang），人口稠密，所以在大部分村庄里，授予土地的份额减半。授予土地的数量也取决于待分土地的大小。此外，立法者早已预见了一些设计土地买卖的特例：正五品以上官员可出售其"世业"，获得采邑者、获得超过（！）20亩标准者、过于贫穷以至于付不起丧葬费的农民可出售其"世业"，有意离开乡下、投资经商或决定从人口过多的地区移居到"宽乡"的人均可出售其"口分"，免于在原居地纳税。

然而，所有这些安排每三年都要经纳税人分类并重新调整。正如前文所述，这些措施暗地里否认财产的平等，而后者是统一征税和平均分配的基础。强调这一点，才能理解唐代土地制度的意义。唐代初期的立法者为了税收考虑，想促进大量土地的开垦，因此尽可能阻止农村大地产的建立。事实上，整个中古的历史已经证明，大地主总能摆脱其应承受的负担，并使在其保护之下的无地农民（门客、佃户或农业工人）免于缴税。此外，"入流"之官（les mandarins dans le courant）可以积累一定数量的财产和资金，无须缴税，因为他们是"不课户"（pou-k'o-hou），与之相同的还有宗教人士（和尚、尼姑和道士）、职业军人和其他一些类型的免税者（寡妇、残疾人、奴婢等）。土地的平均分配和再分配一直难以执行，但促使唐代维持该制度的原因在于确保自由农民最低限度的生存权，使其能够履行对国家应尽的义务。[①]

① 白乐日，《唐代经济史》，第10—12页、第41页及后续页；马伯乐，《中国土地制度，从起源到近代》，第283页及后续页。戴何都，《中国唐代诸道的长官》，第272—273页、第321—323页；《法译新唐书·百官志与兵志》，第72—74页。

敦煌发现的普查清单的碎片似乎很好地证明了，这种理论上的理想一直无法实现，通常不过是虚构的权利。因此，对于一家七口（老父、老妇、女儿、三个成年儿子和一个半大儿子）而言，若以"口分"名义该得到453亩地，我们却看到全家只得到五分之一，即90亩。在另一个案例中，两位达官显贵有得到6000亩地的权利，但仅占有243亩，其中14亩还是购得的。[①]

现在我们来看看农村广大"课户"（k'o-hou）的义务。这是一种三重征税制度，直到8世纪中期依然施行。每位成年人需要：1）支付2石谷物（即20斗，约合40升）作为"租"，被视为终身出让土地的收益，上缴国家；2）提供20尺丝绸或粗布，外加一定数量的丝绵或麻作为"调"（tiao），被视为种桑树的"世业"里的产出；3）除兵役之外，每年服20天的徭役［"庸"（yong）］，3尺丝绸可充抵1日徭役。这种"租庸调法"（tsou-yong-tiao fa）的多样化安排似乎显示出徭役是最重的负担，而国家征收的田租与普通地主购置田产花的钱相比较为低廉。[②]

同土地分配一样，这种三重征税制度也只是规范性的规则，难以执行。愈发与之对立的，则是从封闭式自然经济体

---

① 马伯乐，《中国土地制度，从起源到近代》，第285页；王国维，《观堂集林》，21，9a—11a。

② 白乐日，《唐代经济史》，第52页及后续页。

系到充满商品交换的货币经济的根本变革。以实物形式征收的各项规则（丝织品的长度和质量、徭役的天数和时长）为当地行政部门各种随意的执行和诡辩的压榨提供借口，也因运输物品或拿当地物品换取京城需要的商品，给中央政府带来很大麻烦。[1]

另一方面，财产分配不公和地主的负担从一开始就被法律许可，也势必自发地加剧，迟早会埋葬土地分配制度和坚实的赋税制度。社会差别在扩大，将与这一制度形成对立。自 7 世纪末起，与自耕农消失相关的抱怨不断增加，这一现象我们已经了解，但自汉末以来还从未如此广泛地波及。

"消失"有两层含义。首先是本义上的，这方面最早让当代人感到震惊，税务机关对此也相当有感触。涉及自然人的消失，即农民从登记的村庄里逃亡到另一个村庄，想摆脱沉重的税赋、徭役、兵役，若不举债，这些负担很难承受；另一种情况，在收成不好，或命中注定的水旱灾害夺走劳动果实时，他们会逃避征税官员。但流浪者，或曰"浮客"（feou-k'o）数量越多，当局就觉得必须对留在土地上的人口加税。加重负担只能刺激其他纳税人效仿已经离开的同乡逃亡。

其次，自由农民作为社会类型消失了。那个时代的资

---

[1]　白乐日，《唐代经济史》，第 56 页及后续页。

料经常谈到"豪强"，即大地主，他们"兼并"或"吞并"（t'ouen-ping）小耕作者们的土地。在这种想象出来的表述背后，藏着对自由农民残酷的奴役过程：小农被地方当局压迫，负债累累，也被债主逼迫；可能债主就是强势的大地主家庭，他们看中了小农的土地；而小农不顾禁令，出售自己个人的那块地和"世业"，在大多数情况下就是向大地主家庭出售；于是他们成了这些家庭的佃农，耕种的或许就是曾经属于自己的那些田地，或者去其他大地主家里当佃农或农业工人。[1]

于是，我们可以说，唐初的土地制度朝着与当初立法者的意图相悖的方向演进。人口的增长使土地分配越发困难，各种负担的分配虽然平均但无法实现，加深了财产的不平等，远未实现对依附于土地的农民稳定征税的理想[2]，却将耕作者从土地上赶走，摧毁了税基。在8世纪中叶安禄山反叛之前，人口的流动变得相当频繁，财政管理也陷入了无序状态，以至于仅仅出于税收上的考虑，政府就已放弃不切实际的幻想。政府被迫废除旧的土地制度和三重征税制度，取消军府。总之，不得不使体制与社会现实相适应，而长期以来社会现实早已发生转变，与唐开国时的状况完全不同。

---

[1]　白乐日，《唐代经济史》，第25—32页、第78页及后续页。
[2]　对行动自由的限制仅仅是有限的，主要涉及京城及其周边（关内道）的居民，原因是这些地方在军事上的重要性显著；《唐六典》，3，9b；本书下文第348页注释2。

二、私人大地产的形成

即使土地分配制度中的许多限制性因素在消失之前早已过时，也从未完全阻挡私人大地产的形成，而后者受惠于官员及其他特权阶层享有的特殊制度。首先，财产权只属于在职官员，而其地产的面积远远超过出让给农民的地产的面积，并有各种名义。作为行使职权的文官，他们有权得到200~6000亩的"世业"和一块"职分田"（tche-fen-t'ien，即为在职官员提供田地作为用益权），后者的面积根据品级决定，在200~1200亩之间。如果扣除其他类型官员（荣誉官员等），以及少量五品以上显贵的虚拟权利，一位低品级官员拥有200~250亩（约合11~14公顷）的可继承田产和200~400亩（约合11~22公顷）的用益权土地；此外，还有权得到集体土地〔"公家田"（kong-kia-t'ien）〕上产出的一部分，其面积根据行政级别从100~4000亩（合5.5~220公顷）不等。[1]官员自然不用亲自耕种土地，而是将其租给佃农，或让农业工人来打理。这种开发模式不可避免地对其他各类地产施加了更重要的影响，因为其他地产的主人都与在职官员有紧密联系：他们属于官僚家族，或是退休官员，或是官员子弟，或自称官员子弟，或是买了官职的有钱人，等

---

[1]　白乐日，《唐代经济史》，第69页及后续页；戴何都，《法译新唐书·百官志与兵志》，第126—127页。

等。应当肯定，廉洁用权的官员走到职业生涯尽头时都有一些积蓄，会投资购买新的土地，数量通常较大。同样可信的是，商业上的收益也会寻求并找到一些土地来投资。

大地产的另一个来源是捐赠。高门显贵们按其功劳，蒙皇恩得到大量的土地，同采邑不一样，采邑只赋予从一定数量的家庭征收实物土地税的权利。例如，7世纪中期，一位自称贫穷的都督留给其家人1000亩（55公顷）土地和种满1000棵桑树的田，这些田地都是从皇帝那里得到的，位于京城附近，今河南省。① 与私人受赠的数量相比，寺庙或道观受赠的数量更加庞大，有的来自皇家，有的来自个人。前一种情况属于"布施"，即为了增加宗教教团的财富，提高虔诚捐赠者的宗教功德和世俗声誉的捐赠。② 来自个人的捐赠性质更复杂。无论富人还是穷人，将自己的资财交予寺庙，同时享受到宗教团体能享受的一些特权——寺庙不纳税。因此，富商、家境优裕的市民、大地主为了让自己的财产免税，于是交由寺庙打理，他们将寺庙视作一种银行或其利益的代理人。而小地主不满足于仅让他们的小块土地处于佛寺、道观的保护之下，还将其人身托付于佛寺或道观。这样一来，他们作为佃农、家仆或农业工人为寺庙服务，同寄身或依附

---

① 白乐日，《唐代经济史》，第80页；同上书，第67页。
② 见740年一位公主给云居寺（*Yun-kiu sseu*）的捐赠文书，马伯乐，《中国土地制度，从起源到近代》，第286—287页。

于大地主的人一样获得好处——逃避赋税、徭役。

这些交易本质上是欺诈，因此没有留给我们任何文书。但彼时材料中的许多段落，尤其是数字，即使不太详细，也都涉及儒家政府在打击腐化僧道时没收的寺院财产，似乎能证实土地捐赠的严重程度。845年，在佛教还俗运动过程中，4600家寺院和4万家小庙被毁，26.5万名僧尼还俗[①]，即作为纳税人转入普通户籍；同样转为普通户籍的还有15万名"奴婢"（或许是其领地内的仆人和劳工）；"数以千万顷"（1顷合100亩，即5.5公顷）的寺院土地被充公，由国家变卖或分发。在玄宗时，全国有5358座佛寺和1687座道观。[②]

9世纪初，帝国的一位地理志作者比较了官员、士兵、商人和僧道的数量，得到的结论是，在他所处的时代，三个农民养活七个闲人。这份报告又被我们掌握的两份普查报告印证，后者指出了纳税人和非纳税人的数字：754年，在总计52 880 488人中，7 662 800人（即14.5%）纳税，而45 218 480人（即85.5%）无须纳税或免税。[③] 这些数字为解

①　据一些资料记载为26万或26.05万名僧尼还俗。——译者注
②　戴何都，《法译新唐书·百官志与兵志》，第383页。——还俗运动的另一个动机是佛寺掌握的大量铜器（佛像或法器），而铜是铸造钱币的金属。关于唐代佛教的经济角色，见白乐日，《唐代经济史》，第107—113页；同样可参见在麻扎塔格[Mazârtâgh；属和田（Khotan）]发现的一座寺庙内的每日账目，沙畹，《斯坦因在新疆沙漠中发现的中国档案》，第205页及及后续页。这些账目由负责经济工作的僧侣撰写，记载得非常仔细，由住持（寺院的管理者和总监）审阅、签字。
③　后一年（755年）人口略有增加，相应的数字是15.5%和84.5%。见白乐日，《唐代经济史》，第15页、第53页、第57页、第83页、第101页、第84页、第111页。

释大地产的形成和组织形式提供了钥匙。

领地非常大，需要委任一位"吏"来管理。领地的名称也不同，如"庄"、"别庄"（pie-tchouang）、"别业"（pie-ye）或"野"（ye）、"墅"（chou）[正如瑞士法语区（Suisse romande）一样]。地主一般都是官员，通常都不在，让农业工人们种地。如果土地非常分散，就分块租给佃农。他们是在"浮客"之中招募的外乡人，没有户籍，土地不属于自己，无须纳税或服徭役，也躲开了兵役。地主自己如果是官员就不须交税，而将他们安顿在自己的领地，称其为"庄客"（tchouang-k'o）或"庄户"（familles de villa, tchouang-hou），这些称呼似乎说明他们一般和家人住在一起。但这种情况主要是指佃农，他们更加独立[称"佃"（tien）或"佃家"（tien-kia）]。在地主不在时，代管者领导土地的开发工作；负责监视雇佣劳动者和工人、招募人手、支付报酬、组织种植、收获庄稼并售出。"雇工受制于吏，尽管法律没有给予后者或地主任何权力。显而易见，雇工是外乡人，总有可能被开除，处境想必与奴婢无异。"[1]代管者尤其需要照料租给佃农的小面积土地，并留意佃户总数、播种和收租等事宜。这种开发形式与中国农业密集而土地分散的特点相符，

---

① 马伯乐，《中国土地制度，从起源到近代》，第290页。

也符合顺从的负债农民们的共识。这种最合适的形式在 9 世纪初推广开来。

我们了解某些"别业"的名字，极少知道它们的占地面积，多亏诗歌上的描述，或者因为它们属于知名人士。如画的美景、可爱的花园和辋川〔Wang-tch'ouan，位于蓝田（Lan-t'ien），今属陕西〕的乡间别业被其主人——艺术家、诗人、风景画家王维（Wang Wei，公元 699 年—759 年 [①]）在一幅画卷里永远记住，其中的诗歌和画面灵感来源于当时的画家和美学家，也让他们如痴如醉。[②] 另一幢"别业"，即靠近洛阳的平泉（P'ing-ts'iuan）别业，占地约 200 公顷，属于大臣李德裕（公元 787 年—850 年）。他就是那位因对科举考试怀有敌意而为我们所知的人，也因对 845 年迫害佛教运动的调查而闻名于世。[③] 此外，我们在数个世纪后的宋代还能重新找到这些名字，因为这些"别业"通常在一个家族中代际传播，形成了一种不可分割的单位——即使被原先业主的后代卖掉。说实话，关于购买合同我们只能获得很少的例子。其中一份始自 847 年，只针对一块 10 亩土地，价格为每亩 500 钱。

---

① 根据《辞海》，唐代诗人、画家王维的生卒年应为公元 701 年？—761 年。——编者注

② 劳费尔（B. LAUFER），《一幅王维的风景画》（*A Landscape of Wang Wei*），《东方杂志》（*Ostasiatische Zeitschrift*）第 1 期，1912 年，第 28—55 页；喜龙仁（O. SIRÉN），《中国绘画史》（*Histoire de la peinture chinoise*）卷一，第 68—69 页。

③ 马伯乐，《中国土地制度，从起源到近代》，第 288 页以及本书上文第 274 页。

这并不止涉及一个领地。地产的典当，尤其是负债小地主的土地，尽管有禁令，可能比出售的要多，而典当是出售的前奏。甚至显贵家庭有时都必须典当家产。在调查了大臣魏征（Wei Tcheng，公元580年—643年）的后代生活条件之后，玄宗皇帝决定在809年从皇家金库中拿出200万钱，让其子孙能赎回家产，这些家产曾经在九个家族之间转手。[①]

　　无论"口分"或"世业"被典当或置于大地主保护下，暂时转让或永远出售，越来越多的土地都逃避征税，继续耕作的人们同样也在逃避赋税和徭役。在安禄山叛乱之前，国家不会容忍这种状况，752年的一份诏书为我们进行了详细的描写：

　　"官员和富人抓住每个机会修建别墅；即使持有许可证，他们还是会与侵吞财产最多的人产生冲突。他们根本不畏惧法规，即便自己拥有已耕种的土地，也假装拥有的是荒地……至于口分，他们违反遗嘱和法律进行买卖，或更改地籍记录，又或将其典当。"[②]

　　但这些禁令并未起作用。安禄山和史思明（Che Sseu-

---

① 847年的购买合同的译本见马伯乐，《中国土地制度，从起源到近代》，第287页。从汉代到明代（唐代仅有两份）与土地相关的17份契约由罗振玉（LO Tchen-yu）收集于《地券征存》（*Ti-k'iuan tcheng-ts'ouen*）中。关于魏征的产业，如"邸"（*ti*）或"宅"（*tchai*），我们还不知道其面积有多大，见《通鉴》，第237页，21b；《唐会要》，45，17b，以及白居易（PO Kiu-yi）在其文集中的文章：《白氏长庆集》（*Po-che tch'ang-k'ing tsi*），41，17b—18a。

② 马伯乐，《中国土地制度，从起源到近代》，第292页。

ming）可怕的叛乱在八年（公元 755 年—762 年）[1] 的时间里使中国陷入动荡，也促进了大地产的形成。[2] 人们用各种措施尝试阻止这一进程，但没有成功。最重要的措施是根据土地面积征收地税（763 年的法令），而不是迄今为止根据成年人的数量来征收。收钱缴税为一年两次：春季为每亩 15 钱［称"青苗钱"（ts'ing-miao ts'ien）］，秋季为每亩 20 钱［称"地头钱"（ti-t'eou ts'ien）］，这笔税收第一年（766 年）征收时，只有很小一笔交给了税务机关。769 年，设立了一项以货币形式征收的普通税（impôt général），按纳税人家庭的财产状况分为九等（500 钱~4000 钱）。这项税收规定在各个方面都值得注意：首先，它规定所有官员都要缴税，按品级分为九等纳税人；其次，宾馆、旅舍、酒馆、商店、冶炼作坊和矿山的业主们需要缴纳比所在税级更重的税；最后，也是最重要的一点，这里能发现官方第一次承认了"别业"——如果业主在多地拥有"别业"，则应当分别为各个"别业"缴税，还应当为所有依附于"别业"的人缴税，无论是长居还是短居，无论是"浮客"还是有亲戚关系（任何类型的亲

①　根据《辞海》，唐代安史之乱前后历时八年，起止年应为公元 755 年—763 年。——编者注
②　关于安禄山（公元 703 年—757 年）和史思明（公元 703 年—761 年），见福兰阁，《中国通史》卷二，第 452 页及后续页；戴何都，《法译新唐书·百官志与兵志》，第 712—714 页和第 822—823 页。这个时期最佳的资料依然是诗歌，尤其是杜甫的诗，见本书上文第 305 页注释 1。

戚都要按最后两类缴纳，即 700 钱或 500 钱）。所以，这是一种个人税，没人能逃避。同年（769 年），另一项法令按照土地品质规定了实物税收：每亩从 2 斗到 11.7 斗不等，分两批征收。这种地税是以往三重租税体系中"租"的三到五倍，根据实际拥有的土地面积而非虚构的地产面积征收。[1]

所有这些措施旨在为税务部门提供流动性——当时朝廷因安禄山叛乱必须面对额外的军事开支，而叛乱早已使国库亏空——其结果是著名的杨炎（Yang Yen）改革（780 年）[2]：乍一看是单纯的税收改革，不过是承认之前的法令，但其实具有广泛的意义。称"两税法"（leang-chouei-fa）是因为原来的单一税自此需要在夏、秋两季分两批征收，这样能适应社会分工现状。大地产和佃农的存在被官方认可，而永远放弃了平均分配土地的想法。新税制的基础不再是理想化的家庭地产，而是土地面积的份额，每人在其居住地和入籍地均须支付个人税，不分年龄，只严格依据财产状况，无论他是地主还是"客人"。这种规则预示着地税和个人税的结合，也几乎为以后各朝所采纳。确定此规则既是出于税收上的动机，也有社会方面的考量。它（至少在名义上）终结了徭役和兵役——上文已经看到，自 722 年开始已经有了一支职业

---

[1]　白乐日，《唐代经济史》，第 82 页及后续页；关于"青苗税"（taxe sur les pousses vertes）的起源，见《法译新唐书·百官志与兵志》，第 693 页。

[2]　白乐日，《唐代经济史》，第 86—92 页。

军队。支付方式同样值得注意，是以货币支付而不是以实物支付。这最后一项措施导致了收税官员各种职权的滥用，而农民继续缴纳实物地租。但这种支付方式与 8 世纪末中国经济达到的整体水平相符。最后要指出，依据合理原则将一定比例的收入用于开支，这也是杨炎在税务部门提出的。

杨炎的改革一开始很受欢迎，但之后却遇到了传统势力的敌意。那时，理想年代一去不复返，而社会现实也向新的方向演进。780 年改革的真正意义是承认不能再阻碍经济的发展，并应该根据经济发展采取行动。这种改革引发了强烈反响。一方面，官员聚敛的财富，或许还有城市商业集中的财富，可以不受限制地投资在地产上。另一方面，离籍的"客"流没有完全涌入乡村，至少有一部分不得不在城市经济中找寻出路，即使史料在这些问题上有所缄默。当然，大部分的贫苦农民依然种地：如果他们已决定放弃自己的独立身份（即使虚幻，并受到债务和负担威胁），就去种大地主的土地，享受主人的保护，吃住都有保证，还能免除徭役和兵役；如果他们愿意像佃农一样待在自己的小块土地（已典当或出售）上，也可以种自己祖宗的土地。说实话，最后一种方式相当值得怀疑，因为家庭的开支比地税高几倍，至少达到收成的一半。无论如何，这种解决方案迅速推广，以至于到了 8 世纪末，独立的地主仅占人口总数的 4%~5%，中国其余的耕作者都成为佃农。

794 年，一篇被认为出自大臣陆贽（Lou Tche，公元754 年—805 年）的长文呈交皇帝，以非常激烈的方式报告了780 年改革的后果及改革引起的批评。[1] 他认为，让两税法变得极不公平的地方是，在一个因内战而税收高企的时点，各道需要上缴的贡赋已经确定，永不更改。这些份额是以 3200钱等价于一匹生丝的价格基础计算出来的。然而，我们拿丝绸（这是一种有法定价值的东西）来征税，但一匹丝仅值原价的一半。此外，所有临时税以前是包含在捐税里的，而现在分开征收：为军队征的税、献与宫廷的"礼"（présent）、称为"和雇"（engagement volontaire）的徭役、名为"和籴"（achats à l'amiable，ho-ti）的谷物征收。这种极不公平的体制横跨货币经济和实物经济，导致各种恶劣的事件。最普遍的流弊是将农民以捐税名义上缴的物产贱价出让，因为当地官府逼迫他们接受虚假的报价。国家对相关责任官员的考核标准直接刺激了这些流弊的出现，包括人口增长、土地耕种、贡赋的收缴和增加，却与设定的目标背道而驰。农民们被收缴官员压榨，不堪重负，常常负债逃亡。陆贽提出了旨在革除流弊的一些建议，但因其是旧体制的支持者，故不敢提议完全废除杨炎的改革，只是批评大地主。我想引用他文章的以下段落来结束本章：

---

[1] 完整的翻译见白乐日，《唐代经济史》，第 166—206 页。

"当农民筋疲力竭之后，他们会卖掉田产和茅屋。如果运气好，遇到丰年，他们刚好可以偿清债务。但收获基本用尽，盛谷物的容器空空如也。他们又重新借债，契约在手，背包在肩。因为利息一直比较沉重，他们已没有什么口粮。只要一出现饥馑，就是一片荒芜，家破人亡，妻离子散。他们自请卖身为奴，但没人想买……富人独占数万亩土地，而穷人无立身之地。他们依靠有权势的大家族，成为他们的私家仆人。富家借给他们种子和口粮，他们租赁富家的土地。他们全年劳作，筋疲力尽，无一日休息。当付清所有债务之后，他们还一直担心，怕入不敷出。而大地主靠地租为生，无忧无虑。贫富不均的现象显而易见，当时的情况是，（欠私人地主的）债务负担更加沉重，其征收方式也比公共捐税更加冷酷无情。在内地，每亩地要缴 5 升的税，但地主收到的地租达到每亩 1 石（100 升，约合 60 公升），即 20 倍的捐税。如果我们考察中等的田地会发现，地租会低一半，但仍然是公共捐税的 10 倍。"①

① 白乐日，《唐代经济史》，第 200—201 页，第 204—205 页。见马伯乐，《中国土地制度，从起源到近代》，第 290 页和第 293 页，对一份 690 年地契的翻译：地租定为每亩一斗（10 升）麦子，而如果到了第 6 个月钱还没有付清，地租就要加倍。

第四章　国营经济和私人创业

我们将从一成不变的官僚体制的基本材料和土地制度的演变角度来谈，这些材料在前面的章节已有所展示，它们适合研究商业和财政的发展，以及整个唐代的经济制度。国家官僚对商业有敌意，在道德和教育上与商人阶层迥异，也蔑视他们的生活方式，因此，官僚们忍受不了商品经济的腐蚀行径。时间一长，商品交换的发展使公有经济和私营经济之间建立了系统性联系，导致国家和商业之间一定程度的相互依赖，抑或是士人官僚阶层和安逸的商人阶层之间的相互渗透。然而，权力的操纵杆一直属于国家，专制主义从未放弃承担权威职能，既专断又"和谐"。官僚是国家的代表，他们利用自己的特权地位，将私人经济的萌芽官僚化，将商业国家化、垄断化，以便从中获利。虽然双方的利益是共同的，但产生冲突时总是官僚战胜商人。商人阶层总是被刁难，于是通过在公共服务上打上自己的烙印来报复：他们成功地将公共服务商品化并使其腐化变质。但读下面的几页时，我们不要忘记两个基本事实。首先，在一个无所不能的官僚国家里，一切活动都被官本位体制浸染，被打上官僚精神的烙印。商业领域不可避免地受此影响，中国古代的小商人最强烈的愿望依然是自己当官，最终达到至高无上的社会地位。他们从未像西方市民阶层应该做的那样，将自主和自我解放的企图进行到底。不应忘记的第二点是，说实话我们几乎完全忽视了这些尝试和摸索；因为官方资料和所有文献都是士大夫们的作品，这本身就意味深长。因此，私人利益和公共利益发生冲突的例子比比皆是，但我们看到的事实都是来自国家和官僚们的视角。在何种程度上，现实被士人们曲解？这是个很有意思的问题，我们不可能无动于衷。我们在目前的知识现状之下难以详述此问题，除非发现一些未出版的材料或努力研究一些非官方的资料，从而提供一些独立于官方编年史的文献。

一、财政

预算。税制改革的一个主要动机是税务机关的冗繁。若国土还像中古时代那样相对狭小，国家的资源还较容易获得，那么最重要的实物租税就能够满足宫廷和官府的有限需要。而唐代幅员辽阔，各都城的需求与日俱增，政府机构复杂，尤其是交通困难，在当时几乎无法克服——上缴的实物不得不从偏远地区运往京城长安。而长安处于原产地的外围——这些都对帝国的财政管理提出了巨大的挑战。以上来源于748年至755年的预算，或者更确切地说，源自对这段时期国家收支状况的估计。国库每年的收入大概包含2500万石（5亿公升）谷物，2700万匹丝绸和棉布，仅有200万贯钱（每贯1000枚），由820万名纳税人缴纳。这仅是简化后的数字，实际的账目要复杂得多；似乎还应考虑因上缴实物种类不同而使用不同的度量单位，这样才能仔细比对收入和支出。支出常常超出收入，按以下方式分配：40%的谷物供给宫廷、谷仓及支付京城官员俸禄；20%的谷物支付外地官员俸禄；40%的谷物供应外地驻军；近一半布匹留给长安，另一半用于军队给养，剩下的去了东都洛阳；140万贯钱每年花在京城官员薪水和邮政费用上，另外60万贯钱支付军费和在外地采购谷物的费用。以上就是原原本本的预算，能够让大家对于盛唐时的税收困难有一个大致的认识。

自8世纪中期开始，由于安禄山叛乱，各地相继处于守备状态，国家需要面对不断增长的军事开支。755年后，上述预算无法满足需要，随即被废止。货币缴纳代替了实物缴纳，是唐代经济最重要的现象，每天都在发生，且越来越迫切。此外，据上文所引陆贽的文章，国家需要货币收入仅仅是为了每月支付官员的薪资，而实物缴纳可以补偿军队在衣食上的需要，那是两大日常开销。[①] 然而，关于这些开销，陆贽反对货币经济所提出的似是而非的论据就来自这些材料。后来的书证在这一点上没有留下任何让人怀疑的地方。至于支付官员薪酬，我们可以看到，从 8 世纪初开始，实物经济向货币经济的演进与军费支出的增加齐头并进。据 618 年的规定，官员依品级获得官俸，以谷物来给付：共 18 等，每年从 30 石到 700 石不等。[②] 但 736 年新的规定已将各类待遇用货币来表达。据此规定，官员分为九等，每月按品级获得 1917 钱到 31 000 钱不等的一笔薪酬。我们也了解到这些待遇的细节：除了领取高昂招待费的高官显贵们，官僚们以"月俸"（yue-feng）为名，领取他们薪水的主要部分；余下的分为"食料"（che-leao）、"杂用"（tsa-yong）和家仆的薪资。这些家仆人数众多，在高官家庭里可能待遇不错，称作"防阁"（fang-ge），而六品到九品官员的仆人称为"庶仆"（chou-p'ou）。746 年的圣谕将官员薪水分为 17 个等级，我们了解到，（理论上）需要 10 万纳税人支付 26 万贯钱，作为国家支付给京城官员们的俸禄；而 788 年的一份奏折已经谈到增至 21 个薪水等级的 3077 位京城文武官员，之前每年共领取 348 500 贯又 400 钱；从那时起每年共领取 616 855 贯

---

① 马伯乐，《中国土地制度，从起源到近代》，第 183 页。

② 在唐代，我们认为，一个男人每天必需的谷物为 0.02 石（约 1.2 公升），或每年 7.3 石。记载了待遇规定的文本集中于《唐会要》，90，16b—19a 和 91—92。

又 404 钱。利用这些数字足以观察到，待遇的演化与整体经济的发展状况相符。

币制。唐代货币政策的历史就是铜储量不足的历史，而铜自古以来就是最好的铸币金属。货币的规格自汉代以来依然是"铢"（tchou），是"两"的细分单位（1 两 =24 铢）。唐代保留"钱"（ts'ien）作为流通货币，就是中间穿了方孔的圆形钱币。而 1000 枚这种中空的小圆片用一条灯芯草绳穿起来，称为"贯"或"缗"（kouan 或 min），原则上重 100两（合 6 磅 4 盎司。唐代的"斤"合 16"两"，重约 650 克），最多含 83% 的铜，如果钱币在重量和成色上无懈可击的话。即使这种铸币的成色有所变化，它依然含有相当比重的铜，使得积攒钱币这种唯一的流通货币有利可图——目的是将其熔解后利用铜这种稀少的贵金属，用法多种多样，或者将其重新熔解后铸造伪币，再次流通。而伪币制造者们较储存金属者为少，前者受惠于打造（或熔解）的基本技术，更得益于不一致的国家货币政策。

然而，铸币特权属于国家，除了唐代初年的几次特例外，国家都悉心监管，保证货币重量不出问题。但同时国家也允许私人开矿生产，尽管铜矿的储量并不充足。随着良币在流通领域消失，或被重铸，或离开本国，或藏在库房中，国家在不同时期会决定发行重量较轻的货币，而且掺杂了越来越多的其他金属。由于不断地公开降低新货币的名义价值，国家对于大众偷换钱币、重铸之后有利可图，却无能为力。

国家保有优先购买私人矿山中出产的铜的权利。全国有50多家铜矿，大多数位于距京城较远的南方各地，南方在矿藏方面比北方更富有。所有矿山的开采被隶属于少府监的掌冶署控制，后者主要负责国有矿山的开采，服徭役的矿工［"坑户"（k'eng-hou）］在其监控下工作。如果我们相信当时的数据，当时所有矿山只出产一小部分铸币所需要的金属。[①] 到了 8 世纪中叶，铸钱监（Directions de la Fonte des Monnaies）下属的九个作坊每年投放 32.7 万贯钱。尽管在那里劳作的是服徭役的工匠，成本依然很高，因为我们知道每一贯要花费国家超过 750 钱（即 75%）。在这些费用中，稀缺的金属占了大头。金属储备短缺也足以解释为什么国家会周期性地着手重铸货币，以及伪币制造者频繁造假。这些人不会因受严刑处罚而惶恐不安，也不会因国家提议以 5 比 1 的比率拿私铸钱换官方良币而不知所措，因为一贯 621 年铸造的著名铜钱"开元通宝"（k'ai-yuan t'ong-pao）含数斤铜，而仅一斤铜就值 8 贯钱。此外，这种钱集唐代钱币艺术之大成，已成为在全亚洲［西伯利亚（la Sibérie）和马来西亚（la Malaisie）[②]，

---

① 白乐日，《唐代经济史》，第 116 页及后续页；本书上文第 292 页；本书下文第449—450 页。

② 唐代尚未有作为国家概念的"马来西亚"，此处作者实际上指马来半岛。——译者注

到阿拉伯帝国（l'empire arabe）边境〕普遍接受乃至寻觅的国际货币。这些对外输出想必吸收了不少货币，因为唐代与整个亚洲的贸易交通越发紧密，这也是出现周期性货币短缺的第二个原因。良币消失有另外一个原因，可能比对外贸易更为重要，也比后者更难控制。那就是利用熔解钱币得到的宝贵的铜，来打制厨具、艺术品、花瓶、镜子、佛像等。若有需要，这些宝贝的持有者只要将其回炉，并把得到的金属交给某些伪币制造者的地下作坊即可。当然，富有的庙堂常常这样做，首先是佛教各大寺，它们藏有不计其数的礼器，是名副其实的信贷机构。此外，我们有不少证据证明寺庙的攒钱传统，编年史中有大量关于其财富的记载。在这种情况下，皇族权力不起作用。很容易明白，国家被迫寻求极端方式来对抗可疑的寺院经济权力。845年下诏引发的僧尼还俗运动也为我们提供了不容置疑的证据。

每一代帝王统治下，货币的成色一直在变化，国家进行了各种尝试，旨在将虚构的市价强加在重新打造的钱币上，抑或强制推行一种不利的兑换率，用现行货币兑换新币，最终还是失败了。"富商和厉害的高利贷者"迫不及待地从公权力制定的不连续的货币政策中获利。他们沉湎于有利可图的投机并取得成功，流通中货币的多样性给了他们操作的机会：他们将京城里的官铸钱币劫掠一空，运往伪币制造者的中心——长江流域，在那里，他们能换到五倍数量的成色稍差的钱币。

货币的崩溃也为高利贷资本提供了不同的获利资源。在当时的商界，有足够多的细节可以不让人怀疑，大商人从不放过任何机会致富。可以看到，他们无所顾忌地倒卖粮食，囤积商品，以高利息放贷。817 年的诏书下令，所有囤积居奇者将其积蓄中超过 5000 贯的部分重新投入市场流通，否则格杀勿论。我们掌握了一份文书，证明了在那个时代大量财富是如何创造的。都督们与商业城市的市民阶层有牢固的联系，经常能获得超出法律规定上限百倍的利益：都督们拿着自己财产的剩余部分或其委托人的财产在京城购买联排屋舍[1]，然后拿收到的租金与其委托人两清，于是自己最后成了长安城整条街的业主。[2]同一时期，在每一贯钱中克扣下若干枚的行为已司空见惯。各种迹象表明，抽 7%~8% 铜钱的惯例是高利贷者首创的。总而言之，国家必然对此加以惩处，但在多次下诏禁止无果之后，抽水比例统一为 8%。

纸币的先驱。纸币的最初形式同样是私人首创的。[3]这项造成巨大影响的创造起源于稍晚的 8 世纪末。由于交通不便，进行远途贸易需要另想办法。大串钱币重达数斤，很不

---

[1] 法文为 "maisons de rapport"，又称 "immeuble de rapport"，原指 18、19 世纪巴黎等大城市出现的用于出租的联排公寓。——译者注
[2] 白乐日，《唐代经济史》，第 124 页；本书下文第 453—454 页。
[3] 白乐日，《唐代经济史》，第 125 页及后续页。

好拿，币种多样，商路不实而多变，政府措施缺乏条理，地方抽水比例也不尽相同，等等。或许大商人很早就想到找一种方式，代替常规却繁重的交易。除了上述各种阻碍之外，8世纪最后几年中又出现货币短缺的问题，已成顽疾。道乃至州的当局禁止钱币流出本地，他们在当地有裁判权。这种交易立刻被停止，其对贸易的影响是毁灭性的。大商人之间很早就形成了通过一套凭券向各位钦差、节度使、都督或其在京城的代理人［称"进奏院"（tsin-tseou-yuan），是某种地方派驻朝廷的使团①］托付钱币的习惯。使用的钞券称为"飞钱"（fei-ts'ien），或"便换"（pien-houan），这些是名副其实的兑换文书，构成最初的纸币形式。这种天才的发明不可避免地影响了商业领域的各种创新。早期国家禁止纸币，可能是害怕存入的钱款被用于高利贷，不进入流通领域；但纸币的传播相当迅猛，以至于公权力认为取代私人担保人的地位更有利可图，于是为了自身利益，便也对这种新的发明加以利用，对存款者抽取佣金，并对存入的款项牟利。官员们在此既成事实面前屈服，为的是更好地对其加以控制。于是就产生了最早的由国家发行的钞票。发钞权交由三个财政部门，户部、度支司和盐铁司（Commissariat du Sel et du Fer，yen-t'ie-che）。最后一个部门下文还将谈到。

---

① 关于这些使团的贡献，见戴何都，《法译新唐书·百官志与兵志》，第670页；白乐日，《唐代经济史》，第127页。

二、交通

此时代的文献中非常明显地出现了与国有经济内在不相符的矛盾。我们可以对国家在经济生活中扮演的角色有一个大致的了解，但至于国家实际扮演的角色，我们依然渴望了解。政府机器的齿轮包含了许多不为人知的构件和空隙，私营部门不同性质的要素在此相互滑动运转，对此，我们的信息还有相当多的缺失，因此不可能在全局上加以理解。多亏了一些偶然的机会，我们可以得到关于上述要素的某些信息，刚好使我们能评价此类非官方的行为。这些基本资料显示，公权力和私人影响力相互纠缠。如果想了解涉及商业的整个演化过程，最好将这些资料保存在鲜活的记忆中。

因此，人和物的交流与流通提出了一些至关重要的问题——要有一个良好的路网，并一直要修缮维护；修筑和监管运河，清理淤塞的河道；守卫关隘，维护道路治安——总之是维持整个交通体系的安全和稳定，这是庞大中央集权帝国正常运转的最基本条件。如果没有交通，就没有运输；如果没有运输，京城就无法采购。而200多万生灵依赖于东南地区运来的粮食。官员的交流和国家粮食的流通自然要广泛利用政府机制，但流动和交易的自由度因此大打折扣。

邮驿系统、路网和路费。这些系统中最引人注目的是邮驿系统［"驿"（yi）］，完全用于传递命令和官方报告，以及官员的日常差旅。[1] 在驾部司的监管下，1643 个驿站（1297个陆路驿站、260 个水路驿站和 86 个混合驿站）服务于全盛时期的唐朝，一切管理得都很精细。驿站之间相距 30 里（约15 千米），站里的官员和邮差按其品级和重要性配备一定数量的良马、车辆、轿子等。这些小站点里有办公室、马厩、牧场，一般还有旅店，骑师可以在此过夜、歇脚。普通私人旅行者也能在此找到住处，也能租一匹驴子；因为旅社管理者同时担当驿站的领导，通常也是有钱的生意人，称为"驿站接待"（receveurs de relais），由管理邮政事务的地方官府任命。国家补贴驿站的维护费用，法律上关于使用公家马匹的规定相当严格：禁止偏离事先规定的路线，否则杖责；禁止运输除衣服和武器之外的私人物品；等等。但伴随着商贸的发展，这些规定似乎逐渐放松。到了 8 世纪末，在连接开封（K'ai-fong）、归德，以及京城长安之间的道路沿线遍布旅店、商铺和旅舍，有驴子供旅行的商贾使用；这样的道路向西延伸到了成都（四川），向北通往凉州（甘肃）、太原（山西）、范阳（Fan-yang，今北京），向南通往长江流域的各大商业城市［江陵（Kiang-ling，今属湖北）、襄阳（今属

---

[1] 白乐日，《唐代经济史》，第 130—133 页；陈沅远（TCH'EN Yuan-yuan），《唐代驿制考》（T'ang-tai yi-tche k'ao），《史学年报》卷一，1933 年，第 5 期；戴何都，《法译新唐书·百官志与兵志》，第 111—112 页。关于官方文件的各种类型，见上书，第22 页及后续页。

湖北）、扬州（今属江苏）等]。① 此外，这些城市像山东和广东的某些其他城市（如广州）一样，分别是地理学家贾耽（公元 730 年—805 年）所描绘的七条重要商路的起点，连接中国内地和朝鲜、回纥（Ouigours）和突厥诸帝国，以及中亚各民族、中南半岛（Indochine）、印度诸国（Indes）和马来群岛（archipel malais）。② 所有这些道路向长安汇聚。

关税衙署又称"关"（kouan），建在扼守京畿或其他战略通道的山口处，负责阻止"流浪者和无业者"通行。"一切来往进出的通行者、车辆、马匹必须持有过所（kouo-so）以备查验……凡出境超过一个月者领取行牒（hing-tie）。"③ 就与边境守卫有关的法典条文来看，唐代的关税政策已经具备宋代保护主义政策的萌芽：某些商品，如织物、铁、贵金属、珍珠等禁止出口，只允许外交使团通过边境，等等。保护主义既与垄断对外贸易有关，也与中国同诸草原帝国之间关系的特殊性质有关，外贸垄断稍晚将进一步加强。因此，保护主义或许没有任何实际效果。④

更重要的似乎是给中国内地的交通带来的阻碍，官方

---

① 《通鉴》，10。
② 伯希和，《交广印度两道考》（Deux itinéraires en Inde à la fin du VIIIe siècle），《法国远东学院学报》卷四，1904 年，第 131—413 页。
③ 戴何都，《法译新唐书·百官志与兵志》，第 122—123 页及第 744—745 页。
④ 《唐律疏义》（T'ang-liu chou-yi），8，6b—8b；德卢斯塔尔（R. DELOUSTAL），《古代安南的法律》（La justice dans l'ancien Annam），《法国远东学院学报》卷九，1909 年，第 480—482 页。

资料却只字未提。但只要谈到关隘、堤坝、卫所（poste de police）、要津，均由多人把守，考虑到官员们对贸易的态度，很难想象他们能克制自己，不收关税。官方资料证实了通行税的存在，与欧洲中世纪相似，但在中国较不普及，想必也没有怎么像在我们欧洲一样妨碍贸易或导致滥权。

武后时，一位中书主张让交通更加自由，当然，语言表述较谨慎，不作保证，具有当时政治论争的特点。他的文章702年呈交圣上，先描写了数以千计的小船在帝国的水道上航行，接下来就是这一段，"现在的治安岗［"铺"（p'ou）］设置于江河的津渡或出海口处以征税，一定会有检查，而检查就意味着让运输停止。刚渡过河却又重新被治安岗拦下，不仅要向国家缴税，还要面临支付租费（租船费？）和主管部门的索贿。"[1] 尤其这最后一点，即地方当局的滥权行为让中央政府的钦差频繁干预，禁止地方当局任意征收、令人恼火的"横税"（heng-shui）。归根到底，这些现象既不利于商业繁荣，也不利于税收本身，而税务机关还掌握其他有效手段扼住纳税人的喉咙。道、州的长官及其下属也一直强迫旅行者缴纳通行税，并对在其管辖区域内流动的所有重要商品征收地方税。[2]

---

① 《旧唐书》，94，3a—4b。关于堰埭（yen-tai），见白乐日，《唐代经济史》，第143页、第153页、第154页；戴何都，《法译新唐书·百官志与兵志》，第495页。

② 白乐日，《唐代经济史》，第142—143页。

总而言之，自由交通，在唐帝国几乎和处于税收网络之中的欧洲中世纪各公国一样艰难。但中国是同欧洲一样辽阔的帝国，其间的障碍在性质上并没有什么太大的差别。

水路交通和转运使（le Commissariat aux Transports）。对唐代的道路状况我们知之甚少；但没有太大疑问的是，除了帝国的交通大动脉之外，其他的道路不足以满足大宗商品的运输要求。关键问题是，东南各地以粮食形式上缴的税收要养活两京和人口稠密的西北、华北各道。在此应该重提一下上文谈到的由隋代完成的运河系统和其他重大工程。唐代扩建了运河并继续其他工程，到了中国北方的经济（文化）中心向南方转移的程度，在本书中，我们可以发现国家的变革已经迈出了决定意义的一步，也是这个朝代可以自夸的荣誉之一。[①]与这场运动相关的一个现象（既是原因也是结果），就是南方商业城市的兴起；尤其是南方沿海各港口，如广州和泉州［Ts'iuan-tcheou，将来的福建刺桐（Zayton）］，以及长江流域的城市，如扬州，是南北大运河的一点。在唐代，运河和河流的重要性犹如道路，这一点毋庸置疑。

所有的文献都证明，水道是公共交通和私人贸易的最佳

[①] 　白乐日，《唐代经济史》，第118页、第124页、第133页及后续页；另见上文已经引用的冀朝鼎的作品《中国历史上的基本经济区》，第125页及后续页。作者冀朝鼎为史上记载的水利工程做了图表（冀著第35页和第130页），也对唐朝做了总结：大型工程中有111个修建于南方（江苏、浙江、江西、福建），只有99个修建于北方（陕西、河南、山西、河北）。

通路。唐玄宗时拟定的官方运输报价也能反映这一点。[①] 马背或其他牲口，或挑夫（在牲口无法施展的地方，两个人分担一匹牲口的运量）的运输价格都很高：通常 100 斤运 100 里（约 50 千米）要花 100 钱，在山区要花 120 钱。报价还规定，价格在平地不能低于 80 钱，而在陡峭地带不能超过 150 钱。车辆运输也不怎么便宜：同样的距离，运 1000 斤要花 900 钱。而由船舶运输同样的重量和距离只要花 15~16 贯（逆流而上）或 5~6 贯（顺流而下），根据黄河、长江或其他水道而有所变化。如果我们比较每天的速度，这张表将变得更有说服力：马 70 里，步行或骡子 50 里，车辆 30 里，而满载的船舶逆流时 30~45 里，顺流时 70 里，甚至在长江上可达 100 里，在黄河上可达 150 里，因水流更湍急的缘故。

我们还大致了解了大宗货物所占的比例。约 770 年，著名的转运使（Commissaires impériaux aux Transports）之一刘晏（Lieou Yen）让扬州的船东们修建了大运河，供运粮驳船通行，每船可装 1000 石（约 2 万公升或 20~30 吨）。刘晏的海运船队包括 2000 艘此类驳船，共有 7 万名船员，即，每十艘驳船为一纲（kang），有 300 名纤夫或装卸工，及 50 名水手或领航员，每年他们为转运使将 100 万石粮食运往京城。此外，航行技术在这一时期也取得了长足进步，尤其是

---

① 存于《唐六典》，3，15a。这本官方著作完成于 739 年，但报价或价格之间的关系（在此更重要）或许对于后世仍有价值。

从 8 世纪下半叶开始，下文研究海上贸易时我们还有机会谈到这一点。

在玄宗皇帝辉煌的统治期内，我们遇见了最初一批专门负责运输管理的钦差。在"转运使"一职设立之前，一位高官承担了重组京城采购工作的任务，他提交的一份奏章让我们了解了该职务设立之前的一些情况。每年年初，来自土地税或征收于江南各道的其他形式捐税的粮食或布匹装在船上运往扬州。干旱常阻碍航行，直至夏天仍使其滞留在淮水和汴水（la rivière Pien）之上，后者经运河系统连接长江和黄河，夏季黄河涨水又迫使其再停留一至两个月。到了年底，通过了无数艰难险阻之后商船才到达目的地。其中最坏的情况是在暗流涌动的黄河峡谷中航行，还要进行装卸，等等。除了这些困难以外，巨轮的船员们来自南方，不熟悉北方水域的航行特点。[1]

"转运使"这一职位就是为了克服这些困难而设立的，但真正的动机在于当时局势危急，王朝政府在绝望中对抗着安禄山匪帮。在全面的无政府状态下，中央与地方的联系被切断，而平常时中央总会明确地抽取地方的部分收入。"转运使"是革命性的创新，其背景就是这么简单，就是要将扬州和长安间的道路分割成段，在不同路段只雇用长期从事

---

[1] 白乐日，《唐代经济史》，第 135 页。

江河或运河业务的当地人，在每一段建立谷仓或仓库，更重要的一点是，舍弃运费高昂的大宗商品，转而运输"轻货"（k'ing-houo），其价值与其重量相比要高得多。显然，这些事实的前提是贸易和货运要相当频繁。于官僚而言非同寻常的企业精神激励着转运使，他们在很短的时间里成了真正的理财家。他们集另一些钦差头衔于一身，从名称的字面意思上可以看出不仅涉及商品的运输，还与生产或估价相关：盐铁使、铸钱使（Commissariat de la Fonte des Monnaies）、常平使（Commissariat chargé de maintenir l'Uniformité du Prix des grains, tch'ang-p'ing-che）、馆驿使（Commissariat aux Relais de Poste）等。最著名的两位特使是负责西北各道经济工作的第五琦（Ti-wou K'i）和刚才提到的刘晏（公元 717 年[①]—780 年），后者起初重组了南方各道的交通系统，后来成为整个中国的经济主管。在更大的范围内看，正是在他的推动下，贸易才有了快速发展，东南地区的商业繁荣起来，全国的经济也有了发展。[②]

以上政治家为改善经济形势和补贴不断增长的军费开支展现出许多努力，特点在于让商贸在国家指导的经济中扮演更重要的角色。他们的活动坚定地朝着公私合作的方向走，或许因为国家早已感受到了私人商业的巨大影响。因此，当

---

① 根据《辞海》，刘晏的出生年应为 718 年。——编者注
② 关于刘晏和其他特使，见白乐日，《唐代经济史》，第 132 页及后续页。

有人指责刘晏，国家为扬州船东支付每条驳船的费用是成本的两倍（每条驳船花费国家1000贯，是相当多的一笔钱），他回应道，若不和私人发起者合作，就无法重组公共交通，因此为了国家的利益，有理由将一些利润给让渡给个人。他的立场是反对浪费和管理混乱，也反对官僚机构不管不问。据说，在他的治理下，物尽其用，没有丢弃任何东西，连朽木和线头都被拿去做燃料（在当时的中国很稀有）。

刘晏的努力获得了令人惊讶的成功。在他之前，用驴子将货物从扬州驮到开封（河南）要花2200钱；而在他就任转运使后，价格仅为1300钱。对于往北方运输的每斗粮食而言，他成功地为国库节省了900钱。更值得注意的是，正如我们上文所见，日常运输量达到每年100万石谷物，还没有计算其他货物运输和货币支付，后者是当场进行大宗商品买卖的产物。甚至在稍晚的9世纪，当引发上述巨大努力的时机不复存在，各道的独立性大大增强，成为中央政府的主要忧患——各地军事首领蚕食税收——每年运输总量也从未低于40万石。

至于私人商贸在多大程度上受益于公共交通体制，我们知之甚少，因为我们只能了解到国有经济部门的一些细节。在我们看来确信的是，自8世纪中期开始，转运使的设立，以及领导人采用的原则均证明，社会骚然，天下将变。经济发生了微妙变化，体制越发向贸易开放。毋庸置疑，在这种变革之下，刘晏及其同僚扮演了强有力的催化剂的角色。

　　根据种种迹象可以观察到，除了基于商品和交易工具频繁流通的一些发明，如纸币之外，还出现了观念传播的新手段。后文将谈到，印刷术的发明伴随着，或更确切地说，起源于消息传播的需要，满足这种需要的最佳方式正是报纸。9世纪一位作家的作品中包含一个片段，写于851年，证明了玄宗皇帝以来出现了报纸的雏形。① 那是一种京城的官方新闻简报，首先是宫里的事情：任命、亡故、变动，或许还有政治生活中突如其来的变化，会引起高官和与高官有交往的大众的兴趣。这份《京报》（*Gazette de Pékin*）的鼻祖以手抄或雕版印刷的方式由进奏院发行，后者是中央政府和地方政府之间的联络员，发行了多少份无从知晓。需要再次提醒的是，这些机构也介入大商人之间的汇兑交易。因此，在那个时代出现的三种新事务之间建立一种关联并不过分：最初的印刷品，佛教寺院自8世纪起就开始使用了②；最初的纸币，因大宗买卖而发明；报纸的发明，在与大寺院和商业界都很熟悉的财政界得以实现。

---

① 《读开元杂报》（*Tou k'ai-yuan tsa-pao*），载《孙樵集》（*Souen Ts'iao tsi*，《四部丛刊》本），10，1a—3b。注意，"报"（pao，"信息""报道""公告""通知"）在今天就是指"报纸"的术语。

② 见本书下文第397—398页。

三、商业的兴起

作为经济中心的城市。唐代商业的兴起是毋庸置疑的事实。其推动因素有哪些，商业中心建在哪里，如何建立，在何种程度上形成了西方意义上的市民阶层？上文中，我们仅参考了官方文献中偶然提及的事实，这一点我们还要重复一遍。也正是因为上述记载的偶然性，需要避免将其解释得过于绝对或让其表达原本没有的意思。材料很稀少也很含糊，这能说明研究的难度，并至少部分地说明，直到目前，所做的工作还很不足。任何过于肯定的结论都是不成熟的。也会有官员们撰写的一些文档，偶尔谈到与市民相关的话题，因为官员在履职中会与他们打交道。但我们几乎完全忽略了匠人和工人们的状况。总之，我们对于城市的演变了解得还不够具体，因此全局上的看法也会有不足之处。

与中世纪欧洲的情况不同，我们对于唐代的人口流动掌握了丰富的资料，完全可以证明对于官方人口普查数字的信赖。这归功于仔细的记录和频繁的普查，使我们能进行比较与核实。然而，这些统计数据都以税收为目的，而它们针对的是人口分布极不平衡的各个行政区域，因此不应该以某某州的全局人口数为基准去了解城市和乡村间的人口分布。来自统计数据中的移民数量显示出，人口向较稀疏的东南方向流动的趋势较明显，尤其是流向有大型港口的海岸，那里是新兴海运贸易的中心。一份更加详细的统计让我们可以观察到，这种人口流动让帝国刚开发地区的各种资源得以充分利用，也伴随着北方人口的相对流出。而到了王朝中期，人口流动加速，华北大平原的人口密度依然相当大。在当时中国的 5000 万~6000 万居民中，约 75% 居住在长江以北，只有四分之一住在南方。由于缺少县一级的详细统计[①]，我们只能大致估算城市群的规模。有一份材料指出，40% 的人口居住在七分之一的州里：这种人口密度会让我们推测出，大量的居民住在城市里。此外，唐代的许多文献都证明了这些中心城市具有经济上的辐射能力，其中最重要的几个城市至今依然存在，都是闻名遐迩的现代大城市。战争和农村的灾难也是城市人口增加的因素，当时的贸易围绕着新兴商业中心进行，至少一部分焦虑的农民免不了被临近城市城墙内更便捷的生活吸引。归根到底，唐代城市的数量和规模似乎在很大程度上已超过了西方在近代之前出现的城市。

最大的几个都市圈，如两京和处在道路汇聚处的各道首府，以及水路交通枢纽和海运港口，都住着相当多的居民，是欧洲不能比的。因此，作为皇室主要居住地和政府所在地的长安至少有 100 万人口，而东都洛阳确信有 40 万人口。

---

① 人口普查只给出了每个州的总人口数，即一块包括许多县，含数百个乡、镇的广阔土地。关于唐代人口，见白乐日，《唐代经济史》，第 14 页及后续页；毕汉思，《中国的人口普查》，第 49 页及后续页。

最重要的商业城市：四川的成都，山西的太原和绛州（Ki-ang-tcheou），河南的宋（Song，归德）和汴（Pien，开封），江苏的润州（Jouen-tcheou，镇江）、常州（Tch'ang-tcheou）、苏州（Sou-tcheou）和扬州（南北交流的枢纽），浙江的杭州和明州［Ming-tcheou，宁波（Ning-bo）］，江西的洪州［Hong-tcheou，南昌（Nan-tch'ang）］，湖北的江陵，福建的泉州，广东的广州以及安南的龙编［Long-pien，河内（Ha-noi）］等。不再赘述，每座城市大概都有 10 万以上的居民。单就广州一城，9 世纪下半叶就有一处 12 万（？）阿拉伯等商人的聚居地。[①]

　　然而，居民数量多并非都市圈的唯一特点。尽管有统计数字，我们还是忽视了中国城市的演化，其中的原因在于中国城市的角色与西方城市不同。在中国，我们找不到和欧洲市民阶层一样的追求：城市间没有免税，没有城市特权，完全没有证明城市独特地位或行政自治权的宪章。因为中国的城市依然是皇帝所委任的太守的驻在地。制定法律的是内廷或外朝官员，商人和匠人一样，首要任务是保障行政官员的供给，为他们的生活提供便利，让他们过得更好。工人、匠

---

① 根据阿拉伯商人的证言，见由阿布·扎伊德（Abou Zayd）于 916 年口述，由莱诺（REINAUD）译出的《阿拉伯人和波斯人前往印度和中国旅行之间的关系》（*Relation des voyages faits par les Arabes et les Persans dans l'Inde et à la Chine dans le IXe siècle de l'ère chrétienne*），巴黎，1845 年。

人和商人被视为对行政中心的供给和士人阶层的福祉不可或缺的人，他们会通过行政渠道被大量转移到另一个地方，为的是去"填满"一座城市——在中国历史上是经常记载的史实，例如691年的洛阳。[1] 同样，城市作为军事驻屯地，不可避免地需要商人所提供的服务，而军队的军需官则受都督支配，他们可以无所顾忌地敲诈勒索，无须应诉。[2] 商人在从业过程中完全屈从于官员，商人也被视为一种必要的恶——有条件的人将其作为工具使用，却加以蔑视，他们从未摆脱工具的身份。由于交易的扩大，唐代开始允许商人阶层寻求更独立的角色，但官僚阶层享有的至高权力依然强大，商人想要成功，更倾向于采用迂回、更细致却更有效的方式，而非进行直接斗争。此外，我们对这个阶层的追求几乎一无所知，只知道他们一直尝试靠送礼去供养公权力的代理人，通常能成功，后者更情愿地投身于有利可图的运作中，因为其职能使他们长期与大宗交易接触，但他们将交易视为有损名誉的工作，这样的工作最好留给普通人做。而在高处操纵生意，在任何时候都能让投机的奸商们规矩一些。

商业立法、市场体制和行业协会。按照国家对商业的基

---

① 关于"数十万户"的敕令，见《唐会要》，84，18a；《通鉴》，204，20a。

② 或许，军务消减了城市对于农民的吸引力。《唐六典》，3，9b，天真地叙述了指导人口自由流动［"乐住"（lo-tchou），字面意思上是"自愿地居住"］规定的若干原则：可以离开"狭乡"前往"宽乡"，后者徭役较轻，前者徭役较重。见本书上文第311页的注释1和第314页的注释2。

本态度，法律无须管辖商人：如有必要，当地具有管辖权的官员会简单地做出决定，通过诏书和敕令一揽子解决商人做生意、缴税及其与公权力之间关系等问题。因此，我们在谈及商业立法的时候要有所保留。唐代的法典中只有六个条目涉及商业。[①] 商人每年必须复核其度量衡，否则杖责70下，京城的商人前往太府寺办理，其他商人到各地方机关办理。生产和销售劣质商品，尤其是布匹质次或尺寸不足（丝宽1.8尺，长40尺；棉宽1.8尺，长50尺）将面临杖责60下的处罚，布匹会归还违规者，而其他商品则被国家没收。以下两条涉及负责市场监管的官员所犯的欺诈罪：使用与标准不符的非法度量衡，确定非法价格以牟利等。如果官员诬告商人犯欺诈罪，官员将被处以徒刑。第五个条目对于一切违反自由买卖的不法行为处以80下杖责，例如：商人串通限定价格，借助市场外阴谋进行竞争。最后一个条目规定，从事牲畜（牛、马、骡等）和奴婢贸易须最迟在交易后三天之内签订购买合同。提及奴婢是北魏立法的遗存，这一点也和其他条款的内容一样提醒我们，唐代的法典起源于唐初（633年）。

任何一个人口超过3000户（约1.5万人）的州或县都有权建立市场［"市"（che）］，由一位"市令"监管；在长安或洛阳之类的大城市有许多市场，市令由一位助手、一位

---

① 《唐律疏议》，26，15a—17b。

秘书及多位书记员和监督员辅佐。市场的管理体制如下①：正午，鼓声三百下预示开市；日落前三刻，钟声三百下预示闭市；每家商铺必须张贴告示。市场由成排的街区构成，同类商人的货架、店铺或同行业的手艺人摊位都安排在固定位置。这些街区以前称为"肆"（sseu）、"列"（lie）或"次"（ts'eu），隋代以来名为"行"（hang，本义为"排成排的"），名称上蕴含合作关系的萌芽。屠户、鱼贩、菜贩、五金商人、马具商、金银匠、织工、裁缝等都有自己的"行"，许多资料谈到共有120行，或许是为了突出职业的多样性。然而，街市上的职业不断分化，交易量越来越大，很难维持这种严格的区分。于是，商业的繁荣迫使管理当局允许商人在市场外的街区经营，从此，他们或在正常的市场里，或在城市的任何一条街道上安顿下来，不受限制。

然而，同行的商人和同业的匠人依然属于各个同一性质的组织，从8世纪起，"行"这个称呼开始具有行会或同业公会的概念。宋代这种同行组织的角色似乎说明，它的出现是由国家和商人共同推动的，但二者的理由完全对立。商人和随后的匠人觉得，组成行业公会能更好地捍卫自身的职业利益；

① 加藤繁，《论"行"或中国的商会，特别参考唐宋时期的制度》（On the Hang or the Associations of Merchants in China, with special reference to the Institution in the T'ang and Sung Periods），《东洋文库欧文纪要》第8期，1936年，第45—83页；戴何都，《法译新唐书·百官志与兵志》，第437—440页和第717页；本书上文第211—212页和第220—222页。

而在公权力看来，通过对行会负责的首领与整个行会建立关系，再经由整个行会与全体商人和匠人建立关系，乃是让他们接受其约束的合适方式。事实上，每个行业公会都有一位负责的首领［称为"行头""行首"或"行老"（hang-t'eou, hang-cheou, hang-lao）］，行会的成员让其在官府面前代表他们的利益，并与官员交涉。至少，后来的文献是这样描述的，涉及的行业或多或少与公共事务有关（茶馆、旅店、饭店、酒馆、妓院、当铺、钱庄等）。行会首领需要照看客户，防止打架、盗窃等。此外，国家的专卖机构和许可证制度发展到官府与被授予特权的大商人紧密合作，共同谋求垄断利益，使这些享有专卖权的商人在行会内部具有优势，下文还将看到这一点。因此就有了某些有特权的行会，它们也具备一定的垄断特点。

要做一个不太清晰的区分：定居的商人［"贾"（kou）］有固定处所，在店铺［"肆"、"店"（tien）］里做生意，生意做得最大的一些还有仓库（"邸"）；而流动的商人［"商"（shang）］去短期市场，或售卖蔬菜、水果及其他日常生活品（叫卖商人）。在大商人中，最常见的是长江流域的茶商、淮南道［la province de Houai-nan，今湖北、江苏、安徽（Ngan-houei）］的盐商和粮商，以及参与海上贸易的商人。

在市场上还有一位半官方人士"市衙"（che-ya），似乎在商业生活中扮演着非常重要的角色。大部分的交易都在撮合之下进行：783 年，开始针对营业额征收 5% 的临时税，市衙负责发给商人们一张印花公文纸，凡记在纸上的金额予以减税。由此，我们也能了解到，那些不求助于市衙的人有自己的私人簿记。[①]

正常的商业税相对较轻（3.3%），商人们也许能轻松承担。除此以外，我们不知道他们是以货币还是实物形式缴纳的。但对商业打击更大的是各种不合规的税收，如特别税、强制借款、资本税、营业税、过路费及各种勒索。到了 8 世纪中期，由于安禄山叛乱而不堪重负，税务机关为填满国库而疯狂寻找新税源，因此不堪重负，以上税目成倍增加，令人无法忍受。"助军捐"（contributions d'aide à l'armée）通常就是直接没收商人资本的五分之一甚至四分之一。这些是公开捐税，是国家采取的官方措施，在某种程度上有些过分，但还是合法的。而顾名思义，数不清的敲诈勒索、手续费和官吏们随时索取的贿赂不受任何控制。小商人在滥用权力面前毫无抵抗能力，而京城的商人有时会借助于他们能掌握的唯一武器：他们可能在大行会的怂恿下组织全行业罢工。我们所知道的有多次"罢市"（pa-che），当时商人们停止一切生意，关上店门，直到取消对其商品滥收的费用。[②]

还应该考量一下商业与国家之间复杂关系的背后。当社

---

① 白乐日，《唐代经济史》，第 140 页。
② 同上书，第 139—141 页。

会危机有可能打破传统的平衡，就会出现一些苦涩的抱怨，针对商人这种"末业"（mo-ye）。在对商业的指控中，主要的不满在于获利太容易，且不能被国家掌控或追及。同时代的人不断重复这一点，将商人令人嫉妒的命运与负债的农民相比较，所有的负担都落在了后者肩上。[1] 这旁观者自己也大声疾呼，捍卫私人利益，但与商业资本的利益相悖；他们借口捍卫农民，但事实上却是大地主的辩护人。尽管如此，商业自 8 世纪初以来依然不断自我增值。

可惜的是，关于商业利润的规模，材料没有向我们详述。就我们目前的了解而言，商业的体量乃至商业的对象依然充满了主观臆测。我们能隐约窥见的是农产品占多数，大宗商品的第一位被粮食、食盐和茶叶占据。无论是常平署订立的市场规则，还是商铺管理制度（该署的主要管理工具）都无法维持供求之间的平衡。地方上粮食歉收非常严重，产粮区域之间也存在着巨大的经济不平衡，以至于无法阻止粮食投机。这种观点远未失去价值，相反，还得到了强化。各道间的边境贸易会临时关闭，在这种贸易快消失之前我们才了解到这种昙花一现的现象。因为一位钦差大臣采取了反对保护主义的措施，加速了关闭过程。

盐是国家专卖的主要商品，即使在刘晏设立特许经营

---

[1]　白乐日，《唐代经济史》，第85页、第87页、第138页，尤其是第171页。

制度以后，依然是财政收入的最主要来源，也是大宗商品交易的利润源泉。茶叶也是同样的情况。茶在唐代属于相对新兴的消费品，后来逐渐传播到整个中国，成为最为必需的日常饮品，国家迫不及待地将其纳入专卖体系，足以证明这一点。[①] 这些大宗消费品或多或少地处于国家控制下，理所当然地成为大宗交易的主要对象。

　　还有丝绸，尤其是华美精致的丝织品，以及至今仍不为人知的其他商品，它们的出现满足了新需求，正如精致的瓶罐，尤其是瓷器，就是为了取代金属餐具。[②] 使用瓷器迅速成为潮流，富裕阶层向往用其他奢侈品装点生活，如象牙或贝壳器皿、宝石、珍珠、稀有香料和药品，使得奢侈商品成为常规贸易商品。可以注意到，大部分的新兴商品是出自中国东南或西南地区，如茶叶和陶瓷，抑或从遥远的东南亚海岸，经由海运贸易港口引进中国。而丝绸、陶瓷和茶叶又成为向印度尼西亚（l'Indonésie）、马来群岛、印度、波斯（la Perse）和阿拉伯（l'Arabie）出口的主要商品。

---

① 陆羽（LOU Yu，733年—约804年）所作《茶经》（Tch'a-king），已列出种类繁多的茶叶，并指出它们的产地，对茶的文化、调煮和器皿也做了详细描述，最早的记载上溯到3世纪；伯希和，《通报》卷二十一，1922年，第436页；福兰阁，《中国通史》卷三，第232页。——最早的一本中国烹饪教材《食宪章》（Che-hien-tchang）也来自此时代，共分50章，由一位叫段文昌（TOUAN Wen-tch'ang，773年—835年）的著名美食家撰写。
② 伯希和，《中国陶瓷史小记》（Notes sur l'histoire de la céramique chinoise），《通报》卷二十二，1923年，第1—54页。

海上贸易和巨额贸易财富的形成。 唐代与所有周边国家保持紧密联系，从日本、高丽以及中亚一直到东南亚沿海，为随后的商贸活动开辟了道路。但对外贸易自身性质的认识限制了我们对它的了解，因为进行交易悄无声息，无法察觉，偷偷摸摸，抑或习以为常。这通常避开了编年史家们的关注，他们只注意去记载一些罕见的事件，如不常来访的使团、充满异国风情的贡品、域外侨民们的奇怪行为等。我们应当看到，从未间断的对外交往具有政治意涵，除非战争这样的不测风云，否则贸易不会中断。

拿与华夏世界比邻而居的少数民族为例。高丽人、突厥人、回纥人、西夏人（les Tangoutains）、吐蕃人（les Tibétains），总之，北亚（l'Asie Septentrionale）和中亚各民族的商人在边境地区拿本民族的物产（牲畜、毛皮、毛毯等）换取汉人的丝绸；但史书上少有记载，除非他们把生意做到了中原地区。在779年的诏书中我们了解到，2000名回纥商人在长安居住，与汉民杂处，着汉人服饰，为了做生意可不受检查。在那时，中原地区每年拿100万匹丝绸购得10万匹马。[1] 有时，派往回纥采购马匹的中原钦差自己会带上一些丝绸，因此会获得巨大利润。[2] 另一些钦差不太喜欢生意带来的麻烦，而是直接劫掠商品，例如某些新罗（Sin-lo，Silla，朝鲜半

---

[1] 《通鉴》，225，25b；白乐日，《唐代经济史》，第145页。
[2] 《旧唐书》，138，1a；《新唐书》，150，2b。

岛）商人曾遭受过这样突如其来的损失。①

在海洋贸易繁荣初期，海盗占据主宰地位；因为中国的文献和阿拉伯的资料都描写了海盗光明的一面，世人的了解相对多一些。②特别谈到的是职业海盗，他们侵扰江南（Kiang-nan，今浙江、福建）和岭南（Ling-nan，广东、广西、安南）诸道，以至于所有公共和私人交通全部被切断。地方当局长官们偶然也会进行有组织的抢劫，他们很快意识到能从由海路汇集的过量财富中获得利益。最早一批从南海来的商人不得不硬着头皮尝试与国家代理人打交道，如海南岛（l'Île de Hai-nan）的太守在749年前后"每年定期劫掠两三艘波斯商船，弄到货物，把商品扣下据为己有，把船员留下做奴隶"③。但满怀热情的外国水手，尤其是阿拉伯人，从那个时代开始

① 《旧唐书》，149，4b；《新唐书》，164，1b。

② 费瑯（G. FERRAND），《阿拉伯波斯突厥人东方文献辑注》（*Relations des voyages et textes géophraphiques*），两卷本，巴黎，1913 年—1914 年；《阿拉伯商人苏莱曼印度及中国游记》（*Voyage du marchand arabe Sulayman en Inde et en Chine*），1922 年；夏德和柔克义（W. W. ROCKHILL）翻译并注释的《诸蕃志》（*Chau Ju-kua, his Work on the Chinese and Arab Trade in the Twelfth and Thirteenth Centuries,* entitled *Chu-fan-chï*），圣彼得堡（Saint-Pétersbourg），1911 年；桑原骘藏（J. KUWABARA），《蒲寿庚考》（*On P'u Shou-kêng*），《东洋文库欧文纪要》第 2 期，1928 年，第 1—79 页，以及第 7 期，1935 年，第 1—104 页；高楠顺次郎（J. TAKAKUSU），《唐大和上东征传》[*Le voyage de Kanshin en Orient*（742 年—754 年），是关于律宗（Vinaya）大师鉴真（Kien-tchen，日文罗马字"Kanshin"）的传记，由他的一位日本弟子撰写]，《法国远东学院学报》卷二十八，1928 年，第 1—41 页、第 441—472 页，以及卷二十九，1929 年，第 47—62 页。

③ 高楠顺次郎，《唐大和上东征传》，第 462 页。关于唐代富人家普遍用闻名遐迩的"昆仑奴"[esclaves noirs k' ouen-louen，黑人（nègres）或马来人（malais）] 做仆人，见白乐日，《唐代经济史》，第 105 页。

就称霸海上贸易，不会忍受这样的羞辱。他们人数众多，在中国各港口间短暂停留，如龙编、泉州（刺桐）、扬州（属江苏），尤其是广府①（Khan-fou）。他们甚至在那里定居，其聚居地与本地人隔离。关于这个大港口当时（779年）的状况，我们掌握了一份很生动的描写：

"在（广州）河上，有一些印度婆罗门（brâhmanes）、波斯人、马来人等的商船，人数难以确定。所有的船上都装满乳香、香草、宝石和其他珍贵物产，商品堆积如山。这些船有60~70尺（18~21米）高，来自狮子国［le pays du Lion，锡兰（Ceylan）］、大食国［le pays de Ta-che，塔吉克人（Tadjik）、阿拉伯人］或骨唐国［le pays du Kou-t'ang，吐火罗人（Tokhariens）？］的白皮肤、红皮肤蛮族来往，逗留已成习惯。在那里，能遇到许多人种的人。城市的防御工事一再加强，都督指挥六面军旗，每旗辖一支军队，其威严不异于天子（皇帝）。城里人都是穿着大红色或绯红色衣料②的人，城市周边的房子鳞次栉比。"③④

据上述记载中的信息，中国的鉴真和尚（公元688年—

---

① 该处"广府"指"广州"。——译者注
② 在中国和西方都象征着富贵。——译者注
③ 高楠顺次郎，《唐大和上东征传》，第466—467页。
④ 《唐大和上东征传》原文为："江中有婆罗门、波斯、昆仑等舶，不知其数；并载香药、珍宝，积载如山。舶深六、七丈。狮子国、大食国、骨唐国、白蛮、赤蛮等往来居住，种类极多。州城三重，都督执六纛，一纛一军，威严不异天子；紫绯满城，邑居逼侧。"——译者注

763 年）是一位律宗（指"寺院戒律"）大师，8 世纪中期左右前往日本。他来自扬州，曾让人在广州港口建造了一艘大船，比刘晏著名的驳船早了半世纪。743 年，他花了 80 贯钱又买了另一艘船。这艘帆船排水量至少为 25~30 吨，要将一批珍贵货物运往日本。尽管这是一次佛教弘法之旅，但对于商船来说较为普遍：大米、豆类、面饼、水果等食物，1100 两乳香、麝香、樟脑、药材等海外珍稀物产，25 000 贯各种钱，大量的铜器皿、艺术品和丝绸衣物，还有 185 位匠人、珠宝师、画工、造像师、雕刻师、铸工、绣工等。这艘船上共有 220 人，其中包括 18 名海员和 17 位随行僧侣，在扬州外海遭遇风暴沉没。[①]

据后世记载我们了解到，在海上贸易达到顶峰的四个世纪［从唐末到元朝（la dynastie mongole des Yuan）］中，中国在航海领域突飞猛进，以至于中国建造的船只把包括阿拉伯在内的别国的巨轮完全比了下去。中国的大帆船呈方形，由木材制成，配备武器，可抵御海盗，装有多张麻布或竹席制成的帆，绑在四五根或六根桅杆上。风平浪静时，船要靠八到十根大桨推动，每根至少由四人操作。在几个世纪中，船员由数十人变为数百人，他们听从"纲首"（kang-cheou）号令，后者一般在船上最重要的商人之中选出。起初，商人们惶惶不安地爬到自己的商品包裹上，没有什么栖身之地，但到了马可·波罗（Marco Polo）时代（13 世纪末），商人们已

① 高楠顺次郎，《唐大和上东征传》，第 448 页及后续页。

拥有五十多个船舱，安置在船尾。两块巨石放在船艄，当作铁锚用；许多小艇是补充装备，用于去港口采购淡水、木柴、食品等。最初一批航海者经受风暴和天气变化的苦难，尤其是缺乏淡水，还要被海盗、土著野人和愚蠢的官员们觊觎，与西方航海史上首批航海者一样备受折磨。远东航海术的进步是南海沿岸各民族共同推动的，但 12 世纪初以来决定使用罗盘是其中最关键的因素，那纯粹是中国人的发明（直到 100 年后才由阿拉伯人传授给西方人）。至此，航海不仅是场冒险，还极其漫长。阿拉伯商人去中国旅行一趟来回要花两年时间：春季前后到了广州或另一个港口之后，他们要在那里待到冬季，等待着合适的风向。可以设想一下那个时代在汪洋大海上航行的困难程度，也要考虑在中国内河航行所需要的时间：鉴真仅从九江（Kieou-kiang）到南京就花了七天时间。①

　　我们不能低估了海上贸易的经济意义。长安的朝廷看到

---

① 高楠顺次郎，《唐大和上东征传》，第 469 页。所有与航海有关的书证，尤其是中国和阿拉伯作者［伊本·胡尔达兹比赫（Ibn Khordâdbeh）、阿布·菲达（Abulfeda）、马苏迪（Maçoudi）、伊本·白图泰（Ibn-Battûtah）等］的，均由桑原隲藏汇编，见《蒲寿庚考》（1928 年），第 66 页及后续页；裕尔（H. YULE）和考狄，《马可·波罗》卷二，第 249 页及后续页；《东域纪程录丛》（Cathay），卷四，第 25 页及后续页关于明代；伯希和，《15 世纪初年中国人的伟大航海上旅行》（Les grands voyages maritimes chinois），《通报》卷三十，1933 年。还要注意，宋代区分四种类型的船，最大的排水量 1000 播荷［bhāra，古代马来重量单位，相当于中国 300 市斤（该词借自梵文和巴利文，原文注音为"po-lan"及"bharan"，似作者将该词在梵文中的宾格形式 bhārān 录入并按现代汉语读音习惯用拼音转写——译者注）］，以下各类的排水量依次为前一类的三分之一，见《宋史》（Song-che），186，11a。据此文献，宋代的商船或许跟唐代的商船一样，载重量分别约为 150 吨、50 吨、16 吨和 5.5 吨。

域外财富不断汇流，从长远来看，不能不介入交易。首先是为了确保能分一杯羹，也是为了限制节度使们无法满足的贪欲，否则有可能威胁外国商人。过于不讲理的节度使在外国人中臭名远扬，若外国人再也不来，给朝廷献"礼"的源泉就枯竭了。国家介入的另一个原因应该是监视中国商人的需要，也是害怕金属货币大量外流，长期以来已有前车之鉴。到了8世纪后半期，所有这些考量的结果是在广州设立市舶使（che-po-che），负责监管中外海上贸易。这些使者一般也兼任岭南节度使（Gouverneur de la Province de Ling-nan），奉皇帝之命享有优先购买权，这是外贸垄断的原始形态，并对所有商品课以十分之三的税，似乎是以实物形式征收。为此，商品要放进仓库，直到最后一批船只到达。

外国客商似乎对这种规则很满意，如果我们相信阿拉伯人的资料的话。他们居住在藩坊（fan-fang），由一位本族首领指挥，后者由节度使委派。878年，广州的外商人数可能已达12万。9世纪初，在中国逗留的一位阿拉伯商人带回了美好回忆，充满对中国官府给予关照的感谢，尤其是夸奖通行中的安全和便利。据此证人所言，中外商人从官府处得到一张个人通行证和一张特别通行证，上面写着他们携带的货币金额和商品的数量、种类。[1]

---

[1] 白乐日，《唐代经济史》，第146页及后续页；莱诺，《阿拉伯人和波斯人前往印度和中国旅行之间的关系》，第41页和第118页。

中央政府在商贸政策上任由温和的自由主义引导，至少在海上贸易问题上是如此，因为海上贸易基本无法影响到相距甚远的京城。陆贽792年的一份奏章证明了这一点，他建议温和对待外国商人，以便将其吸引到中国港口来。地方节度使可没有那么温和敦厚，他们飞速致富，正直而低调地行使自己特权的相当少。[1]但他们中的许多人成功地迅速积累大笔财富，这足以证明，海运港口的贸易范围之广，种类之丰，足以容得下一点持续性失血。纯粹商业财富就是这样积累起来的。最著名的例子就是这位叫王锷（公元740年—815年）的人，他的"钱在全国流淌"：约796年，他被任命为广州刺史和岭南节度使，非常善于利用商业牟利，于是在很短时间内财富超过了国库。他把正常税收的收入交给朝廷，至于来自商品税收的额外收入，则完全据为己有，据说每天发十余艘船到长安，他儿子就负责将牛角、象牙、珍珠等珍贵货物转手倒卖。这些交易为他带来了一大笔钱，以至于817年下诏限制持有（最多5000贯）铜钱时，王锷[2]不得不在京城购买大片联排宅邸，最后成为整条整条街的业主，这还没有算上他已经投资在建造宫殿上的钱，以及贿赂高官们的钱。[3]

海上贸易积累的这些财富一定会对贸易产生整体上的影响，也必然会对整个中国社会产生深刻影响。中国经济中心

---

[1] 《旧唐书》，177，7a；《新唐书》，182，4b。

[2] 此处原文有误，817年时，王锷已去世两年。——编者注

[3] 白乐日，《唐代经济史》，第149—150页。

越来越向东南省份移动①，与商业的繁荣同步，只不过是经济缓慢转型的标志。贸易成倍扩大，货币经济扮演愈发重要的角色，也提高了商人阶层的社会声望。城市新兴阶层与西方市民阶层多少有些相似，他们的出现使商业精神渗透在整个社会中，甚至渗透到了统治阶层中。中国商人采用贿赂政府的方式使政府被其控制，取得了成功。南方的大城市和港口汇集了来自世界各地的商人，通过日常接触这些从事国际贸易的商人阶层，负责监管经济的官员们耳濡目染。在这方面，最值得注意的是刘晏采取的谨小慎微的经济措施，以及王锷让人把宴请宾客剩下的饭菜留下并吃掉的举动。对于这种态度上的转变，当时的传奇文学为我们提供了别的事例：一位拾破烂的由于非常节俭成了巨富；富豪窦乂（Teou Yi）利用魅力甚至恻隐之心，从管辖的一切事务中获利。②国土上遍布的佛寺，江南山间的矿产财富，以及市民阶层不断扩张的影响力之间也必然有紧密关联：佛寺大部分在南方，而伪币制造者的藏身之地就在江南的深山里。同样不应该质疑，新兴的非士人阶层大众（当然并非文盲）和刚起步的世俗文学之间的关系。那是一种不太精致的文学，用一种略显通俗的

---

① 我们看到日本船只越来越倾向于扬州（在江苏）和宁波（在浙江）停留，而非他们在唐初习惯停留的山东各港口。

② 《太平广记》（*T'ai-ping kouang-ki*），第 243 页；爱德华兹（E. D. EDWARDS），《中国唐代散文》（*Chinese Prose Literature of the T'ang Period*），两卷本，伦敦，1937年—1938年。

语言写成，有民间故事、短篇小说、长篇小说、哑剧和滑稽
剧等形式。当时这些形式还不为人所知，要到了后来的宋、
元时期，通俗文学才以长篇小说和喜剧的形式得到全面发展。

　　尤其应该注意，这是一个不可逆的进程。唐代时商业
取得的地位在随后的历朝历代都不会丧失。也许，这些朝代
（元除外）都没有表现出同样的开放程度。在唐代，能看到
聂斯托利派基督徒（Nestoriens）、摩尼教徒（Manichéens）、
穆斯林（Musulmans）、琐罗亚斯德教（Zoroastrisme）信徒
［在中国称为"祆教"（Mazdéisme）］①，同佛教徒、道教徒和
儒家弟子们相邻而居，和平共处；在中原的京城，突厥人、
回纥人、吐蕃人、阿拉伯人、波斯人、印度人（Indiens）、
马来人摩肩接踵。商人阶层的影响似乎短暂消退，当外部环
境逼迫他们撤退时，他们就退一步，但只是为了更深地扎下
根来，慢慢等待大众对其在民族中所占据的位置予以认可，
因为他们与官僚打交道，与执掌国家政权的那些人拐弯抹角
地纠缠着。

---

① 　关于唐代非常宽容的宗教政策（与其他时代采取的主张相反），见夏鸣雷（H.
HAVRET），《西安府景教碑考》（La stèle chrétienne de Si-ngan-fou），三卷本，1895
年—1902 年；阿·克·穆尔（A. C. MOULE），《1550 年前的中国基督教史》（Chris-
tians in China before the Year 1550），伦敦，1930 年；沙畹和伯希和，《中国发现的一
部摩尼教经典》（Un traité manichéen retrouvé en Chine），《亚洲学报》（Journal Asiat-
ique），1912 年，第 499—617 页及 1913 年，第 99—394 页；梅森（I. MASON），《中
国的穆斯林》（The Mohammedans of China），《皇家亚洲文会北华支会会刊》第 60 期，
1929 年，第 42 页及后续页；福兰阁，《中国通史》卷三，第 356 页及后续页和第 402
页及后续页。

四、专卖

对于矿产（铁、铜）和基本生活必需品（盐、发酵饮品）征税并对这些产品进行专卖是中国古老的体制，或可追溯到战国时代。国家采用这些手段，以支持其收入，并向沉重的行政机器提供资金。我们观察到，专卖制度一直在国家掌控和求助于私人商业之间摇摆不定：国家的掌控耗资巨大却令人不快，而撮合私人商业可能使国家丧失其利润中最确定的一部分，并使专卖体制丧失国家特性，那是专卖存在的基础。[①]

自唐代开始，专卖制度的特点是，国有经济和大宗贸易之间在这一领域进行完美合作。官员不再拒绝让商人充当流通和分销的中间人，商人对简单的生产者—消费者中间人角色并不满意，试图超越这种身份，将国家专卖转变为商业垄断，自己组织专卖商品的销售和生产。[②]

盐是基本消费品，从含盐的泉水中提取，或在盐池中通过蒸发来生产。四川盐泉的产出只能满足当地需求，山西的盐湖每年也只出产 1 万斛盐，供应京城。在岩盐矿藏缺乏时，

---

① 盖尔（E. M. GALE），《盐铁论》[*Discourses on Salt and Iron, a Debate on State Control of Commerce and Industry in Ancient China*（公元前 1 世纪）]，莱顿，1931 年；后续载《皇家亚洲文会北华支会会刊》，1943 年，第 73—110 页。

② 白乐日，《唐代经济史》，第 151 页及后续页。

海盐就成了最大的资源。但沿海岸线开发盐田造成很多困难。首先，要监督产地的纳税人，他们以盐来支付土地税；其次是昂贵的运输成本，对于北方盐湖而言，每年2万斛（约800吨）才能回本，在南方，人们不得不拿盐来换取珍贵的商品，后者更便于运输。在形势逼迫下，盐务进行了重组，这理所当然是转运使要承担的任务。规则如下：盐业部门的"监院"或"巡院"（kien-yuan ou siun-yuan）仅在核心产区设立，在那里，转运使衙门将为国家工作的工人["亭户"（t'ing-hou）]生产出来的盐悉数收购。这些生产者似乎被免除其他一切负担，包括赋税和徭役。国家的盐批量卖给专卖制度内的盐商，再由特许经营的中间商在全国范围内自由销售。显然，这种排他的销售权引起持有特许执照的商人们对盐业专卖制度的关注，同样充满嫉妒的还有盐业官员，因此国家也会减少他们的人数。为了更好地掌控盐商，防止其随意投机，刘晏还以常平仓之名，储备"常平盐"（tch'ang-p'ing yen），起到同样的作用。尽管叫这个名字，这些仓库不止用来调控价格。正如我们将要看到的那样，可以设想一下，在南方各地（江苏、浙江、福建）设立的大量盐仓有时也被用于有利于国家的投机交易。无论如何，通过特许经营牌照体系重组盐税系统，从第一年开始给国家带来40万贯钱的收益。由于刘晏的组织，收入迅速上升到每年600万贯，相当于税收总额的一半。当然，负担还是落在消费者身上：

重组之前，一斛盐的价格为 10 钱；到 758 年，价格为 110 钱；而到 788 年，价格为 310 钱——即使考虑到当时的通货膨胀，这个价格也很过分。然而，有材料告诉我们，盐税收入在 9 世纪初达到刘晏时的三倍之多，但利润的大头却被大盐商们收入囊中。这些人来自江淮之间各地，大运河作为交通干线流经于此，他们所处的优越地理位置使其能够在官方定价的基础上再次加价。关于盐，我们还要注意的是，当时有一些严苛的法律严厉惩处食盐走私行为［对于私贩一石（约 40 千克）盐者处以死刑或流放］，因为随着有权势的批发商滥用其专卖权，小商人的走私行为变得越发有利可图。因此，法律为了维护前者的利益而打击后者，我们可以将其与法国旧制度下的农税征管部门相比较，二者之间颇有相似性，可以由此理解不同形式专制主义之间的联系。

茶叶专卖制度［"榷茶"（k'iue-tch'a）］最早于 783 年建立，当时是为了补贴军费；因为是前所未有的新制度，所以被认为不公平。首先，该制度对茶叶按其价格征收 10% 的税，由茶商付给国家，在水坝、津渡等地设立的检查站收取。然而，茶叶专卖依照特许经营牌照制度执行，归转运使管辖，稍晚之后又归榷茶使（k'iue-tch'a-che）领导。注意，"榷"字本义为独木桥，也用于指所有专卖。茶是华中和东南地区（今安徽、江西和浙江）的代表性物产，与盐和酒相比更难以专营。830 年左右，有人试图将茶叶种植者［"园户"

（yuan-hou）]组织起来为国家种植，但没有成功。此后，榷茶使衙门仅维持茶农和茶商之间的利益平衡。但茶农会通过地下渠道卖茶，与私盐贩子所受的处罚一样严重，而国家为了自身利益也加以监管，让他人尊重其持牌代理人的专卖权。据9世纪阿拉伯人的描述，"茶法"（tch'a-fa）仅次于个人税和盐税，成为国家第三大收入，在8世纪末（在真正意义上的专卖制度建立之前）为税务部门带来每年40万贯的收入。而茶贩子也有机会在法律上被认可，他们只需要支付一笔钱就能获得经营许可。可惜，各种资料从未明确指出购买许可证的价格。原因或许在于，价格根据所赠"礼品""捐助"和其他贿赂上下浮动，这些贿赂通常和购买许可证的钱一起付。

从782年起，对发酵饮品（从谷物提炼出来的甜烧酒、米酒等）的专卖和其他两种专卖采取同样的方式。但酒商既是卖酒的"酒酤"（tsieou-kou）也是酿酒的"酒户"（tsieou-hou）[①]。一斛酒（约2公升）在国营酒类商店卖300钱，国家从这个价格中抽取一半。尽管国家售酒带来每年150万贯收入（830年左右），但似乎很难持续。据唐代诗人的口述，京城消费了大量的酒类饮品，因此，京城酒鬼们享受着购酒自由。

经济调控的最后一种特殊形式是国家对粮食贸易的监

---

① 唐初没有对酒类的专卖。764年，酒商［"酤户"（kou-hou）、"酒酤"］被强加一项月税，779年废止［《通鉴》，第225页（779年，七月，辛卯日）］。白乐日，《唐代经济史》，第157页。

管。然而，常平仓体制原则上是纯粹的国家独占体制，虽然该体制中不存在专卖许可证，却在许多方面让人想到别的专卖制度。因此，应当另作讨论。

五、公仓体系和国家高利贷

像古代中国这样的农业国，长期遭受歉收和地方饥荒，水旱灾害轮发，建立粮食储备一直是性命攸关的问题。我们能发现未雨绸缪的原则，什么时候表述出来的已无法记得，从上古起已发展成一种平衡、"权衡""长期平等"的政治哲学。[①]

---

① 根据时代不同，经济平衡原理被称为"轻重"（k'ing-tchong, le léger et le lourd）、"权"（k'iuan, balance）、"平准"、"常平"（tch'ang-p'ing, toujours égal）。最著名的代表是管仲（Kouan Tchong），他是桓公（prince Houan，公元前 685 年—前 643 年）手下具有传奇色彩的大臣，也是齐国霸业的奠定者；法家的李悝也是公元前五世纪初一位王公的谋臣；耿寿昌（Keng Cheou-tch'ang）是西汉时的财政大臣（公元前 57 年—前 54 年）。有关这些问题，见《前汉书》，24A［《食货志》（Traité économique）］和《史记》，30［《平准书》（P'ing-tchouen），沙畹译为"《商业平衡》"（Balance du commerce），《史记》卷三，第 538 页及后续页］。葛兰言（M. GRANET），《中国思想》（La pensée chinoise），第 427 页及后续页；马伯乐，《古代中国》（La Chine antique），第 295 页、第 520 页、第 585 页及《中国土地制度，从起源到近代》，第 268页。尤其是梁启超（LEANG K'i-tch'ao），《先秦政治思想史》（Sien-Ts'in tcheng-tchesseu-siang che, History of Ch. Political Thought，英译本，1930 年）；戴闻达（J. J. L. DUYVENDAK），《商君书》（The Book of Lord Shang，1928 年）；福兰阁，《古代和中古中国的国家社会主义尝试》（Staatssozialistische Versuche im alten und mittelalterlichen China），《普鲁士科学院研究通报》（S.P.A.W.），1931 年，第 218 页及后续页。近来研究古代史学家的经济理论的是伯儒（R. C. BLUE），《汉、魏、隋史：食货志的争辩》（The Argumentation of the Shih-huo chih Chapters of the Han, Wei, and Sui Dynastic Histories），《哈佛亚洲学报》卷二，1948 年，第 1—118 页。

君王或政府掌握足够的资源来维持价格均衡，同时也操控着权力。因此，公仓体系被视为这种统治秘诀（recette gouvernementale①）——供需平衡的最佳工具。在丰收时以低价购买多余粮食，这样一来，出于收储目的进行的大规模采购会提高价格，对农民有利；相反，受灾或歉收时在市场上抛售储备粮，就可平抑谷物价格——这就是平衡机制。常平仓体制自诞生之日起就带有一种不可磨灭的烙印，那就是慈善目的和商业手段之间的内在矛盾。

增设常平仓的需求同国家幅员的扩大有直接关系。自隋代统一以来，又需要在粮食运输道路上建立谷仓网络，这些谷仓既是水路运输的起点，也是运河系统的组成部分。仓储系统扩张更迫切的原因是军队的需要。驻军（尤其是边境驻军）完全依赖于堆积在各地谷仓里的储备粮。各式各样的谷仓基本上构成了一个有机整体。每个谷仓的管理由专门的官员严加监管，例如，据我们所知，粮食的数量、送达的日期，以及负责接收的官员姓名都仔细地写在筒仓的墙砖上。不同类型谷仓的管理工作分配在不同的衙署，如太仓署（Office du Grenier impérial）、典仓署（Office du Triage des Grains）、常平署和平准署（p'ing-tchouen-chou）。该体制的

---

① 在法文里，该词组亦有"政府收入"的意思，一语双关。——译者注

最高领导权归于户部中的"仓部司"（ts'ang-pou）。[1] 到了设立转运使的时代，其长官通常兼任常平使的职务。

除了保证地方军队供应的"正仓"（tcheng-ts'ang）之外，在各个京城和粮路枢纽设立的多个粮仓均只属于国家，该系统中最重要的部分由预见性的公营谷仓构成，称为"义仓"[2]。自太宗皇帝（公元 627 年[3]—649 年在位）以来的体制如下：饥荒时"社仓"不太够用，每个社仓都必须捐出规定数量的谷物给义仓。对于粮食收获，每年每亩要抽取 2 升（约合 2 分升），而没有土地的商人要付 5~50 斛（10~100 公升）粮食，根据其纳税等级确定。义仓的首要目的是救助受灾农民（他们被免除租税），一般来说也帮助播种或"青黄不接"境况下的所有人，按慈善政策行事：对穷人施舍，为条件较好的人提供借贷。此类操作并不少见，让农民不去找粮食批发商，或者让他们免于陷入高利贷者的魔爪。同样，国家的主要顾虑是通过对种粮者的系统性借贷来维持库存，保证公共储备不变，甚至增加。这种考虑依旧在于奖励慈善，鼓励有志官员借给无支付能力的农民而非可靠的借贷者，将公营谷仓转变为国家信贷机构。

---

[1] 戴何都，《法译新唐书·百官志与兵志》，第 79 页、第 421—422 页、第 441—442 页、第 693 页、第 736 页；《唐六典》，19，9a 及后续页。

[2] 关于谷仓系统，见白乐日，《唐代经济史》，第 158 页及后续页；本书上文第 255—256 页。

[3] 根据《辞海》，唐太宗在位时间应从公元 626 年起。——编者注

若将这一事实置于常平仓政策的背景当中，的确相当有意义。国家为了维持粮价均衡，向每个谷仓推行"常平本"（tch'ang-p'ing-pen）[①]，按其所在地的重要性从1000贯到3000贯不等。因此，谷仓获得资本，从8世纪末以来大幅增加，不知不觉变成了"农业信贷银行"。有关负责官员自然而然以一种纯粹的经济视角来看待谷仓，因为他们的角色中包含某种风险：他们必须将市场调节的既定目标与以获利为目的的资本管理结合在一起。因此，只有在获得担保的前提下，他们才会拿出压箱底的东西，不光要保"本"（pen），还要添利。事实上，由于缺乏不间断的资金支持，长期高价买低价卖几乎是不可能的，但稳定经济的想法需要这么做。因此，我们有理由总结（没有弄错的风险），撇开饥荒时期的大规模救助行动不谈，通行的政策将谷仓变成"农业银行"，后者和粮食批发商一样借贷、交易、投机，但也要将一些利益输送给农民，因为他们的利率或许没有职业高利贷者的利率那么过分。对于国家高利贷现象的研究强化了这种观点。

首先，我们有必要说一说唐代的另一项制度，也属于常平仓这一领域，同样经历了充满矛盾的演变过程——那就是"和籴"。当8世纪中期，土地分配制度没落之后，土地税的

---

① 应为"常平本钱"。——译者注

收入再也无法满足补贴军队的需要，国家不得不通过别的手段获得必需的粮食，于是采取在市场上购买的方法，也有利于农民。种粮人每斛大米或小米能比市场价多得三枚钱，国家为了维持价格则耗资巨大（每年60万贯）。起初，"和籴"或"和市"（ho-che）是指向国家自由出售粮食，这项制度完全还处于平衡价格的传统中。但在常平仓和义仓中突然出现了反转趋势，"和籴"制度中也出现了类似趋势。自安禄山叛乱以来军费不断增加，让国家被迫采取权宜之计，作为购买者的国家和作为出售者的个人之间"和谐"的契约不复存在，卖粮变成强制行为，价格十分低贱，最终蜕变为简单粗暴的征用。[1]

我们掌握一份非常详细的统计数据，记载了749年国家在各个粮仓中的粮食储备情况。这些数字涉及每个道，让我们看到规模最大的粮食储备位于北方，那是人口最稠密的地区，也是对各种气候变化最敏感的地区（今陕西、河南、山西、河北、山东等省）。而同样是在军事上很重要的西北，在当时还在施行"和籴"制度，从中也能看到该制度的弱点。该统计中最值得注意的数据依然是所有仓储的总量——约6000万石粮食！数字令人惊讶，量化反映出玄宗皇帝统治下

---

[1]　白乐日，《唐代经济史》，第161—162页；戴何都，《法译新唐书·百官志与兵志》，第78页。

的繁荣和安禄山叛乱前夕中国的盛景。列表如下[①]：

749 年全国所有粮仓的谷物储藏统计
（单位：石）

和籴	1 139 530	1.09%
其他谷仓[②]	12 656 620	12.17%
正仓	23 067 370	22.18%
义仓	63 067 860	60.64%
常平仓	4 062 220	3.92%
总计	103 993 600	100.00%

　　准确意义上的国家高利贷上溯到隋代。无论在京城还是地方，每个重要的衙署都会得到一笔经费，用于以较高的利率贷出。放贷得到的利息，官员们便各自抽一份子。这种做法招致激烈批评，594 年的一份奏折提议禁止，即是佐证："公共服务部门仅追求利润，对民众而言是莫大的欺压，也从根本上败坏了民风。"设立的这些资金先是被废止，不过仅三年之后又再次运作，只是明确了禁止以高利率贷出。[③] 如果我们一直考察唐代国家高利贷的历史，要如何评价已经非常

① 见《通鉴》，12 ；《文献通考》，21。我们只给出各道有关数字的累加结果，与文本中明显错误的一些总和数字不总是一致的。
② 包括"北仓"（pei-ts'ang），存有过半的库存，剩下的分布在连接大运河的洛阳韩家仓（le grenier Han-kia，5 833 400 石）和太仓（仅 71 270 石）。关于仓储的丰饶程度，亦可见《通鉴》，216（749 年），5a。
③ 《隋书》，24，7a—b ；《通鉴》，178（594 年），6a—b。

清楚了，那是一种具有法律地位的正常制度。

　　在唐代，每个行政部门都会得到一笔"公廨本钱"（kong-kiai pen-ts'ien），官员也称"食利本钱"（che-li pen-ts'ien），交由九位"捉钱令史"（tcho①-ts'ien ling-che）管理。在这个微不足道的官职背后隐藏着一些商人，他们一心想让这笔钱增值，于是向官府支付一笔利息，以月俸的形式分给各位官员。起初，每个衙门的本钱最多不过 5 万钱，但随后却远超此数目。② 因此，长安和洛阳两京的公立机构共掌握 380 万钱，第一等级的州共掌握 242 万钱，第二等级的州共掌握 154 万钱，第三等级的州共掌握 88 万钱③，等等。国家资本以多高的利率贷给个人呢？我们一无所知，只知道利率想必让人无法接受，因为官方利率（即由放贷官员交给官府的）或许已高达 7% 每月，抑或 100% 每年（含手续费）④！对于管理国家资本的方式，已经不存在任何疑问，即国家要同意，利润也要归于国家。被吸引而来的银行家们称为"捉

---

① 注音似有误，宜为"tchou"。——译者注

② 796 年，68 个京城衙门共占有 239 235 贯零 45 钱的本钱。最有钱的衙署是京兆府（la Préfecture métropolitaine），有 48 889 贯钱；金吾卫（kin-wou-wei）及类似各机构，有 33 275 贯；御史台 18 591 贯；太常寺 14 254 贯；尚书省 10 215 贯——《唐会要》，93，4a—5b。

③ 事实上，唐代的州最多可分辅、雄、望、紧、上、中、下共七等，作者的这种分类法未详细说明标准，令人有些费解。——译者注

④ 730 年时，月利率为 6% 或年利率为 72%；841 年时，分别为 4% 和 48%——《唐会要》，93，2b 和 15a—b；《唐会要》，91，1a—2a；白乐日，《唐代经济史》，第 162—163 页。

利钱户"（tcho[①]-li-ts'ien hou），他们从事的工作获得了丰厚回报：得到官衔、免除徭役、逃避刺史的一般判决，他们的儿子也能做官。由此引起了更恶劣的滥权。有数千人声称为国家办事，以享有国家给予的便利，还使用伪造的通行证。而被吸引来的放贷者压榨私人贷款者，谎称所贷的钱款属于国家。[②] 透过官方档案的披露，可怕的人间悲剧画面呈现了出来：借贷者本人去世，他的子孙需要把钱还上，包括利息和利息衍生的利息；如果家也没了，就让旁支家庭或担保人来还；若没有担保人，债务就落在他们的亲戚或邻里身上。816 年，洛阳御史台（le Censorat de Lo-yang）的一份报告恳求特赦 25 户家庭，他们已在 795 年支付了十倍于借款金额的钱。另有 156 户家庭在 16 年中还了七倍的钱，还有 168 户在 12 年中向国家还了四倍于债务的钱：这些事都在同一个行政机构的管辖中。[③] 难以知晓两种高利贷中哪个更可恶，是通过代理的国家高利贷，还是没有中间人的私人高利贷。

　　无论如何，经济的国家化败坏了最美好的意图，也让没有一点恶意的实际操作变得腐化，正如常平仓体系和"和籴"的结局所揭示的那样，这一点非常清楚。私人利益和国家利益间的合作阴险奸诈，其代价通常由小民负担，被官员及其

---

① 注音似有误，宜为 "tchouo"。——译者注
② 《唐会要》，93，6b—7b，10b；戴何都，《法译新唐书·科举志》，第 237 页。
③ 《唐会要》，93，11；同上书，4a。

商业代理人双重剥削。

为更好地理解国家高利贷是如何形成并强化的，或许提一下其他信贷形式也不算多余，这些形式在唐代已相当发达，自宋代起已成家常便饭。上文已看到第一张纸币的起源，以及大商人在本票的出现中所扮演的积极角色，还有金融界与寺院资本之间业已建立的联系。毫无疑问，高利贷很早以来就在中国流行，已无从查考其源头。① 但到了唐代，凭抵押借钱收利的机构开始出现分化，既体现出货币经济的发展，也反映了自然经济难以根除的痕迹。首先有各种当铺［"质库"（tche-k'ou）］，是穷人的银行，时至今日在中国依然相当普遍。有一些商铺或仓库可以保存商品，还可以租借木制或铁制保险箱［"僦柜"（tsieou-kouei）］，富人、大商人、富裕的官员、贵妇人可以把自己值钱的东西（金、银、钱、首饰）安放在内，不惧偷盗和火灾。这些机构也称"寄附铺"（ki-fou-p'ou）或"柜坊"（kouei-fang），通过支付手续费或从中抽成的方式，对托付的物品进行抵押担保。② 所有者可自由获取这笔钱，甚至通过正式签署的凭单或支票（"贴"，字面意为小标签）转给别人，算借给他们钱，除非国家出手

---

① 现代的表达"放债"（fang-tchai）可追溯到唐代，第一次出现在颜师古（Yen Che-kou，581 年—645 年）所作的一段《前汉书》（85，6a）的注疏中。
② 加藤繁，《唐宋柜坊考》（*A Study on the Kuei-fang or the safe deposit firm during the T'ang and Sung Periods*，『櫃坊考』），《东洋学报》卷十二，1922 年，第 456—480 页（原文为日文）。

干涉，如 782 年那样。那时候，一位聪明的大臣想尽各种方法给国库注资。措施包括征收房产税，在每一贯钱中抽取一定数量。此外，政府决定对所有放在当铺、仓库和保险柜中的财富抽取 25%，而没收充公仅带来 200 万贯收入。结果，却引起了京城罢市和商人混乱的示威，他们发出嘘声，威胁有关责任大臣。驻扎在附近的反叛军人也走进市场，叫喊着表达自己的无辜："我们这些人没有抢走保险箱和你们商人的典当品，也没有抢劫你们的房屋、克扣你们的钱币！"[①]

所有这些经营抵押信贷、出租保险箱或寄附铺的私营机构，已开展早期的银行业务。我们偶然在文献中知道了它们的存在，证明了从唐代后半期开始信贷的迅猛发展。也证明了设立"公营部门资本"只是高利贷的一种形式，而国家高利贷无论多么重要，与私人放贷者的行为还是分不开的。最后，所有这些信贷形式的出现间接证明并补充证明了唐代商业财富之巨。

[①] 除了叙事文学外，我们对于唐代保险柜的信息主要来自该事件；《旧唐书》，135，2a；《通鉴》，227（782 年），17a；《新唐书》，52，1b。

第五章　唐代的衰落：藩镇和帝国的再次解体

一、皇帝遣使

隋代建立的强大中央集权帝国，经唐太宗铁腕治理得以巩固，在整个 7 世纪平稳维持。地方上的行政则由刺史和县令们处理，他们直接对中央政府负责。为了更好地控制归顺的游牧民族和边境地区，设立了都督和都护。若撇开他们不谈，在州的上一级就没有地方行政机构了，最多有一些特设机构。例外的就是那些经由特别诏书临时任命的使节（Commissaires impériaux，"使"），作为皇帝的代表派驻（此乃"使"字之本义），随机视察一定区域，主要涉及遭受水旱灾害的地区，或遭受叛乱蹂躏的地区。只要采取了针对饥荒或镇压起义所必要的手段，特使就会返回朝廷。他们不需要负责日常行政的各种细碎事务，使命完成之后，授权随即终止。特使通常由御史台成员担任，头衔根据情况设立。有的特使负责"平某地"

（pacifier une région），有的负责"巡某地"（parcourir une région），有的负责"靖某地"（maintenir le bon ordre dans une région），有的负责"访"（visiter）、"援"（secourir）、"监"（surveiller）某地，等等。其中最重要的，如"按察使"（ngan-tch'an che）和"采访处置使"（ts'ai-fang tch'ou-tche che），拥有广泛的权力，可以罢黜地方官员。733年新设立了15个道，各道任命一位采访使（Commissaires enquêteurs），向由文官出任地方行政长官的体制迈出了关键一步。

这些"采访使"们事实上有权自己做决定，并"为了推进政务和彰显皇恩而任命官员"。他们周围有很多下属，巡查区域固定，实际上居于各道行政机关之上。设立这些有权势的官职，居于中央政府和各道之间，原因在于政务变得越来越复杂。然而，这些新任文职地方官的强势并没有持续太长时间。不久，他们就让位于武将们。

玄宗朝以来，军事将领们扶摇直上，其中有多重原因。首先，太宗皇帝的军事胜利引起轰动，让中国军队获得了威望，但此时已开始减退。7世纪末，还需要在皇权受损时维持边界稳定，但在玄宗之前的几位太后执政时，国家领导力松弛，引发胡人再次"乱华"。一些新的强大政权在帝国国门前形成；昔日的敌人，如东突厥，被回纥和吐蕃取代，后者更让人不安。传统的半圆形外部压力，从高丽王朝经草原地带，直到中亚地区，到此时因南诏王国（云南）的建立又延伸到了西南。

此外，边境地区驻军和驿站的数量也在减少。在唐代初年诸帝的时代，共有 1040 个要塞，而玄宗时只有 625 个，到了其统治末期甚至只有 497 个。一等军营有 20 个，各驻有士兵 500 名，驻扎在边境的军队总数从未超过 10 万人。正是为了弥补这种缺失，玄宗才转而设立第一批军事遣使，他们的官名各异：防御使（fang-yu-che）、经略使（king-lio-che）、节度使，通常是兼任几个此类头衔，行使例如团练使（t'ouan-lien-che）、营田使（ying-t'ien-che）等职务。最重要的头衔是节度使，最终取代了其他官衔，成为所有地方军事长官的称谓。

755 年年底安禄山叛乱前夕，最初一批节度使有完全的决定权，其主要职责转向防御外敌，他们的众多下属分布于广阔地域，这些都体现在了他们所领导军区的一览表上。

军区（道）	所辖区域	治所	目的	兵力（人）
安西（Ngan-si）	库车（Koutcha）、焉耆（Karachar）、于阗（Khotan）、喀什（Kachgar）	库车	保卫西域（Si-yu Sérinde）	24 000
北庭（Pei-t'ing）	高昌（Karakhodjo）、哈密（Hami）	北庭	针对突骑施[1]（Türgäš）和黠戛斯（Kirghiz）[2]	20 000

---

① 为西突厥一部。——译者注
② 今译"吉尔吉斯"。——译者注

军区（道）	所辖区域	治所	目的	兵力（人）
河西（Ho-si）	甘肃中部和西北部	凉州	隔绝突厥人和吐蕃人	73 000
朔方（Cho-fang）	甘肃东北部、鄂尔多斯（Ordos）	灵州（Ling-tcheou）	针对突厥人	64 700
河东（Ho-tong）	山西北部	太原	针对突厥人	55 000
范阳	河北北部	北京	针对奚（Hi）和契丹	91 400
平卢（P'ing-lou）	河北东北部	营州（Ying-tcheou）	针对室韦（Che-wei）和靺鞨（Mo-ho）	37 500
陇右（Long-yeou）	甘肃西南部	鄯州（Chan-tcheou）	针对吐蕃人	75 000
剑南（Kien-nan）	四川	成都	针对吐蕃人和原住民	30 900
岭南	广东、广西	广州	针对原住民	15 400
—	—	—	合计	486 900

　　在总人数约 50 万的军队中，42% 驻扎在甘肃西部的边境地区，25% 位于帝国最东边，今河北省。[①]

　　随着范阳地区（北京）军事长官安禄山的反叛，形势急

---

① 我们在戴何都对于地方高官的研究《法译新唐书·百官志与兵志》（第 290—296 页及第 784—833 页）中发现了这张表单，带有各种必要的注解。关于皇帝遣使，见上书，第 656—680 页和第 737—743 页。关于驻军和节度使，见日野开三郎（K. HINO，日野開三郎）资料翔实的作品《唐代藩镇的跋扈与镇将》[*Rampancy of the Provincial Military Offices*（*Fan-chên*）*and the Superior Military Officers*（*Chên-chiang*）*during the T'ang Period*，『唐代藩鎮の跋扈と鎮将』]，《东洋学报》卷二十六，1939 年，第 503—539 页及卷二十七，1940 年，第 1—62 页、第 153—212 页；《五代镇将考》（*Studies on the Provincial Military Officers under the Five Dynasties*，『五代镇将考』）；同上刊，卷二十五，1938 年，第 216—247 页（原文为日文）。

转直下。这次起兵摧残了中国八年之久（公元 755 年—763年），究其原因是玄宗内政的必然结果，由经济和社会的长期发展所决定。正如我们前面所看到的，旧的土地制度和府兵制的崩溃，使得一个庞大的失地农民群体出现：他们背井离乡，像流浪汉一样游荡，无法作为短期工人定居下来，或作为佃农在大地主家里干活。玄宗及其谋臣想通过军事化全国的方式一石二鸟。在他们看来，让过剩的人口加入常备军，可以让中国摆脱游民的祸患，同时有利于守卫边境，也有利于边疆的开化。然而，事实是这种政策彻底失败，不仅远未吸收游民，维持人数众多的军队严重加剧了社会危机。军费的增加需要不断增多各种资源；新的税收越来越多、越来越重，很快使"浮客"组成的军队成倍扩张。内战使山河动荡，最终使国家军事化了。

二、节度使和各道的独立自主

禁军不足以控制叛乱。暴动波及范围很广，让皇帝大为惊讶，因此求助于驻扎在边境地区的军事长官，以提供朝廷所需的军队。正因如此，皇权才走上了一条危险的道路。节度使们被召唤到内地，同其军队一起安顿下来。朝廷在长期战争后战胜了合谋反叛的武装，摆脱了主要的敌人；但就在此时，它发现帮助自己驱逐了魔鬼的正是更可疑的怪兽，自己亲手扶植了一个新的障碍，阻碍了中央权力的行使。军事长官管治的土地上，行政机构的自治权变得越来越大。节度使们不再满足于得到各种皇帝特使的头衔，而是兼任更高的官职［政事堂会议（le conseil des Grands Ministres）成员］：他们按自己的意愿担任军事、司法和经济职务，并随着逐渐掌握文官们的权力，变得越来越独立自主。他们在皇帝身边有一些代理人，与外国君主的使节相似，他们不等朝廷同意就自己采取下一步行动，将军队、营地、城市、百姓和自己封地的土地连同头衔和职务一起传给自己的儿子。总之，他们的行事风格像真正的"副王"（vice-rois）。"节度使"的权力变为世袭，"藩镇"或"方镇"（fan-tchen 或 fang-tchen，边境或地方上的驻军）成为有机构的政权。

玄宗皇帝的军事政策是冒险的，而其继任者们被安禄山叛乱之后的局面困扰，因此国家越发趋于完全军事化。各地方军事化的间接后果是禁军的增长，而士兵被迫入伍成为长期制度，可能爆发内乱，威胁统治；这种内部威胁当然比突厥或吐蕃军队在边境的威胁还要大。两个因素的共同影响侵蚀了帝国的统一，导致各地方可能独立，最终使唐朝覆灭。

756 年起，禁军得以加强，可能是原北衙军的人数增加了，可能是重新建立了一些部队。[1] 其中最重要的部队是两支"神策军"（chen-ts'ö-kiun），在特权官僚（老牌士人）的儿子中选拔，但通常由太监指挥，他们是皇权最忠诚和亲密的仆人，依靠他们才能平衡地方权贵们的影响力。[2]800 年左右，仅仅这两支部队就掌握了 15 万人。

军区的数量也在不断增长，而每位节度使控制的地域在缩小。但是，由于其地盘的战略地位或经济上的重要性，某些节度使得到了压倒性的权力，形成同盟，相互联姻，吞并其对手的土地，起码使更弱小的同僚依附于自己。因此，管辖权一直在复杂地变化。——列举出所有的大节度使很枯燥乏味。要提醒注意的是，到了 8 世纪末至 9 世纪初，有 50 多个节度使，最主要的三位控制着黄河以北的区域，在今天的河北和河南省。

自从平息了安禄山叛乱，代宗皇帝（l'Empereur Tai-tsong，公元 762 年—779 年在位）的统治便开始了。他害怕

---

[1] 戴何都，《法译新唐书·百官志与兵志》，第 LVII—LIX 页、第 844—858 页、第 868 页。

[2] 中国历史上太监的角色远未弄清楚。可以确定的是，太监们出自平民，总是被其恶敌士们污蔑、打击或怀恨追究，他们认为与被阉割之人共事是一种堕落。太监们影响力占优势的时代（东汉、唐末、明代）都具有反对封建的特点，而彼时资本主义趋势也受到谴责；这似乎可以说明，太监首先是极权主义反抗大地主和士人的工具。本书上文第 85 页；魏特夫，《中国经济史的基础与阶段》，第 55 页。一项关于唐代宦官专门研究的第一部分刚刚发表：莱德敖（J. K. RIDEOUT），《唐代宦官的兴起》（*The Rise of the Eunuchs during the T'ang Dynasty*），《亚洲专刊》（*Asia Major*），新系列（N. S.）第 1 期，1949 年，第 53—72 页。

出现新的叛乱，因此对于节度使们表现出极端的宽容。地方巨头们面对朝廷的宽大和软弱变得越发不驯，他们不再满足于垄断军事、行政、财政、司法等一切权力，而是要攫取干涉中央政府政策的权力。"只要朝廷修一堵墙或让他们的军队减少一个兵，他们就立刻谴责朝廷表里不一，而他们自己却一日不停地修筑工事，训练军队，使自己的地盘变得强大"。[①]

继任者德宗（Tö-tsong，公元779年—805年在位）采取了相反的政策，却没有取得成功。他试图压制节度使失败，却激起他们独立的微弱念头。朝廷最重要的收入来源被切断，绝望到被迫采取权宜之计补充正常的税收，不得不求助于依然保持忠诚的节度使，对那些拒不承认朝廷权威的节度使发动惩罚性远征。783年是关键一年，因为收税而激起民怨，京城附近的一所军营又发生了哗变。881年，一支新的反叛队伍——黄巢（Houang Tch'ao），占领了长安，将王朝带到了毁灭的边缘。军费支出达到每月130万贯。尽管分离主义倾向的节度使之间的联盟被打破，但他们又被打败他们的将军们取代，后者忠于朝廷，但不满足于打胜仗所得到的战利品，或是觉得获得的奖赏不够。德宗的统治以大赦天下并赏赐七位节度使（而非三位）而告终。

宪宗皇帝（l'Empereur Hien-tsong，公元805年—820

---

① 《通鉴》，225（777年），15b—16a以及223（765年），20b。

年在位）时，各方面环境变得有利，使年轻的他能恢复调整，几乎重新确立起皇家的威信。他的政策坚定而明智，完全获得成功：节度使们一个接一个地回到朝廷，签署忠诚归顺状，要求要有一个规规矩矩的受职仪式，使官职继承能平稳进行。像这样主权重新确立，东南和四川的富庶地区被收回，唐王朝又到了绽放的时刻。但好景不长，宪宗这位精力充沛的专制主义者死后，积极行动立刻被放任自流的政策取代，地方长官们的联盟又成问题了。831年起，政事堂会议宣布，撤销范阳（北京）驻军已经花费朝廷80万贯，连一个铜板也没有收回。这块土地在当时被某人掌控，就像之前被另一人掌控一样，根本上毫无改变。①

忠诚的地方长官和独立的节度使们你来我往，越发频繁。从那时起，中央政府会被任何一位敢于拥兵自重的地方军事长官挟持，他们觉得这样做比起兵造反更有利可图。中央政府要做的只是批准他们自行任命"候补"长官［"留后"（lieou-heou）］。权力的继承人是死去节度使的儿子或副手，依然在辖区担任长官，除非他们被某些有野心的部下取代，如营中的高级指挥官。"一寇死，一贼生。"② 有时，能建立起

———————

① 《通鉴》，244，8a—b：牛僧儒（Nieou Seng-jou）之言。

② 这是从《新唐书》（210，1a）写军镇那章的前言里抽出的一句；同样可参见《廿二史札记》，20，7b—9a 及 22，4a—b。关于唐代的衰落，见福兰阁，《中国通史》卷二，第 428—529 页。

真正的节度使王朝，延续两代或三代人。比如，从8世纪中期到10世纪中期，北京的军镇16次易手。

不服，叛乱，起兵，征讨地方统治者，节度使与中央政权殊死斗争；再加上地方自治，皇权退缩，有利于军事强权统治——这些都是9世纪历史的主要内容。黄巢曾参加科举，但未及第，又贩卖私盐，他领导的可怕的人民暴动蹂躏了全国，从长安到广州，长达十年之久（公元875年—884年）。[①] 在最后关头，一位忠诚的节度使率领突厥骑兵拯救了王朝。但这位名叫李克用（Li K'o-yong）的节度使立刻表现出对唐朝皇位的觊觎。他成为五代中第二个王朝的奠基者，不久便传位，在10世纪的大部分时间里（公元907年—960年）保存了上世纪的血腥遗产：厮杀和帝国的无力、衰落。

在开始研究这段暗淡年代的制度之前，我们要简要地提一下唐代缓慢灭亡的过程。藩镇如肿瘤一般大量繁殖，掏空了整个帝国的机构。节度使们在州府和县城安插其部下，随后遍布其统治区域内各战略要地或经济要地。各道正规的太守和县令在无谓地抵抗和抗争之后[②] 被迫屈从，眼睁睁地看着自己的职权一一被剥夺。或者，他们在军镇指挥官面前扮演纯粹装饰性的角色，或者，更通常的情况下，他们完全消失了，军人身兼民政职务，这在820年以后成

① 戴何都，《法译新唐书·百官志与兵志》，第652—653页。
② 《通鉴》，237（807年），10b—11a。

为惯例。于是，我们发现"镇将"（tchen-tsiang，军镇高级军官一般的称呼）不仅领导大军驻在的州级或县级城市的行政工作，也指挥着军团占领要道、山口、渡口和桥梁、津渡、港口、集市。①

这些小暴君们有着不同的级别和官衔——最通常叫"镇遏使"（tchen-ngo-che）——因此能够对百姓的各种活动施加长期影响。他们掌握了长官（也就是节度使）的职权和军事力量，只对后者负责；因此，儒家史官们不错过任何一个机会去谴责他们。传统观点觉得军事首领滥权是对商业的严重阻碍。似乎更正确的说法是，尽管有这样那样的困难，商业依然得到了发展；而且，自然经济区域的自给自足、贸易中枢的多样性，以及军事需求的激励远非不利于商业的繁荣。

由于能力参差不齐，加上有自治倾向，驻军的分布和军

① 某些渡口和桥梁控制交通，通过切断粮道可对京城施加持续影响；关于这两点，参阅《通鉴》，233（788 年），15a；242（822 年），18b；270（917 年），5a；272（923 年），4b—7a；251（868 年），5a；281（937 年），5b；283（943 年），12a。《旧唐书》，152，5b 及 156，5a。一位军镇指挥官后来成为海盗，洗劫了从苏州到福建的整个海岸地带，关于他的故事，见《通鉴》，252（875 年），17a—b。在一封论及海盗的信件中［《樊川文集》（Fan-tch'ouan wen-tsi）卷十一］，杜牧（Tou Mou）斥责驻军在海盗攻击面前慵懒涣散："士兵只会吃、喝和发号施令；然后，他们说，免于一死比慷慨赴死要容易。"关于军镇军官篡夺民事管理权，可以在一位忠诚的节度使写的一封奏折里找到清晰的阐述，见《册府元龟》（Ts'ö-fou yuan-kouei），60（关于这部文集，见戴何都，《法译新唐书·科举志》，第 91 页）。《通鉴》，241（819 年），5b，在引用了同一文献之后又补充道："自至德年间（Tche-tö，公元 756 年—757 年）（根据《辞海》，至德年间的起止时间应为公元 756 年—758 年。——编者注）以来，节度使的权力变得异常大。他们在所有自己控制的州里派驻军队，并派高级军官［'大将'（ta-tsiang）］指挥，后者的专横跋扈招致了很多麻烦。"

事上的组织都十分复杂。例如，"镇"和"军"的区别仅是名称上的；第一种情况涉及地理位置，第二种情况涉及授予驻扎部队的头衔（军团的名称）。一般来说，"军"的头衔仅授予驻防在节度使治所之外的"镇"，但有时整个"镇"也挂着其中最重要的一个"军"的名字。通常，文官、武将之间的对立表现为废除"军"的名称，但这并不必然意味着撤销这些军：它们可能会并入别的作战单位。同样，最小的军事单位也可能在一定程度上扮演"镇"的角色，取决于其不断增长的兵力：称为"守捉"（cheou-tcho）、"戍"（chou）、"营"（ying：移动变为常驻）、"城"（tch'eng：有围墙）、"寨"（tchai）、"栅"（tcha：用木桩制成的栅栏）、"堡"（pao，土制）等。[①]很难弄清楚这些作战单位具体的范围；它们的占地面积可能是数平方千米，也可能是包含整个道的广袤区域。

指挥军镇的高级军官周围有许多行政人员和军官，其中最重要的负责监管军镇所在的区域和军纪，通常还包括一切与安全有关的部门：公安、监狱、诉讼、司法。[②]这些职能中的第一项似乎是为了打击盗匪，抓捕坏人和走私犯；士兵有时也被称为"捕贼兵"（pou-tsö-ping）。军镇职权就是从

---

① 关于这些称呼，见戴何都，《法译新唐书·百官志与兵志》，第785页、第739页、第793页。

② 关于这些军官的头衔，如"押衙"（ya-ya）和"虞候"（yu-heou）等，见上书，第225页和第647页。

这项警务权限拓展开来的，因为在那些兵荒马乱的年代，用军队的武力恢复秩序是头等大事。

篡夺民事权力最严重的后果正是军事首领擅自征税并强迫徭役。在四川，有一些"庄户"（农夫或雇农）和直接隶属于指挥官的工人队伍，有一些训练鹰隼的人天天献上野鸡和野兔，有一些猎人每年都需要上供皮毛，而军团长官和乡里还会为了自己的目的去压榨乡里[①]；因为当时（10世纪中期）在乡里都有军镇的军官！许多文献让我们相信，当时中国各地大概都是相似的状况，那时摇摇欲坠的唐帝国已到尽头，处于昙花一现的五代十国的统治之下。最后提示一下这个时代的典型特征：当时的人对县令非常蔑视，而后者曾是地方行政的支柱，他们变得软弱无能，只能从官僚中的废物里招募；另一个特点是荣誉头衔的泛滥，所有正、副军事长官都有。[②]

滥用军镇和武力的另一个不可避免的结果是，在士绅们指导下农村自卫组织的成立，前者主要是被士兵骚扰地区的大地主，他们组织正规部队或临时武装，里面有逃兵也有盗

---

① 《续通鉴》(*Siu t'ong-kien*), 7（966年），4a。关于李焘（LI Tao）1174年写成的这部著作［为《通鉴》的续篇，完整的题目是《续资治通鉴长编》(*Siu tseu-tche t'ong-kien tch'ang-pien*)，1881年版］，见戴何都，《法译新唐书·科举志》，第83页。引用的这段与后蜀政权［Chou Postérieur，公元925年—965年（根据《辞海》，后蜀的起始年为公元933年。——编者注）］有关，随后它被宋征服。

② 《通鉴》，271（920年），3a；272（923年），17a—b及275（926年），15b—16a。

匪。组建农村民兵越来越频繁，唯一目的就是捍卫自己的乡土免受劫掠肆虐，也加剧了军事无政府主义，唐代就这样日薄西山了。[1]

三、五代十国时期

农民起义领袖朱全忠（Tchou Ts'iuan-tchong，尽管他的名字意思是"完全忠诚"，也曾蒙受皇恩）及其前副手黄巢成功地消灭了唐代最后一位皇帝，建立了五代第一个王朝——后梁（les Leang Postérieurs，Heou-Leang，公元 907 年—923 年）。这五个小朝廷奇怪地冠以历史上可敬的国号，实际上由一些节度使出身的帮派领袖建立。这些王朝快速地迭代［后唐（Heou-T'ang），公元 923 年—936 年；后晋（Heou-Tsin），公元 936 年—947 年[2]；后汉（Heou-Han），公元 947 年—950 年；后周（Heou-Tcheou），公元 951 年—960 年］；没有任何一个王朝能在其创始人的非正常死亡所带来的混乱中幸存，正如任何一个王朝都无法将其权力拓展到整个国家。而当时

---

[1]　地方民兵［称为"团练"、"土团"（t'ou-t'ouan）或"团兵"（t'ouan-ping），亦称"乡兵"（hiang-ping）或"义军"］通常与军镇对立。关于它们的角色，见《通鉴》，250（860 年），4b；253（878 年），19b—20a；255（882 年），21b—22a。戴何都，《法译新唐书·百官志与兵志》，第 LX—LXI 页；本书上文第 307—308 页；本书下文第418—419 页。

[2]　根据《辞海》，后晋的灭亡时间应为公元 946 年。——编者注

存在五代以外的其他王朝，实力更强、存续时间更长，统治中国的其他区域。正史之所以承认五代相较于其他王朝的合法性，主要是因为前者控制着传统的统治中心——华北，定都于开封，后来也成为宋代的都城。我们没有任何理由采纳这种看法，因为十国（che-kouo，事实上有 12 个）中的多数也由节度使以非法方式建立，扮演着同样重要的角色，甚至更加重要；它们短暂的存在表明，后来的中国历史在经济、社会、思想各方面的演化具有持续影响。这些政权中最重要的建立在西部和东南一些有自治倾向的省份：四川［前蜀（Chou Antérieurs，公元 891 年—925 年）和后蜀（公元 925 年—965 年）都城成都］、长江流域及长江三角洲［南唐（T'ang Méridionaux，Nan-T'ang，公元 937 年—975 年），892 年以来它又兼并了一些已经建立的政权，都城南京］、浙江［吴越（Wou-Yue，公元 893 年—978 年），都城杭州］、福建的沿海［闽（Min）］和广东的沿海［南汉（Han Méridionaux，公元 904 年—971 年）］①。

总之，各省的独立在整个 9 世纪已是既成事实，唐代灭亡之后得以在法律上确立。五代十国不过是唐代藩镇的延续。后者享受了相对和平，远离争夺皇位的阴谋和斗争。但五代不得不承受新兴少数民族契丹的压力，自 10 世纪初开始，后者就在北方建立起了帝国，自 947 年起采用汉文国号"辽"

---

① 根据《辞海》，前蜀的起始年应为公元 903 年，后蜀的起始年应为公元 933 年，吴越的起始年应为公元 907 年，南汉的起始年应为公元 917 年。——编者注

（Leao）。从人种来看，五代中只有两个是汉族统治者建立的：由农民朱全忠建立的第一个王朝，以及郭威（Kouo Wei）将军建立的最后一个王朝。另外三个家族属于突厥的沙陀族（Cha-t'o）。骑兵将领李克用在唐代把黄巢叛乱镇压了下去，他的后代和养子们都是些突厥血统的粗野军人，他们能够兴起都要归功于汉人和契丹人之间的对立。其中一些被他们的主子契丹人胁迫（后又被驱逐），割让大片汉族人的土地（河北和山西的 16 个州），每年支付 30 万匹丝绸（自 936 年起）；另一些人充当汉族士绅豪族的屏障，后者对突如其来的朱全忠政权充满敌意，因为朱及其部将曾经积极参与唐末起义农民对士绅的屠杀。这两种人都自认为有权将官位和俸禄封给族人或其养子。[1] 他们的统治是无经验、腐败和混乱的典型，在中国也少有。但五代中的第一个政权后唐[2] 虽然是汉族人建立的，也好不到哪里去。朱全忠以前的战友们成了都督，擅长抓住每一个机会压榨农民，迅速致富。因此，农民很快对于同为农民所建立的政权表示厌恶，起初他们还满怀热忱地归附，最终还是传统的统治势力重新掌权。[3]

事实上，在这个时期我们看到士绅、地主和士人—官僚

---

[1] 《五代史》（*Wou-tai che*）花了一整章（k. 36）谈养子［"义儿"（yi-eul）］。收养的习惯在沙陀人中非常普遍，原因在于其族人人数很少（约 10 万）。

[2] 内容有误，应为"后梁"。——译者注

[3] 《旧五代史》，146，1a；艾伯华，《中国史》（*Chinas Geschichte*），伯尔尼，1948 年，第 229 页及后续页。

的影响依然存在，尽管他们的地位在一系列令人记忆深刻的叛乱和内战中受到了严重打击。种族融合也成为10世纪的特点之一，来自不同种族的王朝迅速交替，汉人大家族向北方迁徙，有被迫的，也有自愿的。契丹人敞开怀抱接纳了其中的许多士人，他们成为有影响力的谋臣，也成为征服者汉化过程中的第一个细胞。收养、通婚、出口贸易、在对方土地上建立定居点，这么多因素共同促进了民族融合，重要性或许超过了4世纪诸胡人帝国时期。我只想举的例子是，回纥人被完全同化，沙陀突厥人作为独立民族永远消失，尤其是契丹人本身长期并不可逆转地汉化了。他们建立帝国刚两个世纪后，就被新的统治者女真人视为"汉人"（Han-jen），而后者是他们的近亲。在这些境况下，我们发现汉族士绅阶层重现生机。尽管大部分昔日的豪族依然存在，并自豪于历经数个世纪不断的传承，旧贵族还能维持其社会结构，即便骨干力量已更新换代。不可忽视的是，近半数士绅（45.5%）由新贵家族所代表。如果比较一下纯粹汉族士绅的构成和出身异族的士绅的构成，新鲜血液的意义就更显著了：新发迹家族的数量在第一组中占30%，而在第二组中占87%。几乎所有这些新贵族都是靠武力到达社会金字塔顶端的。[1]

---

① 艾伯华，《"五代"时精英政治集团的构成》（*The Composition of the Leading Political Groups during the "Five Dynasties"*），《亚洲研究》，1947年，第19—28页。《五代史》，28，1a。

在这个动荡年代，武力和粗野甚至是一切社会关系的特点。唐代制度缓慢腐化，而后来的所有政权尽力维持这种制度，但徒劳无功。这导致一种污浊的氛围出现，孵化出了各种矛盾，令人惊奇，抑或偶尔有奇美的花朵绽放。10世纪是残酷与纤巧、贪婪与温和的怪异混合。

在经济领域，敲诈勒索横行。除了正常的赋税和徭役之外，还能发现各种"额外"的赋税变成了规矩，只是各巨头不只征一种税。粮、盐、茶、铁、酒类和酒曲、农具和牛皮、水果和鱼类、柴薪和食油、统统可以用来填补国库。付清田租的农民必须为粮食的"坏损"额外支付2%或10%或20%的税，还不含为"雀鼠耗"（tsiao[①]-chou-hao）额外支付的20%。如果农民要买盐，必须同时以粮食［"盐米"（yen-mi）］和货币［"抽税"（tch'eou-chouei）：购买量削减10%，1石盐收1000钱］形式支付税收。盐税很严苛：走私超过10斤盐或私自制作一点点盐即处以死刑，揭发者重奖。商人依旧只被课以3%的税，但每付一次款国家就会从每80钱中抽走3钱，且过路费加倍了［926年，设立了67个茶税司（bureau de douane pour le thé）］。此外，如果没有在某些政治变局中失血，那便值得庆幸：政变发起者面对其前任留下的空荡荡

---

① 注音似有误，宜为"k'iue"。——译者注

的国库，便直接没收财产，给同党发赏。① 在此无法列举出所有当时每个地区的首领为压榨臣民而巧立的名目，就举两个特别有说服力的例子。② 一位被民众怀恨的都督在其调动前夕得知他的子民在吵吵嚷嚷地庆祝他调走："终于解放了！"他们高喊。"就像拔掉了眼中钉！"于是，都督待着没走，为了报复，向所有人征收了 1000 钱的捐税，称为"拔钉钱"（pa-ting-ts'ien）。可怜的小国王李茂贞（Li Mao-tcheng）占据着陕西的狭小土地（公元 893 年—924 年）③，垄断了可燃油资源，在统治末期下诏禁止在都城使用其他燃料，一个人对他开玩笑说："我建议陛下也禁止月光好了。"

就在这个时期，在士兵额头或脸上刺字的习惯普及开来，刺上他们所属部队的名字是为了防止开小差，能够辨认出潜逃者并加以惩罚。④ 法律很严厉，惩罚的残酷程度超出想象。随着时间推移，"审问"和折磨越来越多。据说，一些人想杀人，觉得好玩儿。孩子们在街上拿木刀玩打仗的游戏，被当成叛军奸细杀掉；当皇帝过寿，"监狱太平"意味着派人屠杀所有的犯人，将皇恩带到。生与死均取决于某位将军的随心

---

① 《旧五代史》，146，1 及后续页。《文献通考》，3，4，23。《通鉴》，279（934 年），4a 和 10b—11a；290（951 年），21b。《廿二史札记》，22，7b—9a，等等。无法引出我们的陈述所依据的不同材料中的段落。

② 《旧五代史》，90，1b；《五代史》，40，2a。

③ 指"岐国"。——译者注

④ 《文献通考》，152；《通鉴》，265（906 年），18b—19a；《五代史》，45，3b。关于"团"（régiments），见《法译新唐书·百官志与兵志》，第 870 页。

所欲：当925年前蜀国投降时，1000人因诏书中的一字之差而免于一死。[①]

公众生活的特点是出卖、懒散和卑劣。官员们若想要撑下去，机会主义是其唯一的策略。同一位大臣时隔40年起草了两个蜀国的退位诏书。另一位曾被县令羞辱的农民，先是归附黄巢，后又投靠朱全忠，接着为朱的朝廷服务。第三位在70年中不间断地为10位君主效力。最著名的奸诈投机政客的典型就是冯道（Fong Tao，公元882年—954年）——一位"长乐老"（vieillard toujours gai），他爱这样自称；他愉快地侍奉了4个家族的10位皇帝，做大臣长达20年之久。[②]

冯道的名字与一件非常重要的事情有关：在他的领导下，儒家经典完成了第一次印刷（公元932年—953年）。印刷术的发展经历了鲜为人知的漫长过程，持续数世纪之久（在汉代实现造纸这个先决条件之后）。最重要的阶段如下：在石头上雕刻文本印刷；在印章和护身符上倒反着刻字，起初是凹陷的，之后是凸起的；最后在木块上刻神魔和宗教画像，大批量复制。最早是佛教徒和道教徒们使用木刻手段印刷教化读本。迈出了通向木版印刷的决定一步之后，整本著作、年历、佛经都被刻在木板上［最早印出的第一本真正意

---

① 《旧五代史》，147，2b、3a和5a；39，1a。《五代史》，30，1a—b及《旧五代史》，108，2a—3b。
② 《五代史》，64，5a；45，1a—2a；54，1b—2b。《旧五代史》，92，4a和12b。

义上的书是《金刚经》(*Kin-kang-king*, *Vajracchedikâ-sûtra* 的中译本，出版于 868 年)]。随后木板印刷术立刻被用来印刷世俗和文学书籍。对经书（儒家"圣经"）的印刷标志着重要的时刻，因为木印版本传播很快，印出的书相对廉价，购买的便利使人们能同时研习多部经典，进行比较，做出批评。虽然士人对这项出自所厌恶阶层的发明持有敌意，但这些书很快击败了他们的偏见。[①] 或许在同一个时代还迈出了最后一步，即活字印刷：五代时已出现最早的一批活字。宋代时，印刷术普遍使用。[②]

无须再强调印刷术的深远意义。在中国其影响和 5 个世纪后其在欧洲的影响是一样的。起初，这项发明的设计和使用在士人圈子之外，但在中国社会中促进了文化的广泛传播，也有利于儒家统治阶层主导影响力的卷土重来，他们才是有礼的人和"文明"的官员。然而，同样值得注意的是，如同其他发明一样，士人起先反对然后独占，但这项新发明未被国家垄断，而仍然按私人意图使用。最著名的印刷中心是四川和福建。后一个省份在唐代还是半开发地区，而到了宋代建立了十几家书坊。这些私营的书坊的出版物称为"坊刻本"(fang-k'o-pen) 或 "麻沙本"(éditions de Ma-cha，根据出产一种特殊纸张小镇的名字命名)，或简单称为"闽本"

---

① 指佛教和道教。——译者注
② 卡特，《中国印刷术的发明及其西传》，1925 年。

或"福建本"（Min-pen 或 Fou-kien-pen），因错误较多，当时的藏书家评价不高。这些书为全国的无数读者带来价格适当的精神食粮，也首次将历史和文学书本上的知识传播开来。这些知识原本只属于富庶士人中的少数精英分子。书籍的传播曾遭受宋代大儒们的批评；在他们看来，书籍的传播有可能使研习水平降低，他们抱怨同时代的人不努力，怀念日夜抄写珍本并熟记于心的美好时光。但这并未妨碍他们广泛使用这种新发明，并把书本堆在他们的书架上。有些数字可以证明印刷品的生产和传播。在 11 世纪初，宋代皇家图书馆藏有超过 3 万卷（kiuan）书；两个世纪以后，数字翻了一番：馆藏目录含 6705 条，73 877 卷。私人图书馆也不断成倍增加，最著名的一家藏有数万本书：作家宋敏求（Song Min-k'ieou，公元 1018 年 [①]—1079 年）藏有 3 万卷，著名的多题材作家周密（Tcheou Mi，公元 1232 年—1308 年 [②]）藏 42 000 卷；学识渊博的晁公武（Tch'ao Kong-wu）和陈振孙（Tch'en Tchen-souen）都是著名书目的作者，前者藏书24 500 卷，后者 51 180 卷。

另一项创新是有害的，无法确定其详细源头，但也属于这个时代。妇女缠足的习惯自宋代末年以来广泛传播于各社会阶层，起初似乎是富人中一股任性的潮流，可追溯到南唐

---

① 根据《辞海》，宋敏求的出生年应为公元 1019 年。——编者注
② 根据《辞海》，周密的卒年应为 1298 年。——编者注

最后一位国王李煜［Li Yu，公元 937 年—978 年，更知名的称谓是"李后主"（Li Heou-tchou），公元 961 年—973 年在位①］。就是他首先想到人工让双足变畸形，以便让他宠爱的舞女能更优雅地完成一系列动作。但有人引用唐诗甚至更早的材料，证明对女性小脚的痴迷出现在更早之前。②

　　无论如何，李煜还有另外一个荣誉头衔，不过是真实的：他是首批使用新的抒情文体"词"（ts'eu）的大师之一。词是一种用来吟唱的文本，是句子长短不等的诗歌，按既定曲调写成，允许更自由的创造，比循规蹈矩的"诗"（che）更具有生动的表现力，后者在唐代已成为越来越书面的一种形式。来自中亚的抒情歌曲在唐代时引入，迅速流行起来，原生态民谣的曲调被酒肆中职业舞女们重新演绎，给唐代最后一批诗人以灵感，完成极具价值的艺术借鉴。叫温庭筠（Wen T'ing-yun，约公元 812 年—约 880 年③）、韦庄（Wei Tchouang，约公元 855 年—920 年？④）或李煜的人写的歌谣充满淡淡的忧伤，既有旋律感又有表现力，语言灵活多变，贴近俗语，主题不太严肃（爱情占据主要角色），至今在欧洲仍鲜为人知。在中国，它们被认为是抒情文艺的巅峰，只

① 原文有误，李煜的在位时间应为公元 961 年—975 年。——编者注
② 陶宗仪（T'AO Tsong-yi，14 世纪），《辍耕录》（Tcho-keng lou）；俞正燮（YU Tcheng-sie，1775 年—1840 年），《癸巳类稿》（Kouei-sseu-lei-kao）。
③ 根据《辞海》，温庭筠的生卒年应为约公元 801 年—866 年。——编者注
④ 根据《辞海》，韦庄的生卒年应为约公元 836 年—910 年。——编者注

有唐代最伟大的几位诗人的作品能与之相提并论。[①]词的形式同"曲"（k'iu）稍有不同，成为中国抒情舞台剧（"戏"）的基本要素之一。

五代时的绘画丝毫不逊于诗歌领域的杰作，可以让人懂得该时代的反差。贯休（Kouan-hieou，公元 832 年—912 年）笔下佛教圣徒（罗汉）可怖的鬼脸上，似乎能看见夸张而魔幻的宗教所呈现的虚构，也反映了凶残的节度使们的真实形态。如果我们观察李后主喜爱的画家徐熙（Siu Hi）画中精美的荷花和鸟，或《丹枫呦鹿图》（*Biches parmi les érables*）[②]，这些画作中奇妙而超自然的色彩（粉、青、浅棕）就会向我们展示出，尽管当时暴虐横行，人依然可以在何种梦幻般的风景中逃避现实。[③]

---

① 见胡适的文学选读入门《词选》（*Ts'eu-siuan*），上海，1927 年；康德琳（C. M. CANDLIN），《先驱之风》（*The Herald Wind*），伦敦，1933 年；冯淑兰（FENG Shu-lan）的博士论文《词的技巧与历史》（*La technique et l'histoire du ts'eu*），巴黎，1935 年。
② 现藏于台北故宫博物院。——译者注
③ 喜龙仁，《中国绘画史》卷一，第 78 页、第 84 页及后续页。

第五部分

宋代和当时的外来政权

宋代伴随着我们来到了中国历史上新的一章。假如没有官僚体制的连续性，恐怕就会谈论一个新时代了，尤其是当与南宋同时代的蒙古人又重新统一了中国。在宋代统治之下，中国事实上再次分裂为两块或三块。首先是在中原和南方称为北宋的帝国（l'empire des Song dits Septentrionaux，公元960 年—1126 年 ①，都城在开封，今河南），与其相区分的是在少数民族逼迫下迁徙到南方的继承者们。北方先由契丹人占领，他们属于原始蒙古人种（在他们自己的语言里称"Khitay"），采用中国的国号"辽"（公元 907 年—1125 年，有五个都城，主要的都城在北京附近）；后来又被通古斯人种的女真人（les Jou-tchen，Djourtchen，金朝，公元 1115 年—1234 年，主要都城是北京）占领。而在西北，吐蕃人的近亲唐古特人（les Tangoutains）② 建立了一个中文名为"西夏"

① 根据《辞海》，北宋的灭亡年代应为 1127 年。——编者注
② 元朝时蒙古人称党项人及其所建立的西夏政权为"唐兀"，清初曾沿用此称，作"唐古特"，后西人亦以此音译名称呼党项及西夏政权。——译者注

［Si-Hia，公元 1032 年—1227 年，都城在宁夏（Ning-hia）］
的王朝。被女真人逐出中原之后，南宋（les Song Méridio-
naux，公元 1127 年—1279 年）在浙江杭州建立，直到蒙古人
完全占领南方［元朝（dynastie Yuan），公元 1280 年—1367
年①］。尽管政治上分割，北方和南方依旧居住着占人口绝大
多数的汉族人，两地的社会结构都没有根本上的差别。汉人
的制度是唐代的延续和移植，在此处或彼处得以延续。我们
最多可以说，在少数民族入侵者建立的政权中存在着某种二
元体制：他们把一套异族制度附着在汉人的制度之上，使自
己同汉族臣民相区别，而汉人依旧依汉族法律，按汉族生活
方式，在汉族制度统治下生活。但这种制度只对征服者部落
中的一小部分人有效，且受到汉文化基础的有力吸引。共生
的代价是部落文化的顶层结构被破坏，因为以土地和官僚为
特征的中华高等文明一直想取而代之。到了二代、三代或四
代之后，外来民族文化的特征不可避免地被汉人同化，外来
民族不再作为独立的民族而存在。

　　北方体制中相对的二元性却由另一种更重要的二元性所
决定。我们要说的是，总的来说，外来征服政权的存在，特
别是对社会统治阶层的部落组织的维持，只有通过对汉族农

---

① 史学界对元朝的起讫年代存在争议，采用较多的是起始年为公元 1271 年（忽必
烈定"大元"国号），终结年代一般都定在 1368 年（朱元璋军攻入大都，推翻元朝统
治），见《辞海》。——编者注

民的双重剥削才能实现：在少数民族统治的中国北方是直接剥削，在南方则是通过宋朝这个中介进行间接剥削。宋朝付给征服者们的贡赋，以及两个政权间日常的贸易都一直将南方的财富抽取到北方。这就是面对少数民族的强力要付出的代价。

这个时代还有另外一个矛盾，我们在讲唐朝末年的时候已经揭示出来了。一方面，能看到官僚体制正在慢慢完善，在宋帝国，文官，即受过良好教育的高级士人作为无可争辩的主宰进行统治。关于此，人们谈论了太多宋代的衰老和僵化，以及精英阶层的老人政治——这不过是陈词滥调。因为，我们在同时看到了新社会阶层——商业资产阶级的兴起，他们保证自身的自治状态，在士人—官僚面前挺直腰板，像一个强有力的对手，至少在行动上如此。因此，即便宋帝国或许以最完美的方式实现了官僚主义的理想，它依然暗含了某些导致其衰落的因素。

以上谈了不少整体上的观点。这个时代的许多方面尚未弄清楚，对大量材料的研究也刚刚开始。似乎很有趣的是，汉学研究的成果总和素材的丰富程度成反比。关于宋代的历史，做出评价还为时尚早。这就是为何我们只局限于之前谈到的观点，我们随后将尽力证明这些观点。

第一章　北宋的制度

一、文官帝国的重建

中央集权。宋代延续了约三个多世纪，是中国历史上最伟大的王朝之一，其创始人起初与登上五代皇位的那些人并无不同。赵匡胤［Tchao K'ouang-yin，宋太祖（T'ai-tsou des Song），公元 960 年—976 年在位］是勇敢的武将，被起义宣言推向大位。这样的例子太常见了，也许本可以预料到他的前途如昙花一现。五代接连灭亡的主要原因是地方军阀的强势，这一点没有改变。相反，独立的节度使们对新王朝构成的威胁比往常任何时候都要大。一切军事政变的危险均未消除：参与缔造新王朝的军官们依惯例都得到赏赐，被赋予重要的指挥权，他们成为军阀，等强大之后就能成为新王朝的奠基者，与前朝对抗。

与前面的皇帝决裂，打破节度使权力，这个功劳完全归于赵普（Tchao P'ou），他是新皇帝的谋臣和挚友。他确定了一项宏大的行政改革计划，后者旨在逐渐削弱地方军事长官的政治、军事和经济权力。太祖皇帝在一场大型宴席上说服其主要部下交出兵权，以换取大领主的舒适生活，将最好的地产许给他们，并允诺他们与皇室联姻。[①]他还迫不及待地采取一些更为有效的措施，作为这项个人成就的补充。

最重要的措施有：严格区分文、武官职权，向各州和各军镇派驻通判（t'ong-p'an，后者几乎都是文官），在各路（Provinces）任命转运使，将各地精锐部队纳入禁军。自此，节度使已只有名义上的权力：他们被削去军权，改由中央政府的文官节制。转运使彻底夺取了他们的财政特权，除了当地开支所必需的金额外，所有的收入归京城。

到了后来，担任财政、司法和军事职务的皇帝遣使形成了地方组织架构中的第三等级，凌驾于本地和州两级行政机构之上，此时宋朝便不再对地方产生恐惧。军人被极大削弱，也被过度控制，以至于无法成为独立角色；中央政府过于强大，京城作为权力核心，对高级官员具有极大吸引力，以至于他们不再渴望长期留在地方职位上。鉴于财政问题的重要性，转运使有时会成为真正的地方长官；除此之外，其他特使尽管具有相似头衔，却不再扮演可与唐代皇帝遣使相提并

---

① 《续通鉴》，2（961年），10b—11b及6（965年），8a—b；《宋史》，250，1a—b。

论的角色。朝廷几乎完全停止对军事地方官的任命，相反只任命地方上的法官［"提点刑狱公事"（t'i-tien hing-yu kong-che）］，他们自 11 世纪初以来变成独立的官职，负责裁决分歧，调查大小罪案，督查监狱。类似的还有提举常平司（t'i-kiu tch'ang-p'ing sseu）和提举茶盐司（t'i-kiu tch'a-yen sseu）。

这样一来，地方行政得以重组，宋朝便注意改善中央政府的运作。他们没有改变传统的官衔等级，而是对行政架构进行调整，最重要的是更大力度的中央集权，并在纯粹文官体制的帮助下重新确立皇权。

我们花了很长篇幅介绍唐代的各行政职能，足以说明，从那时起中央政府的三个部门分享了实权。基本政策来源于中书省；军事组织取决于枢密院（chou-mi-yuan），类似于总司令部；财政被一位度支使（tou-tche-che）控制，后来被三司（san-sseu）使控制，即户部、度支使和盐铁使并置于同一位特使的领导下。而转运使就归这位三司使管辖。①

有利的外部环境使赵普做出的规划迅速实现。北部边境地区的局势暂时平静，契丹人忙于处理自己的事务，尤其是普遍的松懈情绪使每次新下令的敌对行动都被迫中止。在经历一个世纪的内斗之后，天下人都对长年不断的政变感到厌倦，民众乐于摆脱地方暴君们的统治，情愿归顺新的主人。

---

① 《宋史》，114［《职官志》（ Traité des fonctionnaires)］，1a 及后续页；179（《食货志》），1a—b；187［《兵志》（ Traité militaire，Ping-che)］，1a—b。

因此，多亏了坚定而自由的政策，宋朝在不到 20 年内成功地重新完成中国南方地区的统一。他们逐步消灭残存的小政权（965 年攻占成都，971 年广州，975 年南京，978 年杭州，979 年太原），因为这些地盘非常富庶，所以每次征服都能得到新的资源，也保障了很强的机动性。

但假如没有文官们（他们是真正的能工巧匠）重新掌权，无论是有利的形势，还是善于从形势中获利的开国帝王所采取的灵活政策，恐怕都无法维持帝国的统一。无论在任何朝代，士人阶层都未曾执掌如此大的权力。他们从此变成国家的主人，无可争辩，按自己的设想改造国家，以致皇帝也更看重与文学或艺术工作相关的声誉，而非满足于天子神圣的"无为"。文学官僚的统治是宋代所有问题的核心，既隐藏了他们的力量，也隐藏了他们的弱点。

士人的特权。978 年成立了崇文院（tch'ong-wen-yuan，"文"这个字兼有"文学"和"教化"之义！），在那里又重新组织起一些学院，许多可追溯到唐代。最重要的是昭文馆（tchao-wen-kouan）和史馆，也包括集贤院（tsi-hien-yuan），以及一所图书馆和一家博物馆［"秘阁"（pi-ko），988 年设于中殿，藏有皇家收藏品］。除了这所真正的"学士院"（Académie）或"学院"（Institut）之外，还有其他一些图书馆及其附属机构，由真宗皇帝（l'empereur Tchen-tsong）在 11 世纪初建立，收纳手稿、书籍和皇家艺术品。

唐代时，馆阁（collèges littéraires）就已极具盛名，但进去工作很少区分专业：所有成员均被称为"学士"（hio-che，古典语文学者），不加区别。到了宋代，学士的数量无限制地成倍增加；进学士院的人［通常称为"翰林"（han-lin）］除了正牌院士以外，还包括一系列不在编的士人［"直院"（tche-yuan）］或临时工作的士人［"权直"（k'iuan-tche）］、在本职工作之外兼职从事文字工作的人［"贴职"（t'ie-tche）］、负责解释文书的审读者和评注家、图书管理员和博物馆员，以及修订员、复审员和核查员。自此，馆阁学士（kouan-ko hio-che）的特殊职务只授予高级士人，他们是知识渊博的知名学者，通过了各种考试，通常官居要职；这种职务是纯粹文字上的，无须任何职业培训或专门知识。但进入知识界最高的精英队伍给予大臣崇高威望，学士院成为高级官员的摇篮。最高的职务是"大学士"（ta hio-che），其影响力不断扩大。编年史中记载了当时一句很有趣的谚语："宁可登仙岛（即成为馆阁成员），也不当臣子；宁可当学士，也不当管家。"①

文化基础（几乎都是文字方面的）总是胜过特殊能力

① 《宋史》，114［《礼志》（*Traité des Rites*）］；洪迈（HONG Ma，公元 1123 年—1202 年），《容斋随笔》（*Jong-tchai souei-pi*，1180 年完成）。关于唐代已存在的馆阁，见戴何都，《法译新唐书·百官志与兵志》，第 169 页及后续页和第 189 页及后续页；本书上文第 277—278 页。

（专业的、行政的、技术的）。通常有官衔又负责专门业务的官员不会做这项工作，而是由有使命在身的高级士人来做。文字方面的教育基础足以让他们有能力在衙门之间游走，大臣们也经常换手。宋代（尤其是南宋）的士人不再骑马，只坐轿子出门。他们的业余爱好精致文雅，他们是勤勉的诗人，也是画家、收藏家。他们学识渊博但仅限于文牍，正直但柔弱，成为官僚集团人文理想的完美化身。然而，正如我们即将看到的那样，这种理想是对狭隘个人主义（即便不能说是"卑劣的个人主义"）的将就。

士大夫大多也是大地主，他们的物质条件与其在国家的政治权力相符。如果把"正俸"（tcheng-fong，三分之一以货币支付，三分之二以实物支付）、"禄"（lou，一半是大米，一半是小麦）、"职钱"（tche-ts'ien）、"谦人衣粮"或"谦人参钱"（k'ien-jen yi-leang 或 k'ien-jen ts'an-ts'ien）、"公用钱"（kong-yong-ts'ien），以及柴、茶、酒、草料等给养，特别是"职田"（tche-t'ien）补贴等全部加在一起，高官们的收入达到一个惊人的数额[①]。这些对财政而言已是沉重负担，到了 11 世纪中又加上"辞禄"（ts'eu-lou），也是相当可观的一笔，以及有害却具有中国古代官制特色的官僚特权继承

---

① 《宋史》，171 和 172（《职官志》）；《廿二史札记》，25，4b—6a。一等官们每月获得 30 万钱，用于置衣的 50 匹丝和 100 两棉每年领两次，还有一笔供 70 人开支的薪水，以及 4000 亩"职田"。

体制（"荫"，本义为"阴影"，即保护和任人唯亲），即将一个肥缺授予有功官员的子孙。人们不再像以前那样满足于将已逝勇将或清官的儿子纳入官僚体系。"荫子"（yin-tseu）的范围扩大化，包括了侄子和堂兄弟，乃至于关系最远的亲戚甚至门客。从 1023 年开始又进一步，连五代时高官的后人都可受益！于是产生了最坏的后果：孩子们拿到了丰厚的待遇，有些有权利者会出卖他们的"荫"；但最重要的是，当某个人当官之后，整个家族从中受益，并纷纷谋求职位。[1]

　　11 世纪中期开始，财政危机逐渐成为威胁。其原因除了军队里寄生虫般的冗官以外，还有豪华庆典的巨额开销，皇帝借机派发礼品和赏钱。尤其是在真宗皇帝（公元 998 年—1022 年在位）和仁宗皇帝（l'Empereur Jen-tsong，公元 1023 年—1063 年在位）[2] 时，公共典礼盛行，真宗时花费 600 万钱，仁宗时已花费 1200 万钱。即使在预算中缩减了此项花费之后，赏赐最高官员的钱还达到了 1500 两白银和 1500 匹丝绸。这两位皇帝的大建设同样是毁灭性的。宫殿和图书馆、公共建筑和私人建筑在京城内大量兴建：开封的繁

---

[1] 《宋史·选举志》和《宋史·职官志》（*Traité des Examens et des Fonctionnaires de l'Histoire des Song*）花了篇幅很长的两段来谈特权继承体制：《宋史》，159，2b—7a 及 170，10b—11b；本书上文第 278—281 页及魏特夫，《辽代公职与中国考试制度》，《哈佛亚洲学报》第 10 期，1947 年，第 29 页及后续页；亦可见《廿二史札记》，25，7a—9a；关于养老金，见上书，25，6a—7a；《宋史》，170，3b 及后续页。

[2] 　根据《辞海》，宋真宗在位的起始年应为公元 997 年，宋仁宗在位的起始年应为公元 1022 年。——编者注

华丝毫不逊于长安，但和唐代一样，皇家的辉煌带来了同样多的苦难。[1]

二、军事压力

培养和维持一支文官队伍已耗资巨大，但可惜没有减轻军事开支上的负担。尽管宋代采取和平主义政策，对"蛮夷"支付贡赋，军事支出依然不断增加。太祖皇帝考虑到国内已平定，为了确保内部安全，面对北方强邻采取防御姿态，只派将领守卫战略要地；这些人靠经验和对敌人行动的熟悉，在20年时间里成功击退了契丹人（辽）的所有入侵。后继的太宗皇帝试图重新夺回937年让给契丹人的十六州，但不幸的是，在两次彻底失败（979年和986年）后，导致契丹人不断地小规模入侵，最终在1004年大规模入侵。契丹人之前失去了大将，对签订《澶渊之盟》（*le traité de paix de Chan-yuan*）感到满意，双方遵守约定达38年（公元1004年—1042年）之久。这项睦邻友好协定规定，宋每年支付10万两白银和20万匹丝绸作为"岁币"（les tributs annuels）。此时，西夏这个吐蕃—唐古特王国（公元1032年—1227年）开始入侵陕西；而契丹人利用宋朝的尴尬处境，再次强迫其

---

[1] 《宋史》，179，2a—3a。关于庆典，见福兰阁，《中国通史》卷四，柏林，1948年，第145页及后续页。

割让土地，以此勒索更多的财务。自此，宋每年支付给契丹人 20 万两白银和 30 万匹丝绸，付了 24 年，几乎到宋、辽两国灭亡之时；向西夏支付 25 万两白银和同样数量的丝绸（自 1044 年起）。

这样算下来[1]，宋朝的和平主义源自明智的现实主义。被契丹人占领的边境地区远离中心，要支付的岁币相对较少，这些都足以说明他们的不介入政策。这一点必须强调，因为尽管由汉族纳税人支付的数额对于契丹人半游牧的经济而言是一笔不小的补充，但对于宋朝当局而言和平的代价却不算太高：比维持军队和开战的花费要少得多。仅仅是因为自相矛盾的政策，宋朝的收支面目全非。无论怎么气定神闲，宋人还是不能放弃维持人数庞大的军队，导致巨额军费开支，结果是养了一支无用的军队。

总的来说，宋代的军事组织与唐代府兵制崩溃之后所采用的体制没有太多差异，而府兵制那种"战时当兵，平时耕田"的理想至此已发生了根本改变。当时有四大军种，或多或少相互独立，只有一个军种可称为具有一定的军事价值，

---

[1]　在宋代，一匹丝绸的价格稳定在 300 钱左右（据王国维，《释币》，2，10a）：20 万匹的价值相当于 6 万贯（每贯 1000 钱）。997 年国家预算升至 2200 万贯以上，到了 11 世纪中期达 1 亿 2000 万贯以上（见下文）。因此，岁币在日常支出中仅占很小一部分。118 年中（公元 1004 年—1122 年）支付给契丹人的岁币总计为 1980 万两白银和 3160 万匹丝绸，这些数额似乎可以忍受；1126 年末，为了满足女真人提出的过分要求，宋朝在其都城进行了仔细的搜刮，可以将其结果做对比：37.8 万两黄金、714 万两白银、104 万匹丝绸。——艾伯华，《中国史》，第 236 页。

那就是禁军。禁军由各地方部队中选拔出来的人员构成。回想到宋开国时，为重建皇帝权威，防止地方军事首领篡权，采取的最重要手段之一就是剥夺其军队，集中于京城。禁军由两个"司"［bureaux d'officiers，殿前司（tien-ts'ien-sseu）］和侍卫司（che-wei-sseu）指挥，最初就由精锐部队构成，驻扎在京城。但募兵制度［"招募"（tchao-mou）长期入伍的雇佣兵（mercenaires[①]）］很值得商榷，让士兵入伍的方式能解释许多事情。这套操作源自五代：首先测量身高——为了合格，要达到一个标准真人的高度，后来被量身高器取代，随后考察行走、奔跑和跳跃的能力，最后是视力。如果合格，他会拿到一笔钱，一些衣服和鞋子，脸或手背上被刺上所在军团的标记。很容易想到，这种募兵模式不是为了提高士兵的社会地位，使其免受鄙视。因此，在某些年间，被曝光的逃兵人数令人震惊，在常备军中达到每月 400 人。当局觉得时不时需要采取老办法——招募乞丐入伍。这样一来，在 1049 年至 1055 年间，3 万名河北居民在遭受水灾之后被招进了禁军中。[②]

---

①　该词作形容词解释时亦有"唯利是图"的意思。——译者注

②　我们的阐述按《宋史》中篇幅冗长的《兵志》(元代时由一个编纂委员会撰写，从 1343 年至 1345 年)，第 187—198 章。对于禁军及其招募，见《宋史》，187 和 193。曾我部静雄 (S. SOGABE)，《论宋代军队的刺青》(*On the Tattooing of Troops under the Sung Dynasty*，『宋代軍隊の入墨について』)，《东洋学报》卷二十四，1937 年，第 383—404 页 (原文为日文)。

常备军不具备任何作战价值，其特征是雇佣兵——其中大部分是饿肚子的流浪汉、受灾的农民、游手好闲者或罪犯——《宋史·兵志》的作者们已做出了提醒："只要没有战争，就不可避免地要支付晋升、奖励和维持的费用；一旦远征，就有兵去打仗并提供运输（服务）——帝国的所有渣滓们就是这样为君子们提供护卫的。"[①] 还有！我们在《兵志》的其他段落里了解到的，他们忘记补充了：为了平衡各位军官的影响力，政府一直在调遣部队，更换军官，每次出征后，相当一部分兵力会被立即遣散（至少持续到 11 世纪初）。

在这种情况下，禁军的训练不会太出色。而厢军（siang-ping[②]）的训练几乎没有。他们是以前军镇部队的残留，而其中的精锐早已被吸收进了常备军。他们是辅助兵力，为精锐部队做后备队，扮演的角色仅限于干杂役。该军种驻扎在京城的五支部队只去干饲养、建筑和修理之类的活儿。事实上，严格意义上厢军的士兵没有任何军事任务要完成——他们没有训练，集合或检阅都极少，"总的来说，他们杂役过多，就是如此"[③]。

"乡兵"是防御部队，说明徭役和兵役制度的结合在某种

---

① 《宋史》，193，1a。

② 注音似有误，宜为"siang-kiun"，似与下文介绍的"乡兵"混淆。——译者注

③ 《宋史》，189，1a。厢军的名称可上溯到唐代，"厢"字（字面意为"边上的建筑"）在军事术语上指精锐部队的"分身"（divisions）。戴何都，《法译新唐书·百官志与兵志》，第 840 页和第 849 页。

程度上依旧存在。"士兵在登记册上选择，或在当地居民中招募，在本地编队和训练。"具体制度各地有所不同。在陕西，还残存着五代末年的一支军队，每户纳税人出一人服兵役。这些民兵的给养、武器和军饷均由国家支付，轮流完成任务（尤其是守卫边界）。为了便于干农活儿，他们只在冬季受训（从农历十月直到来年元月上旬），兵力差异很大。在陕西，约1002年时有68 775名乡兵；同年，在河北有293 000名；在河东（约1040年时）有144 000名。[①] 在后两个省份[②]，2~3个成年人的家庭中抓一人服兵役（超过8个成年人的家庭须出4个兵）。在危急时，服役者在有防御工事的城中集合，当敌人退却他们又被重新遣散。这些入伍者（年龄在20~60岁）组成"团"（t'ouan，25人，由两位军官节制）和"指挥"（tche-houei，5个团，由一位指挥官领导）。每年正月，县令将服役名单交予知州，再由知州交予兵部。

另外，宋朝为了减少支出，不断借助传统的军垦体制，将士兵派到国有无主土地上，称"禁地"（kin-ti）。给河东和陕西的"弓箭手"（kong-tsien-cheou）是装备弓箭、扳指和马匹的士兵，拨给他们200~300亩土地，他们被免除赋税和徭役。到了11世纪中期左右，这些垦殖士兵的数量达32 474人。我们在1055年的一份记录中得知，一次契丹人入侵后

---

① 《宋史》，190，1a—b。
② "河东"大致相当于今山西省西南部。——译者注

留下的荒地被宣布为"禁地"，之后被分配给士兵。[1]

也有一些民间的射箭协会变为民兵，由国家派出军官来指挥。有一个俱乐部——河北的"弓箭社"（kong-tsien-chö）成为一支重要的民兵。[2]或许越往南边走，乡兵的力量越弱，因为暴露在蛮族骑兵铁蹄下的地带越少，他们要守卫的土地就越小。

宋代的第四个军种在少数民族中招募，他们是归顺的部族士兵，称为"熟户"（chou-hou），即已归化者。与之相对的是"生户"（cheng-hou），依旧野性难驯，他们编成战斗队，去守卫城门。事实上，这些兵全部是西北的吐蕃或党项游牧民，因此他们的名字叫"蕃兵"（有"fan-ping"和"po-ping"两种念法），意思可以是"边境军队"或"吐蕃军队"。兵力为 106 526 人和 19 264 匹马。[3]

军官的薪水成了严重问题。[4]另一个问题是马匹的配种，

---

① 《宋史》，190，3a—4a。
② 《宋史》，190，9a—10a。这些俱乐部的成员总数有 31 411 人。以下是这些民兵团体的名称："义勇"（Braves volontiers）、"护塞"（Protecteurs des frontières）、"弩手"（Arbalétriers）、"枪 手"（Lanciers）、"壮 丁"（Adultes vigoureux, tchouang-ting）、"土丁"（Adultes locaux）等。《宋史》，191，1a—8a。
③ 《宋史》，191，8a—12b。数字与后来的 1067 年有关。
④ 最高级的军官每月领 100 贯钱和 50 斛粮食，次一级军官减半，第三级（共 12 阶）从 30 贯到 2 贯不等，第四级（共 23 阶）从 30 贯到 300 钱不等，厢军教头（3 阶）从 500 钱到 300 钱不等，士兵（5 阶）从 1000 钱到 300 钱不等。禁军士兵每月领取的军饷超过 500 钱，但每日都要操练；领取 300 钱以下的则轮流出操和干活儿（《宋史》，194，6b—10a 及 195，1a）。

否则便无法抗击少数民族骑兵：这既是棘手的军事问题，也是技术和经济问题，因为通常是游牧民族饲养者为缺少马匹的中国供应马匹。宋朝当局设立了 14 个监牧司（kien-mousseu），保有 20 万匹马（1008 年左右），但还是不够用。① 于是，其余的就要去马市上买。马市几乎都位于吐蕃、党项和回纥人居住的西北地区，中心位于秦州［Ts'in-tcheou，今甘肃省东南部的天水（T'ien-chouei）］。买马的方式有多种。"券马"（k'iuan-ma）由国家购得，并付草料钱，待马群从边境到达京城，官员再将马带到各部队。在这种情况下，国家每匹马预支给少数民族 1000 钱（通过"券"的方式），余款到京城结清。另一种方式［"省马"（cheng-ma）］是直接在边境地区的交易场所向饲养者（少数民族或汉族）当场买马，马成队赶到京城，或直接分配到各部队。国家有优先购买权：官府选择之前，禁止个人购买吐蕃马。但私人贩子们不愿让这么大一笔生意溜走，来自四川的商人贩马时很积极地以次充好。他们的角色在"买马社"（mai-ma-chö）②里尤其重要，这些场所由军队组织和赞助，以补偿价格，其中一部分由国

① 这些马（不包括各省的马）由 16 380 位马倌照料；需要 666 000 捆草料，62 204 石谷糠，还有盐、植物油、药品和糖。《宋史》，198，1a—2a。《宋史·兵志》中用一整章来讨论马匹的问题，其中列举了一些常用术语，来指出不同的用途（32 种）和马的不同种类（92 种）。
② 北宋在北部边境地区采取"官助其直"的方式，提倡并支持乡兵们结社买马，将优质马匹直接购入军队，得以在较短时间内组织起一万多人的马军。——译者注

家负担：这是混合经济的典型个案。或许这些马社也负责养马。还有"括买"（koua-mai），在战争动员时，国家以固定的官价采购马匹。[①]

所有这些都要耗费大笔钱款。1062 年的一次磋商显示，大约在那个年代，仅买马一项每年就要耗费国库 4 万两白银和 7.5 万匹丝绸。[②] 此外，监牧司养马依旧低效且入不敷出，还有损种植业。在 990 年至 1007 年间，国家控制用作种马场的土地达 68 000 顷（约 40 万公顷）。在同一时期，各支军队控制 30 900 顷（约 18 万公顷）。养一匹马平均要夺走 50 亩（3 公顷）农作物，几乎相当于一家农户的生计。[③]

当军事和经济上的各种困难加剧，北部边境上的威胁越来越牵涉到内部安全，而宋初的行政改革就是以确保内部安全为目标。为了面对契丹和西夏不断增加的压力，宋朝手上只有一支完全腐化的军队。人数众多，虚列开支，组织涣散，一无是处，结果便是失败，不可避免。同时还要支付岁币和扩充军队；兵员和支出随即以同样快的速度增长。预算出现

---

① 《宋史》，198，2b—4a。

② 同上书，4a。关于马匹的价格，我们掌握许多记录（见上书，3b）：根据品相，从 2 万钱到 5 万钱不等。1066 年，国家支付给"买马会"（association d'achat）3 万钱每匹。

③ 1056 年至 1063 年间，根据著名士人韩琦（Han K'i）的建议，3350 顷（约 2 万公顷）土地被充公并租借给河北的种马场；这些"闲田"（hien-t'ien）的契约每年为税务机关带来 117 800 石粮食、3250 匹丝绸、161 200 困草料［参见旧党领袖之一、著名作家欧阳修（Ngeou-yang Sieou）关于此问题的奏章，他在当时任"群牧使"（k'iun-mou-che）（同上书，4b—5a）］。

赤字，有破产的危险。从下表可以看出，国防和财政危机之间的联系 [1]：

年份	禁军（人）	军队总数（人）	收入（每年，按 1000 钱一贯计）	支出（每年，按 1000 钱一贯计）	盈余（+）或赤字（-）（每年，按 1000 钱一贯计）
970	193 000	378 000	（？）	（？）	（？）
997	358 000	666 000	22 245 800	（？）	（+ 超 50%）
1021	432 000	912 000	150 850 100	126 775 200	+24 084 900
1049	826 000	1 259 000	126 251 964	126 251 964	（？）
1065	663 000	1 162 000	116 128 405	131 864 452	-15 736 047

即便不应过于看重元代官方的数字，我们还是能从该表格中发现整体趋势。

---

① 《宋史》，179，2a—3b 及 187，3b—4a。禁军数量在 1068 年至 1077 年间为 568 688 人，在 1078 年至 1085 年间为 612 243 人（同上书，5a）。

第二章　经济问题与社会问题

一、持续的土地危机和徭役问题

摆在宋朝面前最紧迫的问题是国家支出所需要的钱从何处获得。而公共财政问题不过是无止境的各种严重问题的反映。无法根治的经济和社会问题，也是宋朝统治者咎由自取。我们最多只能稍微谈几个方面，让大家有个大致的了解。[①]

总的来看，官僚政权的经济基础是农业，在中国一直

[①] 宋代的资料非常多，才刚刚开始探索，远未仔细分析。正如我们前面指出的那样（本书上文第 407 页），材料的数量与研究成果的数量是负相关的。只有官修历史中《食货志》的一个粗糙译本，没有评注——冗长的纲要就有 23 自然段，全篇在《宋史》中占 14 章（173—186）——排得满满的，至少 1000 页的厚厚一本。但《宋史》有 496 章！这还只是正史。还有数不清的私人资料、回忆录、论文、论说、信函、随笔、诗歌、故事、碑铭等，这些文献往往比编年史家掐头去尾、草草选编的素材更有启发意义。这样一来，你们会明白我们阐述中的不足之处，期望读者能原谅。

如此。绝大部分人口生活在农村①：他们基本上支撑起国家负担的绝大多数，包括官员和军队的负担。除了农民还有谁呢？还是农民，总是农民。还有很重要的一点需要澄清，正如我们已经看到的那样，从 8 世纪末开始，自耕农正在消失，他们逐渐沦为大地主的农夫、佃农或农业工人。因此，唐代的土地危机也是社会危机，问题远未得到解决，反而持续下去。

自耕农再也无法缴税，也不再满足官府的各种要求：实物地租、贡赋、徭役、养路捐。他们负债累累：征收官放弃的，高利贷主都得到了。水灾、干旱、歉收导致他们彻底破产，必须将财产抵押或出售，寻求大地主的庇护：他们依旧在自己的小块土地耕作，虽免了地税，但要付一大笔地租给地主。对于自耕农而言，贡赋和徭役的负担更加繁重，因为

---

① 我们掌握了历次普查的详细数据，但这些数字需要进行深入的比较研究。所以，我们在此仅给出最具特点的数据（据《文献通考》，11）：

	1102 年	1080 年	主(tchou)	客(k'o)
户	20 019 050	14 852 684	10 109 542	4 743 144
口(k'eou)	43 820 769	33 303 889	23 426 994	9 876 895
丁	—	17 846 873	12 284 685	5 562 188

依据历次普查中的正常比例（每户 5~6 人），可以估算宋代 12 世纪初的人口已达 1 亿左右。加藤繁，《宋代人口统计》（ *The Statistics of the Population in the Sung Dynasty* ），《东洋学报》卷十一第 1、3 号，1940 年，第 1—15 页和第 715—732 页（原文为日文），该文后收入加藤繁，《中国经济史考证（下册）》，《东洋文库论丛》第 33、34 册，东京，1953 年。

在大地主庇护下工作的农夫和农业工人和地主一样，通常被免除这些负担。通过唐代的土地改革进程，我们已了解了这一持续的进程：每当有特殊事件（大型工程、战争、岁币、叛乱）——相较异常情况而言，因为它们有规律地重复，不可避免——让国库亏空时，这一进程就会加速。

宋代的税收系统大致和唐末时的差不多。土地税、人头税和实物地租分"夏税"（hia-chouei）和"秋税"（ts'ieou-chouei）两次征收。文献中列举了五种税：（1）"公田赋"（kong-t'ien-fou），国有"公田"上登记在册的农夫直接缴给官员的租金；（2）"民田赋"（min-t'ien-fou），即真正的土地税；（3）"城郭赋"（tch'eng-kouo-fou），即住在城内或城市周边的地主支付的地税；（4）"丁口赋"（t'ing-k'eou-fou），用货币或实物支付；（5）"杂变赋"（tsa-pien-fou），根据当地出产确定。缴税有四种方式：（1）用粮食（小米、大米、小麦等）；（2）用布匹（十种，从最精美的丝绸到普通的棉布）；（3）用贵金属（金、银、铁钱、铜钱等）；（4）用"杂物"，清单也很有趣：家畜、皮革、牛角、羊毛；茶和盐；木材、牧草；水果、药草、油料；纸张、煤炭、漆和蜡。①

除了不相称的负担之外，还有官僚机构名目繁多的压榨，

---

① 《宋史》，174，2a 及后续页。

盘剥的手段经过深思熟虑，使人恼火。盘剥得益于自然经济和货币经济间的恶性循环，一直是造成贫苦农民不幸的主要原因。如果在某地某一种粮食充足，纳税人必须"在异地缴纳"["支移"（tche-yi）]，即必须亲自把物产运到另一个条件不太好的地方，或者在本地将其贱卖，再额外支付运费。此外，如果一个已上交贡赋的地方缺粮，而官员仍要求交粮，粮食会以官府任意确定的比值进行"转移"或"转换"["折变"（tchö-pien）]，这对农民的生产来说是极大的不公。而富裕的地主能更自由地活动，可能更容易摆脱这种困境，甚至有时还能得到一点利益。

采购粮食和丝绸被称为"和籴"或"和买"，在宋代和唐代一样充满着暧昧色彩，其理念是：事先签订的"协议"慢慢变成以赔本的价格强制卖给官府，即便价格还不算极低；事实上，征用就是为了供给军队。因此，国家有时会以"助军粮草"（tchou-kiun leang-ts'ao）这种比较明晰的名目进行采购。[1]

此外还有徭役，包括所有难以弄清性质和准确期限的服务和工程，因为我们没有得到任何契约。官僚的肆意妄为就是法律。似乎乡里的行政机构对徭役的分配和执行负责。关于雇员和下级工作人员的名称，编年史家出于对官

---

[1]《宋史》，175，5a—9a以及393。

衔的偏爱，为我们留下了各式各样的记录，但未详细记载其职责。乡级行政机构手下有一名衙前（ya-ts'ien）、里正、乡书手（hiang-cheou-cheou）和户长（hou-tchang）负责服役者的登记和监管，弓手（kong-cheou）和壮丁是负责治安事务的宪兵。还有各种下级职员负责采购和陪同官员：接待官、传令员、仆从。所有这些人受指派执行难以界定的任务，姑且称作"差役"（tch'ai-yi）。当时的文献经常谈到某些人破产了，就是因为各种徭役压在身上，似乎说明征收官员们不仅负责征收实物，还负责执行徭役。另外，服役者劳动是没有报酬的。可以非常清楚地看到，有一些抱怨、申诉和奏折，控诉错综复杂的徭役制度是压垮有服役义务阶层（九个纳税阶层中只有四个须服徭役！）的沉重负担。后果是灾难性的，从唐代以来我们就已知晓，一直没变：这些无止境的工程和服务，一方面造成百姓的破产、逃离和流浪，铁证如山；另一方面大地主手中积累了巨量财富，他们免于徭役之苦，或是懂得利用贪官摆脱困境。①

典型的一个例外是享有特权的大地产落入寺院之手，我们在谈论唐朝的时候已经了解，寺院是社会的伤口（plaie②），而它在整个宋代依旧不断溃烂。845年，严厉的佛教还俗运

① 《宋史》，177 和 178，1a—7a。
② 该词在法语口语中还有"祸害"的意思。——译者注

动在一个世纪之后又重新上演，但这并未触及恶的根源，尽管相当多的寺院被取缔。[1]

士人们谴责佛教是寄生虫（1039 年的一份陈情书用恶毒的语言谈论僧人的财富，说"他们不劳动，无所事事，随意榨取普通民众"），但似乎并未奏效。随着东南经济的发展，佛教团体特殊的重要性与日俱增；长期以来，东南都是佛教的"天选之地"，尤其是南宋迁都至浙江杭州（1138 年）以后，那里是其影响区域的中心。

我们在当时江苏、浙江和福建三个省份的地方志中找到了一些佐证。根据这些文献，以下可以反映出 12 世纪和 13 世纪初土地分配的一般情况[2]：

---

[1]　955 年，30 336 所寺庙被关闭，2694 所获准存在（《通鉴》，292，9b）。此外，教徒人数的演变如下：

年份	佛教徒			道教徒		
	和尚(人)	尼姑(人)	总计(人)	道士(人)	道姑(人)	总计(人)
955	42 444	18 756	61 200	—	—	—
约 960	—	—	67 403	—	—	—
1034	38 552	48 742	87 294	19 538	588	20 126

[2]　据青山定雄（S. AOYAMA），《从宋元地方志中发现的社会经济史料》（*Historical Materials of Social and Economical Studies in the Geographical Monographs of the Sung and Yüan period*，『宋元の地方誌に見える社会経済史料』），《东洋学报》卷二十五，1938 年，第 281—297 页（原文为日文）。道观数量相对不多，在福州，同时代仅有 170 名道姑，拥有 10 511 亩土地（人均 62 亩）（同上书，第 294 页）。

	普通人每家	佛寺中每人
福州（福建省，约 1174 年—1189 年）	16 亩	50 亩
台州（浙江省，约 1208 年—1224 年）	14 亩	57 亩
宁波（浙江省，约 1225 年—1227 年）	16 亩	—

　　雄辩的数字仅包括已耕种的土地。如果把位于山区的未耕种地产也纳入此表格，差别会更令人惊讶：在福州，僧侣持有 17% 的已耕种土地和 33% 的山地（在浙江，以上数字分别为 3% 和 13%）！

　　尽管也不是到处受谴责，但早在 11 世纪土地分配不公现象已清晰地出现在了各种文献中。土地上的百姓生活在苦难中，与特权阶层的处境形成强烈反差。小农、农夫、佃农、雇工、短工被迫处于半奴役的状态，他们遭受的不公曾被当时最善良的思想家们揭露。11 世纪的一位著名作家用激动人心的笔触描写了农夫们的生活：

　　"土地不是耕种者的财产，而拥有土地的人不耕种……鞭子和棍棒能激励徭役。主人对待劳工像奴隶一样，他们舒服地坐着，监视别人执行命令……田里的物产他们拿走了一半。一位地主有十位耕种者，地主每日都能拿到属于他的那一半，积累下来后变得富有且强悍；而耕种者每日靠自己的那一半为生，只能体会到苦难和饥饿"。①②

至于负债农民，11 世纪著名的史学家和保守派大臣司马光（Sseu-ma Kouang，公元 1019 年—1086 年）告诉我们："他们要承受水灾、旱灾、冰冻、冰雹、蝗虫、害虫等不定期的灾害。如果走运，收成好，公私债务（税务机关和高利贷者）又会夺去。在离开田野或工坊之前，粮食和丝绸已不再属于他们自己。他们吃谷糠，穿粗麻，但还是吃不饱，穿不暖。"③④

自 11 世纪中期起，朝廷财政崩溃，公众舆论也害怕出现最坏的情况，朝野都开始意识到社会危机的严重性。我们仅举几个例子。大臣兼大学士范仲淹（Fan Tchong-yen，公元 989 年—1052 年）向皇帝提出了十点改革方案，包括重组官职和教育、平均分配土地、减轻徭役；伦理学者李觏（Li Keou，公元 1009 年—1059 年）发表旨在"富国，强兵，足

---

① 苏洵（SOU Siun，公元 1009 年—1066 年），《嘉祐集》（Kia-yeou tsi，《四部丛刊》本），5，7b；马伯乐，《中国土地制度，从起源到近代》，第 294 页。

② 原文为："……田非耕者之所有，而有田者不耕也。……鞭笞驱役，视以奴仆，安坐四顾，指麾于其间。……而田之所入，已得其半，耕者得其半。有田者一人而耕者十人，是以田主日累其半以至于富强，耕者日食其半以至于穷饿而无告。"——译者注

③ 《宋史》，173，6a。

④ 原文为："而又水旱、霜雹、蝗螟间为之灾，幸而收成，则公私之债交争互夺，谷未离场，帛未下机，已非己有矣。所食者糠籺而不足，所衣者绨褐而不完。"——译者注

民"的方案^①；保守派的韩琦（公元1008年—1075年）主张废止徭役制度；范镇（Fan Tchen，公元1007年—1087年）也是旧党成员，在1055年前后已考虑进行财政改革。在一份备忘录里，他描绘了百姓生活中最阴暗的侧面：

"即使收成好，百姓也不能饿了就吃，直到年终岁末；只要稍微歉收，他们就入不敷出，即便免除大量税赋也是如此。唯一的原因是，沉重的敲诈勒索政策超过其他一切考量。"

范镇在其进谏的结尾提出以下建议：

"今天，宰相^②管理百姓，枢密院管理军务，三司管理财政，而相互之间无沟通。因此，枢密院不停地扩军，而收入早已耗尽；三司不断地拿走百姓的钱财，而他们早就生活在水深火热之中。中书能看清百姓疾苦，却无法说服枢密院缩减军队，也无法说服三司减轻税赋，因为预算不归中书管。中书和枢密院应掌管民、兵之财政，与三司一起酌定收支，制定预算"。^③

通过以上引文足以看出，财政上的考量基本优先于探究

---

① 关于王安石（Wang Ngan-che）在思想上的先驱性，见卫德明，《释群原国》，第96页及后续页；以及本人（指白乐日——译者注）关于李觏的文章：《王安石的先驱》（*Ein Vorläufer von Wang An-schi*），《莱顿汉学丛书》卷八，1933年，第165页及后续页。《宋史·范仲淹传》（*la biogr de Fan Tchong-yen, Song-che*），314。

② 宋代初年宰相称"同中书门下平章事"；神宗元丰五年（1082）改革官制，以左仆射兼门下侍郎，右仆射兼中书侍郎为宰相。故此处作者以"中书"代指宰相。——译者注

③ 《宋史》，179，3a—b。

产生罪恶的深层原因。而且，要求进行社会改革的呼声越发高涨。因此，诞生了一场社会和文化运动，导致了著名的王安石改革。[①] 军事和财政上已迫切需要改革，因为已牵连到了农村经济。除此之外，改革还有其他动机，其中最重要的是私人商业和国家专卖之间的相互渗透。

二、商业与专卖

在所有决定宋代商业发展的地理、政治和经济因素中，居于首要位置的是国家经济重心的移动。京城不再位于长安，陕西省贫穷而遥不可及；也不位于洛阳，那是天然要塞的出口处。北宋抛弃了历史上的这些旧都，像五代一样定都于汴梁（Pien-leang，今开封，靠近河南省的东部边界）。因此，宫廷和中央政府的所在地位于中部大平原的中心，开发良好，人口稠密，也靠近其北部边境。没有任何的缓冲区、山脉或沙漠来保卫帝国的中枢神经。分割中原和军事强国契丹（辽）的边界穿过河北，那是个人口稠密的农业省，无法自给自足，也成为兵家必争之地。那里驻扎了约 100 万士兵，需要吃饭、穿衣、交通。在西北部的陕西省和山西省，另一个强邻西夏的压力也显现了出来，这两个省份在农业上也入不敷出。

---

① 本书下文第 455 页及后续页。

帝国行政中心的移动与中原王朝经济中心向东南部移动有关联，但我们不能仅凭商业的发展来衡量军事问题的重要性及其影响。这场历时数百年的经济变革，在唐代初年就有记录，到了宋代持续并愈演愈烈。的确，都城目前更加靠近运河系统这条大动脉，但还不够近，还无法解决交通运输这个主要问题。因为浙江逐渐成为帝国的粮仓，政府收入中最显而易见的一部分来自东南各省份。当时所谓"内地诸路"（nei-ti-tchou-lou）不仅是谷物的产地，也是丝绸的产地，还出产茶、盐和瓷器；同样也是矿产最丰富的地区，以及海路贸易最便利的地区。

将"内地"过剩的粮食、布匹、金属、赋税和商品转运到入不敷出的外围区域，依旧是政府的一块"心病"。传统的运输体系——无论是通过转般法（tchouan-pan-fa），还是通过直达法（tche-ta-fa），都是走水路——完全无法供给开封都会区，以及"沿边诸路"（yen-pien tchou-lou）的军队。

汴、黄（Houang）、惠民（Houei-min）、广济（Kouang-tsi）四水由运河相连，构成交通系统，南方的财富借由此被源源不断地运往中原和北方。南方的物产，无论是缴纳的贡品还是购买的货物，首先运往扬州、楚州（Tch'ou-tcheou）、震州（Tch-en-tcheou）（这三个州位于今江苏省的中部、北部和南部[1]）和

---

[1]　事实上，"震州"今已划归浙江省湖州市。——译者注

宿州（Sseu-tcheou，今安徽省东北部）的转运仓，然后向京城运输。发运使（fa-yun-che）对到达的货物进行分配，他的衙署负责安排在岸上牵引［排岸司（p'ai-ngan-sseu）］，卸货［下卸司（hia-sie-sseu）］，建造驳船，尤其是负责组织船队。他的责任巨大，因为国家财产常被船夫偷走，或被官府小吏转移。船队（"纲"）有时在国家的经营下航行，有时也为有钱人（通常是业余玩票性质）而出动。所谓"船只失事"的事情并不罕见，每年的损失达到总运量的约3%（600万~700万石中有20万石）。每年，国家平均监造3000艘运输船——不清楚这些驳船的吨位，但吨位似乎不是制约运输的因素，制约因素是装船能力不足、货运组织不善。组织货运会面对许多难题：使用的平底驳船在运货到北方之后需要送回南方，冬季常无法移动，需要将服役的徭工换成专业船工，尤其是私下用官家船队帮私人运货不可避免。有时（如1069年），到货量相当大，以至于官府想减少来自东南地区的运输。但这只是个例，若没有贸易上的援助，似乎无法供应军需。[①]

为防不测风云，公共粮仓储备大量谷物。比如，1084年河北的17个军（Préfectures-armées，属军事行政区划）[②]掌握1176万石粮食，足够七年之用（一个军平均每年消耗16

① 关于运输的组织，见《宋史》，175，9a—14a。
② 事实上，北宋的河北东路和河北西路共计八个军。——译者注

万石）。① 此外，每石粮食平均价值一贯（1000 钱），可以设想北方不稳定的局势为军队的供应商们带来了多少获利良机。向生产者直接购买的传统方式需要一个庞大的官僚机器，后者通常因勒索和征购而腐化，因此在农村不受待见。无论如何，商界一定是找到了插在国家和农民之间的方法，二者都被迫求助于它，于是它在中间人的地位上获得巨大利益。

除了我们已经知道的和籴（农民上交粮食，国家支付现金）和博籴（po-ti，农民用小麦换取布匹、盐或其他由国家专卖的商品）的方法之外，还有多重商业上的实际运作，构成了私人商业和公共部门之间复杂的传输系统。其中最重要的是按合同采购粮食，可用支票支付。这种购买形式被认为是"有利"或"便利"的［"便籴"（pien-ti）］，细节如下：供应商将粮食运到指定地点（边境上），为了证明是在当地军政当局允许下运输的，他们会收到由榷货务（kio-houo-wou）派发的"交引"或"交钞"（kiao-yin ou kiao-tch'ao），可在京城兑现；抵京之后，兑换券持有人通过授权中间商从榷货务处兑换现金，或者榷货务支付给他们专卖的货物，最好是茶叶或食盐——假如他们还要从京城到东南地区的话。这些"券"或"钞"很快就成为交易对象，并可用作支付手段。

---

① 《宋会要·食货》（*Song-houei-yao, section économique*），k. 39；日野开三郎，《论宋代的"便籴"》（*On pien-ti, Official Market System under the Sung Dynasty*，『宋代の便糴に就いて』），《东洋学报》卷二十三，1935 年，第 88 页（原文为日文）。

在 11 世纪初前后，仅河北一地，军供粮食的营业额就达到年均 500 万贯的惊人数目。总的来说，粮食价格是根据自由市场的行情决定的。但价格通常会被抬高，比如 1055 年在河北，额外利润升至供应总价的 60%。

宋代的经济管理相当复杂。为避免五代时地方主义的灾难性后果，更好地监督各路行政机关的财务管理 [转运使、观察使（contrôleurs）、知州、知县]，各路行政机关在京城还有一整套办公机构，下辖一些直接对中央政府负责的地方办事处。仅举一个按协议购买粮食的例子，便籴司（pien-ti-sseu）的地方官员负责指挥，他们受一位总监和一位主任领导，后二者又对三司负责。另一方面，发行支票和钞券，分配到各路的不同机构，集中并兑现供应商的票券等，属于榷货务的职能。1053 年的一份报告要求取消所有收入不及七万贯的行政机构，让我们了解到了司、署、监、行、场、坊等机构的臃肿，其中一共列举了 20 多个。[1]

到了北宋末年，商界对国库清偿能力的信心动摇了，赊账采购军需物资变得越来越难——必须重新采用一些或多或少强硬的手段才能保证京城的需要。朝廷想出了十几项措施，名目繁多，不过是以官方限价收购粮食，万变不离其宗。通常这些措施彻底沦为简单粗暴的征用：公用基金被转移，负责人被

<hr />

① 《续通鉴》，175（1053 年）；日野开三郎，《论宋代的"便籴"》，第 95 页。关于经济管理机构，见《宋史》，163，7a—9a 及 167，3a—10b。

商界腐化，权力寻租，徇私枉法，等等。负责采购粮食的当地官员常超越自己的职权，不在合适的时间（收获时节）采买，或许在收受贿赂之后，转而向有关系的商人采购，后者给予官员利益上的帮助。最常见的措施之一是"均籴"（kiun-ti），即强制收购均等地加在每个人头上，没有人能例外。这种体制由宦官童贯（T'ong Kouan）于1111年创立，即强迫所有纳税人向官府交付一定数量的谷物，政府以此来获得收入。根据纳税人支付货币税收的金额，或其拥有土地的亩数，抑或其家庭财产或其从国家领取的种子数量，他们被划分成不同等级。事实上，交粮并不均等，也不像预计的那样提前付款，甚至从来不给钱。富裕的地主草率行事，公共基金不足，加之官员唯利是图，很快使这种"平等"的采购蜕变为令人恼火的征用。

经济上的任何活力都逃不过商人们的警觉。商业挤进公共经济和私人经济的各种缝隙中。即便是"均籴"也由一些生意人来收购，类似于法国的农税征收官，他们通过契约［"结揽"（kie-lan）］承诺保障运输货物的完整，提前完成运输，随后收回预付款，获得巨额利润。①

宋代当然是一个商业繁荣的时代。宋初时，朝廷对商人表现出罕见的宽容，多次下诏禁止随意征收通行税，禁止对

①　关于粮食贸易，见《宋史》，175，5a—9a及小沼正（T. KONUMA），《北宋末的均籴法》（*On the Chün-ti System enforced in the later period of the Northern Sung dynasty*，『北宋末の均糴法』），《东洋学报》卷二十五，1937年，第110—153页。在此文及之前所引日野开三郎的文中，可以找到各种材料的许多片段。

当地小型商业课税，禁止扣留或搜查未携带应税物品的旅行者。然而，我们离商业自由或统一而有序的商业立法还有相当距离。总的来说，流动商人要为自己的商品支付2%的"过税"（kouo-chouei），定居商人按营业额支付3%的"住税"（tchou-chouei），因为"算"（souan）这个词习惯上指后一种税，可见这是一种针对货币征收的税。995年左右，商业税带来每年400万贯收入，25年之后收入翻了一倍多，这使我们能推算出国内商业的体量在每年1.5亿至3.5亿贯之间。[①]

一部12世纪的著作《东京梦华录》（*Souvenirs des splendeurs de la capitale orientale, Tong-king mong-houa-lou*）[②] 为我们生动描绘了开封及其客栈、酒肆、商铺的景象，交易永不停歇，夜市仅在夜里11点到凌晨1点间关闭，来自帝国各个角落的商品汇聚于此，琳琅满目；让人猜到此时的商业比唐代还要繁荣。佛教庙宇相国寺（Siang-kouo-sseu）位于开封城内，每月为商人开门五次，他们按行当聚集在宽阔的游廊里。这个盖有屋顶的市场是"万户交易"之所。[③]

---

① 《宋史》，186，1a—b。推算并不太令人信服：有时，商人们与小吏熟识，他们只需支付20%~30%的官定税赋；见《宋史》，181，12a。

② 《东京梦华录》，由孟元老（MONG Yuan-lao）于1147年前后写成，此人当时还不出名。有一个事实应该记住：（所描绘的）城市和商业生活中，所有有关系的都是不明身份之人，换言之，都是官僚体系的局外人。

③ 《东京梦华录》[《学津讨原》本（éd. *Hio-tsin t'ao-yuan*）]，3；见王栐（WANG Yong）的《燕翼诒谋录》（*Yen-yi yi-meou lou*），撰写时间晚于1131年（同时出版），2。原相国寺已于1927年改为"中山市场"（marché Sun Yat-sun）。

然而，别忘了商业活动的自由受到整个专卖体系的限制，国家处心积虑地设立专卖制度就是为了阻碍商业资产阶级的崛起。国家的控制尤其针对对外贸易。出于强烈的政治原因，外贸引起国家的注意——贩卖武器和铸币外流会影响国防，但另一个原因在于外贸也是额外利润的来源。[①]那时的海外贸易已拓展至日本，穿越整个亚洲东南部（印度尼西亚、马来西亚、印度），直至近东（le Proche-Orient）和非洲（l'Afrique）。大批阿拉伯商人的水手在海上航行，相当活跃，他们在中国的帆船上找到了令人生畏的对手，这些对手比自己更强大。出口和进口一直都包括一些主要的商品：中国方面是布匹、瓷器、茶叶、钱币、贵金属、铅、锡，外国方面是焚香、香水、香料、珍珠、象牙、珊瑚、琥珀、贝壳、玛瑙、水晶等。贸易发展的一个里程碑是在泉州（阿拉伯旅行者称"刺桐"，在福建）、明州、杭州（今浙江）、密州［Mi-tcheou，今山东胶州[②]（Kiao-tcheou）］设立四个特别司，它们成为广州设立的"市舶司"的补充。这些使者兼有关税监察员、掌柜、外国人治安总管的角色，最重要的角色是国家控制海外贸易的执行官，至少在理论上如此。事实上，不同的职能使其成为非常强势的人。根据他们的性格、教育程度和被中央政府监控与否，这些大人时而满怀妒忌又无可奈何地旁观着海外贸易的垄断，时而

---

① 本书上文第 355 页及后续页。
② 密州应为今山东诸城。——编者注

又给私人利益以恩惠，尤其是属于自己的利益。中国官员比路易十四（Louis XIV）更有理由说："国家，就是我。"（L'État, c'est moi.①）利用规章制度的弹性可以确保他们灵活精明地要花招。特使掌握一份公众基金［称为"市舶一"（che-po-）或"折博一"（tchö-po-）或"博易本钱"（po-yi-pen-ts'ien）］，供采购国外商品。资金来源于権易院（kio-yi-yuan），976 年设立于开封。那里集中了特使们采购的商品，之后以高价向公众出售。国家保留免税权，也会对一部分商品征收实物关税。剩下的商品在结清关税和专卖税之后方可自由流通。征收比率大概 10%~40% 不等；中外商人在拿到由港口特使颁发的执照［"券"（k'iuan）］后方可拿到货物。②

当然，在受到军事威胁的北方和西北边境，对外贸的控制比沿海地区更严。边境的开启和封闭取决于宋及其强邻契

① 此句原出自法王路易十四之口，原文为拉丁文："Rex et regnum"，按字面意思应译为"朕即国家"，"L'État, c'est moi"（"国家，就是我"）为法文口译。——译者注
② 关于对外贸易，见《宋史》，186，8a—11a。夏德和柔克义，《赵汝适的〈诸蕃志〉——中国与阿拉伯十二与十三世纪的贸易》（Chau Ju-kua, His Work on the Chinese and Arab Trade in the 12th and 13th Centuries, entitled Chu-fan-chï，圣彼得堡，1911 年）及本书上文所引的那些著作：第 356 页注释 2 和第 357 页注释 3。我们还参考了桑原隲藏的著作，标题很长，但非常有说服力，因此要完整引用：《蒲寿庚考——一个来自西域的人在宋末曾担任泉州市舶司的负责人，附唐宋时期阿拉伯在华贸易概述》（On P'u Shou-kêng, a Man of the Western Regions, who was the Superintendent of the Trading Ships' Office in Ch'üan-chou towards the End of the Sung dynasty, together with A General Sketch of Trade of the Arabs in China during the T'ang and Sung Eras），《东洋文库欧文纪要》第 2 期，1928 年，第 1—79 页和第 7 期，1935 年，第 1—104 页。蒲寿庚，泉州遣使，很可能原籍阿拉伯，扮演了一个相当重要的角色，因为宋朝早已衰落，蒙古人尚未足够强大，二者都逢迎这位海上贸易大佬。蒲氏家族已在中国定居长达几代之久。

丹（辽）之间关系的变化。977 年，在宋辽边境的五个州设立了负责专卖事务的机构［初称"榷务"（kio-wou），稍晚称"榷署"（kio-chou）或"榷场"（kio-tch'ang）］。两年后，在 979 年的战争之后被关闭。尽管太宗皇帝对（今）北京地区的百姓做出承诺，也经历过中断交易的考验，但边界不再重开，贸易被禁止，违者处死。20 年中，"只要北朝商人进入（宋）境内，立刻逮捕，就地斩首"。直到 1004 年实现和平之后，关系才得以改善。但双方都对贸易进行严格控制，结果似乎都令人满意，至少令经商者满意。宋朝方面收入的关税在 11 世纪达到每年 40 万贯。契丹人和党项人（西夏）一样，拿自己畜牧经济的产品——马、羊、骆驼、毛毡，以及钱币和贵金属去换布匹、漆器、瓶罐、茶叶、大米、中药。值得注意的是，宋代的一道敕令拒绝了金币进口许可（1030 年左右），给出的理由是"互市于前朝设立，只助交易，不可获利"。

自 1067 年起，所有对外贸易归三司管辖。1076 年的一道命令说明，国家之前从未实现完全封禁边界。该命令惩罚与外国人做生意的个人，尤其是交易宝石之类，并对揭发者予以奖励。还要记住，1006 年的一份禁令（1078 年更新）可视作存在书籍贸易的证据，禁令禁止出口除儒家经典及注疏之外的所有书籍。[①]

---

① 《宋史》，186，9b—10a；魏特夫和冯家昇（FÊNG），《中国社会史：辽（907—1125）》（History of Chinese Society, Liao, 907—1125），费城，1949 年，第 174 页和第 177 页。

无论对外贸易量有多大（确实有如此大的量，货币的大量流出令人担心，但没有彻底禁止），但从未指望达到国内贸易的经济分量。从税收角度看，针对国内一般消费品（如盐或茶）征税的收入远超关税。因此很容易理解，为了盐和茶的专卖，私人商业和国家之间展开了激烈争夺。商人和官员在一点上达成共识：应由"可怜的纳税人"买单，他们的争吵在于蛋糕如何分配。专卖制度的捍卫者和反对者之间激烈的争论引起官僚阶层的骚动。问题在于如何确保国家得到最大部分的利润：如果通过自由贸易，则蕴含着国家放松控制所带来的风险，因此来自国库的收入会有损失；如果通过国家专营，即完全管理生产和销售，这种方案需要一套耗资巨大的行政机构，并且不可避免地造成长期的腐败，尤其是对下层而言。无论哪一种方案，都不是鼓吹贸易自由原则（当然，自由贸易没有发言权），也不是质疑对主粮进行专卖的原则。严格专卖的支持者都怀有极端的国家主义情结，出自改革党阵营，他们对批发商的厌恶通常与对百姓发自内心的同情和争强好胜的爱国主义情怀相匹配。面对这些具有专断特点的政治家，保守派展开了猛烈反击，他们同样是国家主义者，但更加现实，他们坚信，假以时日，专卖制度的商业化会以更少的开销带来更多的收益。每次国家主义者发起进攻之后，个人利益受牵涉的人和支持他们的保守派形成合力，在受贿官员们的帮助下，促成了一种可称为有限自由贸易的体制，事实上是国家机构与批发商之间的合作。这种专制当局与特许商人之间的合作在我们看来好像是牌照或特许权制度：国家让商人负责收税，但要分得一部分收入，提前确定好，剩下的部分让与商人；同样也把征收的责任、风险和困难留给了商人。这种体制相当灵活，以至于可以容纳妥协和微调。事实上，紧跟多变的各项专卖制度令人厌烦。比如，复杂的食盐专卖①，足以充实前文的一般性论述。

有两种盐：一种是陕西盐湖里的盐，由 760 名服徭役的盐工开采，由盐税官监督，前者被免除赋税，每日能领到一定份额的粮食，每年他们的家人能得到 40 贯钱；另一种盐产于东部沿海（盐沼），差不多的生产条件。前一种的价格在每斤 34 钱到 44 钱之间；海盐的价格则在 47 钱到 48 钱之间。贩运的手段不一样（北方是 116.5 斤装的"席"，东南是 300 斤一袋），产量、收入和管理制度均不同。11 世纪初，盐湖产约 7600 万斤盐，经过一些波动以后，1056 年收入标准定为 169 万贯（稍早之前，盐税机关获得了超 200 万贯，而到了 1076 年超过 300 万贯）。当时设有一个专卖区（北方，含京城）和一个商业流通的区域，现在已无法确定后者的具体范围。应当记住的是，私下贩卖是严格禁止的，尽管自五代以来刑罚已大幅度减轻。977 年的一项规定对案值超过 200

---

① 《宋史》，181—183 章。

斤的私盐生产者处以刺字发配之刑；十年之后，新的规定对私贩 50 斤盐起之人处以同样的刑罚。

在 1030 年进行的支持或反对自由贸易的第一次大论战时，一位官员举出食盐自由交易（"通商"）的五点好处：（1）沉重的交通工程和船只建造不会再给国家增加负担；（2）徭役废除后，穷人不再逃亡；（3）食盐质量提高，而在专营体制下，因交通事故或运输负责人的掺假，盐里常掺了砂子；（4）食盐的贸易保证国家有一笔确定的收入（1030 年为 60 万贯）以弥补支出；（5）国家在支付官员、士兵、工人和盐工的工资、待遇方面花费更少。

1034 年，吐蕃族 [①] 的党项人崛起。夏王（le roi de Hia）宣布独立，并于 1038 年称帝，于是西夏帝国建立，维持到 1227 年。该事件的发生使贸易量减少，并增加了军事支出。宋朝用赊账的方式向此地区运送军用物资。粮草供应商可去专卖机构领取食盐作为报酬。这种制度我们已经知晓，称为"内地入仓（延期支付）"["入中"（jou-tchong）]，于是可以进行羽毛、皮革、牛角、铸铁、木材、木炭、瓶罐等重要货品的运输。"奸猾的商人和贪婪的小吏便沆瀣一气，狼狈为奸"：商人拿两根价值 1000 钱的普通房梁换了八倍价值的食盐。史书没有说小吏拿到了多少回扣。[②] 商人懂得根据经济形势获利，

---

① 建立西夏国的应为西羌族的一支——党项族。——编者注
② 《宋史》，181，6b。

如果他们觉得价格无利可图，甚至会拒绝卖盐给官府。然而，1042 年专营制度重建，由官员负责官方购销，价格较高，按支票结算，增加了麻烦，却没有增加收入。经过长期考虑之后，按一位出身陕西的官僚的方案，进行了盐税制度改革，期望进行全面商业化，完全废除赊销体系（1048 年）。

但是，延期支付的方式过于方便，以至于无法彻底摆脱。中国官方找到了一种新办法以对抗虚假价格的祸害，他们提高了支票的价格。如果商人们想收盐抵款，多数情况下如此，其"合同"要按 40% 的贴水来兑换。但还有别的困难。商业化让各路政府失去了以货币支付的商业税收益（"算"，见上文）。从此以后，会计算出一个平均数，在京城兑现的支票款中予以扣减。这样一来，走私占到很大比例也就见怪不怪了，自然党项人和契丹人双方都竭尽所能协助走私。[①] 没有任何事能阻止信贷的发展。从 1071 年起，为了发行"盐钞"（yen-tch'ao），设立了一项基金。盐钞作为钞票流通，也可用于支付商业税。新的制度有一个严重的弊病：发行数额一直超出本金。[②] 因此，在将旧钞兑换成新钞的复杂过程中会

[①] 当时吐蕃人（指党项人——译者注）在开发今属宁夏的盐湖。西夏提议内地每年进口 10 万石食盐，遭到宋朝拒绝。专卖的盐昂贵，边境附近的百姓满心欢喜而又持续不断地走私（《宋史》，181，8a）。宋和契丹边境的非法食盐交易原因相同（见上书，12a 及魏特夫和冯家昇，《中国社会史：辽（907—1125）》，第 151 页）。

[②] 《宋史》，181，9a—b。在 1077 年—1080 年期间，在陕西流通的盐钞数量（相当于 177 万"席"盐）比盐的实际产量（117.5 万"席"）多出 59.5 万单位，因此，虚发量约为 33%。

造成贬值。而且，盐价被官方抬高，目的是降低军费开支，军队的供应商和消费者们都时常罢工。百姓不愿再买盐，抑或再也买不起盐，他们都是被逼的，被迫消费从国家购买的盐，百姓极少量的一点儿私人储备极有可能成了窝藏盐。

在东南，在一个更大的尺度上——那里的产量约为陕西的两倍——我们发现同样的抱怨，与同样的缺陷有关。从相似的波动起伏中我们发现，通过"钞银"（tch'ao-yin）的途径发展出同样的商业化体制。王安石的一位政敌用一句精炼的话描述了这种局面："如果有专卖，盐肯定贵"。[1]另一位御史批评专卖制度下昂贵的价格——"穷人把盐比作药"——准确地揭示了问题。他说，文人学士们希望增加国库收入，只想让商人缴税，不曾考虑后者会利用销售价格大幅弥补自己的损失。[2]两浙路（Leang-Tchö）和淮南东路（la province du Houai-nan Est）（相当于今天的浙江和江苏）是海盐生产的两大中心。这一地区粮食生产有余，尤其有利于以物易物的体制。1033 年的一份奏章建议在扬州设立"折博务"（tchö-po-wou），重新概述了自由贸易的五点好处[3]：（1）税务机关有钱；（2）消费者有上好的精盐；（3）不会再有运输的不确定带来

---

[1] 这是张方平（Tchang Fang-p'ing，公元 1007 年—1091 年）的话，张是鸽派，也是自由贸易的捍卫者——《宋史》，181，12a。

[2] 《宋史》，182，1a（1086 年）。

[3] 《宋史》，182，2b。由于航运不利，专卖盐的库存当年达到 1500 万石，又因没有足够的地方存放而腐败变质。

的烦恼、混乱和惩罚；（4）清空的船只可用来运粮；（5）有条件付给盐农报酬。建议未被采纳，县一级行政非常在意自己的特权，对外充满嫉妒。最终，引入了一种混合了有限商业的体制。

官方渴望增加盐税收入以减轻不断增长的军费负担，在东南地区和西北地区均导致钞券泛滥。钞票发行通常超过专卖机构库存的现金。改革派建议提高盐价，另外采取一些措施，其中最重要的就是将以前贬值的支票进行折换。东南的盐税收入在 11 世纪后半叶每年超过 400 万贯，到了北宋末年达到每年 4000 万贯，而产出的盐供应防卫契丹威胁的河北驻军。并不仅仅是贬值的钞券毁了商业，别的一些被认为合法的（如果出自上级官府）或非法的（如果由下级小吏采用）措施也对商业进行劫掠，这些措施都一样随意而无情。前一种的例子是"对贴"（touei-t'ie），即商人要想按钞券上的金额领取属于自己的盐，必须先支付 10 万贯现金。1102 年，改革派的蔡京（Ts'ai King）为了诱使大家接受专卖涨价，觉得有必要对某些小吏判处流刑，罪名是缺斤短两或非法在机构、衙署、工坊和津渡扣留商人：我们可以设想商人们遭受到的羞辱。[1]

如果继续谈别的专卖体制的变革，读者们恐怕会不耐烦。

---

[1] 《宋史》，182，4a 和 6a。另外，1102 年的这项法令禁止世代继承的官员［"荫家"（yin-kia）］以商业目的申购食盐，因为此举清晰地显示出官僚体系中的某些层级同资产阶级中的某些人利益相关。

我们对于食盐专卖体制的考察似乎已经阐明了这种变革——而且我们还要留一点儿篇幅谈矿业的垄断，有点儿特殊。根据结论，想要确切指出宋代商业的发展方向还为时过早。目前能够观察到的是，这是一场摆动式的运动，在私人商业和国家支配之间时进时退：下面每推进一步，上面就会立刻采取压制措施或制定规章来回应。在国家机器具有强制力的打击下，商业屈服了，但很快又会满血复活。在这场长期的战斗中，商界最好的武器依然是自己的弹性和对政界的渗透。

三、货币体系和信贷的发展

铜是最佳的铸币金属，但在宋代，铜一直短缺。国家为了刺激铜的生产，敦促矿工，并承诺给开矿井的人一定的奖金。发现新的铜矿脉必须申报，如果有发现富矿的希望，国家会设立"场冶"（tch'ang-ye）。国家管理大部分矿的开采工作，但职业采矿—冶炼工人["坑户"（k'eng-hou）]的薪水很低，倾向于离职做伪币制造者，也常和私盐贩子合作共事。在国家控制之下，私人开采行为不断死灰复燃。十分之一的铜产量作为"工税"（kong-chouei）征用，剩下的由国家购买。因此，在调节基金（"常平"）中专门拨出一笔购买基金。

铜和货币体系受到的制约源于矿藏分布不均，暂且不论冶炼业采用的原始手法。产铜的中心是最南方的广州地区，占总产量的 88%；产铁的中心是北方的河北路，占 76%。如果考虑宋代的国土面积、人口、机构和发展水平，我们所了解的各阶段的产量数字低得惊人。但如果把宋代的数字与唐代的矿山开采相比较，可以发现有毋庸置疑的进步：

唐代和宋代的矿山开采一览表 [①]

| 年份 | 金 | 银 | 铜 | 铁 | 铅 | 锡 |
	（按两计：约 38 克）		（按 16 两一市斤计：约 600 克）			
约 810	？	12 000	266 000	270 000	不定	50 000
约 850	？	15 000	655 000	532 000	114 000	17 000
997	？	145 000	4 120 000	5 748 000	793 000	269 000
1021	10 000	882 000	2 675 000	6 293 000	447 000	191 000
约 1050	15 095	219 829	5 100 834	7 241 000	98 151	330 695
约 1065	5 439	315 213	6 970 834	8 241 000	2 098 151	1 330 695
约 1070	1 048	129 460	21 744 749	5 659 854	—	—
1075—1077	—	—	10 711 199	5 443 439	—	—
约 1078	10 710	215 385	14 614 009	5 453 817	9 197 335	2 321 898
1106	—	—	6 600 000	—	—	—
1116	—	—	—	2 890 000	—	—

---

① 我们使用了各种不同的资料完成了这个表格，日野开三郎也引用了这些资料并进行了分析，见《论北宋时期铜和铁的产量》(*Production of Copper and Iron and their Administration under the Northern Sung Dynasty*, 『北宋時代に於ける銅・鉄の産出額に就いて』)，《东洋学报》卷二十二，1934 年，第 100—159 页（原文为日文）；白乐日，《唐代经济史》，第 116 页。1075 年—1077 年的数字反映的是每年的平均数；1116 年的数字仅为广州一地的铁产量（含 92 个作坊）。

宋代冶铁业薄弱——其年产量总计约为5000吨——出于战略考量，被迫实行铁制品专卖（在1083年和1117年间三次确立）。在多次确立严格的"钱禁"（ts'ien-kin）制度中，以及使用两种金属（铜和铁）铸钱的制度中，战略原因都扮演了重要角色。事实上，钱币一直匮乏［"钱荒"（ts'ien-houang）］的主要原因是商品流通的迅速增长。除了商业对于交换手段的需要急剧增长之外，还有因出口而造成的货币流出和伪造铜钱的祸害。尤其是官府拼命要为后两种弊病找到解药，但没有成功，因为货币在出口货物中占第四位，仅次于丝绸、茶叶和瓷器。此外，一两纯铜重新铸成的十枚钱价值为定价的五到十倍。[①] 所有铜制品都必须上交官府换钱（977年、1086年、1090年等），禁止私人拥有铜（寺庙的祭品除外），甚至禁止出口，违者处死。但什么措施都不管用，严格监督很难实施，尤其在漫长的北方边境。

铁钱的使用对于解决铜的匮乏只是权宜之计。然而，出于经济和战略上的各种考虑，铜钱或铁钱的流通仅限于特别区域。[②] 使用铜的区域，或"内部区域"，被军队保护，从政

---

① 据张方平（1080年左右），《宋史》，180，4b。一贯钱（1000枚）通常重5市斤（80两），含48两铜（60%）、24两铅（30%）和8两锡（10%）（同上书，2b）。

② 日野开三郎，《论北宋时代铜铁钱使用地域限制的政策》（*Policy of the Limitation of Iron or Copper Currency to Specific Districs under the Northern Sung Dynasty*，『北宋時代に於ける銅鐵錢行使地域劃定策に就いて上』），《东洋学报》卷二十四，1936年，第100—134页及1937年，第260—296页（原文为日文）。这是非常重要的文章，内容十分充实。

治和经济上看最为重要，包括京城及其腹地、河北和东南地区（十三路）。"外围区域"分为两部分：两种货币混合流通的区域位于西北地区（暴露在军事威胁之下的陕西和山西两路），以及四川的铁钱区域。西部这块广阔区域一直享有一定程度的自治权，在宋代依然保持特殊地位。四川是宋朝最先征服的独立国家之一（965年），随后利用各种手段加以开发。首先，大量蕴藏的金、银、铜被掠夺，随后又成为在外围区域收缴铜政策的主要目标。铜—铁兑换率一直被操纵（在11世纪中稳定在1∶10），官方兑换率和私人兑换率之间的差别为四处奔走的贪婪商人们提供了合法劫掠的各种可能性[1]，以及必须按官方兑换率缴税，最终将这个富庶的地区收入囊中。此地靠近西夏，一直承受党项人的压力，居民在传统上向往独立，也存在叛乱的可能性[2]，无论有没有外部敌人挑唆，这些都有助于提醒我们宋代朝廷对四川的不信任。

因此，宋代的货币政策旨在通过缩减铜钱流通的区域以缓解经常性的货币短缺。为达到目的，该政策求助于双重基准，取得了一定成效：周边使用铁钱的次要区域形成了防止铜外流的一道有效壁垒，也是回收这种贵重金属的阵地，为

---

[1] 见《宋史》，180，1a；日野开三郎，《论北宋时代钢铁钱使用地域限制的政策》，第101页及后续页。

[2] 自从王小波（Wang Siao-po）和李顺（Li Chouen）993年—994年叛乱以来尤其明显，这场叛乱很快被平息，但相当危险。

的是至关重要的内部区域。但是，两种货币同时流通使防止造假或重铸变得更加困难，这两种手段都有利可图——铁钱含铁量是其名义价值的两倍。

这种制度的结果不都是有利的。铁钱的虚假流动及其流通区域的缩减立刻造成了贬值并阻碍了流通，这又引起了无数的麻烦。因为流通手段稀缺，价格上涨[1]，军队的供给更加昂贵。不同形式货币的差异——有"省陌"（cheng-po，一般含 750 文钱）和"足陌"（tsou-po，一般含 1000 文钱）——也影响了商业交易。

在这些困难造成的后果中，还有一个未曾料到但相当重要的，就是纸币和信用体系的普遍发展。铁钱过重，促使四川商人找到一种更方便的方式进行交易。自 11 世纪初，16 位富有的银行家聚集在一起发行三年期票据［称为"交子"（moyen de change，kiao-tseu）］，这些票据在支付 3% 的手续费后可兑换为现金。最早发行的钞票就是在上述环境的压力之下诞生的。还需要强调的是，由于是私人动议，通过钞票的发行可以推测这些发行人拥有大量商业财富。然而，资本不足会让生意破产，并引发各种争端，存款人无法再提出钱。但这项创举具有广阔前景。1023 年起，官府开始对

---

① 11 世纪中期的粮食价格到了 50 年以后已经翻了一番，到北宋末年翻了两番，到了南宋初年又跌回 1100 年的水平；见日野开三郎，《论北宋时代钢铁钱使用地域限制的政策》，第 285 页及后续页。

此事感兴趣。根据转运使的调查结果［与四川当地行政长官（Gouverneur du Sseu-tch'ouan）①的意见相左，后者希望禁止钞票］，国家取代了私人银行：在四川首府成都建立货币发行机构，称为"交子务"（kiao-tseu-wou），同时禁止任何私人发钞。1069 年，在山西又设立了第二家货币发行机构；1071 年，在陕西又设立一家；随后，在各地又开设了许多家。从此，发行信用货币变为常态。在上一章，我们已经了解了信用操作的重要性，至此，只需要将各种各样的钞票统一起来即可。②自此，唐代伟大的发明——纸币开始蓬勃发展。国家迅速承认印钞板是一种取之不尽的源泉，可以带来新的资源。但指券（assignats）③迅速丧失票面价值，货币史成为一连串无准备金发钞和持续贬值的历史。此外，我们一直见证着灾难性通货膨胀在中国的周期性发作。

---

① "Gouverneur"一词在行政上一般指省级行政长官，在北宋时对应为"路"一级；而 1023 年前后，今四川地区分置益州、梓州二路，路一级设转运使司、提举常平司、提典刑狱使司、经略安抚使司，均为朝廷遣使，各自为政，非严格意义上的地方官。故作者在此使用类似"路级行政长官"的称谓令人费解。——译者注
② 信贷和纸币相互之间密不可分，它们的演变以一系列指称不同流通手段的术语为标志："飞钞"（fei-tch'ao，note volant）、"券子"（certificat-contrat，k'iuan-tseu）、"交钞"或"交引"（lettre de change，traite，chèque，kiao-tch'ao ou kiao-yin）、"交子"、"见钱交引"［简称"钱引"（ts'ien-yin）］或"见钱关子"或"现钱公据"（chèque ou traite ou certificat sur argent comptant，hien-ts'ien kiao-yin ou h.-t. kouan-tseu ou h.-t. kong-kiu）；最后，南宋时有"会子"（billet de paiement ou d'échéance，houei-tseu）。《宋史》，181，1a—5a。
③ 指 1789 年—1797 年流通于法国的一种以国家财产为担保的证券，后当作通货使用。——译者注

第三章　重大改革

　　11世纪的中原王朝在上述严重经济问题中挣扎，被潜在社会危机撼动，因军事软弱而蒙羞，进行彻底改革的时机已成熟。虽然在外部威胁面前精疲力竭，普遍不满和思想骚动造成了山雨欲来风满楼的气候，却有利于新思想的产生。最精英的知识阶层和最胸怀宽广的有识之士开始寻求可以拯救祖国于危难之中的行动方式。在这些无利益相关的爱国者中，最著名、最有能力也是最有勇气的一位是王安石（公元1021年—1086年）。他是骄傲的领袖人物，他的名言很让保守派反感："天变不足畏，祖宗不足法，人言不足恤。"他的命运是一个太过早熟的天才的悲剧。同时代的人很敬仰他，但不理解他，他没有朋友们帮助，却被朋友们出卖，被后世子孙中伤，但后世却领悟了其思想的精华——他无奈地在有生之年看到他对手的胜利和自己努力的失败。这位伟大的人物站在高处俯视党争，在年事已高之时变得更有魅力，当时人们认为他曾是国家最强势的人，很有觉悟，最终却被大众抛弃，平静地等待死亡。但这位戏剧性的人物及其浩繁著作无法让我们避免常有的误解。无论他 20 世纪的仰慕者们如何声明，王安石既非"社会主义者"也非革命者。[①]

尽管王安石在同代人眼中是革命者，其原因也主要在于他那彻底改造官员教育系统的大胆计划，而非他的经济、社会改革。涉及传统的考试制度，王安石以积极的态度去抨击各种条条框框，首先拿最顽固的开刀，即机械地背诵经典，目的是培养具有思考能力的人和负责任的行政官员，而非只会引经据典的识字机器，因此他在保守派官员看来是一位渎圣者。[②]作为政治家，王安石最大的特点并非个人有新颖的

① 若要列举与王安石相关的主要材料，除了他自己的著作［《临川先生文集》（*Lin-tch'ouan sien-cheng wen-tsi*），一百卷，《四部丛刊》本］和官方自传［《宋史》，327，1a—5a，威廉森（H. R. WILLIAMSON）译，II，27—58］以外，还应当提及他同时代人几乎全部的著作和传记，尤其是他们之间的书信。关于改革家王安石的文献自 1909 年以来不断增加，那一年中国出版了梁启超所作的传记《王荆公传》［*Wang King-kong tchouan*；《古史今解丛书》（*Interprétation moderne de l'histoire ancienne*）］，俄罗斯出版了伊凤阁（A. I. IVANOV）写的西方第一部严肃专著《王安石及其变法》（*Vang An-shi i ego reformy*，"Ван Ань-щи и его реформн"）。除了下文将会引用的著作外，还有一些重要的西方文献如下：威廉森，《王安石——中国宋代的政治家和教育家》（*Wang An-shih, A Chinese Statesman and Educationalist of the Sung Dynasty*），两卷本，伦敦，1935 年—1937 年；福兰阁，《古代和中古中国的国家社会主义尝试》，《普鲁士科学院研究通报》，1931 年，第 231—241 页。在中国人眼中，王安石也是宋代最伟大的诗人之一，但在欧洲几乎无人知晓。

② 福兰阁，《王安石 1058 年关于官制改革的报告——一篇评价改革者的文章》（*Der Bericht Wang Ngan-schis von 1058 über Reform des Beamtentums. Ein Beitrag zur Beurteilung des Reformators*），《普鲁士科学院研究通报》，1932 年，第 264—312 页。

想法，而是在其他思想家身上找到许多要点，并就此提议实施一揽子改革。

在经济领域，王安石建议实施一系列旨在增加农业产量，提高国库收入的措施，要更加平均地分摊负担，以便让国家重整旗鼓，建立一支能保卫国家免受异族侵略的强大军队。他想减轻压垮种地者的各种负担，后者是国民财富的唯一来源，将他们从破产中解救出来才能从中得到收益——极端国家主义的基石就在于此。这遭到保守派的激烈反对，尽管，归根到底，改革服务于最高层的利益和特权阶层内心的期待。王安石提议的改革在某些方面的确是进步的，标志着有逻辑地承认现实状况，明确否认中古时社会平等的假想，因为它早就荡然无存了。在这个意义上，王安石宣布了中国社会向近代演进。保守派的反击也无法使其各项改革完全停滞，其中的多项改革以另外的名目继续进行，只是削弱其对社会的影响，因为一旦彻底推行，恐怕会威胁有产者的利益。

自神宗皇帝（l'Empereur Chen-tsong，公元 1068 年 [①] —1085 年在位）登基以来，王安石应诏掌权。1069 年，一个改革委员会订立预算，缩减了 40% 的无用开支。自此，财政改革和军事改革接二连三地开始。

[①] 根据《辞海》，宋神宗在位时间起始于公元 1067 年。——编者注

为了让土地更加肥沃，王安石首先建议通过减税鼓励发展灌溉（农田水利法，nong-t'ien chouei-li fa）。[1]接着，他根据唐代刘晏（见本书上文，第340—343页）确立的原则，重新组织交通运输：更加合理地进行集中，在临近各路采购京城必需的粮食，价格也是最优惠的，出售大宗商品，或将其交换成易于运输的产品——根据传统术语，这叫"均输"。[2]还有不算原创但更难打败的第三项改革——针对收获的贷款["青苗法"（ts'ing-miao fa）]。这笔贷款利率为20%，在播种时贷出，收获时归还，有双重目的：夺走高利贷者的利益，他们利用农民的窘境，以高得多的利率借贷；也为农民搞好生产提供支持。但这种体系必须取代"常平仓"的借贷，转过头来有损农民和国家的利益。利率在当时算是比较适当的，但农民还是嫌太高用不起。另外，借贷原则上是自愿的，很快却被官员弄成了强制：因此，穷人逃亡，无力还清借款；富人破产，被迫找人担保。收回资金很难；这种制度虽然在最初几年为国家带来收益，但随后即告亏损。总的来看，青

---

[1]　1070到1076年间，有10 793块土地被浇灌，总面积达361 178顷（约合200万公顷）（《宋史》，173，6a）。

[2]《宋史》，186，7a—8a。有趣的是，可以注意到，保守派激烈反对因国家介入而给商业带来的损害，也反对成为批发商的官员和商人之间的卑劣竞争。因此，在这场竞争中，保守派成为自由贸易的捍卫者，更确切地说是自由放任政策的捍卫者。见苏东坡（Sou Tong-p'o）的传记（《宋史》，338，2b—3a），特别是司马光给王安石的那封巧妙的信 [《司马公文集》（Sseu-ma kong wen-tsi），60，4a及后续页，《四部丛刊》本]，写道："欲尽夺商贾之利……"

苗法主要是一种无法带来多少收益的税收，只是以损失富裕地主的利益来稍微缓解一下贫苦农民的处境，而这又惹怒了保守派。[①]

另一项创新是赎买徭役，即徭丁可支付一笔"免役钱"（contribution d'exemption des corvées, mien-yi-ts'ien），以现金支付，金额根据财产确定。官员、妇女、僧道等无须服役者还要交一笔"助役钱"（tchou-yi-ts'ien），同样依财产确定。因此，该项改革也和前一项一样，以增加税收和抚慰破产农民为目标。但终极目的大概是提高国家实施重大工程的效率。至少基于两个事实：所交钱款用于雇用工人，还要另收一笔 20% 的税［"免役宽剩钱"（mien-yi k'ouan-cheng ts'ien）］，两项措施旨在于水旱灾害时促进工程进展。保守派反对按财产摊派负担的方式，佯装害怕可能出现的舞弊。但一旦掌权，他们依旧在粗线条上维持新的体制，直到近代依旧施行。这或许是最进步、最深刻的改革，并非是由于它想要引入的社会公正，还因为它的效果：财富和产权最终成为确定税级的原则，贫与富的区别有了货币上的表现。保守

---

① 青苗法不是王安石的创想，在唐代就有实践。就在变法之前，一位转运使也提出了类似建议；见《宋史》，176，7b—11a；331，9b，以及 336，4b。福兰阁，《古代和中古中国的国家社会主义尝试》，第 240 页；周焕（TCHEOU Houan），《青苗法，由新派大臣王安石于中国 11 世纪创立》（*Le prêt sur récolte, institué en Chine au XIe siècle par le ministre novateur Wang Ngan-che*），巴黎，1930 年。1086 年，青苗法第一次被废，1095 年在另一场略加调整后的改革中被重新确立，到 1124 年彻底废止。

派掌权之后，取消了非徭丁的捐税，但维持赎买徭役和国家招募工人的原则——在公共财政允许的范围内。①

和免役法意义相似的是"方田均税法"（fang-t'ien ki-un-chouei fa）。除了山区、森林、运河、道路、墓地之外，所有土地，即帝国全部的可耕地被分成方块田，每块约235公顷。接下来，每个县的衙门仔细评估土地价值，分为五等，以确定税收。此外，禁止像以前那样修改数字，每人只要按自己那块地的面积支付税金，数额非常精确。正如我们看到的那样，这项制度与中古时期平均地权的尝试没有任何关系。王安石的想法似乎是通过确定土地规模，一方面让逃税不再成为可能，另一方面也让人无法得到大地主的保护。②

王安石最后一项财政改革就不那么走运了：由市易务（che-yi wou）对商品定价，官员指导，商人参与。该机构的主要任务是（让商人）赊销和赊购商品。对于市场的管理目的在于约束价格，让农民获利，却和上述尝试一样造成了同样性质的不便，统统都是徒劳无功的。资本金不足以支持如此大规模的事业；官员无能却又唯利是图；商人不满，因为自由受限，官员对其斤斤计较——最终税务机关损失，大批

---

① 《宋史》，177及178，1a—7a。两位保守派——司马光和苏东坡谈论徭役，从中可以看出，苏东坡是开明的保守派，他的观点如下（《宋史》，338，5a）："差役、免役，各有利害。免役之害，掊敛民财。……差役之害，民常在官，不得专力于农，而贪吏猾胥得缘为奸。此二害轻重，盖略等矣。"

② 《宋史》，174，1a—2a；马伯乐，《中国土地制度，从起源到近代》，第297页。

发商受益，他们利用了管理机构的腐败。①

至于军事方面的改革，包括遣散老弱部队，任命92位将军（37位在京城，42位在西北，仅13位在东南）训练各路军队。各路军队驻在当地，仅在需要时被派往外地，常备军逐渐由民兵取代［"保甲法"（pao-kia fa）］，这是军事改革的基石。最后还有重新组织武器制造工作。②王安石的想法是用农民武装逐步取代常备军，后者由最卑劣的群氓组成。职业军队耗费国家大笔钱财，对内部安全构成威胁，却无力守卫边境。他认为，最好是建一支花费不高的民间武装，当作民间治安力量使用，能够更好地保障内部秩序；尤其是随着民兵开展训练，他们与职业军队有了竞争，能更好地保证外部安全。

---

① 1086年第一次被废，1097年恢复——没有强制借贷，利息不得超过20%——这项制度自南宋初年（1128年）起彻底结束；《宋史》，186，3b—7a。

② 民兵按10户、50户和500户分组［"保"、"大保"（ta-pao）、"都保"（tou-pao）］，500户设2位保正（chefs supérieurs）、10位大保长（grands-chefs）和50位保长（sous-chefs），训练保丁（pao-ting）。所有成年且健康的男子强制服兵役，从每户第二个男子开始算；国家提供兵器；民兵平时行使警察职能（《宋史》，192）。民兵还需要养马（每户一匹），马驹由国家提供；如果农户在西北的市场上购买的话，国家给予报销。这种实践［称"保马法"（pao-ma fa）］是糟糕的（中国农民不懂得饲养，还要对损失负责），为保守派提供了口实（《宋史》，198，8b—9b）。长期以来就有重新组织兵器生产的需要；各路的武器库里充斥着无法使用的兵器，官员敦促兵器制造商们（几乎找不到）为国家工作。结果是收益平平、兵器质量差。于是，从1073年起，王安石设立"军器监"，最优秀的兵器工匠们在主管官员的控制下受雇集中工作，军器监监督、指导各家武器库（《宋史》，197，1a—4a）。关于王安石的军事设想，见福兰阁，《王安石1058年关于官制改革的报告——一篇评价改革者的文章》，第290页及后续页与关于民兵存废的大讨论；《宋史》，192，3a—6a。

最后，正如上文提到的那样，王安石为了给所有的改革措施提供坚实基础，决定改革公共教育，提出一份更实用、更少书卷气的方案。这份方案预设了月度考试，太学中的三个层级需要逐一通过，考生通过后立即任用。这样一来，选拔更加公正，也能更迅速地培养起官员精英阶层。诗歌被认为百无一用，因故取消，但教育的基础仍然是熟知古代经典。每位学生均可自由选择专攻一部经典；但文本的诠释需要根据王安石亲自确定的《新义》[①]更加积极的是创立军事学堂、法律学堂和五所路级学堂。在各路建立更多的学堂，甚至在每个州都建立学堂，稍晚被予以考虑。

---

① 威廉森，《王安石——中国宋代的政治家和教育家》卷一，第 322 页及后续页。这些改革始于 1071 年。三篇《新义》(*nouvelle interprétation*，*sin-yi*) 当中只有《周礼》的评论是由王安石亲自撰写的；另两部（《诗经》和《书经》）都是其弟子的作品。乾隆（K'ien-long）下令编纂的重要书目（1773 年—1784 年完成）花了很大力气为王安石的文学作品辩护，硬是将其与他令人憎恶的政论作品分开。因此，书目中宣称王安石选择《周礼》作为阐述自身学说的简单借口，是用诉诸经典的方法让极其独立的士人们闭嘴；但《周礼》是纯粹的空想，没有任何人相信那是可行的（《四库全书总目》卷一，商务印书馆，第 366 页）。可以怀疑这种影射的正当性，也可以思考一下，王安石被传统的空想观念禁锢到了何种地步。关于一般意义上乌托邦的这种静止不变的属性和文化"停滞"(civilisations arrêtées) 的特点，见汤因比，《历史研究》卷三，伦敦，1935 年，第 89 页及后续页。

第四章　党争和北宋的灭亡

　　施行改革遭到了所有旧秩序支持者的反对。王安石各种理念的付诸实施，动摇了各种根深蒂固的习惯，并威胁扫除成规，质疑旧的思维方式和生活方式。传统势力的代表们意识到这场通过行政途径进行的"革命"的意义——要捍卫的不仅是他们的切身利益。他们所处的整个体制的存废，甚至连他们自身生存的意义都卷入其中。一开始的争论是学术上的，针对如何用最好的方式拯救中华文明，免受外族欺压，逐渐就蜕变成了改革的支持者和反对者之间的激烈斗争。起初是刺耳的争吵，双方都采用粗暴的方式。先是压制言论，再是矢口否认，到后来就是迫害和消灭对手；最终掌权的内阁迅速轮换，而内阁（cabinet）①为改革派和保守派提供了相互发泄怨气的机会。这一切造成了官僚集团彻底分裂为相互敌对的两派。

---

① 中国历史上严格意义的"内阁"出现于明朝，作者使用该称谓意在指由"同中书门下平章事"和"参知政事"等构成的行政决策中枢。——译者注

专断的做派在政府风气中根深蒂固。在王安石上台之前，掌权大臣和刚刚形成的反对派之间的论战就已经开始了。最著名的自由主义倾向的代表人物——范仲淹（公元989年—1052年）和欧阳修（公元1007年—1072年），要求进行合理改革，被解职，外派地方。这一事件让同时代的人非常激动。一位士人写了一本小册子，替去职的官员辩护，自称范仲淹"同党"，被传抄了很多份到处传播，取得了商业上的成功。欧阳修是那个时代最显赫的作家之一，他也作了一篇《朋党论》（*P'eng-tang louen*）[1]，在文中号召所有公开表示相同观点和无私友情["朋"（p'eng）]的人团结成"党"（tang）。然而，"党"这个字传统上有贬义内涵，即家族、派别、集团、诡计之意，招致好人们的谴责。孔子不是说过"君子群而不党"[2]吗？应该指出，这个词有歧义，与该词所指代的社会现实相对应。在古代中国的这些专制而不宽容的党派中看到现代"集权"政党的雏形是错误的，二者的社会基础有别。然而，应当承认，他们具有共同特征，其中的关键是一党独掌权力，并与国家利益相一致。

在宋代，革新派还是保守派更具集权色彩？我们得到的

---

① 《朋党论》（1044年），载《居士集》（*Kiu-che tsi*），17，6b—8a（是欧阳修的作品集，《四部丛刊》本）；戴遂良，《历史文献》卷二，第1596页；《宋史纪事本末》（*Song-che ki-che pen-mo*），第29章［该书是17世纪陈邦瞻（Tch'en Pang-tchan）所作的一部史书，原创内容较少，主是将正史按主题较为合理地加以改编］。
② 《论语》，XV，21（理雅各译，第164页）。

信息互有重叠，也不足以指明这种"集权主义"的程度。至此，是否传统的家族对立已经结束，是否无情的党派斗争就此开始，而各党都向往单独统治公众生活和个人思想？这是个难以解决的问题。可以记住如下事实，特意从其他事实中挑出来的。起初，王安石被迫依赖新人，新人们也并非总是无懈可击。他们中最雄心勃勃的想让所有批评的声音闭嘴，让所有反对派归于沉默。比如说，曾布（Tseng Pou）认为"皆知主不可抗，法不可侮"[①]。保守派被解职，告老还乡或贬谪远方。王安石看到了自己亲信们的卑劣而肝肠寸断，于是引退。他的继承者们无能[②]，被保守派取而代之，这次轮到革新派们被打击了。哲宗皇帝（l'Empereur Tchö-tsong）幼年时皇太后摄政（公元1085年—1100年[③]），由于太后的支持，旧党首领们变得权倾朝野。司马光及其党羽一肚子怨气，采取了毫无分寸的报复行为。当然，也有人对他们发出警告。范仲淹害怕迫害行动牵扯到正直的人，也不支持革新派回归，

---

① 《宋史》，471，8a。

② 这些继任者都被冠以源自佛教用语的绰号，显得不伦不类，如"传法沙门"（bonze qui transmet la Loi）或"护法善神"（gardien de la Loi）（《宋史》，327，4a；威廉森，《王安石——中国宋代的政治家和教育家》卷二，第47页）。"传法沙门"即吕惠卿（Liu Houei-k'ing），革新派中最坏的人之一，他起初是王安石的门生和亲信，在王倒台后变成诋毁他最猛烈的人。

③ 根据《辞海》，哲宗皇帝年幼时由高太后摄政，起讫年应为公元1085年—1093年。——编者注

警告保守派首领不要恢复徭役，尤其不应该过分地不宽容。①

徒劳无功。司马光老迈又顽固，不听温和派的意见。他的党派内部出现了分裂，他死于掌权那年（1086年），因此分裂加速。保守派内部的争吵让年轻的皇帝在摄政结束（1093年）以后重新请出革新派。②

---

① 范仲淹在反对朋党（p'eng-tang）的申诉中预言，批评不可进行，奉承不可避免，如"同我者谓之正人，异我者疑为邪党（sie-tang）"——《宋史》，314，10a。

② 在此列出一张掌权党派次序表，也许有用：

年份	年号	帝王	
1068—1077	熙宁（Hi-ning）	神宗	革新派：王安石、王珪（Wang Kouei）、蔡确（Ts'ai Kio）、章惇（Tchang Touen）、吕惠卿
1078—1085	元丰（Yuan-fong）	神宗	
1086—1093	元祐（Yuan-yeou）	摄政（哲宗）	保守派：司马光、吕公著（Liu Kong-tchou）、吕大防（Liu Ta-fang）、范纯仁（Fan Tch'ouen-jen）、刘挚（Lieou Tche）、苏颂（Sou Song）、韩忠彦（Han Tchong-yen）等
1094—1097	绍圣（Chao-cheng）	哲宗	革新派：章惇、蔡卞（Ts'ai Pien）、蔡京等
1098—1100	元符（Yuan-fou）	哲宗	
1101—1102	建中靖国（Kien-tchong-tsing-kouo）	摄政［徽宗（Houei-tsong）］	"调和内阁"：韩忠彦、曾布
1102—1105	崇宁（Tch'ong-ning）	徽宗	革新派：蔡京、童贯等

旧党内部的不同派别如下：（甲）"洛党"（Lo-tang，倾向反动，严守成规）：程颐［(Tch'eng Yi, 公元1033年—1107年)，哲学家，也是年轻的哲宗皇帝的私人教师］及程的弟子；（乙）"蜀党"（Chou-tang，倾向自由）：诗人兼作家苏东坡（公元1030年—1102年）及其友人；（丙）"朔党"（parti du Nord，倾向调和）：刘挚（公元1030年—1097年）等。［根据《辞海》，对本注释中的一些年代进行了修正："元祐"的最后一年应为1094年，"绍圣"的最后一年应为1098年，"建中靖国"的年号仅使用了一年（1101），"崇宁"的最后一年应为1106年；苏东坡的生卒年应为公元1037年—1101年，刘挚卒于1098年。——编者注］

第二次革新派内阁（公元1094年—1100年）以蔡卞（王安石女婿）及其兄弟蔡京（公元1047年—1126年）为核心组成。蔡京是个投机者，曾经与司马光交往甚密，担任户部要职。他对重启被保守派废止的所有改革感到不满，对其对手进行显而易见的专政。在年轻的徽宗皇帝（Empereur Houei-tsong，公元1101年[①]—1125年在位）统治初期的平静之后，专政达到了顶点。当时，出现了第二位皇太后[②]摄政，为了不显得偏袒一方，她组建了一个调和性质的内阁，延续了两年（1101年—1102年），对保守派有利。但自从她去世后（1102年），第三次革新派内阁设立，这次一直持续到北宋灭亡。[③]内阁的主要任务是镇压那些与反对党有或近或远关系的人。独裁者蔡京排挤了较为温和的同僚曾布，随后在崇宁年间（公元1102年—1106年）建立恐怖统治，这个年号意为"对熙宁（公元1068年—1077年，改革的时代）的尊崇"。为了谴责保守派的恶行，有人建议出版他们的著作集，任人谴责。人们发现了更好的方法，下令销毁肖像，烧毁最著名保守派们的著作。随

---

① 根据《辞海》，宗徽宗的在位时间起始于1100年。——译者注
② 此处指向太后（1046年—1101年）。——编者注
③ 蔡京四次成为阁揆：1102年—1106年，1107年—1109年，1112年—1120年，1124年—1126年。最后一次时年事已高，几近失明，是其子蔡绦（Ts'ai T'ao）以父之名行使权力。蔡绦的文集［《铁围山丛谈》（T'ie-wei-chan ts'ong-t'an），1510年。（根据国内史学界公认的《铁围山丛谈》第一版为明嘉靖二十九年（1550年）秦氏雁里草堂旧抄本，此处应为1550年。——编者注）］含有许多可以纠正北宋末年正史的材料（《四库全书总目》卷三，第2913页）。

467

后不再满足于辞退保守派，还利用各种案件将其驱逐或流放，包括他们自己及友人、亲属、门客，甚至包括在首次旧党内阁手中通过科举的进士。还要对这些被打垮的敌人造谣中伤，让他们声名狼藉。蔡京派人把309位保守派"恶棍"的名字刻在了石碑上，石碑立于众人必经之地，就像绑在柱子上示众一样。他们是"奸党"头目，甚至还有蔡京以前同僚们的名字，虽然是革新派，但因为不热烈拥护而被治罪，也进入了这份流放名单——那可能威胁到数千人的性命。以完成王安石未竟的事业为掩护，蔡京的独裁似乎是一个腐败、混乱、横征暴敛的体制。他的名字不仅在传统史书上被唾弃，也被现代学者羞辱，因为他完全败坏了改革政策的名声。

当然，正史中的定论是保守派撰写的，值得怀疑。正史为我们描绘了北宋末年的阴暗图景，也并不可靠。在一个被激烈论战弄得天昏地暗的年代，把确定的判断公布于众是有风险的，因为甚至在官方史家对材料的选择上，党争都留下了痕迹，除非材料本身是客观公正的，简单来说就是这样。革新派铺张浪费，徽宗皇帝计划兴建各种大而无当的工程，道教迷信施加了影响，钻营官僚们的压榨让百姓无法忍受——他们承受了这个政权非理性奢侈带来的后果和在异族面前毫无荣誉感的懦弱，只能奋起反抗。这么多要素都呈现在了史学家面前，可以用儒家的方式从中提取一些关于王朝灭亡的陈词滥调。

所有文献中都有的记载，是统治者的傲慢；他们狂热地相互诋毁，盲目到几乎让人难以置信。在女真人（金）的打击下，契丹帝国（辽）轰然倒塌。新的蛮族从满洲地区喷薄而出，势不可当（公元1113年—1123年）。因此，摆在汉人面前的是执行"以夷制夷"古训的绝佳机会，赵宋朝廷继续下注。徽宗皇帝在业余时间是出色的书法家、诗人、画家，轻信一些道教人士，也放任自己的收藏爱好。一位奸商的儿子在苏州发了财，在宦官童贯的支持下，组织了几支队伍，为这位收藏家皇帝去全国各地搜寻珍稀物件、植物，以及异域树木和色彩斑斓的异形石头。[1] 这些"彩石运输队"（花石纲，houa-che kang）听命于京城，由应奉局（ying-fong kiu）接收，实在令人恼火。寻遍乡村的调查员们激怒了东南地区的百姓，不满情绪无法阻挡，演变成血腥暴动。乡下百姓和城市小民们责备那些纠缠他们的人，那就是官员，他们被认为是所有苦难的始作俑者。1120年，一场抗税起义（le soulèvement dit des Bonnets Rouges）[2] 拉开了一系列民间暴动的序幕。浙江农民又拾起了唐末农民起义的传统，在一位名叫方腊（Fang La）的人的指

---

[1]《宋史·朱勔传》（la biographie de Tchou Mien, Song-che），470，3b—4b；《宋史纪事本末》，第50章。

[2] 1675年，路易十四统治下因提高税收而爆发了旨在反抗加税的所谓"印花税单暴动"（La Révolte du papier timbré），又称"红帽子暴动"（la révolte des Bonnets rouges）；方腊起义反对横征暴敛的性质与"红帽子暴动"反加税的性质类似，故作者用此称谓借指。——译者注

挥下揭竿而起，席卷了 50 多个县。童贯从西北赶回，组织抵抗。经过大厮杀之后成功平定"匪帮"，付出了异常高昂的代价。这场农民起义不仅夺走了 20 万人的生命——官军杀死了 7.9 万名叛乱者，叛乱者也没有饶过一位官员。而且在关键的一年中——鉴于外部局势，每一分钟都很珍贵——15 万士兵在和内部的敌人拼杀，而没有去守卫边境。[①] 稍晚之后，江苏和山东继续造反，宋江及其 36 位勇士的故事堪称传奇史诗，他们是游侠骑士和打抱不平者，后来成为中国最流行的一部小说中的主人公。[②]

　　一方面派往女真人处的使节使出各种伎俩诱使他们对抗契丹人，另一方面学生们在京城被围后也出于爱国群情激愤，但都无助于挽回局面。那些自吹自擂的将军更显得无能为力，战胜朝中对手他们倒很敏捷。因为，在如此程度的呆滞和疯狂之后，他们那些幼稚的企图早已被禁止，领导阶级不再指望能得到国家中最广泛阶层的支持。从战略后撤到撤退，将军们放弃了整个中国北方，让朝廷陷入歇斯底里的恐惧中。

<hr />

① 《宋史·童贯传》(la biographie de T'ong Kouan, Song-che)，468，4a—6a；《宋史纪事本末》，第 54 章。

② 《水浒传》(Chouei-hou tchouan) 是当今一代人的枕边书，由赛珍珠（Pearl S. BUCK）译成英文，标题为《四海之内皆兄弟》[All Men are Brothers，伦敦，梅休因出版社（Methuen），1931 年]；甲克孙（J. H. JACKSON）的译本题为《水边》(Water Margin，上海，1937 年)；关于这部小说的演变（定型于元末明初），见胡适的研究，《胡适文存》(Hou Che wen-ts'ouen)，3，1921 年，第 81—184 页，以及《胡适文存三集》，5，1930 年，第 607—657 页。

朝廷躲在它那华美都城的围墙下，面无表情，等待着最后时刻的到来。惩罚非常可怕。新的征服者女真人不满足于战胜他们的表亲和昔日的主人契丹人，将其迁徙到自己地盘的北部；对宋朝的胜利轻而易举，他们打算彻底加以利用，将其野蛮统治推到黄河两岸。他们摧毁了宋朝，扶植了一个傀儡政府取而代之，将天子钦宗（K'in-tsong）和他令人敬畏的[①]父亲——已退位的徽宗皇帝带到了极北之地作为人质。这最后的羞辱即便没有给宋朝画上句号——它于1127年撤退到了南方并在那里延续——也算为中国在北亚长达两个多世纪的优势画上了句号。内讧了几十年的士人们愚钝、懦弱、麻木，随着开封的陷落（1126年[②]）和定都杭州（1138年），他们亲眼看到了一个政权在一场没有准备好的战争中轰然倒塌，这政权也是他们亲手败坏的。[③]

---

① 原文用的是"auguste"，该词在作名词用时也有"马戏团小丑"的意思，此处兼有双关和反讽之意。——译者注
② 金军于1127年攻占开封，掳走宋徽宗、宋钦宗，开封陷落。——译者注
③ 福兰阁，《中国通史》卷四，第196页及后续页。

古代中国的历史与制度
GUDAI ZHONGGUO DE LISHI YU ZHIDU

图书在版编目（CIP）数据

古代中国的历史与制度 /（法）马伯乐，（法）白乐
日著；孙越译. -- 桂林：广西师范大学出版社，
2024.9

（海外汉学译丛 / 张西平主编）

ISBN 978-7-5598-6910-4

Ⅰ. ①古… Ⅱ. ①马… ②白… ③孙… Ⅲ. ①中国
历史－古代史－研究 Ⅳ. ①K220.7

中国国家版本馆 CIP 数据核字（2024）第 086967 号

广西师范大学出版社出版发行

　广西桂林市五里店路 9 号　　邮政编码：541004

　　网址：http://www.bbtpress.com

出版人：黄轩庄

全国新华书店经销

湛江南华印务有限公司印刷

（广东省湛江市霞山区绿塘路 61 号　邮政编码：524002）

开本：880 mm×1 230 mm　1/32

印张：15.5　　字数：280 千

2024 年 9 月第 1 版　　2024 年 9 月第 1 次印刷

印数：0 001~6 000 册　　定价：56.00 元

如发现印装质量问题，影响阅读，请与出版社发行部门联系调换。